KB151054

알기 쉽고 재미있는 일본 근대사

# 메이지(明治) 이야기 ③

알기 쉽고 재미있는 일본 근대사

# 메이지(明治)이야기 ❸

초판 1쇄 인쇄일_2015년 7월 15일
초판 1쇄 발행일_2015년 7월 22일

지은이_최승표
펴낸이_최길주

펴낸곳_도서출판 BG북갤러리
등록일자_2003년 11월 5일(제318-2003-00130호)
주소_서울시 영등포구 국회대로 72길 6 아크로폴리스 406호
전화_02)761-7005(代) | 팩스_02)761-7995
홈페이지_http://www.bookgallery.co.kr
E-mail_cgjpower@hanmail.net

ⓒ 최승표, 2015

ISBN 978-89-6495-083-8  04910
ISBN 978-89-91177-35-2(세트)

이 도서의 국립중앙도서관 출판시도서목록(CIP)은 e-CIP홈페이지(http://www.nl.go.kr/ecip)
와 국가자료공동목록시스템(http://www.nl.go.kr/kolisnet)에서 이용하실 수 있습니다.
(CIP제어번호 : CIP2015017988)

알·기·쉽·고·재·미·있·는·일·본·근·대·사

# 메이지 이야기 ③

최승표 지음

**B/G 북갤러리**

# ▌들어가며

　제2권이 출간되고 2년여의 시간이 흐른 시점에서 드디어 이 시리즈의 마지막인 제3권을 출간하게 되었다. 제3권 역시 북갤러리 최길주 사장님의 결단이 없었으면 출간되지 못했을 것이다. 제1권을 출간할 당시 이 시리즈를 과연 끝까지 출간하여 완성할 수 있을지 필자 스스로가 무척 회의적이었는데 어느덧 마무리를 하는 순간에 오고야 말았다.

　제3권은 시기적으로는 청일전쟁 이후부터 러일전쟁을 거쳐 메이지 시대가 끝날 때까지를 다루고 있다. 이 시대가 끝날 무렵 조선은 일본의 식민지가 되었으며, 러일전쟁을 계기로 강대국의 반열에 오른 일본은 제1차 세계대전으로 절정을 맞이할 때까지 계속 성장해 나갔다. 제2권과 마찬가지로 제3권 역시 정치사를 중심으로 하되 경제적인 측면도 많이 다루고 있다.

　이 무렵에 들어서면 자본주의의 발전이 궤도에 오르기 시작했기 때문이다. 또한 이 시기는 새롭게 일본이 전쟁으로 획득한 식민지를 통치하고 경영해야 한다는 새로운 상황이 전개되었기 때문에 그 부분 역시 언급하지 않을 수 없다. 한국사와 밀접히 관련된 부분도 지나칠 수 없지만, 이 책이 근대 일본사를 독자들에게 알기 쉽게 이해시키려는 목적을 가지고 만든 책이므로 꼭 필요한 부분만 언급하려고 노력했다.

　제3권에서도 제2권에서 잠깐 언급한 사람들을 비롯해 새로운 인물들이 많이 등장한다. 시기적으로 세대교체가 이루어지는 시점이고 진정한 의미에서는 아닐지라도 실제로 세대교체가 이루어졌기 때문이다. 어쨌든 새로운 등장인물들에도 불구하고 제3권의 핵심인물들은 역시 제2권과 비슷하다. 개인적으로는 독자 여러분이 새로운 등장인물로 인해 혼란스러워하지 않았으면 하는 바람이 있다. 가급적 새롭게 등장하는 인물들을 축소하려 노력했지만 쉽지 않은 것도 사실이다.

　이 책을 만들면서 필자가 가장 괴로웠던 점은 저조한 판매실적으로 인해 기존에 출간된 책의 오자, 탈자, 매끄럽지 않은 문장 등을 다듬을 기회가 없다는 점이다. 또한 출간된 제2권을 읽어보면서 내용에 오류가 있는 부분도 발견했지만 어떻게 해볼 도리가 없다는 점도 부끄럽게 생각하고 있다. 물론 심각한 오류는 아니지만 독자들에게 잘못된 정보를 전달한 것 같아 마음이 괴로운 게 사실이다. 만약 제3권의 내용에 오류가 있거나 원고교정에 잘못된 부분이 있다면 전적으로 필자의 책임이라는 사실을 밝혀둔다.

다른 한편, 이 책의 출간을 계기로 우리나라에서도 일본 근대사에 대한 관심의 폭이 넓어지고 활성화되기를 기대한 것도 사실이나 그렇지 않은 것 같아 마음이 답답한 게 사실이다. 그러나 메이지 이야기를 제대로 읽어 본 독자라면 일반인들보다 일본에 대해 훨씬 이해의 폭이 넓을 것으로 생각하고 있다.

예를 들어 현재 일본의 총리로 화제와 논란의 대상이 되고 있는 아베 신조(安倍晋三)는 죠슈번 출신의 다카스기 신사쿠(高杉晋作)를 무척이나 존경해 그의 이름에서 '신(晋)'자를 따왔다. 제1권부터 이 시리즈를 읽어 본 독자라면 굳이 긴 설명을 하지 않아도 이 사실로부터 아베 총리의 정치적 성향을 알 수 있을 거라고 생각한다.

메이지 시대는 이미 오래 전에 끝났지만 그 시대가 남긴 유산은 아직도 일본에 강한 영향과 그림자를 남기고 있기 때문이다. 그래서 필자는 우리나라의 지식인이라면 메이지 시대에 대해서 꼭 알고 있어야 한다고 생각한다.

이 책을 읽을 때 주의할 점도 제2권과 비슷하다. 일본 고유의 칭호를 독자들이 읽기 편하게 고쳤으며, 중국의 인명과 지명은 한글발음을 기준으로 표기했다. 또한 등장하는 일본인의 이름은 가장 널리 알려진 이름을 사용했으며, 한자 표기도 일본식 간자체를 기준으로 삼았다. 아울러 이 책에서는 대한제국이라는 국호는 사용하지 않았다. 대한제국의 실체는 조선과 다르지 않고 커다란 의미는 없기 때문이다.

저조한 판매실적에도 불구하고 출간을 결정한 최길주 사장님에게 다시 한 번 고맙다는 말을 하고 싶다. 그리고 부족한 것이 많은 이 시리즈를 끝까지 읽어 준 독자 여러분에게도 감사의 말을 전한다.

2015년 어느 봄날에

**최승표**

# 차례

# 제3장 정략결혼

# 제4장 패망의 씨앗

하코다테(箱館)

센다이
(仙台)

아이즈(会津)

미토
(水戸)

후쿠이(福井)

에도(江戸) ●——● 사쿠라(佐倉)

히코네(彦根)

교토
(京都)    구와나(桑名)    슨푸
(駿府)

효고(兵庫)                시모다
(下田)

히로시마    후쿠야마(福山)    오사카
(広島)              (大坂)

하기(萩)                고치(高知)

우와지마
(宗和島)

사가(佐賀)

나가사키
(長崎)

가고시마
(鹿児島)

제1장

번벌과 정당정치

# 1

## 제2차 마쓰카타 내각

　제2차 이토 내각의 붕괴로 이번에는 사쓰마벌이 정권을 담당할 차례가 되었고, 수상이 될 인물은 권력을 잡을 욕심으로 이토 내각에 입각하기를 거절한 마쓰카타였다. 마쓰카타는 오쿠마와 같이 취임하겠다고 고집해 제2차 이토 내각을 붕괴시킨 장본인임에도 불구하고, 일단은 수상에 취임하길 거절하는 태도를 나타냈다. 가장 중요한 이유는 육군장관의 인선이 원활하게 해결되지 못했기 때문이다.

　육군의 쇼군 야마가타는 자신의 후계자인 '황태자' 가쓰라 다로(桂太郎)를 육군장관에 앉히려고 획책했으며, 사전에 마쓰카타의 동의를 얻어냈다. 그가 육군장관의 자리를 사쓰마 출신에게 양보하던 관행을 깨고 군이 가쓰라를 고집한 이유는 사쓰마벌이 만든 내각을 견제하는 한편, 육군의 죠슈벌세력을 강화한다는 차원을 넘어선 깊은 뜻이 있었다. 왜냐하면 자신의 후계자인 가쓰라를 정치판에 데뷔시켜 장래 정치권의 세대교체를 이룩한다는 구상을 갖고 있

었기 때문이다. 그런데 척식무장관을 유
임한 다카시마 도모노스케(高島鞆之助)
가 육군장관의 자리를 탐내면서 문제가
꼬이기 시작했다.

다카시마 도모노스케

실질적으로 배후에서 제2차 이토 내
각을 붕괴시킨 일등공신은 다카시마이므
로, 우유부단한 성격의 마쓰카타는 다카
시마의 요구를 거절하지 못하고 척식무
장관과 육군장관을 겸임하도록 조치하고
말았다. 척식무성은 대만총독부와 홋카
이도를 감독하기 위해 만들어진 부서이나, 사무가 중복되는 면이 많고 업무의
효율성이 희박한 기관이어서 장래 폐지될 운명이 확실했다. 이것을 잘 알고
있던 다카시마가 내각에 각료로 계속 머물기 위해 육군장관 겸임을 요구한 것
이다.

이미 야마가타와 가쓰라를 육군장관으로 임명하기로 약속해 놓고 이를 간
단하게 뒤집는 행동은, 마쓰카타의 정치생명뿐만 아니라 다카시마의 지위도
위태롭게 만드는 원인이 되었다. 야마가타가 이미 군부의 실력자라는 차원을
훨씬 뛰어넘는 막강한 권력자라는 사실을 감안하면 당연한 것이다. 마쓰카타
는 이러한 점을 의식해서인지 다카시마가 육군장관으로 척식무장관을 겸임하
는 게 아니라, 척식무장관으로서 육군장관을 겸임한다는 나름대로의 어설픈
절충안을 택해 야마가타를 달래려 했다. 그러나 편협하고 강렬한 파벌의식을
가지고 있는 그의 분노를 잠재우기에는 역부족이었다.

굳이 다카시마가 야마가타의 비위를 건드리면서까지 육군장관을 고집한 이
유는, 이번 기회를 놓치지 않고 육군 내 사쓰마세력을 확장하려는 게 주된 목
적이었다. 하지만 이미 강력한 파벌을 구축한 야마가타의 아성에 혼자 도전하
기에는 너무나 약했다. 비록 야마가타가 청일전쟁 도중 1군사령관에서 해임되

고 본국으로 소환당한다는 추태를 연출하기는 했지만, 그는 육군 내부에서 의연하게 쇼군과 같은 존재였다.

한편, 당시 대만총독이었던 가쓰라는 육군장관에 임명되리라 기대하고 도쿄에 머물렀으나, 엉뚱하게 다카시마가 임명된 사실에 크게 분노하고 다시 대만으로 돌아가지 않았다. 대만총독의 자리를 미련 없이 사임하고는 도쿄방어총독, 군이 오늘날 한국으로 따지면 수도방위사령관에 해당하는 자리를 차지하고 그대로 도쿄에 눌러 앉는다는 돌발행동을 했다. 육군의 황태자다운 처신이라고 하지 않을 수 없다.

육군장관의 인사파동을 겪으면서 메이지 29년(1896) 9월 18일에 탄생한 제2차 마쓰카타 내각은 예전의 제1차 내각과 비슷하게 사쓰마세력이 우위에 선 내각이었다. 그러나 오쿠마 시게노부를 외무장관에 영입해 정당세력과 본격적인 제휴에 나선 점이 매우 달랐다. 해군장관인 사이고 쓰구미치, 내무장관에 기용된 가바야마 스케노리, 여기에 척식무장관 겸 육군장관인 다카시마 도모노스케의 '3인방'이 마쓰카타 내각을 좌지우지하는 진정한 실세였다. 이 3인방은 제1차 마쓰카타 내각을 붕괴시킨 장본인이자, 제2차 마쓰카타 내각을 탄생시키고 리드한 주역이라는 묘한 입장에 있었다. 또한 사쓰마벌에 소속된 중견급의 인물들로 번벌의식이 강하고 정당정치를 혐오하며 전부 군인 출신이라는 공통점을 가졌다. 마쓰카타는 이번 내각에서도 역시 대장성 장관을 겸임했지만, 제1차 내각의 경우와 마찬가지로 군부의 사쓰마세력에게 휘둘린다는 점은 변하지 않았다.

한편, 야마가타파벌에서는 기요우라 게이고(淸浦奎吾)가 법무장관, 노무라 야스시(野村靖)가 체신장관으로 입각했는데, 누가 정권을 잡든지 야마가타를 배려해 그의 부하들을 장관으로 기용하지 않을 수 없을 정도로 확실한 정치적 기반을 확보했다는 사실을 알 수 있다.

노무라 야스시는 쇼카촌숙 출신으로 죠슈번의 존왕양이운동에 참가해서 활약한 인물 중의 하나다. 그는 이와쿠라 사절단에 참가하기도 했었고, 죠슈벌의 기둥인 기도 다카요시의 측근으로 장래가 촉망되었지만 기도의 갑작스러운 죽음으로 앞길을 스스로 개척해야 하는 상황이 되었다. 외무성과 체신성을 넘나들며 경력을 쌓던 그는, 본래 야마가타와 친밀한 사이는 아니었다. 그러나 이토와 이노우에가 초연주의를 포기하고 자유당과 제휴를 도모해 정당정치를 하려고 하자, 여기에 반발하고 정당정치를 반대하는 야마가타에게 붙어버렸다. 즉, 그는 정당정치를 결사반대한다는 초연주의의 신념에 따라 야마가타의 품에 안긴 것이다. 초연주의에 관해서는 야마가타와 '정치적 코드'가 일치했다. 그는 이러한 덕분에 야마가타의 신임을 얻었지만, 현실정치의 상황을 감안하지 않는 지나친 초연주의에 대한 집착으로 인해서 나중에는 야마가타와 사이가 벌어지게 된다.

정작 마쓰카타 내각의 운명을 쥐고 있는 것은 오쿠마와의 제휴가 얼마나 순조롭게 진행하느냐에 달려 있었다. 오쿠마는 애초 협상 난조로 마쓰카타 내각에 입각하기를 단념했었지만, 진보당을 여당으로 만들고 싶어 하는 측근들의 강력한 권유에 떠밀려 결국 입각을 승낙했다. 그 대신 입각의 조건으로서 진보당의 강령을 내각의 방침으로 요구하는 것은 물론이고, 특히 군비축소를 통한 재정긴축을 요구했다.

군비축소의 주장은 군부의 비위를 건드리는 정면도전 행위라는 점은 말할 것도 없다. 특히 삼국간섭을 계기로 일본 군부가 러시아에 대한 복수전을 꿈꾸고 있는 상황에서는 더욱 그러하다. 오쿠마는 외교상으로는 민족주의적인 대외강경방침을 주장하면서도, 이와는 정반대로 경제적 관점에 입각해서 군비축소를 주장하는 모순된 행동을 나타냈다. 일관된 신념이 없이 상황에 따라 임기응변으로 정책을 결정하는 버릇이 이러한 모순을 만들어낸 것이다.

오쿠마의 요구에 대해 제2차 마쓰카타 내각의 실세인 '3인방'은 군부의 이익을 우선한다는 차원에서 이를 무시하기로 결정하고는, 그 대신 오쿠마 계열의 인물을 차관급 이하의 관료로 등용한다는 타협안을 제시하며 달랬다. 게다가 오쿠마가 내각에 입각한 덕분에 대외강경운동의 와중에서 그를 지지하고 협조한 극우파 인사들이 보답을 받는다. 특히 귀족원 의장으로 새롭게 등장한 고노에 아쓰마로(近衛篤麿)가 두드러진 존재다.

이렇게 오쿠마의 협조를 얻는 데 성공한 마쓰카타 내각은 제10차 의회를 무난히 극복할 수 있었다. 특히 오쿠마의 요구사항인 언론, 출판 및 집회의 자유를 확대하기 위해 신문지조례를 개정하고 내무장관에 의한 신문발행의 규제를 해제했다. 오쿠마의 진보당이 언론의 자유 등 기본권 확대를 요구한 목적이 민주주의 발전을 고려해서라고 생각한다면 상당히 큰 착각이다. 이것을 요구한 진정한 목적은 제2차 이토 내각 당시 혹독한 탄압을 받았던 조약개정에 반대하면서 만들어진 대외강경파에게 활동의 자유를 보장하고, 이 운동의 정당성을 확보하기 위해서였다. 아울러 정당의 발전을 가로막는 '집회 및 정사(政社)법'의 개정도 시도했으나 귀족원의 반대에 부딪쳐 결국 좌절되고 말았다. 이 의회에서 가장 주목을 받은 점은 드디어 금본위체제를 확립했다는 사실이다. 여기에 관해서는 나중에 자세히 다루기로 한다.

중의원에서 진보당의 세력은 94석에 불과했지만, 무소속이나 마쓰카타 내각에 중립적인 입장에 있던 의석을 합치면 자유당에 맞서는 게 가능한 상황이었다. 이러한 덕분에 마쓰카타는 시간에 쫓겨 예전과는 달리 허점이 많은 예산안을 제출했음에도 불구하고, 단지 차년도 예산안에 대규모 재정정리를 약속하는 것만으로 예산안을 별다른 문제없이 무사히 통과시켰다. 게다가 마쓰카타가 제출한 예산안은 본래 제2차 이토 내각이 쓰러지기 직전 이토와 자유당이 협의하여 만들어진 예산안을 밑바탕으로 했으므로, 자유당이 여기에 반대하면서 견제타를 날릴 명분이 없었다.

아무튼 이러한 결과는 제1차 마쓰카타 내각 당시 예산안을 통과시키지 못해 중의원을 역사상 최초로 해산했고, 그 결과 악명 높은 선거간섭을 초래해 그 후유증으로 스스로 붕괴했다는 점을 생각하면 격세지감을 느끼게 하는 장면이다. 즉, 마쓰카타는 중의원의 유력한 정당과 제휴관계를 만들어내면 예산안 통과는 식은 죽 먹기에 불과하다는 사실을 직접 행동으로 증명해 보인 것이다. 덕분에 내각의 수명 역시 제1차 내각 당시와 다르게 1년을 더 집권하는 게 가능했다. 바로 이러한 점이 제2차 마쓰카타 내각의 가장 의미 있는 정치적 성과였다. 제2차 이토 내각의 말기에 자유당의 이타가키를 장관으로 영입하며 정당과 제휴한다는 새로운 정치구도를 만들어낸 장본인은 이토였다. 그러나 마쓰카타와 오쿠마의 영입이 좌절된 후 이렇다 할 가시적인 성과를 내지 못한 채 붕괴되었고, 그 결실을 거둔 사람은 마쓰카타였다.

다른 한편, 마쓰카타는 오쿠마와의 제휴 덕분에 의회를 별다른 어려움 없이 극복했으므로 정치적으로 보답하지 않을 수 없었다. 그래서 오쿠마 휘하에 있던 인물들이 차관이나 국장급에 취임한 것은 물론, 지방관의 꽃이라고 할 수 있는 지사(知事)에도 진보당 계열에 속하는 인물을 새롭게 9명이나 등용했다. 게다가 오쿠마 본인 역시 외무장관에다가 농상무장관도 겸임하면서 기염을 토했다.

본래 농상무장관은 사쓰마벌의 우두머리인 구로다와 각별한 관계에 있는 에노모토가 맡고 있었으나, 근대 일본에서 환경공해의 효시로 꼽히는 유명한 아시오(足尾) 광산의 독극물 파동으로 제10차 의회가 종료한 직후 사임했다. 마쓰카타는 에노모토의 후임자를 군이 선발하지 않고 오쿠마가 겸임하도록 배려한 것이다. 또한 마쓰카타는 천황이 직접 임명하는 칙임(勅任) 참사관이라는 보직을 각 행정부서에 신설해 진보당 당원을 대거 등용하는 조치를 취하기도 했다. 결국 정당이 번벌 내각과 제휴해 협조한다는 차원을 넘어서 관료벌에 감투를 차지하고 깊숙이 침투한다는 사례가 만들어졌다. 이로 인해 관료 사회가 동요하고 크게 위기의식을 느낀 것은 물론, 내각 내부에서도 반발이 심했다.

관료세력의 반발을 초래하는 이러한 조치는 오쿠마의 환심을 사기 위한 임시적인 미봉책에 불과했다. 마쓰카타에게 오쿠마를 압도하는 지도력과 카리스마가 없는 이상, 그에게 시종일관 질질 끌려 다니든지 아니면 제휴를 단절하든가를 선택해야만 하는 상황이다. 내각 내부에서 팽팽한 긴장감과 대치상태가 계속되자, 오쿠마는 '3인방'을 견제하고 내각을 강화한다는 명목으로 이토 히로부미를 입각시키자고 주장하는 돌발행동도 했다. 사쓰마벌의 내각에 끼어들 이유가 없었던 이토는 당연히 입각을 거절했으며, 마쓰카타는 내각의 2인자에 만족하지 않고 내각수상과 동등한 수준의 권력을 원하는 오쿠마의 거듭되는 무리한 요구에 인내심이 바닥났다. 결국 다음해 10월 31일에는 진보당과 제휴를 단절하기로 결심하고 만다.

거듭되는 마쓰카타의 회유책에도 불구하고 오쿠마가 무리한 요구를 하면서 내각을 압박해 제휴단절의 계기를 만든 이유는, 육군장관 다카시마가 신당을 결성하려는 움직임을 나타낸 게 결정적인 동기였다. 군부의 이익을 대변한 다카시마는 군비증강을 위한 증세를 추진했고, 오쿠마는 당연히 이에 대해 반발했으므로 양자 사이에는 타협점을 찾기가 불가능했다. 그래서 정치군인으로서 남다른 자질을 갖고 있었던 다카시마는, 오쿠마를 포기하고 정치판을 새로 짜기 위한 움직임을 나타낸 것이다. 진보당이 여당의 역할에 충실하지 않고 이해관계에 따라 야당처럼 행동하는 태도가 '3인방'의 신경을 건드린 사실도 간과할 수 없었다.

드디어 오쿠마가 11월 6일에 외무장관 겸 농상무장관을 사직하고 내각을 떠나자, 가바야마와 다카시마가 앞장서 이번에는 자유당과 제휴를 추진하는 정치공작에 돌입했다. 이 두 사람이 제1차 마쓰카타 내각의 당시 정당정치를 혐오해 자유당을 주요한 표적으로 악명 높은 부정선거를 지지하고 후원한 인물들이라는 점을 생각하면 기가 막힌 변신이다. 그러나 자유당은 마쓰카타 내각과 제휴를 하느냐 마느냐의 여부를 둘러싸고 내부분열로 대립하다가 결국 제휴를 거부하고 말았다.

다른 한편, 가바야마와 다카시마가 만든 정당인 공동회(公同会)는 불과 45석을 확보한 데 불과했고, 내각을 떠난 오쿠마의 진보당이 자유당과 손을 잡았으므로 마쓰카타 내각의 운명은 바람 앞의 등불이 되었다. 궁지에 몰린 마쓰카타는 정당과 제휴가 없는 상태로 제11차 의회를 극복하기가 지극히 곤란하다는 사실을 잘 알고 있었기 때문에, 전임자인 이토 히로부미를 흉내 내서 천황의 권위를 이용하려 했다. 그러나 천황은 완곡하지만 분명한 어조로 협조를 거부하고, 마쓰카타를 도와주려 하지 않았다.

천황은 이 내각의 탄생 무렵부터 후원자로서 깊숙이 개입을 했지만, 정치력과 지도력이 없는 마쓰카타에게 권위를 빌려주면 천황의 권위마저도 손상을 입을까봐 우려했다. 마쓰카타가 적절한 시점에서 잠깐 천황의 권위를 이용한다는 차원을 넘어서, 완전히 천황의 권위에만 의존해 의회를 극복하려 한다는 점을 간파했기 때문이다. 게다가 마쓰카타는 천황의 의향이나 지시를 계속 어기면서 심기를 불편하게 만들었으므로 괘씸죄도 적용되었다.

메이지 30년(1897) 11월 24일에 제11차 의회가 개원하자, 기다렸다는 듯이 바로 그 다음날에 즉시 탄핵안이 제출된다. 사태를 방치하면 탄핵안이 압도적인 지지로 통과될 것은 확실했다. 그러자 마쓰카타는 의회를 해산하는 명령을 내리는 것과 동시에 사표를 제출하고 미련 없이 내각을 포기했다. 유력한 정당과의 제휴에 실패하면 내각이 버틸 수 없다는 사실이 여실히 증명되었다. 그러나 이 내각이 붕괴한 원인으로서 정당과의 제휴문제보다는, 마쓰카타에게 내각의 각료들을 통솔할 지도력이 없다는 점이 더 근본적인 원인이라고 지적하지 않으면 안 된다.


한편, 다카시마는 육군장관의 자리에 있으면서도 육군 내부에 사쓰마세력을 확대하는 건 전혀 기대할 수 없었다. 육군차관인 고다마 겐타로(児玉源太郎)가 실권을 완전히 장악했기 때문이다. 고다마는 죠슈 출신의 군인 중에서는 가장 재능이 뛰어난 인물이고 야마가타의 총애를 받았던 탓에 다카시마조차도 건드리기 어려웠다.

만약 고다마가 사쓰마 출신이었다면 다카시마가 육군을 장악하는 것도 가능했을지 모르지만, 결과는 정반대로 나타났다. 게다가 가쓰라의 입각을 좌절시키고 정치판을 휘저으면서 야마가타의 비위를 건드렸다는 사실을 용서받지 못했다. 그래서 마치 마쓰카타 내각이 붕괴되기를 기다린 것처럼, 그가 육군장관을 사임하고 나서 불과 2개월 후에는 예비

고다마 겐타로

역에 편입되어 육군으로부터 영구 추방되기에 이른다. 다카시마는 어느 정도의 정치적인 수완과 아울러 용기와 배짱도 갖춘 인물이다. 서남전쟁에서는 사이고군 배후에 상륙작전을 성공시켜 정부군 승리에 기여하기도 했다. 즉, 야전군인으로서의 잠재력도 있었다. 그러나 야마가타의 아성에 홀로 도전하는 것은 자살행위나 마찬가지였다.

# 2

## 대만 통치의 시작

    앞서 청일전쟁의 부분에서 말한 것처럼 대만은 사쓰마벌이 장악한 해군의 강력한 요구로 일본의 식민지로 편입되었다. 그러나 전쟁 중에 실제로 대만에서 청일간의 전투가 벌어진 것이 아니었으므로, 일본이 군사적으로 점령해 확보한 영토가 아니라는 사실이 문제를 일으켰다. 중국은 마지못해 일본에게 대만을 넘겼으나, 대만에 살고 있는 현지 주민들은 이것에 강력히 반발하고 당경숭(唐景崧)을 우두머리로 하는 대만민주국이라는 공화국을 건설하는 독자적인 행동에 나섰다. 이것은 일본이 미처 예상하지 못한 반응이었다.

    이러한 사정으로 중국 본토에서 청일전쟁이 공식적으로 끝난 후에도 대만에서는 여전히 전쟁이 계속된다는 진풍경이 연출된다. 물론 현지 주민과 중국군이 아무리 저항한다 하더라도 대만의 독립을 달성하기는 불가능했지만, 일본군은 예상외로 막대한 피해를 입었다. 현지의 대만인들이 완강히 저항한 탓도 있으나, 무엇보다도 대만의 풍토병이 그 어떠한 항일 게릴라보다도 위력을 떨쳤기 때문이다. 대만 공략을 담당한 근위사단의 사단장을 필두로 수많은 장병이 콜레라나 말라리아, 이질에 걸려 쓰러졌으며, 4,500명에 이르는 사망자 총계의 거의 90%에 육박한다는 엄청난 결과로 나타났다.

메이지 28년(1895) 10월 26일에 대만을 평정했다는 공식선언이 나왔다. 그러나 아직도 산악지대에서는 항일저항군이 게릴라 전법으로 일본군에게 끈질기게 저항을 계속하고 있었다. 대만 평정을 일단락 짓는 것에만 거의 5개월이나 걸렸고, 이것은 앞으로 대만을 통치하는 일이 상당히 곤란하다는 점을 암시하는 징조에 다름 아니었다.

대만은 일본이 공식적으로 획득한 최초의 식민지다. 그럼에도 불구하고 식민지를 어떻게 통치할 것인가에 관해서는 별다른 계획이나 비전도 없었으며, 매우 혼란스러운 양상이 계속되었다. 예상외의 강력하고 끈질긴 저항을 이유로 부득이하게 일단 군정을 실시하는 것으로 결정했기 때문에, 군사 통치를 의미하는 군인총독의 시대가 활짝 열리게 된다. 이것은 대만의 식민지 획득과정에서 철저하게 군부가 주도권을 장악했으므로 나타난 당연한 결과였다.

나중에 형식적으로 민정 이양을 한 후에도, 여전히 대만총독은 군부를 위해 존재하는 보직이었다. 본래 대만을 영유하자고 추진한 게 해군이었으므로, 초대 대만총독에는 예의상 가바야마 스케노리가 임명되었다. 그러나 그 후는 육군 죠슈벌의 독무대였다. 해군이 대만영유를 주도했으나, 실제로 막대한 희생을 지불하면서 군사적으로 대만을 점령한 것은 육군이기 때문이다. 그래서 '황태자' 가쓰라 다로, 고다마 겐타로 등 야마가타의

데라우치 마사다케

직계에 해당하는 인물들이 대만총독을 역임했다.

이와는 정반대로 한반도 식민지 지배는 육군의 야마가타가 주도한 결과, 초대 조선총독에 야마가타의 직계 중의 직계인 데라우치 마사다케(寺內正毅)가 취임한다. 그리고 데라우치와 마찬가지로 조선총독을 두 번이나 역임한 사이토 마코토(斎藤実)는 해군으로, 비록 사쓰마 출신은 아니지만 해군의 실력자 야마모토 곤베의 직계에 해당하는 인물이었다. 이것은 '야마모토의 해군'이 러일전쟁 이후 육군과 대등하게 맞설 정도로 성장한 것을 나타내는 상징적인 사례의 하나다.

어쨌든 대만 통치는 시작되었지만 사실상 군부가 통치했으므로 많은 부작용과 역효과를 초래하지 않을 수 없었다. 항일게릴라를 토벌한다는 명목으로 많은 촌락이 초토화되었으며, 무고한 민간인 학살도 도처에서 무자비하게 자행되었다. 또한 일본 본토에서 대만총독부에 파견된 관료들이 무능하고 부패한 결과, 원주민을 상대로 가혹한 착취를 일삼아 원성을 샀다. 워낙 풍토병이 위력을 떨쳐 일단 대만에 부임하면 무사히 살아서 돌아오기 힘들다는 인식이 관료들 사이에 널리 퍼졌고, 임기를 마치고 본국으로 돌아가기 전에 한몫 챙겨 떠난다는 한탕주의가 만연하는 계기를 만들었다. 그래서 총독부 관리들은 하루속히 본국으로 돌아갈 생각만 했다.

여기에다가 일본에서 유입된 이주민도 혼란을 부채질하기는 마찬가지였다. 주로 하류층의 일본인들이 대만에 식민자의 자격으로 들어왔는데, 총독부관리들과 결탁해 각종 이권을 획득하거나 토지를 강탈하고 부를 축적한 경우도 있었다. 그러나 대만에서도 마찬가지로 밑바닥 인생을 사는 현상도 흔했다. 명색이 종주국 국민임에도 불구하고 인력거를 끌거나 창녀, 노점상, 구걸 등을 하면서 생계를 꾸리는 건, 보는 사람으로 하여금 과연 누가 식민지 지배를 받는 것인지 의심이 들게 할 정도였다.

애초 대만총독부는 대만에 사는 원주민들에게 2년의 유예기간을 주고 중국 본토로 돌아갈 수 있는 기회를 주었다. 이것은 대만의 지배층인 화교들을 되도록 많이 방출하고 그 빈자리를 일본인으로 채우려는 속셈이었다. 그러나 이미 생활의 터전을 갖고 있는 화교들이 기득권을 포기하려 하지 않았다. 그래서 퇴거율은 불과 0.16%에 지나지 않았다고 한다.

경제적으로 대만이 자립하지 않는 이상 일본 본국에서 재정지원을 해야만 했고, 이러한 재정적인 여유가 없었으므로 대폭 증세를 해야만 하는 상황이었다. 그러나 증세에 반대하는 야당의 반발로 인해 이것마저도 용이하지 않았다. 제2차 마쓰카타 내각이 붕괴된 이유 중의 하나로 대만 통치를 위한 증세에 실패한 점을 꼽을 수가 있다. 이러한 사정을 감안해 대만을 서구열강에게 판매하자는 주장마저도 제기될 정도였다. 이는 경제적 관점에서는 백 번 지당한 의견이었다. 그러나 모처럼 획득한 식민지도 감당하지 못한다는 서구열강의 비웃음을 당하기 싫다는 '체면의 문제'도 있었고, 국방상의 관점에서 대만을 영유할 가치가 있다고 완강하게 주장하는 군부에 의해 대만 매각론은 결국 사장되고 만다.

대만을 식민지로 통치하면서 상당한 적자를 낸 것은 전적으로 일본의 잘못임에도 불구하고, 제2차 세계대전이 끝난 후 경제적으로 상당한 손해를 감수하고도 대만의 근대화에 이바지했다는 식으로 자화자찬하는 좋은 재료가 되었다. 한반도의 식민지 통치과정에서도 이것과 매우 유사한 현상이 나타난 것은 긴말이 필요하지 않다. 그러나 한국과는 다르게 오늘날 대만에서는 일본의 식민지통치를 긍정적으로 해석하는 견해도 상당히 유력하게 주장되었던 게 사실이다. 그 이유는 모택동에게 중국 본토를 빼앗기고 대만으로 건너온 장개석의 국민당 정권에 대한 반감이 밑바탕에 있었기 때문이다.

즉, 대만이 제2차 세계대전이 끝난 후 아시아의 신흥공업국가로 발돋움한 원동력은 국민당 정권이 통치한 덕분이 아니라, 과거 일본의 식민지 지배를 받은 사실이 주요한 원인이라고 봤다. 여기에 일본의 사학계나 극우정치가들이 한껏 신바람이 나는 건 당연했다. 일본의 학계나 극우정치가들이 과거 주변 국가를 식민지로 통치한 사실에 자화자찬하는 태도를 나타내는 중요한 근거가 바로 여기에 있었다.

식민지 통치경험이 없어 허둥대는 일본 정부에게 대만 통치를 어떻게 해야할 것인지 의미심장한 의견을 제시한 인물은, 사법성 고문으로 고용된 영국인 커크우드(Kirkwood)였다. 그는 한마디로 말해 영국식 식민지 통치를 조언했다. 영국은 바로 이웃국가인 아일랜드를 수백 년간 지배한 것을 비롯해, 식민지 통치에 관해서는 자타가 공인하는 최고의 베테랑 국가였다. 커크우드는 이러한 영국의 식민통치 노하우를 전수하려 하였다.

영국식 식민지 통치의 핵심은 '간접통치'의 방식에 있다. 다시 말해 식민지를 본국의 영토로 동화시키려 하지 않고, 철저하게 경제적으로 착취하는 데만 중점을 두면서 통치에 수반하는 부담을 최소한으로 억제하는 것을 중요시했다. 이를 위해 총독부의 상층부만 본국에서 파견하고, 나머지 행정 관료들은 현지 주민들을 고용해 활용한다. 물론 본국에서 파견하는 극소수의 관료들은 현지 언어를 구사하는 게 가능한 최고의 엘리트만을 엄선해서 보내며, 군대나 경찰조차도 현지의 주민들을 적극적으로 등용하는 것을 원칙으로 했다.

그 결과 인도에서는 유명한 세포이의 반란이 일어나기도 했지만, 인도의 국방과 치안을 담당하는 대다수 사람은 영국인이 아니라 인도인이라는 골격은 변하지 않았다. 식민지에 대한 경제적 투자는 어디까지나 본국의 무역에 이익이 되는 범위에만 국한하며, 교육도 읽기·쓰기 등의 기초 교육에 중점을 두고 실업교육조차도 제한했다. 물론 종주국의 언어를 가르치는 건 금물이었다. 그러나 일본이 영국식 입헌제도나 교육제도 등을 도입하지 않은 것처럼, 식민지 통치에 있어서도 결과적으로 영국식은 거부되었다. 여기에 관해서도 이토 히로부미가 주도권을 장악하고 깊이 개입했다.

일본 입장에서는 대만의 현지 주민들에게 국방과 치안을 맡기는 것은 매우 곤란한 문제였다. 무자비한 탄압에도 불구하고 아직도 산악지역을 중심으로 항일투쟁이 계속되고 있는 상황에서, 국방과 치안을 자율에 맡기면 언제라도 대규모 반란이 일어날 가능성이 높았다. 또한 이러한 반란이 일어날 경우 쉽게 제압할 수 있다는 자신감이 없었다는 것은 물론이다. 그래서 식민지 주민의 복종을 얻어내는 방법으로 '동화주의 노선'을 채택하게 된다. 특히 교육에 있어서 일본어 교육의 강요를 중시했다. 이것은 대만을 오키나와나 홋카이도처럼 일본의 영토로 편입한다는 것을 전제로 해야만 했으나, 실제로는 대만 주민을 일본 국민으로 인정할 생각은 전혀 없었다. 나중에 한반도에서도 '황국신민'으로 만들려는 작업을 추진했음에도 불구하고, 법적으로나 사회적으로 일본인과 조선인은 엄연한 차이가 존재했다.

교육에 의해 동화작업을 추진하려면 '무상'으로 의무교육을 실시해야만 했지만, 이것 역시 재정적 곤란으로 인해 불가능한 일이었다. 당시 일본에서 무상의무교육을 제대로 실시하는 지역은 일본 정부가 적극적으로 동화작업을 추진하던 오키나와가 유일했다. 그럼에도 불구하고 오키나와에서도 아동의 취학률은 형편없었고, 오키나와가 진정으로 동화작업에 순응하기 시작한 것은 청일전쟁에서 중국이 패배한 이후였다. 중국의 패배로 오키나와가 일본의 지배로부터 벗어날 수 있다는 희망은 완전히 사라졌으며, 오키나와 주민들의 일본에 대한 인식이 180도로 변한 탓에 급격히 동화작업에 순응하는 태도를 나타냈다.

대만 주민을 일본인으로 만들려는 작업을 추진하면서 대만이 일본의 영토가 아니라는 사실을 분명하게 한 것으로는 유명한 '63호 법률'이 있다. 이것은 메이지 29년(1896) 3월에 성립한 법률 제63호를 의미한다. 이 법률의 가장 중요한 점은 대만총독에게 사실상 입법권을 부여한 것이다.

대만이 일본의 영토라면 입법권은 일본의 국회가 가지고 있어야 옳지만, 본국의 통제를 피하기 위해 '임시적'이라는 단서를 붙여 입법권을 총독에게 부여했다. 그러나 그 '임시적'이라는 부분이 계속 연장된 결과, 군인총독이 입법권과 행정권, 군사권을 독점하고 사실상 왕처럼 군림하는 게 가능하게 되었다. 이러한 현상은 나중에 한반도를 식민지로 지배하는 과정에서도 비슷하게 나타났다.

63호 법률을 계기로 일본의 영토는 일본 본토와 메이지 초기부터 편입이 추진되던 홋카이도와 오키나와 그리고 새롭게 식민지가 된 대만이라는 기묘한 3중 구조가 성립했다. 오키나와나 홋카이도는 메이지 헌법이 만들어질 당시 일본의 지배하에 있었기 때문에 형식적으로는 일본의 영토였지만, 오키나와 주민이나 홋카이도의 원주민인 아이누족은 일본인과는 다르다는 차별이 분명하게 존재했다. 여기에 비해 대만을 일본 영토로 편입하려면 헌법의 개정이 필요했으며, 실제 헌법을 개정하자는 움직임도 있었지만 결국 유산되고 만다.

대만총독이 입법권과 행정권을 장악한 대신 사법권이 제대로 정착된 것도 아니었다. 일본인 법관이 파견되어 법원조직이 만들어지기는 했으나 법치주의는 완전히 유린당했다. 특히 항일무장세력을 토벌한다는 이유로 집단학살이나 즉결처분이 빈번하게 자행되었으며, 일본 본국에서는 꿈도 꾸지 못할 총독부 관리들의 초법적인 횡포도 비일비재했던 것은 물론이다.

대만 통치가 안정되기까지 살해당한 민간인은 적어도 3만 명 이상이라고 추정될 정도로 막대한 수치에 달했다. 당시 대만의 인구가 250만 명 정도였다는 사실을 감안하면 엄청난 숫자라고 하지 않을 수가 없다.

이러한 현실에 참다못한 대만고등법원장 다카노 다케노리(高野孟紀)가 부패한 관료들을 적발해 다수 체포하자, 오히려 사실상 파면당하는 사건이 일어났다. 군인총독이 정당한 이유 없이 법관을 파면할 권리가 없으므로 이는 터무니없는 횡포였고, 대만이 무법지대라는 사실을 여실히 증명하는 상징적인 사건이었다. 법관에게 보장된 신분보장을 이유로 이를 무시하고 대만으로 돌아간 다카노는 경찰에 의해 강제로 추방당했다.

이 사건을 일으킨 대만총독은 러일전쟁 후 '군신'으로 추앙받은 죠슈 출신의 노기 마레스케(乃木希典)였다. 그는 정치군인이 아니므로 총독이 되기에는 애초 부적당한 인물이었지만, 제2대 총독인 가쓰라 다로가 육군장관에 임명되지 못한 데 불만을 가지고 제멋대로 사직한 탓에 야마가타의 요청으로 부득이하게 '대타'로 임명된 것이다.

고등법원장 파면사건은 마쓰카타 내각에서도 정치적 쟁점이 될 정도로 문제가 커졌지만, 군부와 정면으로 대결할 각오를 하지 않는 이상은 건드리기 어려운 문제였다. 아울러 대만을 법적으로 어떻게 해야 할 것인가에 관해 활발하게 논의되었다. 그렇지만 대만의 주민들에게 인권을 보장해 주는 문제는 애초부터 아예 관심 밖의 문제였다.

이처럼 혼란을 거듭하고 적자만 쌓여가던 대만 통치의 기틀을 잡은 사람은 메이지 31년(1898) 제4대 총독으로 부임한 고다마 겐타로와 고토 심페이(後藤象二郎)였다. 고다마는 마쓰카타 내각 당시 육군차관으로 다카시마를 강력하게 견제하는 데 성공한 후, 대만 통치를 안정시키라는 야마가타의 뜻을 받들어 대만총독에 부임했다.

고토는 앞서 말한 것처럼 이타가키 암살미수사건의 당시 이타가키를 치료해 이름을 알리고, 그 후 내무성 위생국에서 근무하던 도중 독일에 유학 가서 의학을 배우고 돌아왔다. 그러나 번벌 출신이 아니라는 이유로 뛰어난 수완을 가지고 있음에도 불구하고 각광을 받지 못한 인물 중 하나였다. 게다가 의사 출신으로 보건행정에 종사하는 관료에 불과하다는 사실도 출세를 가로막는 약점이

고토 심페이

었다.

불우한 상황에 처해있던 고토의 재능은 고다마의 전폭적인 지지와 후원 아래 활짝 펼쳐졌다. 그가 고다마에게 능력을 인정받은 계기는, 청일전쟁 당시 해외에서 귀국하는 장병들의 검역업무에 종사하면서 수완을 발휘한 덕분이다. 고다마는 청일전쟁 와중에 일본 본토에서 후방지원을 사실상 총괄하는 입장에 있었으므로 고토의 능력을 간파하기 어렵지 않았다.

고다마 총독 아래 민정장관에 취임해 대만 통치의 실권을 장악한 고토는 우선 행정기구의 대폭적인 축소와 간소화 작업에 나섰다. 무려 1,000명 이상의 총독부 관료들을 파면하는 것은 물론이고 행정기구를 절반 규모로 축소하는 한편, 경찰로 하여금 치안유지뿐만 아니라 행정업무도 담당하도록 해서 총독부의 인건비 부담을 크게 줄였다. 게다가 과거 청나라가 인민감시를 위해 실시하던 보갑(保甲)제도를 억지로 부활시켜 행정사무와 경찰사무를 부분적으로 대만 원주민들이 담당하도록 하는 수법도 사용했다.

가장 문제가 되는 부분은 끈질기게 계속되는 항일무장운동을 어떻게 진압하는가에 있었다. 이 문제를 매끄럽게 해결하지 못한다면 통치비용의 증가는 물론, 장래 대만을 효율적으로 통치하는 데 막대한 지장이 생긴다. 고토는 무자비한 탄압을 원칙으로 하면서도 귀순정책을 채용해 상당한 성공을 거두었다. 사실 항일무장투쟁에 참가한 자의 상당수는 일본군의 무자비한 대량학살에 가족을 잃고 복수심에서 항일게릴라투쟁에 참가한 경우가 많았다. 고토는 이에 주목해 귀순정책을 펼친 것이다.

이러한 덕분에 본국으로부터 지급받던 국고보조금은 급속도로 줄어들기 시작했다. 고토는 아울러 공채발행을 통해 자금을 마련하고, 이것을 발판으로 사회간접자본에 대한 대대적인 투자로 경제발전의 기틀을 잡았다. 웅장한 규모의 총독부 건물을 신축하는 것을 비롯해 철도, 항만, 상하수도 사업 등을 일으켰다. 게다가 대만이 재정적으로 독립할 수 있도록 강력한 전매제도를 실시한다.

　장뇌, 제당, 담배, 아편 등을 전매해 재정수입을 올리는 데 심혈을 기울였고, 특히 아편의 경우 일본에서는 법적으로 엄격하게 금지된 품목이지만, 대만에서는 정책적으로 아편 사업을 육성했다. 중국 본토에 아편중독자가 얼마든지 있었으므로 아편사업은 막대한 수익을 보장해 주는 황금알을 낳는 거위와 같았다. 이러한 덕분에 나중에는 본국의 재정지원을 받지 않고 경제적으로 자립하는 것이 가능하게 되었다. 그러나 그는 이것에 만족하지 않고 대만에 일본과 같은 독자적인 시스템을 정착하려고 노력했다. 다시 말해 경제적인 독립은 말할 것도 없고, 법적으로나 정치적으로도 본국과는 별개의 '왕국'을 건설하려고 생각한 것이다.

　군인총독에게 입법권을 부여한 '63호 법률'은 임시적인 성격을 가졌으므로, 언젠가는 폐지될 운명이었다. 이러한 사정을 감안해 정식으로 대만총독부가 본국과는 별개의 통치조직으로 거듭날 수 있도록 헌법의 개정을 비롯한 법적 조치를 강력하게 추진했다. 그러나 이 무렵 러일전쟁이 발발하고 총독인 고다마가 러일전쟁의 지휘를 하느라 매우 바빴던 탓에 흐지부지되고 말았다. 아무튼 고토는 '대만왕국 건설의 꿈'은 이루지 못했으나, 대만 통치의 과정에서 올린 눈부신 업적으로 본국의 주목을 받게 되고 확실한 출세의 발판을 마련하는 데 성공하였다.

# 3

## 제3차 이토 내각과 헌정당

제2차 마쓰카타 내각이 붕괴하자 차기 수상은 죠슈 출신이 맡을 차례지만, 마땅한 적임자는 이토 히로부미밖에 없었다. 마쓰카타가 의회를 해산하고 곧바로 내각을 포기했으므로, 정당에 대한 확실한 대책을 세우지 않고 내각을 인수하면 의회를 수월하게 극복하기 어려우며 정치적 타격을 입을 것이 분명했다. 그래서 죠슈벌의 간판인물인 이토가 자의반 타의반으로 나설 수밖에 없는 상황이었다.

사실 정당에 대한 대책이라고 해봤자 여당이 존재하지 않는 이상은 야당과의 제휴밖에는 없다. 청일전쟁을 전후로 해서 정당과의 제휴가 내각의 존속을 위한 필수적인 요건으로 정착하기 시작했다. 초연주의는 사실상 붕괴되는 조짐을 보이는 상황이 된 것이다.

다른 한편, 천황이 직접 만든 원로제도 역시 순조롭게 기능을 발휘했다. 제3차 이토 내각은 메이지 천황이 원로이자 사쓰마벌의 대표인 구로다 기요타카에게, 차기 내각의 탄생을 후원하라고 명령하는 형식을 취해 만들어진 내각이다. 결국 천황의 명령을 받은 사쓰마벌의 대표원로가 죠슈벌의 대표원로와 긴밀하게 협의해 내각을 탄생시킨다는 '아름다운' 번벌통치 구도를 밑바탕에 깔고 있었다.

내각을 만들기에 앞서 이토는 특유의 '강력한 내각'을 만드는 작업에 착수했다. 군부와 관료벌을 장악한 야마가타의 협조는 물론, 진보당 당수인 오쿠마 시게노부의 입각도 요청했다. 그러나 오쿠마는 자신을 내무장관으로 임명하는 것과 아울러 3개의 장관 자리를 진보당에게 양보하라고 요구했다. 이것은 받아들이기 어려운 터무니없는 요구다. 그래서 부득이하게 이토는 오쿠마를 포기하고 자유당에게 손을 뻗었다. 그런데 자유당의 이타가키 다이스케도 역시 뻔뻔하게 내무장관의 자리를 요구했다.

아직 총선거가 끝나지 않았으므로 내무장관을 정당의 우두머리에게 내줄 수는 없었다. 그것은 선거의 공정성이라는 측면에서 문제를 일으키기 때문이다. 이토는 특정한 정당과 제휴함으로 인해서 정당의 세력 확장을 도와주는 꼴이 되는 것을 꺼려했다. 결국 정당과의 제휴는 중단해야 했지만, 그럼에도 불구하고 이토는 내각을 포기하려고 하지 않았다. 제휴가 실패한 이상 초연주의를 표방하고 번벌의 힘을 똘똘 뭉쳐 의연하게 난국을 헤쳐 나간다는 어리석은 생각을 한 것이다. 아직 자유당과 제휴가 가능하다는 헛된 희망을 가지고 있었던 점도 중요한 원인이다.

아무튼 이러한 사정을 배경으로 제3차 이토 내각은 죠슈벌이나 그와 밀접한 관계가 있는 인물들이 대거 등용되었다. 체신장관에는 이토의 사위인 스에마쓰 겐쵸(末松謙澄), 대장성 장관에는 이토의 절친한 친구인 이노우에 가오루, 농상무장관에는 이토가 가장 신뢰하는 참모 이토 미요지(伊東巳代治), 문부장관에는 이토의 부하 중 떠오르는 샛별이라고 할 수 있는 사이온지 긴모치(西園寺公望) 등이 임명된다.

여기에 아울러 야마가타 파벌에서는 요시카와 아키마사(芳川顕正)가 내무장관에, 소네 아라스케(曾禰荒助)가 법무장관에 각각 기용되었다. 가장 돋보이는 점은 육군장관에 임명된 가쓰라 다로다. 앞서 설명한 것처럼 제2차 마쓰카타 내각 당시 육군장관으로 입각하는 데 실패한 그는, 이번에는 반드시 육군장관에 취임하기 위해 해군장관 사이고 쓰구미치의 유임을 설득해서 성공하고야 만다.

소네 아라스케

정치판의 상황을 예의주시하던 가쓰라는 이토가 사쓰마벌의 협조를 얻기 위해 사이고 쓰구미치의 유임을 원한다는 사실을 재빨리 간파했다. 그래서 유임할 생각이 별로 없던 쓰구미치에게 접근해 설득에 성공한 결과, 이토의 환심을 사고 대망의 육군장관 자리를 차지한 것이다. 야마가타가 메이지 초기 육군경에 취임한 이후 실로 오랜 세월이 흐른 뒤에야 다시 죠슈 출신이 육군의 우두머리가 되어 전면에 등장했다.

육군장관의 자리에 가쓰라가 그토록 집착한 이유는 감투에 눈이 멀어서가 아니었다. 야마가타처럼 정치군인에서 정치가로 변신을 위한 포석으로서 육군장관의 자리를 노렸다. 그렇기 때문에 가쓰라가 육군장관에 취임한 것은 매우 중요한 의미를 가지고 있었다. 죠슈벌의 차세대 리더의 등장을 알리는 신호탄이라고 봐도 무방하다. 이토 역시 번벌세력의 차세대 지도자를 키운다는 차원에서 라이벌인 야마가타의 직계임에도 불구하고 가쓰라의 등용을 적극적으로 지지했다.

일단 제휴는 포기했으나, 이토는 자유당과 계속 접촉을 유지하는 것만큼은 게을리 하지 않았다. 이를 담당한 인물이 농상무장관으로 입각한 이토 미요지였다. 3월 15일에 실시된 임시총선거 결과 자유당이 중의원의 제1당이 되자 본격적으로 이타가키의 입각을 위한 교섭이 시작된다. 자유당 측은 이타가키의 입각과 차관이나 차관급관료에 자유당 당원을 등용한다는 조건을 제시해 이토와 정치적 거래를 하려고 하였다. 그러나 이타가키의 입각을 꺼려하는 이노우에 가오루와 정당정치를 혐오하는 야마가타의 뜻을 받든 육군장관 가쓰라가 강

이토 미요지

력하게 반대했던 탓에 결국 성사되지 못했다. 이 여파로 이토 미요지가 사임하고, 후임으로 역시 이토의 참모 중 하나인 가네코 겐타로(金子堅太郎)가 농상무장관에 기용되었다. 본래 이토 미요지는 자유당과 제휴를 기필코 성사시키기 위해서 농상무 장관을 사임했다. 그리고 그 대신 후임자에 이타가키를 임명하자고 제안할 정도로 살신성인의 열성을 보였으나 거부당했다.

무쓰 무네미쓰와 고토 쇼지로가 사망한 이후 자유당과 연결통로로 자신의 존재가치를 확립하려 했던 이토 미요지는 이를 계기로 이토와 사이가 크게 벌어지게 되었다. 갈등의 근본원인은 이토 미요지가 단순히 이토의 참모가 아니라 그의 후계자가 되길 원하는 야심이 있었는데 이토는 참모 이상의 대접을 해 줄 생각이 없었기 때문이다.

정당과 제휴에 실패하면서 내각의 운명은 바람 앞의 등불이 되었다. 더군다나 이토가 자유당과 교섭을 질질 끌다가 내부사정으로 아무런 소득도 없이 흐지부지 끝났으므로, 자유당을 크게 분노하게 만든 점도 무시하기 어려웠다. 특히 대장성 장관인 이노우에 가오루가 제휴를 좌절시킨 원흉으로 지목되어 경제정책에 있어서 자유당과 이토 내각 사이의 전면대립에 이르게 된다.

메이지 31년(1898) 5월에 열린 제12차 의회는 이토에게 시련의 연속이었다. 우선 대외문제가 도마 위에 올랐다. 야당은 청일전쟁에 패배한 이후 중국에 대한 서구열강의 식민지화가 가속화되는 상황에서 번벌정권이 수수방관하는 점을 추궁했다. 사실 이러한 현상을 일어나도록 만든 장본인은 청일전쟁에서 중국을 패배하게 만든 일본이다.

그럼에도 불구하고 삼국간섭에 의해 요동반도를 포기한 이후로 대외문제에서 주춤하지 않을 수 없었던 사정으로 인해, 중국에서 벌어지는 서구열강의 이권쟁탈전에 끼어들 정신적 여유는 없었다. 일본이 중국에 대해 요구한 것은 중국 남부의 복건성을 서구열강에게 할양하지 말도록 강요하고, 여기에 대해 중국으로부터 약속을 얻어낸 게 전부였다.

더욱 문제가 되는 것은 한반도를 둘러싼 러시아와 협정이었다. 러시아는 삼국간섭으로 중국에게 반환하도록 요구한 요동반도의 여순과 대련을 중국으로부터 조차하길 원했다. 이를 위해 이홍장을 500만 달러라는 천문학적인 뇌물로 매수하고는 중국의 동의를 얻는 데 성공한다. 여순과 대련은 요동반도의 끝에 위치한 항구도시라는 공통점이 있었다. 즉, 방어에 유리한 여순은 러시아의 태평양 함대를 위한 기항지로 삼을 생각이었고, 대련은 경제적 측면을 고려해 무역항으로 발전시킬 계획을 세운 것이다. 더 나아가 이 두 개의 항구도시를 발판으로 장차 요동반도를 러시아의 세력권으로 만든다는 야심을 가진 것은 물론이다.

이홍장이 러시아에게 순순히 요동반도를 내준 것은 단지 뇌물 때문만은 아니었다. 청일전쟁에 패배해 일본을 견제하는 데 실패하자, 중국을 대신해 러시아로 하여금 일본과 싸우게 하려는 생각을 가지고 있었다. 중국의 전매특허인 오랑캐로 하여금 오랑캐와 싸우게 한다는 소위 이이제이(以夷制夷) 전법이다. '약소국 중국'이 선택할 수 있는 길은 이 방법밖에는 없었다. 그래서 이홍장은 기꺼이 러시아에게 협조하는 태도를 취한 것이다. 또한 청일전쟁의 패배 후 실각상태에 있던 그를 지지해준 러시아에 대한 고마움의 표시도 있었다.

여기에 대해 일본이 민감한 반응을 보일 게 뻔했으므로, 러시아는 일본을 회유하려고 소위 니시·로젠협정을 맺었다. 니시는 당시 외무장관인 니시 도쿠지로(西德二郎)를 말하며, 로젠(Rosen)은 주일 러시아공사로 장기간 재직한 인물이다. 로젠은 영국의 파크스(Parkes)와 비슷하게 오랫동안 일본에 외교관으로 체류하면서 러시아의 대일방침에 중요한 역할을 했다.

다른 한편, 니시는 홋카이도 개척사로 장기간 근무했던 인연으로 러시아에 지대한 관심을 가지고 있던 사쓰마벌의 대표 구로다의 측근인물로서, 사쓰마벌에 대한 정치적인 배려 차원에서 외무장관에 입각한 인물이다. 니시·로젠협정의 핵심 내용은 한반도에서 러시아와 일본의 세력균형을 인정하는 점에 있다. 청일전쟁 전에 한반도에서 중국과 일본의 세력균형을 인정한 것과 거의 동일한 취지다. 다만 갑신정변 후에 체결된 천진조약처럼 유사시 한반도에서 군사적 긴장을 유발하는 조항이 없었다는 점이 다르다. 이 협정을 체결한 덕분에 러시아는 일본의 반발을 잠재우고 여순·대련을 순조롭게 조차하는 데 성공했다. 게다가 그 후 한반도에서 노골적으로 이권 획득에 나서고, 심지어는 해군기지를 만들기 위해서 월미도를 조차하는 등 군사적 긴장을 유발하는 행동을 주저하지 않았다.

결과적으로 러시아가 외교적으로 일본을 농락한 것이다. 러시아는 내부적으로 삼국간섭 당시 일본이 힘없이 물러난 이후, 일본을 우습게 보고 멸시하는 경향이 강했다. 중의원은 오쿠마의 진보당이 주도해 이 문제를 가지고 탄핵상주문을 제출한다. 자유당이 협조를 거부한 탓에 상당한 표차로 부결되기는 하였지만, 이토 내각은 부족한 세입을 충당하기 위해서 증세를 달성해야만 한다는 중요한 숙제를 가지고 있었다.

한편, 러시아 극동정책의 주도권을 가지고 있는 재무장관 비테(Witte)는 메이지 29년(1896) 5월에 행해진 러시아의 마지막 황제인 니콜라이 2세의 대관식을 전후해 극동의 국가들과 중요한 협정을 연달아서 체결했다. 시기상으로는 비테가 배후에서 조종한 3국간섭이 있고 나서 거의 1년 정도 지난 시점으로 제2차 마쓰카타 내각 당시 벌어진 사건이다. 청일전쟁과 삼국간섭 이후 동북아시아 국제질서의 재편성이 이루어지는 출발점이 바로 여기서 시작되었다. 그래서 제3차 이토 내각과 직접 관련이 없지만 반드시 언급하지 않을 수 없는 사건이다. 이 대관식에 일본의 대표로 참석한 사람은 다름 아닌 야마가타였다. 조선은 민영환을 특명대사로 파견했다. 외교에도 뛰어난 소질을 가지고 있는 비테는, 중국과 조선이 반일감정을 가지고 있는 점을 잘 활용해 러시아에 유리한 방향으로 협상을 이끌었다.

그 결과 중국과는 일본의 침략에 공동으로 맞서는 내용의 비밀공수동맹을 체결하고, 조선에 대해서는 러시아군에 의한 국왕의 보호 등 전폭적인 지원을 약속했다. 그 대가로 우선 중국의 이홍장에게 시베리아 철도의 단축노선으로 만주 북부를 관통하는 철도의 건설을 승인시킨다. 물론 표면적으로는 일본의 침략에 맞서기 위해 군사상 필요하다고 주장한 것이지만, 실제로는 만주와 요동반도로 러시아의 세력을 뻗기 위한 발판을 마련하려는 목적을 가졌다.

이와는 정반대로 일본에 대해서는 한반도를 중심으로 극동의 세력분포에서 양국 간의 충돌방지와 현상유지를 기본으로 하는 내용의 협정을 맺었다. 소위 말하는 야마가타·로바노프 협정이 바로 그것이다. 로바노프(Lobanov)는 당시 러시아의 외무장관을 일컫는다. 본래 야마가타가 군이 러시아에 직접 간 이유는 한반도를 러시아와 일본이 사이좋게 나눠 갖자는 제안을 하기 위해서였다. 38도선인지 39도선인지 확실하지는 않지만, 한반도를 분단하자는 구상을 가지고 있었다고 한다. 역사상 한반도 분할의 구상이 나타난 최초의 사례이다.

만약 러시아가 야마가타의 제안을 받아들였다면 한반도는 분단되었을 것이다. 그러나 영토의 확장과 팽창 욕구가 타의 추종을 불허하는 러시아는 조선이 독립국임을 내세워 조금도 야마가타에게 양보하지 않았다. 아무튼 신임 러시아 황제의 대관식을 계기로 비테는 일본을 철저하게 억누르면서 만주와 요동반도로 진출한다는 동북아시아 국제질서의 기본구도를 만들었고, 그가 실각하기까지 이러한 상황은 계속 유지되었다.

제2차 마쓰카타 내각이 의회를 해산하고 곧바로 사퇴한 탓에 메이지 31년도 예산은 전년도 예산을 집행해야 했다. 게다가 추가예산의 세입 부족까지 합치면 재정적자는 상당한 액수에 이르렀고, 장래 더욱 많은 액수의 예산이 필요한 상황이므로 지조의 대폭 증세를 통해서 보충하는 게 불가피한 상황이었다. 러일전쟁에 대비한 군비증강, 자본주의 발전의 촉진을 위한 사회간접자본에 대한 투자 등 자금이 필요한 곳은 도처에 있었지만 조세수입은 정체상태를 나타냈고, 이미 소비세 등 각종 새로운 세금을 신설해 보충하는 것도 한계에 이르렀다. 외채를 도입하지 않는 이상 지조의 증세만이 근본적이고 유일한 해결책이었다.

이러한 상황에서 이토는 지조를 증세하는 방안을 강구하지 않을 수 없었다. 시가지의 택지는 5%, 논이나 밭은 3.7%로 인상하는 방침을 세우고, 만약 의회가 반대한다면 의회를 해산한다고 협박했다. 게다가 해산 후에도 증세에 반대하는 세력이 중의원의 과반수를 차지하면 헌법을 정지한다고 극언하는 것도 주저하지 않았다. 그 정도로 지조의 증세문제는 이토 내각의 사활을 건 문제였다는 것을 알 수 있다.

지주계층을 지지기반으로 하고 있는 자유당이 지조를 건드리는 시도에 강력하게 반대할 것이라는 사실은 뻔했기 때문에, 정부가 지조증세안을 제출하자 이토의 예상대로 중의원은 부결의 움직임을 나타냈다. 이토는 의회해산을 암시하는 협박의 수단으로 3일간의 의회정지를 명령했지만, 6월 10일에 다시 열린 회의에서도 역시 압도적인 표차로 부결되자 즉시 의회를 해산하는 강경조치를 취했다.

이토는 제2차 이토 내각 당시 조약개정 문제를 둘러싸고 벌어진 의회와의 갈등과 유사한 곤경에 빠졌다. 의회를 해산해도 증세에 반대하는 야당이 다시 다수당이 될 것은 뻔했고, 그래서 이 문제를 해결할 마땅한 방법은 사실상 없었다. 다른 것도 아닌 지조를 건드렸기 때문에 야당과의 타협은 불가능하다고 해도 과언이 아니다. 제2차 이토 내각의 경우에는 청일전쟁이 일어나는 바람에 간신히 곤경을 회피했지만 이번에는 그러한 기적도 바랄 수 없었다.

여기에다가 설상가상으로 야당의 쌍두마차인 자유당과 진보당이 합당한다는 충격적인 사건이 일어났다. 의회를 해산하고 불과 12일밖에 경과하지 않은 6월 22일에 이타가키와 오쿠마가 손을 잡고 '헌정당(憲政黨)'이라는 슈퍼정당이 탄생한 것이다. 이러한 원인을 제공한 것은 증세를 고집해 의회를 강하게 압박한 이토 내각에게 있었다. 증세에 반대하기 위한 연대투쟁의 결과가 바로 헌정당 탄생의 밑바탕을 만들었기 때문이다.

자유당과 진보당은 지지기반이나 정당의 강령 등 세부적인 점을 파고들면 미세한 차이는 제법 있었으나, 사실 합당하는 게 불가능할 정도로 이념적으로나 사상에서 중대한 차이는 없었다. 이타가키와 오쿠마가 서로 경쟁하고 반목하지 않았다면 이미 오래전에 합당이 실현되었을 것이다.

새롭게 만들어진 헌정당의 강령에는 양당의 강령을 절충해 거창하게 여러 가지를 표방했지만, 가장 중요한 점은 정당내각의 수립을 강령의 하나로서 삽입했다는 사실이다. 다시 말해 번벌정권을 타도하고 정당세력이 정권을 차지하는 게 가장 주된 목적이었다.


이러한 헌정당의 등장으로 말미암아 이토는 내각제도 창설 이후 최대의 정치적 위기에 직면했다. 증세안의 의회 통과가 불가능하게 된 것은 물론이고, 번벌정권 자체의 존립에 관련되는 중대한 위기상황이라는 점을 충분히 인식하고 대책마련에 나선다. 대책은 오직 한 가지밖에 없었다. 즉, 정부를 지지하는 강력한 여당을 만들어 '슈퍼야당'을 제압하고 의회를 장악하는 길만이 유일한 선택가능성으로 남았다.

비록 헌법을 정지한다는 극언까지 했지만, 메이지 입헌체제를 만들어낸 장본인이 헌법을 정지한다면 자신이 만들어낸 자식을 버리는 것과 마찬가지의 정치적 패륜행위였다. 만약 헌법을 정지한다면 '헌법의 아버지'로서의 자부심과 긍지에 돌이킬 수 없는 타격이 된다. 남달리 허영심이 강한 이토는 차마 헌법 정지라는 수단을 선택할 수 없었다.

일단 그는 각료회의를 열어 자문을 구하는 절차를 밟았다. 각료들은 대체로 여당을 만든다는 구상에 찬성을 나타냈다. 초연주의를 제창한 장본인 중의 하나인 추밀원 의장 구로다조차도 역시 동의했다. 그러나 원로인 야마가타와 마쓰카타는 반대 입장에 있었고, 특히 정당 혐오론자인 야마가타는 육군장관 가쓰라를 내세워 강력하게 반대의견을 내각에 반영하도록 배후조정을 했다. 게다가 애초 이토가 신당을 결성하면 참가할 의사를 밝혔던 시부사와를 비롯한 재계의 인물들도 형세관망의 입장으로 돌아섰다.

궁지에 몰린 이토는 사태를 타개하기 위해 정면 돌파를 택했고, 6월 24일에 야마가타를 설득할 목적으로 원로회의가 열렸다. 원로회의는 천황이 만들어낸 제도이므로 당연히 천황도 직접 참석한 가운데 열리고, 어전회의라는 형식을 취하는 경우가 보통이다. 이날의 회의에서 이토와 야마가타는 불꽃 튀는 설전을 벌였다.

이 자리에서 야마가타는 설사 이토가 정당을 창설하더라도 그가 당의 우두머리가 되어서는 안 된다고 주장했다. 정당은 국익보다는 당리당략에 치우치는 존재이므로, 이토가 국익을 우선시해야 하는 현직 수상인 채로 정당의 우두머리를 겸직할 수 없다는 논리다. 그렇게 되면 이토가 애써 정당을 창설하는 의미가 없어지는 것은 물론이다. 제아무리 정당을 혐오하는 야마가타라 하더라도 '슈퍼야당' 헌정당이 등장한 마당에 무턱대고 정당 창설에 반대하기는 어려웠다. 그래서 직설적인 어법이 아니라 간접적으로 이토가 정당을 창설하려는 의도를 견제하고자 했다.

아울러 이토가 정당을 창설하게 되면 중의원을 장악해 야마가타가 심혈을 기울여 키워 놓은 그의 파벌을 능가하는 세력을 만들지도 모른다는 점도 우려했다. 다시 말해 야마가타의 본심은 헌정당이 정권을 차지하는 걸 원하지 않았지만, 헌정당을 저지하기 위해 이토에게 힘을 실어주기도 싫다는 것이다. 두 사람의 주장이 팽팽한 평행선을 달렸기 때문에 아무리 논쟁을 해도 결론은 나지 않았다. 감정이 격해진 이토는 모든 관직과 작위를 포기하고서라도 정당 창설에 나서겠다는 의사마저 밝혔다.

그리고 그 다음날인 6월 25일에 그는 정말로 사표를 제출하고 내각을 포기했다. 이토의 우유부단한 성격을 고려하면 그의 인생을 통틀어 매우 보기 드문 결단력을 보여준 경우다. 이렇게 해서 제3차 이토 내각은 불과 반년 만에 붕괴하는 운명을 맞이했다.

# 4

## 전후 경영

청일전쟁에서 승리한 후 경제의 새로운 방향을 마련해야 한다는 것은 당연했다. 여기에 관해서도 청일전쟁 직후 수상에 취임한 마쓰카타가 주도권을 장악하고 기본적인 틀을 만들었다. 그러나 삼국간섭 이후 장래 러시아와 전쟁에 대비해야 한다는 특수한 사정이 있었으므로, 경제발전정책을 수립하는 것은 간단한 문제가 아니었다. 즉, 대폭적인 군비증강에 중점을 두면서 아울러 자본주의 발전을 동시에 수행해 나가야 한다는 까다로운 과제가 놓여 있었다.

청일전쟁에서 승리한 결과 중국으로부터 요동반도 반환에 따른 보상금까지 포함해 3억 6천만 엔 가량이라는 막대한 배상금을 얻었지만, 그 대부분은 군비증강에 충당했다. 부족한 세입을 보충하기 위해 증세가 필수적이나, 중의원을 장악한 야당의 강력한 반대로 실현될 가능성은 불투명했다. 그래서 내국공채와 외채를 모집해 부족한 정부예산을 보충하는 것이 전후 경영의 특색이 되었다. 다시 말해 메이지 초기부터 금기시하는 불문율이 되었던 외채모집을 통해 군비증강과 경제부흥을 뒷받침한다는 게 전후 경영의 가장 큰 특징이다.

물론 애초 외채모집을 생각해 전후 경영을 시행하려고 한 것은 아니나 주어진 상황은 그렇지가 않았다. 육군이 군비증강으로 요구한 액수는 9천만 엔이고, 해군은 무려 1억 8,700만 엔에 달했다. 여기에 군함과 대포를 비롯한 무기생산을 위해 제철소를 설립하는 비용까지 합치면, 청일전쟁으로 얻은 배상금의 3분의 2 가량을 군비증강에 충당하지 않을 수 없었다. 중국으로부터 받은 배상금 중 가장 우선적으로 투입한 분야는 청일전쟁으로 야기된 재정손실을 보충하기 위한 항목이었다. 그리고 이를 제외한 나머지 금액의 대부분을 군비증강에 쏟아 부었다고 해도 과언이 아니다.

이것을 증명하는 단적인 예를 들자면 청일전쟁 당시 일본 해군의 예산은 1,300만 엔 가량이었지만, 전쟁이 끝난 다음해인 메이지 29년(1896)에는 3,800만 엔으로 단숨에 치솟았으며, 그 다음해 메이지 30년(1897)의 해군예산이 7,600만 엔으로 한층 더 팽창한 사실을 들 수가 있다. 전쟁이 끝났음에도 불구하고 국방예산은 시간이 갈수록 팽창에 팽창을 거듭한다는 기묘한 현상이 나타난 것이다. 이것이 바로 중국으로부터 막대한 배상금을 얻었음에도 불구하고 일본 정부가 재정 빈곤에 허덕이게 만드는 근본적인 원인이었다.

청일전쟁 후 러일전쟁에 이르는 기간 동안 일본 경제의 대체적인 흐름은 불황과 경제공황을 거듭했다고 할 수 있다. 중앙은행인 일본은행은 메이지 28년(1895) 하반기에 들어서자 적극적인 대출정책과 금리인하로 경제부흥을 유도한다. 이것은 청일전쟁의 배상금 획득을 전제로 하는 것이었으며, 일시적으로 호황을 유도하기는 하였지만 다음해부터는 서서히 열기가 식고 금융 핍박이 시간이 흐를수록 점점 심화되었다. 급기야 메이지 31년(1898)에는 금융공황이 발생했으며, 그 이후 일본은행의 노력에도 불구하고 불황과 경제공황이 거듭되는 양상은 변하지 않았다.

한편, 청일전쟁으로 얻은 배상금은 마쓰카타의 주장에 따라 중국이 직접 일본에게 지급하는 게 아니라 영국 런던에 파운드화로 예치하고, 이것을 일본 정부가 수령하는 형태를 취했다. 이러한 방법을 선택한 이유는 당시 은화의 가치가 하락하고 있는 점을 고려해 파운드화로 보유하는 편이 가장 유리했기 때문이다. 또한 해군의 군비증강을 위한 군함·탄약·폭발물의 대부분을 영국에서 구입했으므로, 이러한 무기대금의 지불을 위해서라도 런던에 예치되어 있는 파운드화로 지급하는 방법이 편리하다는 사실도 간과하기 어렵다.

마쓰카타는 애당초 대대적인 내국공채의 모집을 통해 항만·제철소·철도·전화·홋카이도 개발 등 자본주의 발전을 위한 자금으로 삼으려 했다. 그러나 호황일 경우는 공채 이자에 대한 금리상승이 부담이 되었고, 불황일 경우에는 금융 핍박으로 인해 공채모집에 대한 호응이 저조하다는 문제점이 있었다. 중앙은행인 일본은행이 정부가 발행한 공채를 인수하는 방법으로 어느 정도 공채발행의 실적을 올리기는 했으나, 불황으로 고통 받는 일반 국민들을 상대로 모집하기는 어려웠다. 특히 청일전쟁을 계기로 일시적으로 일어난 호황의 열기가 식은 후에는 더욱 그러하다.

이 문제에 대한 근본적인 해결책은 세금을 더 많이 징수하는 방법이 최선인 것은 물론이다. 제2차 마쓰카타 내각은 등록세와 영업세를 신설하는 한편, 담배전매제도의 실시와 주세(酒稅)의 인상 등을 단행했다. 등록세와 영업세는 상공업자를 겨냥한 것이지만 당시 자본주의 발달이 미미했던 탓에 커다란 세수 증가를 기대하기는 어려웠다. 그러나 이것을 계기로 불만을 가진 상공업자 계층에서 지조의 인상을 요구하는 목소리를 커지게 하는 결과를 야기한다.

실제로 지속적인 쌀 가격의 인상으로 수입이 늘어난 농민이 부담하는 실질적인 지조의 부담은 상당히 경감된 상태였고, 지조를 증세하는 조치가 농민에게 커다란 경제적 부담이 되는 상황은 아니었다. 그러나 농민층의 지지를 기반으로 하는 자유당이 당리당략적 이유에서 이것에 강력하게 반대했기 때문에 지조의 증세를 실현하는 일은 매우 어렵다는 점은 긴 설명이 필요하지 않았다.

농민에게 지조부담을 증가시키는 근본적인 증세가 아니고는 부족한 예산을 충당할 수가 없었으므로, 지조를 중세하는 문제는 청일전쟁 전과 마찬가지로 경제정책과 관련된 가장 중요한 정치문제로서 대두하게 된다. 특히 시간이 경과할수록 청일전쟁으로 얻은 배상금의 '약발'이 떨어져가는 상황이어서 더욱 그러했다.

제2차 마쓰카타 내각의 뒤를 이어 집권한 제3차 이토 내각이 붕괴된 근본적인 이유가 바로 지조를 중세하는 데 실패한 사실에 있었으며, 야마가타가 스스로 나서서 제2차 야마가타 내각을 성립시키고 나서야 비로소 지조의 중세를 실현시키는 게 가능했다. 그러나 이때 지조의 중세와 관련해 중의원을 통과한 예산안 역시 5년이라는 기한부이고, 게다가 지가의 지역적 불균형을 수정한다는 조건이 붙었던 탓에 기대한 것처럼 커다란 효과를 올리기가 어려웠다.

이러한 사정으로 말미암아 외채에 의존하지 않을 수 없었다. 외채 모집에 관해서도 역시 야마가타가 해결사로 나섰다. 제2차 야마가타 내각 당시인 메이지 32년(1899)에 영국으로부터 1,000만 파운드라는 거액의 외채를 4%의 이자로 모집한 것을 출발점으로, 외채모집은 세입 부족을 충당하기 위한 수단으로서 중요한 역할을 했다. 1,000만 파운드는 당시 일본의 화폐로 환산하면 거의 1억 엔에 육박하는 천문학적인 액수이며, 그 후 계속되는 외채의 모집은 일본 정부의 재정 부담을 크게 압박하는 골칫거리가 된다. 야마가타가 외채에 손을 뻗으면서까지 재원의 확보에 적극적으로 나선 이유가, 경제발전에 투자하기 위한 목적이 아니라 러일전쟁을 염두에 둔 군비증강에 있었다는 점에서 더욱 그러하다.

주의할 점은 이러한 현상은 일본과 비슷한 입장에 있었던 서구열강과는 정반대의 상황이라는 사실이다. 일본과 비슷한 시기에 중앙집권적인 통일국가를 수립한 이탈리아의 경우를 예로 들자면, 초창기에는 외채에 적극 의존했으나, 그 후 서서히 외채에 대한 의존도를 낮추면서 자본주의의 성숙기에 접어들었다. 그러나 일본은 이것과는 정반대로 자본주의 초창기에는 철저하게 외채배격의 자세를 취하다가 청일전쟁을 계기로 외채에 대한 의존도를 급속하게 높이게 된다. 제국주의 시대에 열강의 대열에 합류한 국가 중에서 이러한 현상은 오직 일본에서만 나타나는 것이라고 해도 과언이 아니다.

이 시기 민간경제의 발전에 있어서 가장 주목을 받는 존재는 역시 철도다. 청일전쟁이 일어나기 전인 메이지 25년(1892)에 제2차 이토 내각에 의해 만들어진 '철도부설법'이 철도 열기를 되살아나게 만드는 발판이 되었다. 이 법률은 장차 사설철도를 정부가 매수해 국철로 만드는 것을 전제로 하면서, 거시적 시야에 입각해 철도사업을 추진하는 기본골격을 정하는 목적을 가지고 제정된 것이다. 청일전쟁이 끝나자 본격적으로 철도 열기가 불붙기 시작한다.

메이지 초기에 시행된 질록처분으로 막대한 현금을 손에 쥔 화족을 중심으로 철도회사에 투자하는 열풍이 불었다. 특히 화족계급의 이해관계를 대변하는 상징적인 인물이자 막강한 권력자인 이와쿠라가 앞장서 이것을 주도했다. 철도에 투자하는 게 원금손실의 우려가 없는 안전하고 수익성이 높은 사업으로 인식했기 때문이다. 당시 재정 빈곤에 허덕이던 일본 정부가 전국적인 규모의 철도망 건설을 위해 투자할 여력은 없었다. 그래서 메이지 중반기까지 개통된 철도 노선의 상당수는 민간 철도회사가 부설한 것이다. 하지만 막상 개통해서 운영해보니 수익성이 높은 노선이 많지 않았기 때문에 투자열기가 급속히 냉각되었다. 이토가 만든 철도부설법은 이러한 투자열기의 불씨를 다시 살리고 침체된 경제를 활성화시킬 목적을 가지고 있었다.

근대라는 관점에서 철도는 단순히 교통수단에 불과한 존재가 아니다. 철도 건설에 많은 노동자를 필요로 하므로 고용효과가 큰 것은 물론, 철도가 완성되면 교통이 획기적으로 편리해지므로 지역발전에 커다란 도움이 되는 것과 아울러, 무역항과의 연결을 통해 경제발전에 이바지하는 효과도 무시할 수 없었다. 즉, 철도의 건설은 상공업자뿐만 아니라 지주계층에게도 환영하지 않을 수 없는 성질의 것이다.

그러나 철도산업의 발전이 긍정적인 부분만 있었던 것은 아니다. 당시 일본의 중공업이 군수공업을 중심으로 제한적으로 발전하는 상황이었던 탓에, 기관차나 레일 등의 핵심 부품은 국산화 노력에도 불구하고, 외국에서 수입하는 게 불가피했다. 이것이 국제수지에서 막대한 수입 초과를 야기하고 장기적으로는 국내 경제를 압박하는 결과가 되었다.

한편, 여유자금이 철도건설에만 집중했기 때문에 다른 산업의 발전을 가로막는 문제도 있었다. 철도에 관한 열기는 메이지 30년대 초가 되자 절정에 도달했다. 그러나 거듭되는 불황으로 인해 지방에 영업망을 가진 사설철도회사의 수익악화 현상이 나타나자 급속하게 쇠퇴의 국면에 접어들게 된다.

철도산업이 발전하는 과정에서 나타나는 또 다른 문제는, 특정한 산업부문의 발전이 다른 산업에 야기하는 파급효과가 생각만큼 크게 나타나지 않았다는 것이다. 특히 경공업의 발전이 중공업 발전에 연결되지 못하는 사실은 심각한 문제점이었다. 예를 들어 방적업의 눈부신 발전에도 불구하고 방적기 등을 생산하는 기계공업은 걸음마 수준을 벗어나지 못했다.

정상적으로 방적업이 발전한다면 방적기계의 수요에 자극받아 기계공업의 발전도 시작되어야 이치에 맞는다. 그러나 급속한 자본주의 발전을 이룩하기 위해 방적기계는 전적으로 해외로부터 수입에 의존했던 탓에 이러한 현상이 나타난 것이다. 경공업과는 달리 중공업 발전에는 막대한 자본과 고도의 기술력이 필요하고, 여기에 관해서 일본은 서구열강의 경쟁상대가 되지 못했다.

관세자주권도 없었던 당시 상황에서 중공업을 발전시키기 위해서는 정부 차원의 적극적이고도 강력한 보호정책이 필요했다. 그러나 여유자금의 대부분을 중공업 발전이 아니라 군비증강에 투자한 결과, 중공업의 발전을 기대한다는 건 암담한 상황이라고 해도 과언이 아니다. 그나마 일본 정부가 중공업에 투자해도 군수공업과 긴밀한 관계가 있는 분야에 한정되었다.

다른 한편, 금융정책의 핵심이라 할 수 있는 일본은행의 소극적 태도 역시 청일전쟁 이후 만성적인 불황을 야기하는 중요한 원인이었다. 거듭되는 무역수지 악화로 수입 초과 현상이 심각하였으므로, 일본은행은 민간은행에 대해 적극적인 대출정책을 취할 수 없었다. 심각한 금융 핍박의 경우에만 이것을 완화하기 위해 예외적으로 긴급금융구제를 하는 정도에 불과했다.

이러한 움직임에 기업들이 민감하게 반응하는 것은 당연했으며, 경공업의 핵심인 방적업이나 다른 산업에 대한 파급효과가 강한 철도산업 역시 위축되지 않을 수 없었다. 게다가 지조는 물론이고 소비세 등의 신설을 통해 얻어진 재원의 대부분이 경제발전이 아니라 군비증강에 투자되었던 탓에, 일반 국민들의 소비심리 역시 얼어붙었다. 설상가상으로 국제적인 경제상황 역시 공황의 바람이 불고 있었던 점도 간과하기 어려운 사실이다.

경제적 관점에서 청일전쟁이 끝난 후 가장 두드러진 사건은 역시 금본위제를 채용한 데 있었다. 당초 금본위제 채용에 관해서는 재계의 지도자를 비롯해 부정적인 의견이 많았지만, 대장성 실무관료들이 강경하게 밀어붙인 결과, 제2차 마쓰카타 내각 당시인 메이지 30년(1899) 10월에는 '화폐법'이 제정된다. 이것을 계기로 1엔짜리 은화의 유통을 금지하고 새롭게 금화를 주조해 강제로 유통시켰다. 그러나 중국을 비롯한 동아시아 대부분의 국가는 은본위제 상태에 있었으므로 해외에서는 여전히 1엔짜리 은화가 널리 유통되었다.

금본위제 채용은 일본의 자본주의가 본격적인 궤도에 올랐다는 것을 상징했으나, 결코 장점만을 야기한 게 아니었다. 이미 금본위제를 채택하고 있는 영국을 비롯한 선진자본주의 국가의 입장에서는 일본에 대한 수출을 증대하는 효과를 가져왔다. 그래서 일본의 국제무역수지에 있어서는 수입 초과와 무역적자를 더욱 악화시켰던 중요한 원인의 하나로 지적된다. 그러나 외채를 도입하는 경우는 금본위제가 유리한 장점을 가지고 있었다.

그 이유는 당시 은화의 가치가 국제시세에서 하락하는 경향을 보이며 상당히 불안정했기 때문이다. 그래서 은본위제를 채택하고 있는 국가가 금본위제를 채택하고 있는 국가로부터 외채를 도입할 경우, 은화가치의 불안정에 의해 불필요하게 환율상의 손해를 보지 않을 수 없는 상황이었다. 금본위제의 채용은 이러한 불안감을 없애주는 효과를 야기했다. 대장성의 실무관료들이 금본위제의 채용에 회의적인 반응을 보이는 원로들에게 이 제도의 채택을 강력하게 주장한 배경에는, 장래 외채도입과 외국으로부터 무기수입을 고려했던 결과다. 다시 말해서 러일전쟁에 대비해 금본위제가 유리하다는 주장이 설득력을 발휘한 것이다.

지금까지 본 것처럼 경제의 전반적인 흐름은 결코 좋지 않았지만, 경공업의 핵심이라고 할 수 있는 섬유산업의 성장은 절정기를 맞이하고 있었다. 방적업의 경우 여전히 농촌지역을 중심으로 가내수공업의 형태가 많이 남아 있었으나, 외국에서 수입한 방적기를 이용한 대규모 공장이 수출경쟁력을 현저히 높였다. 여기에는 여자노동자들을 값싼 임금으로 착취한 게 가격경쟁력 측면에서 지대한 도움이 되었다. 그 결과 메이지 29년(1896)에 면사제품은 중국시장에서 영국제를 능가하기에 이르렀으며 산업자본으로서 확립된다.

방적공장에서 일하는 여자노동자의 경우 보통 하루 12시간 이상의 중노동에 시달렸으며, 기숙사제도를 통해 혹사를 견디지 못한 노동자가 도망치지 못하도록 철저한 감시와 견제를 가했다. 뿐만 아니라 지불되는 임금을 강제로 저축하게 해서 도망가면 저축한 임금을 몰수하는 것은 물론, 도망간 사람을 추적해 무자비한 집단구타를 가하는 등의 방법으로 보복을 했다. 또한 회사직원을 전국 방방곡곡에 파견해 이러한 사실을 잘 모르는 한적한 농촌의 젊은 여자들을 모집하는 악랄한 방법도 즐겨 사용했다. 이것은 나중에 조선이나 중국 등에서 종군위안부를 모집하던 방법을 연상하게 한다.

이것만으로는 부족해 실적에 따라 임금을 차등지급하는 성과급제도를 도입하고, 노동력의 착취를 극대화하는 방안도 시행했다. 즉, 여자노동자들에게 지급해야 하는 임금의 총액을 미리 정해놓고 실제로는 그보다 낮은 임금을 지급하도록 의도적으로 설정해 놓은 후, 우수한 실적을 올린 노동자에게는 성과급이라는 명목으로 포상금을 지급하는 방법을 사용해서 노동의욕을 자극한 것이다. 이렇게 하면 성과급을 받지 못하는 노동자는 본래 받아야 할 정당한 임금에서 손해지만, 방적회사의 입장에서는 금전적으로 손해를 보지 않으면서도 노동력 착취를 극대화할 수 있는 장점이 있었다.

주의할 점은 이처럼 어린 여자노동자를 방적업에 활용하는 것은 일본 특유의 현상이라는 점이다. 영국의 식민지로 방적업이 발달한 인도의 경우 방적업에 종사하는 노동자의 대다수는 남자였다.

농촌의 경우도 착취와 수탈의 구조가 지배적인 경향을 나타냈다. 오쿠마 추방사건 이후 마쓰카타가 추진한 혹독한 긴축정책의 영향으로, 농촌에서는 지주계급에게 토지를 빼앗기고 다시 소작농으로 전락하는 경우가 현저하게 증가했다. 당시는 자본주의가 충분히 발전하지 않았으므로, 농민이 농촌을 떠나 도시로 진출해도 할 수 있는 것이라고는 인력거 등을 끄는 잡부밖에는 없는 상황이다. 차라리 그럴 바에는 소작농의 지위를 감수하면서 농사를 계속 짓는 편이 현명한 선택이었다. 그러나 지주계급의 혹독한 수탈로 인해 간신히 생계유지를 하는 정도에 지나지 않았으며, 소작농의 자녀들은 농촌을 떠나 공장노동자 등으로 취업하고 저임금으로 착취당하면서 스스로 밥벌이를 해야만 했다.

일본 정부는 농업 분야에서 일반화된 소작관계의 부당하고 가혹한 착취구조를 개선하려고 도모하기는커녕, 오히려 이러한 관계를 법적으로나 제도적으로 보증하는 역할을 했다. 특히 지주계급이 소작농의 착취를 통해 축적한 자금을 산업발전자금으로 끌어들이기 위해서, 유가증권이나 주식에 투자하는 경우는 세금을 감면하는 방법으로 투자를 유도하는 정책을 취한다. 정부가 발행한 공채나 철도산업 등의 유망한 기업에 적절하게 투자한다면 소작농을 착취해 얻는 수입보다 좋은 결과를 얻을 수 있었기 때문에, 지주계급 중에서는 여기에 적극적으로 호응하는 경우가 많았다.

다른 한편, 경공업 발전과 관련해 언급을 하지 않을 수 없는 게 바로 흔히 일본에서 '잡화업'이라고 칭해지는 분야다. 우산·메리야스·담배·모자 등을 생산해 해외로 수출했는데, 특히 그 중에서도 성냥의 경우는 메이지 초기부터 꾸준히 수출하면서 성장했고, 급기야 잡화업을 대표하는 수출상품으로 자리 잡았다. 성냥의 주된 수출처는 역시 중국으로 일본제 성냥이 거의 독점적 지위를 차지했다.

성냥 제조에는 특별한 기술이나 거대한 자본이 필요하지 않았으며, 도시 빈민층 등 값싼 노동력이 풍부하고 아울러 중국이라는 거대한 소비시장이 가까이 있었다. 즉, 당시 일본은 성냥제조업의 발전을 위해 필요한 좋은 조건을 갖춘 셈이다. 그렇지만 일본제 성냥은 품질이 매우 나빠 불을 붙이기 어려운 것으로 중국에서 악명을 날렸다.

겉으로 드러난 경공업의 화려한 성과에도 불구하고 전체적인 무역수지는 기형적이고 불균형일 수밖에 없었다. 간단하게 말한다면 조선이나 중국 등 동북아시아 시장에서는 섬유산업을 주축으로 하는 경공업과 관련된 제품의 수출로 커다란 이익을 올리고, 유럽과의 무역에서는 막대한 손해를 보는 구조다. 수출경쟁력을 갖춘 면사의 경우도 고급면사는 영국을 비롯한 선진국에서 수입하는 형편이었으며, 기계·철강·선박 등 핵심적 중공업제품의 수입에 있어서는 거의 절대적으로 영국에 의존했다.

유럽의 다른 국가와의 무역에서는 전반적으로 볼 때 커다란 손해를 보지는 않았지만, 영국으로부터 수입 초과에 의한 무역적자는 일본이 해외에서 거두는 모든 무역흑자를 상쇄하고도 남을 정도였다. 아시아와의 무역만을 놓고 봐도 전체적으로 흑자라고 보기는 어렵다. 왜냐하면 영국의 식민지인 인도로부터 면화를 구입하고, 프랑스 식민지인 인도차이나로부터 쌀을 수입하는 비용이 무시할 수 없는 거액이었기 때문이다. 즉, 동북아시아에서는 흑자, 동남아시아에서는 적자라는 구도다.

이것은 청일전쟁의 승리 후에 동아시아 국가와의 관계에서는 선진국, 유럽에 대해서는 후진국이라는 일본이 처한 국제적 위치와도 밀접한 관련이 있었다. 게다가 이러한 불합리한 구조를 뒤집을 수 있는 뚜렷한 대책도 없는 형편이다. 자금의 여력이 없는 일본은행은 수출의 호조를 보이는 섬유·광업 등의 분야에 제한적으로 금융 지원을 해주는 정도에 머물렀다.

청년노동자 중에서 여자는 방적업에 몰렸지만 남자의 경우는 광업에 종사하는 경우가 많았다. 방적업은 인도·중국·미국 등 외국으로부터 원료인 면화를 수입해 가공하는 산업이라는 약점을 가지고 있었다. 즉, 겉으로 드러난 화려한 수출액 팽창의 뒷면에는, 원료의 수입을 위해 막대한 비용을 지불해야만 했다. 여기에 비해 광업은 이러한 문제에 신경을 쓰지 않아도 좋은 산업이다. 그래서 미쓰비시나 스미토모(住友)를 비롯한 유력한 기업들이 광업에 적극적으로 투자하는 것은 당연했다.

청년노동자들이 광부로서 광업에 종사하는 경우의 노동조건은 방적업보다 좋을 게 없었고 경우에 따라서는 생명의 위협마저도 느껴야 했다. 그러나 임금을 많이 받을 수 있다는 매력이 있었으므로 남자노동자들이 몰린 것이다. 갱내에 찬 물을 빼내기 위해서 증기펌프를 사용하거나 광물의 운반·제련 등에 있어서 기계화가 어느 정도 진전되기는 하였으나, 광물을 캐내는 것 자체는 어디까지나 남자노동자의 곡괭이에 의존하지 않으면 안 되었다.

광물 중에서도 구리와 석탄을 캐는 광산이 각광을 받았고, 특히 구리의 경우는 거의 대부분이 해외에 수출되는 효자품목이었다. 중공업이 발달하지 않았던 탓에 채굴한 석탄의 주된 용도는 선박의 동력용이었으며, 홍콩이나 상해 등 국제적인 항구로 활발하게 수출이 이루어졌다. 본질적으로 지하자원이 풍부하지 않은 일본이 광물의 수출국이었다는 사실 자체가, 당시 일본의 공업화가 얼마나 미숙했는지를 보여주는 좋은 증거의 하나라는 것은 물론이다.

아울러 청일전쟁이 끝난 후에는 고베(神戶)가 유력한 항구도시로 급속하게 성장하기 시작했다는 점도 눈에 띄는 사실이다. 막부 말기 개국한 이래 요코하마가 대외무역항으로서 우월적 지위를 계속 유지한 것이 사실이지만, 요코하마의 배후에는 도쿄라는 거대한 소비도시가 있었을 뿐이다. 따라서 경제발전이나 군사공업 등을 위한 수입품은 요코하마의 비중이 서서히 추락하는 게 자연스러운 이치였고, 자본주의의 발전에 따라 무역항으로서 고베의 비중이 급속하게 높아지지 않을 수가 없었다. 즉, 요코하마는 서구열강과 무역을 위한 항구라는 개항 이래의 특색을 유지한 반면에, 고베는 아시아와의 무역발전이 성장의 밑거름을 만든 것이다.

메이지 시대 일본 제1의 도시는 도쿄, 제2의 도시는 오사카였으며, 그 후에도 이러한 사실은 변하지 않았다. 그러나 도쿄·오사카와 함께 일본의 3대도시로서 트로이카를 형성하던 교토는 점점 쇠퇴하는 경향을 보이기 시작했다. 급기야 메이지 시대가 끝난 후에 고베가 교토를 능가하는 대도시로 성장한다. 요코하마는 무역항으로서의 절대적 비중이 크게 하락하기는 했으나, 도쿄와 지리적으로 가깝다는 장점 덕분에 인구가 활발히 유입되면서 대도시로 순조롭게 발전해 나갔다.

# 5

## 정당내각의 출현

느닷없는 이토의 사표 제출로 후계내각을 누가 인수하느냐의 논의가 벌어졌지만, 어느 누구도 선뜻 나서 인수하려고 하지 않았다. 압도적 세력을 가진 헌정당이 출현한 이상 누가 내각을 맡더라도 의회를 극복하는 것은 불가능했기 때문이다. 천황은 야마가타가 이토의 뒤를 이어 내각을 맡길 원했지만, 야마가타가 바보가 아닌 이상 이를 승낙할 이유는 없었다. 여기서 이토는 헌정당이 정권을 인수하는 방안을 제의했다. 내각책임제가 제대로 정착했다면 의회의 다수당이 정권을 차지하는 건 지극히 당연한 결과이다.

종전의 관례를 무시해 그가 후계 내각으로 사쓰마 출신을 추천하지 않고 헌정당을 지목한 진정한 의도가 무엇인가를 둘러싸고 의견이 엇갈린다. 실제 통치를 해 본 경험이 없는 헌정당이 정권을 맡게 해서 스스로 자멸하기를 노린 고도의 정치적인 계산이라고 보는 사람이 있는가 하면, 장래 진심으로 정당정치를 하려고 정당내각의 선례를 만들 목적으로 그랬다고 주장하는 자도 있다. 그리고 스스로 정당을 만들 수도 없고 원로 중 후임자도 정하지 못할 정도로 궁지에 몰려 자포자기의 심정에서 나온 돌출행동이라고 해석하는 사람도 있다.

아무튼 그는 헌정당의 우두머리인 이타가키와 오쿠마를 수상관저로 초빙해 차기정권을 인수하라고 권고했다. 이토는 정당내각을 탄생시키기 위해서 야마가타와 마찬가지로 정당정치에 반대하는 천황의 권위를 교묘하게 이용하였다. 앞서 말한 야마가타와 충돌한 원로회의가 끝난 직후 이토는 별실에서 따로 만나 천황으로부터 칙허(勅許)를 받았다.

본래 천황이 칙허를 준 의도는 이토 내각의 붕괴를 막기 위해 이타가키와 오쿠마의 입각교섭에 활용하라는 뜻이었으나, 이토는 이것을 천황이 직접 이타가키와 오쿠마에게 내각을 조직하라는 의미로 준 것으로 왜곡해 정당내각을 탄생시키는 밑거름으로 만들었다. 메이지 천황은 이토의 의도를 파악한 후 헌정당과 접촉을 중단시키고 야마가타를 차기 내각의 수상으로 삼아 이를 저지하려 했다. 그러나 야마가타가 천황의 요청을 거절했기 때문에 천황도 달리 손 쓸 방법이 없었다.

이렇게 해서 이토가 사표를 제출하고 불과 2일 후인 6월 27일, 정식으로 일본 역사상 최초의 정당내각이 탄생하게 된다. '대정치가' 이토가 초연주의라는 시대에 역행하는 방침을 취한 덕분에, 내각제도가 창설되고 무려 14년이 지나서야 정당내각이 출현한 것이다. 그럼에도 불구하고 알량한 자존심을 지키기 위해 이토는 이타가키와 오쿠마에게 정권을 넘기면서도 정당내각의 출현이 영국식 내각책임제와는 다르다는 사실을 분명히 못 박았다. 헌정당이 중의원 다수당이기 때문에 정권을 넘긴 게 아닌 듯 행동한 것이다.

어쨌든 내각제도 창설 이래 지켜져 왔던 사쓰마와 조슈 출신이 번갈아가며 정권을 담당한다는 불문율은 마침내 깨졌으며 삿쵸번벌에 바탕을 둔 정치구도에 엄청난 충격파를 남기지 않을 수 없었다. '대정치가' 이토는 이러한 사태를 수습해야 할 위치에 있었으나, 정당내각의 탄생 후 시찰을 명목으로 중국으로 장기간 자리를 비우고 해외여행을 다니며 현실도피적인 태도를 나타냈다. 사태가 이 지경까지 이른 데는 사쓰마벌의 우두머리인 구로다의 책임도 컸다.

구로다는 추밀원의장에 단골로 취임하고 원로회의에서도 강력한 발언권을 행사했으나, 궂은일은 이토나 야마가타에게 떠넘기고 결코 정치의 표면에 나서려 하지 않았다. 마치 권력만 있고 책임은 없다는 태도를 취한 것이다. 구로다가 가진 가장 큰 문제점은 역시 술이다. 술만 먹으면 흔히 말하는 '개가 되는 스타일이고, 심지어 술에 취해 아내를 살해했다는 의혹마저 받고 있다. 정확한 사실관계는 확인하기 어렵지만 술에 취하면 자제력을 잃어 버리는 구도로다가 아내를 살해했고, 오쿠보가 경시총감 가와지를 시켜 진상을 은폐했다는 소문이 파다하게 퍼졌다. 이토 역시 술을 매우 좋아했지만 아무리 밤 늦게까지 마셔도 그 다음날 아침에 끄떡없이 일어나 출근하는 자제력과 정력이 있었다.

재미있는 사실은 메이지 천황이 나이가 들어 성숙해지면서 포도주를 매우 좋아했다는 점이다. 외국인과 만나는 것조차 싫어할 만큼 본질적으로 보수적이지만 술은 그렇지가 않았다. 포도주가 기독교와 깊은 관련이 있는 점을 고려하면 종교군주로서 기독교 배척의 구심점이라 할 수 있는 천황이 포도주 애호가였다는 사실은 아이러니라 하지 않을 수 없다.

아무튼 원로 중에서 가장 먼저 사망한 사람이 과도한 음주를 즐기던 구로다였다.


우여곡절 끝에 밑바탕이 만들어진 정당내각이 실제로 성립하느냐의 문제는 군부의 태도, 즉 육군장관과 해군장관을 얻을 수 있느냐 아니냐가 관건이다. 당시 육군장관과 해군장관은 반드시 현역군인이어야 한다는 조항은 존재하지 않았다. 그렇기 때문에 법적으로는 정당원을 임명해도 무방했다.

그럼에도 불구하고 군부의 협조를 얻지 못하는 이상, 그 누구를 육군장관이나 해군장관으로 임명해도 정상적으로 장관으로서 업무를 처리하기가 불가능한 게 현실이었다. 여기서 천황이 직접 나서 육군장관과 해군장관을 임명하기로 했다. 천황이 원로제도를 통해 정치에 간접적으로 개입하는 차원을 넘어서 직접 내각의 각료를 임명하는 데까지 손을 뻗은 것이다. 육군장관과 해군장관을 얻기 위해서는 천황의 권위를 빌리지 않으면 안 될 정도로 군부의 세력과 입김이 성장했다는 것을 알 수가 있다.

천황은 제3차 이토 내각의 해군장관 사이고 쓰구미치와 육군장관 가쓰라 다로를 불러서 유임하라고 직접 명령했다. 덕분에 정당내각의 출범이 가능하게 되었다. 그러나 여기에는 중대한 조건이 붙어 있었다. 즉, 러시아와 전쟁에 대비한 군비증강을 묵인해야 한다고 요구한 것이다. 군비증강을 허용하는 건 곧바로 증세와 연결된다. 이것은 군비축소를 강령으로 내세운 헌정당의 정책과 정면으로 충돌하는 사항이지만, 이러한 조건을 거부하면 정당내각은 유산될 가능성이 컸다.

물론 내각을 인수할 마땅한 인물이 번벌의 유력자 중에 없는 점을 감안해 군부가 내세운 조건을 거부하는 정치적 모험도 해볼 수 있었다. 그러나 눈앞에 권력이 어른거리는 상황이기 때문에 이타가키와 오쿠마는 조건을 받아들이고 만다. 겉으로 보기에는 정당이 번벌을 누르고 정권을 인수하는 형태가 되었으나, 번벌세력의 텃밭 중의 텃밭이라 할 수 있는 군부와 결코 해서는 안 될 거래를 하고나서야 비로소 내각을 인수하는 게 가능했다.


드디어 대망의 권력을 잡자 정당내각답게 육군장관과 해군장관을 제외한 각료의 전원을 헌정당의 인물로 모조리 채워 넣었다. 오쿠마는 수상 겸 외무장관을 맡았고, 이타가키는 내무장관을 차지했다. 그리고 나머지 각료는 오쿠마 계열과 이타가키 계열의 인물이 골고루 균등하게 배치되도록 신경을 썼다. 명색은 정당내각이지만 실제로는 또 다른 형태의 번벌정권과 유사한 양상을 보였다.

오쿠마는 사가번 출신의 대표적인 인물이고 이타가키는 도사번의 간판인물이므로, 번벌의 주류인 삿쵸 번벌정권에 대신해 재야에서 활동하던 '비주류' 번벌 출신이 만든 정권이라는 게 정당내각의 진정한 실체였다. 이러한 이유로 일본에서는 이때 성립한 정당내각을 진정한 의미에서의 정당내각으로 보지 않는다. 번벌세력과는 무관하게 정당정치에 바탕을 두고 정국을 운영하는 진정한 의미에서 정당내각은, 메이지 시대에는 탄생하지 않았다고 해도 과언이 아니다. 오쿠마와 이타가키는 장관뿐만 아니라 차관급 보직이나 경시총감까지 헌정당의 당원을 골고루 배치하면서 강렬한 권력욕을 나타냈다.

앞서 언급한 것처럼 자유당과 진보당은 합당을 거부할 정도로 이념이나 사상의 면에서 차이는 크지 않았지만 구체적인 정책 면에서는 상당한 차이가 있었다. 자유당은 적극재정의 방침을 주장한 반면에 오쿠마의 진보당은 재정정리·군비축소 등을 표방하고 외교에 있어서는 대외강경방침을 일관된 강령으로 삼았다. 그러나 권력을 차지하기 위해 이러한 정책의 차이는 외면하고 대충 절충적 타협을 해서 강령을 만들고 헌정당이 탄생한 것이다.

결국 권력을 잡기 위한 '야합'으로 탄생한 정당이라는 것이 헌정당의 진면목이며, 그래서 당의 총재를 대신해 총무위원(總務委員)이라는 직함의 간부에 의한 집단지도체제로 당을 운영할 수밖에 없었다.

8월 10일에 실시된 중의원 총선거에서 헌정당은 무려 260석을 차지하며, 압도적 세력을 과시한다. 사실상 중의원 의석을 싹쓸이한 것이다. 이것은 헌정당이 내세운 번벌정권 타도와 증세 반대의 주장이 유권자들에게 어필했기 때문이다. 일본이 제2차 세계대전에 패전하기 전까지 특정정당이 유권자들로부터 가장 많은 지지를 받은 경우가 바로 이때다. 여기에 자신감을 얻은 헌정당 내부에서는 장관과 차관을 차지하는 데 만족하지 않고, 각 행정부서의 국장급과 지방 관료층까지 헌정당의 인물로 채워나가는 작업에 착수하기 시작했다.

겉으로는 욱일승천하는 헌정당의 기세에도 불구하고 위기는 서서히 다가오

고 있었다. 헌정당이 압도적 다수로 의회
를 장악했으므로 '외부의 적'을 걱정할 필
요는 없었다. 번벌세력도 중의원을 완전히
장악한 거대 정당 헌정당의 비위를 정면
으로 건드리지 못하고 형세관망의 태도를
취할 정도였다. 그러나 때로는 외부의 적
보다 내부의 적이 진정으로 무섭기 마련
이다.

오자키 유키오

표면적으로 문제를 일으킨 것은 문부장
관으로 임명된 오자키 유키오(尾崎行雄)였
다. 그는 오쿠마의 핵심측근 중 하나로서
오쿠마의 신임이 두터운 인물이다.

8월 21일에 오자키가 제국교육회에서 행한 연설이 구설수에 오르면서 나중
에 헌정당 분열의 빌미를 제공했다. 연설의 취지는 자본주의가 발달함에 따라
일반화되기 시작한 배금주의 풍조를 비판한 것이다. 그러나 연설의 내용 중
만약 일본에서 공화정치가 시행된다면 미쓰이나 미쓰비시 회사가 대통령이
될 것이라고 말한 부분이, 귀족원을 비롯한 정부 내 보수세력으로부터 집중적
인 비난을 받는다. 장관의 신분을 가진 자가 공화정치를 언급하는 건 물론, 천
황제 국가체제를 조롱한다고 받아들여졌기 때문이다.

한편, 정당내각의 진정한 위기를 초래한 장본인은 뜻밖에도 외국에서 찾아
왔다. 바로 주미공사로 재직하던 호시 도루가 오쿠마가 겸임하고 있던 외무장
관 보직을 요구했기 때문이다. 호시는 이미 말한 것처럼 자유당 계열의 인물
중에서 가장 영향력을 가지고 있는 거물이다. 그래서 오쿠마가 양보하는 게
좋았지만 결국 승낙하지 않았다.

상급자인 외무장관 오쿠마의 지시를 무시하고 호시는 아예 주미공사를 사
임한 후 본국으로 돌아와 로비를 추진할 정도로 적극적인 열성을 보였다. 그

러나 오쿠마가 한사코 고집을 꺾지 않았던 탓에 헌정당 내부에서 분열의 씨앗을 만들었다. 오쿠마가 호시의 외무장관 취임을 좌절시킨 진정한 이유는 호시를 꺼려했기 때문이다. 본래 예전부터 호시는 오쿠마와 거리를 좁힐 수가 없는 관계에 있었다.

영국에서 변호사 자격을 획득한 후에 일본으로 돌아온 호시가 정계에 입문한 계기는 메이지 15년(1882)에 자유당에 입당하면서 시작되었다. 당시 오쿠마의 개진당은 이타가키가 검은 돈으로 해외여행을 한다고 공격을 퍼부었고, 여기에 대항해 맹렬하게 반격하는 데 앞장선 사람이 바로 호시였다. 매사에 적극적이고 공격적인 성격에다가 정계에 처음으로 입문해 의욕에 불타는 호시는, 물불을 가리지 않고 오쿠마를 공격해 자유당 내부에 입지를 마련하는 데 성공했다. 그렇지만 오쿠마와 커다란 감정적 대립의 앙금을 남기지 않을 수 없었다.

또한 제2차 이토 내각 당시 무쓰의 조약개정교섭을 지지하는 중의원 의장 호시를 탄핵하고, 그 후 의원직을 제명해 쫓아낸 장본인이 당시 대외강경파의 핵심이었던 바로 오쿠마의 진보당이다. 이러한 극복하기 어려운 감정적 대립이 밑바탕에 있었기 때문에 오쿠마는 호시의 외무장관 취임을 한사코 막은 것이다. 그리고 이것이 헌정당 내부에서 이타가키를 비롯한 자유당 계열을 자극하고 오쿠마에 대한 반감의 싹을 키우게 된다.

이를 계기로 분노해 이성을 잃은 호시는 오쿠마에 대한 공격과 내각의 분열에 앞장섰다. 그는 오쿠마가 주도권을 가진 정당내각은 차라리 없애는 게 바람직하다는 듯이 맹렬하게 내각의 붕괴는 물론, 헌정당 내부의 자유당 출신들을 결속해 헌정당의 해체까지 획책했다. 정당정치와 정당내각의 발전에 앞장서야 할 인물이 감정적인 대립에 사로잡혀 오히려 정당정치의 발전을 좌절시킨 것이다.

한편, 내각 내에서는 야마가타의 뜻을 받든 육군장관 가쓰라가 내각분열을 은밀히 도모했다. 사람을 사귀는 것을 좋아하며 대단히 외향적이고 개방적인 성격의 소유자였으므로, 오쿠마는 언뜻 보기에 도량이 큰 인물처럼 보였다. 그러나 다른 한편으로 남에게 지거나 양보하기를 무척 싫어하는 승부욕이 강한 성격도 아울러 가지고 있었다는 점이, 그가 정치적 고비에서 유연하게 처신하지 못하도록 가로막는 중대한 장애물로 작용한 사실을 간과하기 어렵다. 예를 들어 오쿠마는 다양한 분야에 걸쳐 광범위한 취미를 가지고 있는 것으로 유명했으나, 유독 서예에는 흥미가 없고 평생 거의 붓을 잡지 않았다. 그 이유는 학창시절에 그보다 성적이 뒤처지는 인물이 뛰어난 서예실력을 갖고 있었는데, 그가 아무리 노력해도 따라잡지 못하자 그 이후로 서예와는 아예 담을 쌓았기 때문이라고 한다.

자유당 계열에 확산된 오쿠마에 대한 반감이 앞서 말한 공화연설로 물의를 일으킨 문부장관 오자키의 사임요구로 표면에 나타났다. 번벌세력이 오자키의 연설을 트집 잡아 공격하면 헌정당이 단결력을 발휘해 그를 보호해야 함에도 불구하고, 오히려 헌정당 내부의 자유당 계열이 공격에 앞장서는 한심한 상황이 벌어진 것이다. 오쿠마가 측근인 오자키를 파면하라는 요구를 거절한 것은 물론이다. 그러자 10월 22일에 이타가키는 직접 천황을 찾아가 오자키를 탄핵하고 파면을 주장하는 돌발행동을 한다. 오쿠마 특유의 독선적인 태도와 고집이 메이지 14년의 정변을 만들어낸 근본 원인이 된 것처럼, 이번에는 정당내각의 붕괴를 야기하는 원인을 제공했다.

수상의 자리를 차지한 오쿠마가 적당히 양보하는 유연한 태도를 보이지 않고 독선적으로 행동하는 것을 참다못해서, 이타가키가 직접 천황에게 호소할 정도로 내각은 분열과 갈등의 증세가 심각했다. 천황도 오자키의 연설을 못마땅하게 생각하고 있었던 탓에, 오쿠마를 불러 오자키의 파면을 권고했다. 그래서 결국 오쿠마도 받아들이고 만다.

최초의 정당내각이 탄생하는 과정에서 번벌세력의 지지와 후원이 없었던 결과, 천황은 사실상 정당내각의 후견인이나 마찬가지였다. 오자키는 헌정당의 총무위원이자 오쿠마의 심복 중의 심복이었다. 그럼에도 불구하고 오쿠마는 내각을 유지하고 싶은 욕심에서 각료의 인사권에 개입하는 천황에게 맞서기는 커녕, 오히려 오자키에게 사직을 권고하는 추잡한 행동을 했다. 그가 덕이 없는 인간이라고 비난받는 이유가 바로 여기에 있었다.

이누카이 쓰요시

이타가키가 그토록 오자키의 파면을 강하게 주장한 이유는 후임 문부장관에 자유당계열의 인사를 앉히기 위해서였다. 그러나 오쿠마가 양보하지 않고 후임에도 역시 오쿠마의 심복 이누카이 쓰요시(犬養毅)를 임명하려고 했으므로, 치졸한 밥그릇싸움이 벌어지게 되었다. 내각의 각료는 형식적으로 이타가키 계열과 오쿠마 계열이 균등하게 배치되었지만, 오쿠마가 외무장관을 겸임한 탓에 자유당 파벌이 상대적으로 불리했다. 이것이 밥그릇싸움을 하게 만드는 근본 원인이었다.

분열을 수습하기 위해 헌정당 내부의 인물이 아닌 사람을 문부장관에 임명하자는 타협책이 제시되었다. 그러나 이타가키와 오쿠마가 서로 자신이 추천하는 인물을 앉히려고 치열한 신경전을 벌여 결국 무산되었다. 내각의 심각한 분열로 장관 인선이 극히 곤란하게 되자, 오쿠마는 이타가키를 모방해 이 문제를 직접 천황 앞으로 끌고 나갔다. 즉, 독단으로 이누카이 쓰요시를 후임 문부장관으로 천황에게 추천하고 천황이 직접 임명해 달라고 요청한 것이다.

이누카이는 메이지 시대가 끝난 후 수상에 취임했다가 군부의 폭주로 살해당한 자로서, 오쿠마 계열의 인물이 가지고 있는 전형적인 특징을 지니고 있었다. 그는 후쿠자와가 만든 게이오대학 출신으로 대학에 재학할 당시부터 신문기자로 활동했고, 학비조달이 곤란해지자 도중에 학교를 자퇴했다. 그러나 전국민의 관심이 집중된 서남전쟁을 취재하며 특종 기사를 많이 써서 신문기자로 널리 이름을 알리게 된다. 이러한 경력을 가진 그는 오쿠마가 게이오대학 출신자를 중용한 덕분에 발탁되었고, 나중에는 오쿠마가 창립한 와세다대학의 출신들과도 긴밀한 관계를 유지한다. 앞서 물의를 일으킨 문부장관 오자키 유키오 역시 이누카이와 비슷한 사례에 해당되는 인물이다.

사가번이 에토 심페이의 반란을 계기로 초토화되었던 탓에, 오쿠마는 자신의 세력을 확장하기 위해 일정한 지적수준을 가진 대학 출신의 엘리트들을 휘하에 끌어들이려고 했다. 그래서 오쿠마 자신이 직접 와세다대학을 만들기 이전에는 게이오대학 출신자 중에서 전도유망한 인물들을 적극적으로 등용한 것이다. 더군다나 오쿠마는 언론을 중시해 문필에 재능이 있는 신문기자 출신들도 소홀히 하지 않았다.

이러한 점이 이타가키와는 다르다. 이타가키는 도사번 출신자를 중심으로 하는 폐쇄적인 파벌로부터 옹립되는 형태로 자유당을 지도했지만, 성격이 자유분방하고 개방적인 오쿠마는 보다 자유롭게 인재등용에 애썼다.


10월 27일에 이누카이의 임명식이 거행되자, 이타가키는 직접 천황을 찾아가 오쿠마가 독단으로 이누카이를 임명했다고 강력한 불만을 제기했다. 그리고 다음날인 28일에는 이타가키를 비롯한 자유당계열의 장관이 일제히 사퇴했고, 차관이나 국장급도 마찬가지였다. 더군다나 29일에는 일방적으로 임시협의회 개최를 통고하고 헌정당을 전격적으로 해산했다. 그리고 '신헌정당'을 창당하기에 이른다. 밥그릇싸움이 내각의 붕괴뿐만 아니라 결국에는 헌정당의 공중분해마저도 만들어낸 것이다.

헌정당의 잔류세력인 오쿠마의 진보당 계열은 '원조' 헌정당이라고 강조하기 위해서 헌정당을 '헌정본당'으로 개칭해 새롭게 태어났다. 이리하여 헌정당은 헌정당과 헌정본당으로 갈라지고, 사실상 합당 이전의 상태로 되돌아가는 결과가 되고 말았다. 외부에서 말없이 지켜보는 국민들의 시선은 당연히 냉소적이었다. 어처구니없는 밥그릇 싸움으로 처절한 분열상을 나타내는 정치권에 대한 환멸감이 깊어지게 된 것은 물론이며, 차라리 번벌정권이 낫다고 인식하는 사람도 꽤 많았다.

이타가키를 비롯한 자유당 계열의 인사가 일제히 사퇴함에 따라 내각은 만신창이가 되었다. 오쿠마가 선택할 수 있는 방법 중에서 깨끗하게 내각을 포기하는 길이 가장 현명했지만, 그는 구차하게 내각의 연명을 도모했다. 즉, 빈자리를 오쿠마 계열의 인물로 채워 내각을 계속 유지한다는 속셈이다. 그러나 천황이 제동을 걸었다. 천황은 육군장관과 해군장관을 직접 임명한 것을 계기로 정당내각의 강력한 후견인 역할을 자처했기 때문에, 오쿠마는 천황의 권위에 크게 의존하지 않을 수 없었다.

정치에 대해 남다른 감각을 가지고 있던 천황은 당초 정당내각이 헌정당내각으로 출범했고, 다시 말하면 오쿠마·이타가키의 연립정권으로 성립했다는 점을 중시했다. 이타가키가 내각을 떠난 이상 연립정권이 붕괴했으므로 내각도 총사퇴하는 방법이 옳다고 생각한 것이다. 논리적으로는 지극히 올바른 의견이지만 현직 수상이 내각의 존속을 원함에도 불구하고, 정당내각을 좋지 않게 생각한 탓에 오쿠마에게 내각의 포기를 권고했다. 천황마저 등을 돌리면 오쿠마도 내각을 유지할 자신감을 상실하지 않을 수 없었다.

막상 내각의 포기는 결정되었지만 육군장관 가쓰라는 당돌한 행동을 했다. 육군장관과 해군장관은 천황이 직접 임명했으므로, 내각의 다른 각료들과 같이 행동통일을 해서 사퇴하지 않겠다고 주장한 것이다. 즉, 자신들의 거취는 천황이 결정할 사항이라는 입장을 표명했고, 따라서 육군장관과 해군장관은 오쿠마가 사퇴한 10월 31일에 사표를 제출하지 않았다. 천황은 육군장관과 해군장관이 사표를 제출할 필요가 없다고 결정해 가쓰라의 손을 들어준다.

이러한 사실이 내각책임제의 제도적 취지에 정면으로 어긋난다는 점은 긴말이 필요하지 않다. 장관에 취임한 경위가 어떤 방식이든, 일단 내각의 각료가 된 이상은 내각과 운명을 같이해야만 한다. 아무리 통수권이 독립했다고 해도 사정은 마찬가지다.

천황은 뛰어난 현실감각을 바탕으로 통치제도의 안정에 발 벗고 나섰지만, 입헌제도에 관한 이론적 지식이 희박한 '무식한 천황'이라는 사실을 기회가 있을 때마다 드러냈다. 천황에게 있어서 정치는 현실이지 이론의 문제가 아니었다. 통치제도의 안정에 나름대로 중대한 기여를 하기는 했지만, 무식한 천황의 적극적인 정치개입은 입헌제도의 순조로운 발전을 왜곡시키는 부작용도 만들지 않을 수 없었다.

아울러 메이지 천황이 오쿠마나 이타가키를 원로로 취급한다는 조치를 취하지 않았다는 사실도 주목해야 하는 점이다. 내각제도가 발족한 이후 수상에 취임했음에도 불구하고 원로회의의 멤버가 되지 못한 인물은 오쿠마가 유일하다. 또한 이타가키 역시 무진전쟁에서 활약하는 등 원로가 되기에 충분한 경력을 갖추고 있었으나 천황은 이러한 사실을 외면했다. 정당정치를 혐오하고 정당정치가들을 반정부인사로 여겼기 때문이다. 그래서 이타가키와 오쿠마의 움직임을 봉쇄하기 위해 백작의 작위를 주는 등의 정치공작에는 적극적으로 협조하면서도 원로로서 국가의사의 중추에 참여시킬 생각은 전혀 없었던 것이다.

이타가키는 애초 정당내각을 공중분해시킨 장본인으로 비난받을까봐 무척 꺼려했지만, 오쿠마에 대한 강렬한 라이벌 의식에 사로잡혀 이성을 잃은 결과, 돌이킬 수 없는 정치적 실수를 하고 말았다. 그가 수상의 자리를 오쿠마에게 양보하고 내무장관의 보직을 차지한 이유는 내무장관의 영향력을 이용해 총선거에서 자유당의 당세를 확장한다는 실리를 노린 것이다. 그러나 총선거에서 겉으로는 헌정당이 압도적인 지지를 얻었음에도 불구하고, 자유당 출신자의 세력은 오히려 합당전보다 줄어들었다.

이와는 정반대로 오쿠마의 진보당세력은 91명에서 110명으로 당선자가 늘어나는 바람에 이타가키의 위기의식을 부채질하게 된다. 이 상태가 계속되면 이타가키는 내각의 주도권을 빼앗기고 오쿠마의 들러리에 불과한 존재가 될 가능성이 컸다.

더군다나 대장성 장관으로 입각한 마쓰다 마사요시(松田正久)는 자유당 계열에 속한 인물이지만, 본래는 사가번 출신으로 오쿠마와 친분이 있었다. 게다가 제1차 마쓰카타 내각 당시 유명한 선거간섭으로 낙선한 이후 계속 낙선의 고배를 맛보던 마쓰다는, 오쿠마의 정치적 배려로 사가현에서 헌정당 소속으로 오랜만에 국회의원에 당선되었다. 그래서 이타가키가 차기 예산편성의 주도권을 잡을 가능성도 희박했다.

앞서 말한 것처럼 경제정책에 대해 오쿠마는 긴축재정을 주장하고, 이타가키는 적극재정을 기본으로 하고 있었으므로 타협점을 찾기 어려웠다. 이러한 상황에서 오쿠마가 대장성 장관을 자기편으로 만든 이상, 경제정책의 주도권은 당연히 오쿠마에게 돌아간다. 애초 외무장관 자리를 오쿠마가 겸임했던 탓에 외교정책에 있어서 이타가키가 파고들 여지는 전혀 없었고, 여기에다가 경제정책의 주도권마저 빼앗긴다면 수상급 각료가 아니라 그저 평범한 내무장관에 지나지 않는 입장에 전락하게 된다. 그래서 오쿠마에게 주도권을 빼앗긴 상황에서 중의원이 열리기 전에 정당내각을 붕괴시키는 게 이타가키의 입장에서는 자존심을 지킬 수 있는 최선의 방법이었다.

이러한 와중에 오쿠마에게 반감을 품은 육군장관 가쓰라가 이타가키에게 접근해 내각의 와해공작을 추진하자 정당내각이 대분열을 일으킨 것이다. 가쓰라가 오쿠마에게 등을 돌린 이유는 내각 발족 당시 약속했던 군비 확장 요구에 대해 오쿠마가 사실상 협력을 거절했기 때문이다. 가쓰라는 약속의 이행을 독촉했지만 긴축재정을 생각하는 오쿠마는 예전부터 친분이 있던 사쓰마 출신의 해군장관 쓰구미치를 설득시키고, 이를 바탕으로 육군이 요구한 예산액을 삭감하는 데 성공했다. 이것이 가쓰라와 그의 배후에 있던 야마가타의 심기를 불편하게 만든 것은 물론, 죠슈벌세력이 오쿠마 타도에 나서게 만든 근본 원인이었다.

메이지 14년의 오쿠마 추방사건 당시 모두가 등을 돌리는 고립무원의 상황에서 추방된 것처럼, 최초의 정당내각에서도 오쿠마는 내각수상임에도 불구하고 결국 외톨이가 되어 쓸쓸히 물러나지 않을 수가 없었다. 행정관료 출신의 정치가가 가지는 한계가 적나라하게 드러나는 대목이다.

사실 하야해서 정당정치가로 변신한 이후 오쿠마에게 아무런 변화가 없었던 것은 아니었다. 많은 연습과 노력 끝에 뛰어난 연설가로 변신했으며, 이를 통해 그의 전매특허인 박학다식함을 세상에 뽐냈다. 해외에 나가 견문을 쌓은 것이 아님에도 불구하고, 뛰어난 기억력과 아울러 다양한 분야에 걸친 독서를 통해 얻은 지식을 자유자재로 활용하며 특유의 식견을 전개해 다른 사람을 압도했다. 특히 스스로 만든 문명협회(文明協会)라는 재단으로 하여금 해외 서적을 번역·출판하도록 하고, 이를 통해 지식을 흡수한 게 박학다식함의 원천이었다. 그러나 그는 주변의 끊임없는 충고에도 불구하고 평생 자신의 성격적 결함을 고치려는 노력은 하지 않았다. 그가 대정치가로 성장하지 못한 이유가 바로 여기에 있다.

# 6

## 학벌사회의 형성

제2권에서 언급한 것처럼 이토와 모리 아리노리의 콤비에 의해 도쿄제국대학이 설립된 이후에 학벌이 형성되는 발판이 만들어졌다. 그러나 그 후 즉시 국민들의 교육에 관한 관심이 높아지고 학력 중시의 풍토가 정착된 것은 아니었다. 정부가 제국대학의 출신자에게 각종 혜택을 부여하면서 교육에 대한 관심을 유도하려고 노력했으나, 일반 국민들이 느끼는 교육은 출세나 생계유지의 수단과는 별다른 관계가 없었기 때문이다.

당시 소학교(小學校)라고 칭해지던 초등학교의 경우, 겉으로 드러난 통계상으로는 취학률이 착실하게 증가해서 메이지 말기에는 90%를 넘어섰다. 그러나 실제로는 메이지 30년대 후반기에 접어들어서야 취학률이 급속하게 증가하기 시작했다. 의무교육제도로 인해서 부득이하게 초등학교에 자녀를 보내는 가정은 많았지만, 결석률이나 중퇴하는 비율이 매우 높았던 탓이다. 특히 여학생의 경우가 더욱 그러했다. 이러한 사실은 징병검사를 받는 과정에서 적나라하게 드러났다. 만 20세가 된 남자라면 누구나 징병검사를 받아야 하고, 일본 정부는 이 기회를 이용해 기초학력을 테스트해서 의무교육제도가 얼마나 실효성을 갖는가 확인하는 간편한 방법을 택한다.

메이지 31년(1898)에 실시된 징병검사 결과에 의하면 자신의 이름조차 제대로 쓰지 못하는 자가 4분의 3에 달했다고 한다. 그 무렵이면 메이지 10년대 후반에 초등학교를 졸업한 세대에 해당하고 초창기 의무교육제도가 얼마나 정착되었는지 알 수 있는 지표가 된다. 완전한 읽기와 쓰기의 능력을 가진 자는 불과 9% 정도에 불과했다는 사실로부터, 메이지 전반기의 실질적 소학교 취학률은 대략 10% 정도로 봐도 무방하다. 특히 농촌지역의 학부모들은 일손이 부족해 자녀들을 학교에 등교시키지 않는 경우가 많았으며, 그 때문에 일본식 서당이라고 할 수 있는 데라코야(寺子屋)는 획일적인 의무교육제도의 실시에도 불구하고 메이지 중반 무렵까지 전국 각지에 상당수 존재하고 있었다. 데라코야는 실생활에 꼭 필요한 지식 위주의 실용적인 교육을 하면서도 원칙적으로 수업료라는 개념이 없고, 학생의 수준에 따른 개별교육도 가능하기 때문에 가난한 학부모들이 선호했다.

이렇게 근대적인 교육제도가 국민들에게 받아들여지지 않고 겉도는 현상은 초등교육뿐만 아니라 중등교육에서도 그대로 나타났다. 제국대학과 고등학교는 국가가 운영했지만, 중학교는 지방자치단체의 재정 부담으로 운영되었다. 그러나 각 현(県)에 설치된 지방의회인 현의회 의원들은 중학교의 운영비용을 국가가 부담하지 않는 것에 대해 끊임없이 불만을 제기했고, 이러한 사실은 현의회 의원의 신분을 가진 지주계층조차도 자녀들을 중학교에 보내야 할 필요성을 느끼지 못했다는 사실을 증명하는 것이다.

본래 서양에서 중학교나 고등학교는 중산계급에 해당하는 자들의 자녀를 교육하려는 목적으로 설치된 것이다. 다시 말해 초등학교는 하층민들을 위해서 만든 것이고 중학교나 고등학교는 중산계급을 위해서, 대학교 이상의 고등교육 기관은 상류층이나 지식인 계층을 겨냥해 존재하는 학교였다. 이러한 사고방식은 도쿄제국대학과 고등학교를 설립한 모리 아리노리가 직접 집필한 설립취지에서도 그대로 드러난다. 그러나 문제는 자본주의가 충분히 발달하지 않은 당시 일본에 중산계급이 거의 존재하지 않았다는 사실이다.

중산계급이 형성되고 이들의 자녀들을 교육시키기 위해서 중등학교가 만들어진 게 아니라, 존재하지도 않은 중산계급을 위해서 중학교나 고등학교가 만들어진 셈이다. 그렇기 때문에 중등교육이 정착되지 않고 겉도는 것도 이상한 현상은 아니었다. 지주계급이라면 자녀들을 중학교나 고등학교에 취학시킬 수 있는 경제적 능력이 있었지만, 어째서 자녀들에게 초등교육 이상의 교육을 받게 해야 하는지 그 필요성을 거의 느끼지 못했다.

자녀들을 위한 교육으로는 읽기와 쓰기 능력만으로 충분하다고 생각하는 사람도 부지기수였으며, 교육을 통해서 자녀들을 입신출세시켜야 한다는 필요성을 느끼는 사람도 드물었다. 일반적인 중학교는 말할 것도 없고 여학교나 실업학교 등의 운영비용을 지방자치단체가 부담하는 문제에 대해서는, 학교 자체를 아예 폐지하자는 논의가 진지하게 토의되었을 정도였다. 중학교 이상의 상급학교에 진학한다는 것은 최종적으로 제국대학교 입학을 전제로 한다는 의미이지만, 당시 중등학교는 오로지 대학진학을 목표로 교육과정이 편성된 것도 아니었다.

주의할 점은 당시 일본에서는 중산층이라는 용어 대신에 '중등(中等)계급'이라는 단어가 널리 사용되었다는 점이다. 중산층은 경제적인 능력을 주요한 기준으로 사회계층을 분류하는 단어이나, 중등계급은 경제력보다는 사회적인 위상에 초점을 맞춘 단어다. 즉, 중등계급이라는 용어는 경제력을 가진 농민이 아니라 가난하지만 교양과 학식을 갖춘 무사 출신의 계층을 염두에 둔 단어였다. 그러나 수업료의 대폭 인상을 통해 교육을 받기 위해서는 학비가 필수적인 상황이 됨에 따라서, 경제력이 중요한 기준이 되지 않을 수가 없었다.

일반 국민들 사이에서 근대적인 공교육제도가 제대로 인식되고 정착하지 못했지만, 도쿄제국대학이 설립되고 고등시험제도가 만들어지자 관료사회에 학벌이 등장하기 시작한 것은 물론이고, 착실하게 세력을 증가하는 경향은 시간이 갈수록 현저하게 나타났다. 이미 언급한 것처럼 고등문관시험에 합격하면 행정관이나 사법관 중에서 진로를 결정해야 한다. 그러나 실제로 도쿄제국대학 법학과 졸업자들은 거의 압도적으로 행정관을 진로로 선택했다.

그 이유는 당시 사정에 비추어보면 사법관보다 행정관이 사회적으로 차지하는 위상·장래의 진로·보수 등에서 훨씬 유리했기 때문이다. 쉽게 말해 법관보다는 관료 쪽이 현실적으로 현명한 선택이었다. 게다가 당시 일본의 관료제도는 하급관료인 판임관(判任官)과 주임관(奏任官) 이상의 고위관료 사이에 엄청난 격차를 만들어 놓았다. 봉급에서 많게는 20배 이상의 차이가 나는 건 물론이고, 식당이나 화장실에 이르기까지 엄격한 구별을 만들어 제국대학 출신자들이 매력을 느끼고 지원하도록 유도했다.

또한 눈부신 출세가 보장된 점도 간과할 수 없는 중요한 사실이다. 관료제도가 확고하게 정착되기 시작한 메이지 말기를 예로 들자면, 도쿄제국대학 법과를 졸업하고 고등시험에 합격해 관료사회의 꽃이라고 할 수 있는 내무성의 경찰분야에 배치된 경우를 들 수가 있다.

이러한 경우 임용된 다음해에 경찰서장, 5년 후에는 오늘날 한국의 지방경찰청장 정도에 해당되는 현(縣)의 경찰부장, 40대에 현의 우두머리인 지사(知事), 50대에는 경시총감이라는 출세코스를 달리는 게 일반적이다. 게다가 번벌이나 정당의 실력자에게 능력을 인정받으면 내무성 경보(警保)국장, 내무차관, 더 나아가서는 내무장관까지 바라보는 것도 가능했다.

물론 도쿄제국대학 출신자라고 해서 모두가 경시총감 이상의 출세를 하는 것은 아니지만, 제국대학을 나오지 않고서는 아무리 유능하다 하더라도 경찰서장조차 임명되기 어려운 게 현실이었다. 이러한 이유로 인기가 없는 사법관에는 고등시험에 합격한 사립대학 출신자들로 채워졌다. 겉으로 보기에는 사립대학 출신자들이 관료사회에 제법 진출했음에도 불구하고, 막강한 영향력과 권력을 가진 고위공직자는 도쿄제국대학 출신자들이 실질적으로 '싹쓸이'하는 경향이 현저하게 나타났다. 메이지 37년(1904) 당시 판사와 검사 중에서 도쿄제국대학 출신자의 비중은 불과 20%에 지나지 않았다고 한다.

　학력 우대정책과 학벌의 형성은 관료사회에서만 나타나는 현상은 아니었다. 예를 들어 의사 세계에서도 학벌은 중요한 의미를 가지고 있었다. 메이지 초기에 공포한 '의제(醫制)'에 의해 일본은 전통적 한의학과 종지부를 찍고 서양의학만을 의학으로 인정했다. 그래서 제도상으로 본다면 원칙적으로 도쿄대학 의학부 등의 정식으로 설립된 의학 교육기관에서 서양의학을 전공한 사람에게만 의사면허를 주지 않으면 안 된다. 이러한 현상은 중국이나 조선에서는 나타나지 않는 일본 특유의 것이라고 해도 과언이 아니다. 막부시대에 네덜란드로부터 수입된 난학이 서양의학을 중심으로 발전했고, 서양의학에 대한 인식과 평가가 높았으므로 이러한 결과가 나온 것은 물론이다.

　문제는 국가가 설립한 정식 의과대학을 졸업하고 배출되는 의사의 수가 터무니없이 부족했다는 점이다. 그래서 이미 개업을 하고 있던 의사에게 서양의학을 전공했는지 아닌지를 불문하고 무조건 의사면허를 부여했으며, 자격시험 제도를 만들어 시험에 합격하면 면허를 주는 방법을 채택하지 않을 수 없었다. 그 결과 메이지 시대 중반 무렵에 개업한 의사의 적어도 80% 이상은 정규의 의학교육을 받지 않은 사람들이었다.

　막부가 멸망하기 이전 존재하던 사설학교 중에서 난학을 가르치는 학교는 대다수가 의사양성을 위한 목적을 아울러 가지고 있었으므로, 사립의학교는 전국에 걸쳐 널리 존재하고 있었다. 메이지 시대가 시작되면서 새롭게 설립되기 시작한 근대적인 사립학교도 단과대학 형식으로 법학교육이나 의학교육을 목적으로 하는 경우가 많았다. 즉, 국가가 정식으로 설립한 의학교육기관은 극소수에 불과했으나 의사가 되고자 원한다면 서양의학을 배울 수 있는 방법은 많이 있었다. 그래서 서양의학만을 의학으로 인정해도 별다른 부작용이 일어나지 않았던 것이다.

주의할 점은 제도상으로는 메이지 초기부터 한의학과 완전히 결별했지만, 이를 계기로 일본에서 한의학이 단번에 멸종된 것은 아니라는 점이다. 한의학을 배운 의사라도 개업하고 있는 상태였다면 면허를 부여했기 때문에, 메이지 전반기에는 한의학과 서양의학을 배운 의사들이 개업의로서 공존하는 현상이 나타나지 않을 수 없었다. 외과나 안과 등의 특정 분야는 도쿠가와 막부 시절부터 서양의학이 압도적인 강세를 나타냈던 게 사실이다. 그러나 내과라면 한의학도 경쟁력을 가지고 나름의 역할을 했다.

이러한 상태는 오래전부터 일본에서 치사율이 높은 심각한 질병으로 국민들을 괴롭히던 각기병을 둘러싸고 명암이 엇갈렸다. 각기병이 비타민 결핍으로 나타나는 질병이라는 사실은 메이지 시대가 끝나갈 무렵에서야 밝혀진 사실이지만, 한의학을 배운 개업의 중에서 각기병을 치료하는 명의라고 이름을 떨치던 자들이 영업비밀이라는 이유로 치료비법을 공개하지 않아 국민들의 반감을 샀다. 게다가 서양의학이 발전함에 따라서 각기병에 유효한 예방책을 제시하는 것은 물론이고 궁극적인 해결책마저도 내놨으므로, 한의학은 국민들로부터 외면을 받지 않을 수 없었다. 이러한 와중에 각기병의 치료방법으로서 비타민의 발견과 추출에 성공한 도쿄대학 농과 출신의 스즈키 우메타로(鈴木梅太郎)는 노벨상을 타지 못하는 비운을 겪기도 했다.

아무튼 이처럼 도쿄대학이나 이를 계승한 도쿄제국대학을 졸업하고 '의학사'의 칭호를 부여받은 학력엘리트 의사들은 극소수에 불과했다. 그러나 이들은 국공립 병원이나 내무성·지방자치단체의 보건담당 행정부서에 배치되면서 통상적인 개업의와는 전혀 다른 길을 걸어 나갔다. 만약에 제국대학 출신의 의사가 일반 개업의가 된다면 학벌이 아니라 실력으로 승부해야 했지만, 의사자격증을 가진 '공무원'으로 취직한다면 학벌이 힘을 발휘하게 된다는 것은 긴말이 필요 없다.

학벌에 바탕을 둔 파벌의 형성은 공교육을 담당하는 교사들의 세계에서도 마찬가지였다. 제국대학과 고등학교를 설립한 모리 아리노리는 교사양성을 주된 목적으로 '사범학교(師範學校)'라는 학교도 창설했다. 상식적으로 생각하면 메이지 초기의 의무교육제도 실시와 더불어 교사양성을 위한 전문학교가 설립되어야 옳았으나, 문교정책을 이끌어 나갈 유능한 인물이 없었던 탓에 획일적인 의무교육제도가 실시되고 10년 이상이 지난 후에야 비로소 교사양성을 전문으로 하는 학교가 설립된 것이다.

이러한 사정으로 사범학교 출신의 이른바 '정교원(正敎員)'은 메이지 30년대에 접어들어도 전체 교사 중에서 20% 정도에 불과했다. 그러나 사범학교 출신자들은 학벌적 특권 덕분에 교사로 임명되고 불과 몇 년이 지나지 않아 교장을 비롯한 학교의 간부로 임명되는 게 관례처럼 굳어지게 된다. 문제는 당시의 학교장은 인사권뿐만 아니라 봉급에까지 영향력을 발휘하는 막강한 권한을 가지고 있었다는 점이다. 그래서 출신 사범학교에 따른 파벌이 자연스럽게 형성되지 않을 수 없었다.

사범학교 출신이라도 속성교육을 받은 강습과 출신이냐 아니냐에 따라 자격이 나뉘었고, 같은 교사라도 정교원·준교원·전과교원으로 자격을 구분해 차별적인 대우와 보수가 주어졌다. 또한 교사의 부족을 보충하고 우수한 자질을 가진 정교원을 많이 확보하기 위해 시험제도를 통해 정교원의 자격을 주었기 때문에 치열한 시험경쟁을 유발했다. 당시 일본의 초등학교 교사 중에서는 교사 자격증을 소지하지 않은 소위 '대용교원(代用敎員)'의 비중이 상당히 높았다. 문자 그대로 비정규직 교사다.

사범학교 출신자들은 해마다 배출되는 졸업생도 적었고 대부분 대도시에서 근무하는 것을 선호했던 탓으로, 낙후된 농촌지역의 초등학교는 바로 그 학교를 졸업한 10대 후반의 졸업생들을 교사로 충당하는 경우가 비일비재했다. 이들이 바로 대용교원들이다. 비록 무자격에다가 신분이 불안정한 비정규직 교사들이지만, 돈도 벌고 일을 할 수 있었으므로 인기가 높았다.

그러나 이들이 언제까지나 대용교원이라는 신분에 만족한 건 아니다. 대용교원은 같은 교사라도 사범대학 출신의 정교원들에 비해 대우나 보수의 면에서 현저하게 불리했고, 이러한 사실을 깨닫게 된 대용교원들이 시험에 합격해 정교원의 자격을 얻고 정식으로 교사로 인정받길 원하는 것은 자연스러운 현상이다. 이러한 욕구를 갖고 있다면 초등학교보다는 중학교 교사가 되는 편이 대우나 보수의 면에서 보다 유리했다. 그래서 야심이 있는 청년이라면 중학교 정교원 자격을 손에 넣기 위해서 시험 준비에 열중하게 된다.

비록 대용교원이지만 실제 교사로 일하면서 얻은 지식과 경험이 있었고, 시험 자체가 그다지 어렵지 않았으므로 정교원 자격을 획득하는 데 커다란 어려움이 없었다. 그러나 막상 정교원 자격을 획득해도 사범학교 출신자들과 비교하면 역시 극복하기 어려운 차별이 존재했다. 학교장과 같은 영향력 있는 자리는 사범학교 출신자들의 몫이기 때문이다.

새삼스럽게 사범학교에 들어갈 생각이 없고 보다 야심을 가진 청년들이라면, 교사라는 자리에 만족하지 않고 신분상승을 위해 다른 방향을 모색하는 경우도 많았다. 예를 들어 막상 시험으로 획득한 정교원의 자리를 포기하고 사립대학에 진학한 후 고등문관시험을 거쳐 변호사가 되는 것을 들 수가 있다. 제국대학 법과 출신자들은 거의 대부분 고위관료가 되기를 희망했으므로, 변호사의 세계는 사립대학 출신자들의 독무대라고 해도 과언이 아닌 상황이었다.

사립대학에 입학하기 위한 학비가 모자란다면 사관학교와 같은 수업료가 무료인 학교에 진학하는 방법도 있었다. 메이지 시대 말기나 그 이후 대용교원 출신 인물들이 사회 각층에 유력한 인물로 서서히 두각을 나타낸 것도 우연의 일치는 아니라고 할 수 있다. 박정희 역시 대구에서 사범학교를 졸업한 후 교사의 자리에 만족하지 않고 군인으로 새로운 진로를 모색한 것은 유명한 일화다.

한편, 경제계에서 학벌의 형성은 후쿠자와가 설립한 게이오대학 출신들과 관련이 깊다. 자본주의가 충분히 발달하지 않았던 당시 상황에서 거대 기업이나 대규모 공장들은 극소수에 불과했지만, 일찍부터 고학력을 가진 인물들이 고위간부 자리를 독차지했다. 그러나 이들은 본래 국영기업이었던 사업들이 민간 기업에 불하되는 과정에서 그대로 고용승계가 이루어져 고위간부가 되었던 데 불과했고, 의도적으로 기업체들이 고학력자를 채용한 결과로 고위간부의 자리를 차지하고 학벌을 형성한 것은 아니었다.

이러한 와중에 재벌로 성장하고 있었던 미쓰이(三井)가 후쿠자와의 조카인 나카미가와 히코지로(中上川彦次郎)를 메이지 24년(1891)에 영입하면서, 재계에도 학벌의 씨앗이 뿌려지기 시작한다. 그가 미쓰이에 등용된 것은 영국에 유학하던 도중에 미쓰이의 '종신고문'이자 죠슈벌의 실력자인 이노우에 가오루와 두터운 친분을 맺은 덕분이다.

미쓰이의 핵심조직 중 하나인 미쓰이은행의 지휘를 맡은 나카미가와는 게이오대학 출신들을 대거 끌어들였다. 도쿄제국대학 출신자들이 경제계에 진출하는 데 거의 관심이 없었던 탓에, 사립대학 졸업자들이 파고들 여지는 얼마든지 있었다. 때마침 후쿠자와의 조카이자 본인 스스로 게이오대학 출신인 나카미가와가 미쓰이의 경영권을 장악하면서 '게이오 = 경제'라는 등식을 성립시키는 발판을 마련하게 된다.

한편, 게이오대학과 쌍벽을 이루는 와세다대학의 경우는 신문·잡지 등 언

나카미가와 히코지로

론계에 활발히 진출했고, 언론계를 통해 정치에 입문하는 경우가 많았으므로 '와세다 = 정치'라는 등식을 만들어 나갔다. 그러나 실제 상황을 살펴보면 이 대학 졸업생들이 언론계나 정치에 입문하는 경우가 많았던 것은 아니다. 메이지 42년(1909)의 졸업생 통계에 의하면 졸업생의 45%가 자영업으로 진출했으며, 언론계는 5%이고, 정치는 2%에 불과했다. 그러나 이 대학의 창설자이자 현역 정당지도자인 오쿠마 시게노부의 존재감 덕분에 와세다대학이 정치학교라는 선입견을 가지지 않을 수 없었고, '와세다 = 정치'라는 도식이 만들어진 것이다.

일반 국민들이 교육과 학력에 무관심한 상황도 메이지 30년대에 접어들면서 급속히 바뀌기 시작한다. 이 시기는 일본이 청일전쟁에 승리하는 것과 아울러, 급속한 자본주의 발전에 힘입어 변혁의 시대가 지나가고, 사회적으로나 경제적으로 안정된 발전을 추구하기 시작하던 무렵이다. 여기에 불을 지른 사람이 바로 도쿄제국대학 최초의 사회학 교수라는 직함을 가지고 있으며, 제국대학 총장과 문부장관의 지위까지 올라간 도야마 마사카즈(外山正一)라는 인물이다.

도야마는 Sociology를 '사회학'이라는 단어로 번역해서 정착시킨 장본인이기도 하다. 그는 메이지 32년(1899)에 《번벌의 장래》라는 책을 저술했는데, 이 책에서 학력의 중요성과 학벌이 형성되고 있다는 사실을 통계를 이용해 과학적으로 제시하면서 커다란 반향을 불러 일으켰다. 특히 그는 과거 죠슈번이었던 야마구치현의 교육열이 얼마나 높은지를 수치로 명확하게 제시해 학력의 중요성에 대한 대중의 관심을 끄는 데 성공했다.

단지 통계치를 제시하는 데 머무르지 않고 직접 지방을 돌아다니며 꾸준히 강연과 연설을 하면서, 그는 번벌의 시대에서 학벌의 시대로 변모하는 상황에 대처하기 위해 교육에 전폭적인 투자를 해야 한다고 강조했다. 도쿄제국대학의 교수이자 전직 문부장관이라는 경력을 가지고 있는 인물이 직접 지방을 돌아다니며 열심히 교육과 학력의 중요성을 설파했으므로, 지주계급을 비롯한 지방 유력자들이 관심을 갖지 않을 수가 없었다.

따지고 보면 도야마라는 인물 자체가 학벌로 출세의 발판을 마련한 사람이다. 그는 본래 막부 직속의 무사인 하타모토 출신으로, 막부가 멸망하기 직전에 막부가 파견하는 유학생의 자격으로 영국으로 유학을 갔다가 막부의 멸망과 더불어 자금줄이 끊겨 도중에 되돌아왔다. 그 후 모리 아리노리와 친분을 맺게 되어 그와 함께 미국으로 건너가게 되고 미시간대학에 입학하게 된다. 정확한 이유는 알 수가 없으나 학위가 없는 것은 물론이며 무엇을 배우고 돌아왔는지도 불투명했다.

아무튼 유학을 마치고 돌아온 후 최초에는 화학을 가르쳤지만, 그 후 영문학, 심리학, 서양사 등을 강의하다가 제국대학 최초의 사회학 교수로 임명되었다. 외국에 유학을 갔다 온 경력이 없었다면 이러한 눈부신 변신과 출세는 불가능했을 거라는 점은 물론이다. 이러한 이유에서인지 도야마는 사회학과 교육을 접목시켜서 열렬한 학력전도사의 역할을 자처한 것이다. 그는 특히 도쿄제국대학에 자녀들을 입학시키기 위해 지방에도 고등학교를 설립하지 않으면 안 된다는 사실을 강조했다.

이러한 주장에 영향을 받았던 탓인지는 몰라도 그 후 지방자치단체가 학교설립과 재정 부담에 거부감을 느끼던 종전의 현상이 사라지고, 오히려 각 지방마다 자신의 지역에 고등학교나 이것에 준하는 상급학교들을 설립하려는 치열한 유치경쟁이 벌어지게 된다. 학력의 중요성이 지방의 민초들에게까지 침투하기 시작하고 학벌사회가 형성되기 시작했다는 간접적인 증거다.

학력을 가지고 있어야 할 필요성과 중요성에 관해서는 병역제도 역시 나름의 역할을 했다. 앞서 말한 것처럼 징병령이 시행될 당시 일정액의 대인료(代人料)를 납부하면 병역을 면제하도록 되어 있었지만, 메이지 14년(1881)의 개정된 징병제도에서는 국공립의 중학교·사범학교·전문학교 등의 졸업자에게 병역을 면제하는 것은 물론, 그 후 메이지 16년(1883)의 개정에서는 '1년 지원병제도'가 만들어진다. 이것은 스스로 자원해 식품비나 피복비 등을 본인이 부담하는 조건으로 1년 만에 병역을 마칠 수 있도록 한 것이지만, 국가에서 인정하는 졸업장을 가지고 있어야 한다는 게 필수조건이었다.

징병령이 개정될 때마다 병역을 면제받을 수 있는 허점이 점점 줄어들고 있는 상황에서, 원칙적으로 3년을 복무해야 하는 병역 의무를 1년으로 줄일 수 있다는 것은 뿌리치기 어려운 매력이 아닐 수 없었다. 게다가 1년간 복무를 마친 후에는 시험을 거쳐 예비역 장교의 신분을 얻을 수 있었다. 1년 지원병제도를 만든 주된 목적이 유사시에 대비해 예비역 장교를 충분히 확보하기 위한 목적에 있었던 만큼, 국가에서 공인하는 졸업장만 가지고 있으면 군복무를 짧게 마칠 수 있으며, 더 나아가서는 장교의 신분을 얻을 수 있다는 결론이 나온다.

한편, 이러한 특혜가 국공립학교의 졸업자에게만 주어졌기 때문에 사립대학에서 강력히 반발하는 건 당연했다. 그 결과 나중에는 국가가 정한 기준에 따라 문부장관의 허가를 얻은 사립학교라면 1년 지원병의 혜택을 받을 수 있도록 만들어졌다. 1년 지원병제도 자체는 국방상 별다른 실효성이 없는 제도였지만, 병역의 의무를 거쳐야 하는 남자들에게 있어서는 학력의 중요성과 필요성에 대한 자각을 느끼게 하지 않을 수 없었다.

이처럼 국가적 차원에서 학력과 출신학교에 의한 뚜렷한 차별을 부여한 덕분에, 메이지 후반기에 들어서자 사회 전반에 걸쳐서 학력과 학벌을 중시하는 풍토가 확실히 자리를 잡아가게 되었다. 그리고 메이지 시대가 끝난 후에는 본격적으로 입시지옥을 비롯한 새로운 환경이 만들어졌다. '대정치가' 이토 히로부미가 후세에 남긴 작품 중의 하나다.

학벌을 만들어낸 장본인이라고 할 수 있는 이토가 도쿄제국대학을 창설할 당시에는, 국가와 사회의 발전을 이끌 유능한 인재가 절대적으로 부족한 상황에 있었다. 그러나 시간이 지나면서 제국대학 졸업생들이 대량으로 배출되고 이러한 현상은 서서히 해소되는 경향을 맞이했다. 그럼에도 불구하고 관료사회를 중심으로 비상식적이라고 할 정도로 학력을 우대하는 풍토를 확고하게 정착시킨 덕분에, 사회 전반에 걸쳐서 자녀의 교육에 대한 인식이 달라지고 교육열이 확산되는 결과를 야기하지 않을 수 없었다.

국민들의 교육열이 높아지면 전반적인 교양수준이 높아진다는 순기능도 있으나, 과도한 입시경쟁과 막대한 교육비의 부담, 고학력의 실업자를 양성한다는 폐단도 생기기 마련이다. 학부모들이 순수한 마음으로 자녀에게 높은 교육수준과 교양을 갖추기 위한 목적이 아니라, 자녀를 출세시키기 위한 방편으로 교육에 집착하므로 비정상적인 입시열기가 만들어지는 건 당연하다. 이토는 장래에 발생할 이러한 문제점을 예견하고 교육시스템을 수정하려는 노력은 하지 않았다. 애당초 그에게 그러한 통찰력을 기대하는 것 자체가 무리라고 생각한다. 그리고 이러한 부작용은 일제의 식민지 지배를 거쳐서 오늘날의 한국에서도 그대로 나타나고 있다. 그 결과 대학 졸업장이 있어야지 사람 대접을 받고, 출신대학에 의한 서열화가 확고하게 뿌리를 내렸다.

흥미로운 사실은 일본과는 다르게 오늘날 한국에서는 비록 국립대학이라도 지방에 있는 대학은 명문대학으로 인정받지 못한다는 사실이다. 일본은 메이지 시대에 도쿄제국대학을 시작으로 지방에도 제국대학을 차례차례 만들어 나가면서 사립대학과 차별적인 지위를 인정받았다. 예전에 언급한 것처럼 아예 법으로 사립대학은 메이지 시대에 대학으로서 인정받지도 못했다. 그래서 비록 지방에 있는 제국대학이라도 사립대학보다는 우월한 대학으로 대접받았다. 그 중에서도 특히 교토제국대학에 대한 평가가 높았다.

그렇지만 일본은 한반도를 식민지로 통치하는 와중에 오로지 경성제국대학만을 설립했으며, 한반도의 각 지방에 골고루 제국대학을 설립하지는 않았다. 이러한 후유증이 오늘날까지 그대로 남아서 경성제국대학을 계승한 서울대학교가 최고의 명문대학으로 인정받고 있으며, 한국에서 명문대학으로 인정받는 대학은 대부분 수도권에 집중되어 있는 기형적인 형태가 나타난 것이다. 필자는 일본이 식민지 통치를 하면서 만약 지방에도 제국대학을 만들었다면 오늘날 한국의 지방에 소재한 대학, 특히 국립대학에 대한 인식은 많이 달라졌을 거라고 생각한다.

# 7

## 제2차 야마가타 내각

정당내각이 붕괴되고 2일 후인 메이지 31년(1898) 11월 2일에 열린 원로회의에서, 후계내각을 사쓰마벌이 아닌 죠슈벌의 야마가타 아리토모에게 맡긴다는 결정이 내려졌다. 내각제도 시행의 초기부터 통치의 규칙으로 만들어진 사쓰마와 죠슈 출신이 번갈아가며 정권을 담당한다는 묵시적인 약속은 확실하게 깨진 것이다. 이렇게 된 근본적인 원인은 정당세력의 팽창보다는, 사쓰마 출신 중에서 내각을 맡을 인재가 없다는 점이 더욱 중요한 사실이다.

사쓰마벌의 간판인물인 구로다와 마쓰카타는 정치적 상처가 깊어서 더 이상 내각을 맡을 의욕도 능력도 없었다. 이 두 사람을 제외하고는 사쓰마벌의 텃밭인 해군에 인재가 있었지만, 수상을 맡을 정도의 지명도와 정치력을 갖춘 인물은 아직까지 없다고 해도 과언이 아니다. 게다가 이 내각은 역사상 최초로 등장한 정당내각의 느닷없는 붕괴라는 정치적 격변의 후폭풍을 수습하는 역할이 부여되었으므로, 국가안보뿐만 아니라 정권안보도 맡아왔던 '번벌정권의 해결사' 야마가타 외에는 적임자가 없다는 게 그 누구의 눈에도 분명한 사실이었다.

제2차 야마가타 내각의 탄생에도 역시 천황이 깊이 개입했다. 야마가타를 후계수상으로 점찍은 것을 시작으로 해서, 내각의 구성과 앞으로의 국정운영 방침에 이르기까지 참견하기를 주저하지 않았다. 그러나 야마가타는 천황의 지나친 간섭은 단호하게 물리쳤다. 메이지 2세대 정치가들이 걸핏하면 천황을 무시하는 중요한 이유 중의 하나는 천황이 나이로 따졌을 때 3세대에 해당하기 때문이다.


정당 창설을 꿈꾸는 이토 히로부미를 의식한 탓인지, 야마가타는 정당세력을 철저하게 배제한 순수한 의미에서의 삿쵸 번벌정권을 만들었다. 이에 따라 사쓰마벌에서는 내무장관에 사이고 쓰구미치를 기용하고, 법무장관에 가바야마 스케노리, 그리고 해군장관에 야마모토 곤베가 임명된다. 내각에 사쓰마벌의 해군세력이 무려 3명이나 들어간 것이다. 특히 야마모토 곤베가 해군장관으로 전면에 등장한 것이 주목받을 만한 사건이었다.

야마모토가 해군장관에 임명된 것은 가쓰라가 육군장관에 취임한 때보다 시기적으로 1년 정도 늦었으나 커다란 시간적 차이는 없다. '황태자' 가쓰라의 등장에 자극을 받은 탓인지, 육군에 강력한 라이벌 의식을 가진 해군의 차세대 리더도 급거 정치의 전면에 화려하게 데뷔한 것이다. 이를 위해 야마모토는 해군제독 중에서 무려 10명 이상을 숙청한 후 중장으로 진급했고, 해군 군무국장에서 차관을 거치지도 않고 단숨에 장관의 자리를 차지하는 기염을 토한다.

또한 심복인 이와테(岩手)현 출신의 사이토 마코토를 해군차관으로 임명하는 파격적인 인사를 단행하는 조치를 취했다. 어째서 파격적인 인사냐고 묻는다면 사이토 마코토가 해군대령의 신분으로 차관에 임명되었기 때문이다. 정상적으로 차관이 되려면 해군중장 정도의 계급이어야 가능했지만, 상식을 초월하는 인사권의 횡포를 휘두르는 게 가능할 정도로 야마모토의 권력은 막강했다. 일본 해군 역사상 일개 대령의 신분으로 차관에 발탁된 사례는 사이토 마코토 외에는 없다.

이것과 아울러 야마가타계의 관료세력에서 요시카와 아키마사가 체신장관에, 법무장관에 기요우라 게이고, 농상무장관에 소네 아라스케가 각각 등용되었다. 외무장관에는 제1차 야마가타 내각 당시와 마찬가지로 아오키 슈죠가 임명되었다. 야마가타는 자신에게 충성하면 반드시 보답을 했고, 본래 이토와 친밀한 사이였던 아오키가 그의 품안에 안기자 끈끈한 의리를 보여준 것이다.

아오키는 제1차 마쓰카타 내각 당시 일어난 러시아 황태자 암살미수 사건을 계기로 이토와 완전히 결별했다. 이토가 그 사건의 모든 책임을 당시 외무장관이던 아오키에게 떠넘기려 했기 때문이다. 사실 러시아 황태자 초청을 배후에서 주도한 인물은 이토와 이노우에였다. 그 누구보다도 돋보이는 이 내각의 2인자는 육군장관 가쓰라 다로였다. 가쓰라는 제3차 이토 내각과 정당내각에서 야마가타의 의사를 반영하는 충실한 심복 노릇을 한 것은 물론, 이번에 성립한 제2차 야마가타 내각의 정국운영에 관해 청사진을 수립하는 등 정치참모의 역할도 수행하며 차세대 리더로서 기대해도 좋은 역량을 선보였다.

한편으로 제2차 야마가타 내각은 군사정권이라고 해도 과언이 아닐 만큼 군부의 인물들이 대거 입각한 내각이었다. 수상인 야마가타가 현역 육군대장이자 '원수'이고, 내무장관 사이고 쓰구미치는 현역 해군대장이자 '원수'로서 각각 육군과 해군을 대표하는 간판인물이다. 여기에다가 육해군의 차세대 리더로 지목되던 가쓰라와 야마모토 역시 나란히 입각했다. 결국 내각의 절반 정도의 각료가 현역군인이거나 군인 출신으로 채워진 것이다.

원수(元帥)는 야마가타가 주도해서 메이지 31년(1898) 1월에 창설했으며, 현역 육해군 대장 중에서 특별히 공로가 많은 자에게 부여하는 계급이었다. 이 제도의 표면적인 창설 목적은 러일전쟁에 대비해 우수한 인재를 현역군인으로 확보한다는 데 있었다. 그러나 실제로는 야마가타가 정년퇴직으로 육군을 떠나기 싫어서 만든 것이다.

예전에 사이고 다카모리가 육군대장과 원수의 직함을 가지고 있었지만, 정식 계급으로 만들어진 것은 아니었다. 원수는 종신계급으로 문자 그대로 죽을 때까지 유지할 수 있었기 때문에, 원수에 임명된 야마가타는 죽기 전까지 현역군인으로서 육군에 간섭하는 게 제도적으로 보장되었다. 메이지 천황이 만든 원로제도를 모방해서 만든 군부의 원로제도라고 해도 과언이 아니다. 정치군인이 아닌 자가 원수가 되면 단지 명예로운 칭호에 불과하지만, 야마가타와 같은 교활한 정치군인에게 원수는 문자 그대로 종신계급으로서 기능했다. 이것은 박정희나 전두환과는 확연히 다른 점이다. 쿠데타에 성공한 후 박정희나 전두환은 대통령이 되기 위해 육군을 떠났으나, 야마가타는 배후에서 권력을 주무르는 것을 선호했기 때문에 새로운 계급을 만들기까지 하면서 육군에 머무르려 했다.

이미 남부러울 것 없는 권력을 가진 야마가타가 굳이 정치의 전면에 나서 내각을 맡은 이유는 번벌세력의 위기상황을 그의 방식대로 극복하기 위해서였다. 이토는 정당의 창설로 새롭게 정당정치를 시작해 위기를 극복하려 꾀했지만, 야마가타는 소극적이고 신중한 성격답게 이제까지 쌓아올린 기득권을 방어하는 것을 선호했다. 군비 증강을 위해서는 증세가 필수적이었고, 그렇기 때문에 야당과 제휴는 부득이하다. 야마가타는 자유당 계열이 창당한 새로운 헌정당과 제휴를 도모했으나, 각료 자리를 양보해 제휴관계를 성립시키는 것은 결국 거부했다.

헌정당과의 교섭을 담당한 자는 가쓰라였다. 그는 야마가타에게 내각 내부에 정당세력이 침투하지 못하도록 방지하자고 건의하고, 정책적 차원의 제휴에만 머무르도록 유도했다. 그래서 우여곡절 끝에 12월 29일 정식으로 제휴관계는 성립했지만, 지조 인상에 의한 증세에 헌정당이 동의하는 대신 철도의 국유화, 선거법 개정 등 헌정당의 정책에 부합하는 사항을 야마가타가 실현하는 것으로 정치적 거래가 이루어진다.

12월 3일에 제13차 의회가 열리자 정부는 조세수입보다 정부 지출이 훨씬 많은 예산안을 제출했다. 그래서 증세는 불가피하게 되었다. 증세를 위해서는 지조뿐만 아니라 새로운 세금의 신설도 대대적으로 해야만 했고, 특히 지조를 종래의 2.5%에서 4%로 인상하는 게 핵심 사항이었다. 메이지 초기 농민들의 반란을 우려해 오쿠보가 지조를 3%에서 2.5%로 인하한 이래, 정치적인 이유로 계속 2.5%에 고정되어 있었다. 이것을 인상하는 문제가 번벌정부의 또 다른 숙원사업이 된 것이다.

지조의 인상은 농민층 중에서도 특히 지주계급의 이해관계에 불리하므로 당연히 전국적인 반발이 일어났고, 오쿠마의 헌정본당이 중심이 되어 반대운동을 대대적으로 전개한다. 여기에 비해 상공업자 계층은 자본주의의 발전을 위해 증세가 불가피하다는 점을 주장하고, 증세에 대한 찬성운동을 전개해 소란스러운 분위기가 연출되었다. 결국 지조를 증세하느냐 아니냐는 계급투쟁의 양상을 나타낼 정도로 민감한 사안으로 발전했다.

자유당을 계승한 헌정당은 기존의 입장으로 따지면 당연히 증세에 반대해야만 하는 입장에 있었다. 그러나 헌정당의 실권을 장악한 호시 도루가 야마가타에게 적극 협조하기로 미리 약속했던 탓에, 호시가 앞장서 당내 반대를 무마하는 작업에 착수했다. 이를 위해 야마가타로부터 상당한 액수의 금품과 이권이 제공되었다. 야마가타 특유의 금권정치가 발동된 것이다.

이처럼 호시가 야마가타에게 순순히 협조한 이유는 야마가타를 지지하거나 반대급부를 기대했기 때문은 결코 아니었다. 자유민권운동의 초창기 멤버가 아닌 호시는, 반정부투쟁이나 번벌 타도 등의 이념에 불타는 투쟁가와는 거리가 먼 존재다. 유능한 변호사 출신답게 현실적이고 합리적인 성격을 가진 그는, 장래 일본의 자본주의 발전과 국력의 신장을 위해서는 지조의 증세가 불가피하다고 생각했다. 결국 야마가타와 중세정책에 있어서 공감대를 가졌던 이유로 협조한 것이다.

이러한 점은 기존의 자유민권운동에 투신한 자들과는 현저히 다르다고 할 수 있다. 나름의 정책적인 비전을 가지고, 필요하다면 기존의 입장을 뒤집어 정부와 공감하는 사항에 대해서는 기꺼이 타협도 할 수 있다는 유연성을 나타냈기 때문이다. 막무가내로 타협을 거부하고 극한투쟁도 불사하는 '촌놈'처럼 행동하는 이타가키의 측근들과는 근본적으로 처신이 달랐다.

헌정당의 주도권은 이타가키의 측근들로부터 호시에게 옮겨지고 있었다. 이타가키의 측근들은 대부분 자유민권운동의 출발단계부터 이타가키와 함께 무장반란을 포함한 반정부투쟁을 벌인 '민주투사'로서의 긍지와 자부심을 가졌으며, 의회가 개설되자 지역구에서 연거푸 당선기록을 세우며 나름대로 당내에 지분을 가지고 계파를 만들어 영향력을 행사했다. 그러나 이타가키의 '후광'에 의존한 계보정치나 파벌정치의 한계를 벗어나지 못했기 때문에, 호시처럼 이타가키에 의존하지 않는 독자적인 세력을 가지고 있으면서 정치적 수완과 지도력을 발휘하는 인물에게는 맞설 기량이 없었다.

호시 역시 계보정치를 완전히 탈피한 것도 아니고, 본질적으로는 돈으로 사람을 매수하거나 회유하는 금권정치도 능숙하게 구사하는 속물정치다. 그러나 정책적 비전을 가지고 정부와 타협을 통해 원만한 정국운영을 하는 점에서는 이타가키나 그 측근들보다는 훨씬 유연하고 세련되었다. 영국에 유학을 갔다 온 경력과 미국에서 살아본 경험이 그에게 의회정치를 해나가는 데 커다란 도움을 준 것은 물론이다.

다른 한편, 야마가타는 타협안을 제시해 중세에 반대하는 의원들을 달래는 것도 잊지 않고 추진했다. 타협안으로 중의원 심의에 회부된 중세의 수정안은 5년간이라는 시한부 조건을 붙여, 지조는 0.8%, 시가지는 2.5% 인상한다는 내용이었다. 야마가타의 정치공작과 호시의 협조가 효과를 거둔 탓인지 지조 증세안은 결국 중의원을 통과했다. 크게 기뻐한 야마가타는 중의원 의원의 세비를 800엔에서 2,000엔으로 대폭 인상하는 것으로 보답했다.

청일전쟁이 끝난 후 가장 큰 숙원사업이었던 지조의 증세를 마침내 실현시키는 데 성공한 야마가타는 다음순서로 정권안보를 튼튼히 굳히는 작업에 착수했다. 제13차 의회가 종료한 직후인 메이지 32년(1899) 3월에 느닷없이 문관임용규정을 개정해, 고등시험에 합격하지 않으면 차관이나 국장급의 칙임관(勅任官)으로 등용할 수 없다고 확실하게 못을 박는다. 결국 고위공무원이 되거나 승진하려면 고등시험에 합격해야만 한다는 장벽을 만든 셈이다. 자유임용을 통해 정당세력이 관료층에 침투하지 못하도록 방지하기 위함이 주된 목적이라는 것은 말할 필요도 없다.

이러한 조치에 대해 제휴관계에 있던 헌정당은 커다란 충격을 받았다. 설사 정당내각이 탄생하더라도 정당세력이 관료층에 파고들 여지를 원천적으로 봉쇄했기 때문이다. 헌정당이 격렬하게 반발하자 야마가타는 차관을 총무장관으로 개칭해 자유임용이 가능하도록 만들어 달래기는 했으나, 문관 임용규정의 개정 자체는 절대 양보하지 않았다. 게다가 그는 문관 임용규정을 추밀원의 심의사항에 포함시켜 정당이 집권해도 개정하는 방법을 원천봉쇄하는 용의주도한 조치도 아울러 취했다.

추밀원은 번벌세력의 확고한 아성 중의 하나라는 성격상, 그 어떠한 정당내각이 들어서도 추밀원에 대해 영향력을 발휘하기가 불가능했다. 결국 일본의 직업공무원제도를 확립한 장본인이 야마가타다.

문제는 문관 임용규정이 규정상 추밀원의 자문사항이 아니었다는 점이다. 예외적으로 임시로 자문을 하는 게 가능한 사항에 불과했지만, 그는 규정에 관계없이 직접 천황과 담판을 통해 문관 임용규정뿐만 아니라 교육에 관한 칙령이나 내각제도·대만총독부의 직제에 관한 사항도 항상 추밀원의 자문을 받아야 하는 사안에 포함시켰다. 즉, 아무리 강력한 정당내각이 탄생한다 하더라도 공무원의 인사, 교육정책, 내각제도, 대만 통치에 관해서는 아예 건드리지 못하도록 만든 것이다.

더욱 문제가 되는 사실은 야마가타의 이러한 규정을 무시한 위헌적인 행위에 대해 천황이 적극적으로 동조하고 찬성했다는 점이다. 본래 최초의 정당내각인 오쿠마·이타가키 연립내각 당시 문관 임용규정을 개정해 모든 관직을 자유임용으로 하려고 시도했었다. 즉, 관료사회의 어떠한 보직이라도 정당의 당원이 임명될 수 있도록 하려고 한 것이다.

최초의 정당내각이 내부분열을 거듭하다가 단기간에 붕괴했던 탓에 실제로 이러한 내용의 상주를 천황에게 하지는 않았다. 그러나 만약 이러한 내용의 상주를 실제로 했을 경우 관료제도가 근본부터 흔들릴까봐 우려한 천황은, 공무원 임용에 관한 사항을 추밀원의 자문사항에 포함시키도록 해서 부결해버린다는 방침을 세웠다고 한다. 즉, 천황과 야마가타는 정당정치를 혐오하고 직업공무원제도를 정착시키는 문제에 대해 '정치적 코드'가 맞았고, 이러한 목적을 달성하기 위해서 추밀원의 규정 따위는 가볍게 무시할 수 있다는 태도를 나타낸 것이다.

내각책임제를 채택하는 경우는 직업공무원제도를 정착시킬 필요성이 있다. 왜냐하면 직업공무원제도가 확립되지 않으면, 정권이 바뀔 때마다 감투를 탐내는 엽관 열기로 인해 공직사회에 대규모 인사이동이 빈번하게 일어나게 되기 때문이다.

그 결과 관료사회가 정치권의 동향에 매우 민감하게 반응하지 않을 수가 없다. 특히 정국이 불안정해서 빈번하게 정권이 바뀌면 공직사회의 동요도 걷잡을 수 없게 되기 마련이다. 임기가 보장되는 대통령과는 달리 내각책임제의 수상은 불과 하루 만에 바뀌는 것도 이론상 가능하다. 공무원이 정치판의 변동에 관계없이 소신껏 업무를 추진하게 배려한다는 게 직업공무원제도의 제도적 취지이다.

여기에 비해 야마가타가 직업공무원제도를 확립한 목적은 공직사회의 안정을 위한 것이라기보다는 정당에 대한 방어책이라는 성격이 가장 우선시된 목표였다. 특히 시험제도에 의한 장벽을 만든 것은 일본 특유의 현상이라고 봐도 무방하다. 그런데 희한하게도 일본과 다르게 대통령제를 채택하고 있는 오늘날 한국에서도 시험에 의한 장벽을 공직사회 전반에 걸쳐 광범위하게 시행하고 있다. 그것은 인사의 공정성에 관한 잡음을 줄일 수 있다는 장점이 있기 때문이다.

한편, 야마가타는 군부를 위해서도 강력한 보호조치를 취했다. 5월에 발표된 육군장관과 해군장관은 현역 대장이나 중장에 한정한다는 규정이 바로 그것이다. 이것은 종전부터의 관행을 사실상 명문화한 데 불과했으나, 아무튼 명확하게 못을 박아 내각이 군부의 협조 없이는 성립하기도 어렵고 존속하기도 무척 곤란하도록 만들었다.

문민통제의 원칙이 확립된 오늘날에는 현역군인이 장관급의 고위직에 임명되지 못하도록 근본적으로 차단하는 현상이 일반적이지만, 통수권 독립에 의해 군부가 정치권으로부터 사실상 독립한 당시 일본의 상황에서는 별로 이상한 현상은 아니었다. 현재 한국의 경우는 과거 군사통치의 경험을 거울삼아 국방장관에 현역군인이 임명되지 못하도록 헌법에 명확하게 규정되어 있다. 그러나 아직까지 순수한 의미에서 민간인이 국방장관에 임명된 적은 없으며, 예비역 장군 출신이 독차지했다. 특히 역대 국방장관은 육군 출신이 거의 대부분이다.

이어서 메이지 32년(1899) 11월에 제14차 의회가 개회되었다. 그러나 증세로 재정에 여유가 있었고 헌정당과의 제휴관계도 겉보기에는 아직 건재했으므로 그럭저럭 무난하게 극복할 수 있었다. 오쿠마의 헌정본당은 야마가타 내각에 대해 날카로운 공격을 가했으나 헌정당의 견제로 크게 위력을 발휘하기는 어려웠다. 이 의회에서 가장 두드러진 특징은 선거법의 개정이다.

본래 제3차 이토 내각 당시 정당의 창설을 염두에 둔 이토 히로부미가 선거법의 개정을 추진해 거의 실현 직전까지 갔었지만 결국 흐지부지 되었다. 또한 제13차 의회에서는 상원인 귀족원의 견제로 성사되지 못했다. 이번 의회에서도 역시 귀족원과의 협의가 원활하게 추진되지 않아서 우여곡절이 많았으나, 기필코 통과시킨다는 헌정당의 의지가 결국 관철되었다.

개정의 핵심은 선거인의 자격을 직접국세 15엔으로부터 10엔으로 인하해 유권자를 2배 가까이 확대하고, 종래의 소선거구제에서 대선거구제 중심으로 바꿔 지주층뿐만 아니라 상공업자도 출마해 정치에 참여할 수 있도록 한 것이다. 또한 대선거구제의 채택에 수반하여 중의원 의원정수의 확대도 추진했다. 이것은 종래 농업국가에서 공업국가로 변신하고 있던 현실을 감안해 정당의 지지기반을 확대하기 위한 측면이 강했다.

자본주의의 발달이 어느새 부르주아 계급을 정치에 참가시킬 정도로 성장했다는 사실을 간접적으로 증명한다. 물론 현실적으로는 선거자격을 얻은 사람 중에서 여전히 지조를 세금으로 납부하는 계층이 80% 이상이 될 정도로 압도적이었고, 그 후에도 이러한 사실은 크게 변하지 않았다.

한편, 과거 제3차 이토 내각 당시 이토가 추진하던 선거법 개정은 지조 5엔 이상, 혹은 소득세 또는 영업세 3엔 이상을 납부하는 자에게 선거권을 부여하려고 했었다. 또한 대선거구제와 아울러 시(市)의 경우는 독립선거구제를 채용해 상공업자의 정치참가를 더욱 확대한다는 점도 특징이었다. 애초 이토가 선거법 개정을 추진했던 이유는 일본의 민주주의 발전을 염두에 둔 것이라기보다는, 장래 자신이 창설할 정당의 지지기반을 상공업자 계층까지 확대하기 위한 계산에서 나온 것이다.

막상 실현된 선거법은 예전에 이토가 구상했던 것보다는 훨씬 후퇴한 내용이지만, 보통선거와 평등선거를 향한 중요한 발판을 만들었다는 점은 분명한 사실이다. 피선거인의 자격조건으로 요구되었던 납세요건은 완전히 철폐되었으며, 선거인의 자격을 얻기 위한 납세연한이 3년에서 2년으로 단축되는 등 보통선거를 실현하기 위한 확실한 진전이 있었다. 그러나 진정한 의미에서 보통선거의 실현은 메이지 시대가 끝나고 한참 지난 후에야 가능했다.

'해결사' 야마가타는 이 의회에서도 정권안보를 위한 조치를 잊지 않고 취했다. 바로 '치안경찰법'이라는 강력한 보안법규를 만든 것이다. 이것은 종래 정당세력을 억제하기 위해서 만든 '집회 및 정사(政社)법'을 헌정당의 강력한 요구로 폐지하는 대신, 새롭게 만들어진 대체법률이라는 성격이 강했다. 치안경찰법은 정당에 대한 방어보다는 노동운동과 사회주의운동의 대두에 대한 대비책을 강구했다는 점에 특색이 있었다.

자본주의의 발달은 부르주아 계급의 등장뿐만 아니라 소위 프롤레타리아라고 일컫는 노동자계층이 노동조합 등의 조직을 통해 단체행동에 나서고, 그들의 권익과 이해관계를 주장하는 것도 불가피하게 만들었다.

페리 제독이 일본을 방문하기 5년 전인 1848년에 마르크스와 엥겔스는 유명한 '공산당 선언'을 발표했다. 게다가 막부 멸망 직전에 해당하는 1867년에 마르크스가 유명한 대작 《자본론》을 저술한 사실을 생각하면, 일본에서 사회주의운동의 대두는 늦은 감이 있었다. 아무튼 이러한 점을 고려한 야마가타는 치안경찰법 제17조에서 노동자 또는 소작인의 단체행동이나 쟁의행위를 전면 금지하도록 규정했다.

아울러 의무교육 제도를 비롯한 교육정책 덕분에 충분한 교육을 받고 정치의식을 가지게 된 국민들이, 정치에 관심을 갖고 정당에 참가하거나 단체행동에 나서지 못하도록 강력하게 금지하는 조항도 많이 있었다. 모든 종류의 단체결성과 시위를 비롯한 단체운동은 사전에 경찰에 신고해야 하며, 경찰이나 군인·교사·여자·미성년자 등이 정치결사에 가입하는 것을 금지했다.

치안경찰법이 만들어지자 이 법률에 입각해 노동단체에 대한 탄압이 이루어졌다. 당시 아직 초창기 단계에 지나지 않는 노동운동의 싹을 아예 잘라버리기 위해서, 경찰력을 이용한 철저한 감시는 물론이고 강제해산도 실행에 옮겠다. 야마가타는 자타가 공인하는 '안보전문가'로서 이러한 분야에서는 남다른 탁월한 소질을 가지고 있었으므로, 과거 정당의 발전에 심대한 타격을 준 것처럼 사회주의운동의 대두에도 막대한 타격을 입혔다. 그러나 이것이 오히려 노동자계급에게 보통선거의 실시를 통해 정치적으로 발언권을 증대시키려는 욕구를 불러일으킨 것도 사실이다.

이러한 일련의 정권안보를 굳히는 조치를 취한 후 야마가타는 미련 없이 사퇴하려 하였다. 자신이 그토록 원하던 증세의 소원을 성취했고, 문관임용 규정의 개정을 계기로 헌정당과의 제휴관계에 금이 가기 시작했기 때문이다. 야마가타는 이토 히로부미를 후임자로 추천하면서, 한편으로는 '황태자' 가쓰라 다로도 역시 후보자의 하나로 슬쩍 집어넣었다. 야마가타가 이토와 나란히 추천할 정도로 가쓰라는 정치적 재능이 있었다.

물론 순수하게 가쓰라를 위한 측면만이 있는 게 아니라, 정치판의 세대교체를 통해 이토가 정당을 창설해도 집권하지 못하도록 만든다는 의도가 포함되어 있었다. 제2차 야마가타 내각에서 가쓰라는 2인자의 역할을 충실하게 하면서 헌정당과의 제휴는 물론이고, 번벌정권의 안보를 튼튼히 하는 데에도 솜씨를 뽐냈다. 그러나 천황은 가쓰라가 수상이 되는 것은 아직 시기상조라고 물리친다. 야마가타 내각에서 가쓰라와 더불어 차세대 리더의 쌍두마차로 떠오른 해군의 야마모토 곤베를 무시하기 어려웠기 때문이다.

남다른 균형감각을 가지고 통치제도의 안정을 도맡던 천황은 가쓰라가 야마가타에 이어 내각을 만들면 죠슈벌의 압도적인 우위가 확실시되고, 번벌의 균형이 무너질 가능성마저 있다는 점을 우려했다. 사실 야마모토 곤베가 정치의 전면에 급부상한 사실도 죠슈벌에 비해 열세에 있다는 사쓰마벌의 위기의식이 밑바탕에 있었기 때문이다. 현실감각이 뛰어난 천황은 이러한 사실을 잘 헤아리고 있었다.

이처럼 사직할 의사를 굳힌 야마가타에게 일단 사직을 보류하게 만드는 사건이 중국에서 일어났다. 바로 의화단의 난이다. 산동성에서 불씨를 지핀 외세배격의 민족주의 운동이 중국 전역으로 확대되면서 동북아시아를 뒤흔드는 국제문제로 발전한 것이다. 이것 역시 따지고 보면 청일전쟁에서 중국이 패배한 후유증의 하나였다. 의화단의 난에는 중국의 정규군도 대거 참가해 닥치는 대로 외국의 선교사나 외교관, 상인을 살해했기 때문에, 서구열강이 무력으로 개입하는 것은 불가피했다.

서구열강은 당시로서는 머나먼 중국으로 신속하게 대규모 군대를 파견하기 곤란한 사정이 있었으므로, 중국과 가까운 위치에 있는 일본이 군사적 주도권을 쥐기는 어렵지 않았다. 특히 최강의 군사력을 가진 영국의 경우 남아프리카에서 보어전쟁으로 곤욕을 치루고 있는 상황이었기 때문에 의화단의 난을 진압할 부대를 파견할 상황이 아니었다.

삼국간섭의 뼈아픈 기억을 가지고 있던 일본은 처음에는 일단 서구열강의 눈치를 보다가, 영국의 거듭되는 독촉으로 마침내 5사단이 출동하게 된다. 5사단은 히로시마에 본거지를 가진 부대이므로 집결하면 바로 출항해서 파견하는 게 가능했다. 오늘날로 따지면 사단 규모의 신속대응군을 파견한 셈이다.

일본의 파병 덕분에 병력과 화력이 대폭 보강된 7개국 서구열강의 연합군은 어렵지 않게 북경을 함락하고 의화단의 난을 진압할 수 있었다. 이를 계기로 일본의 군사력과 국력이 서구열강 사이에서 새롭게 인식되는 계기를 만든다. 청일전쟁에 일방적으로 승리를 거두고도 '약골' 중국과 싸워 이긴 것으로 평가 절하했지만, 직접 일본군과 같이 작전을 하면서 생각이 달라지지 않을 수 없었다.

의화단의 난은 일본의 국위선양을 하는 계기를 만든 것은 물론이고, 군부가 폭주한다는 본격적인 징후가 나타난 사례이기도 했다. 본래 야마가타의 외교정책에 있어 기본 방침은 북쪽은 지키고 남쪽으로 진출한다는 북수남진(北守

南進) 정책에 있었다. 이것은 태평양전쟁 당시 일본의 방침과 기본적으로 동일한 것이다. 어차피 러시아 때문에 북쪽으로의 진출은 한계가 있었지만, 남쪽으로는 뻗어나갈 곳이 무궁무진했다.

야마가타는 일본의 식민지인 대만의 바로 맞은편에 있는 중국 남부의 복건성을 주목했다. 앞서 말한 것처럼 청일전쟁 이후 열강의 이권쟁탈이 격화되자, 일본은 중국에 대해 복건성의 이권을 열강에게 할양하지 않는다는 약속을 강압적으로 얻어냈다. 이것의 배후에 야마가타가 있었다는 것은 물론이다. 그는 의화단의 세력이 중국 남부에도 뻗치자, 이 기회를 놓치지 않고 일본군을 파병해 복건성을 점령하고 일본의 세력권으로 만들려고 했다.

서구열강의 연합군이 북경을 함락하고 10일째가 되는 8월 24일, 복건성의 항구도시 하문(厦門)에 있던 일본인 소유의 사찰에 원인을 알 수 없는 방화사건이 발생한다. 실제로는 스스로 방화한 것이지만 정체불명의 폭도가 침입해 불을 지르고 재물을 약탈했다고 허위조작해서 보고되었다. 그러자 근처에 대기하고 있던 일본 군함으로부터 해병대가 하문에 상륙하고, 당시 대만총독이었던 고다마 겐타로에게 병력지원을 요청했다. 고다마는 2개 대대의 병력을 급파하는 한편, 대만에 주둔한 병력을 이용해 하문을 군사적으로 점령하려는 본격적인 작업에 들어갔다.

그런데 사건발생 4일 후인 28일에 해군장관 야마모토 곤베로부터 해병대를 영사관으로 철수시키라고 지시하는 전보가 전달된다. 그래서 고다마가 대만에 주둔한 병력을 파견하려는 계획 역시 중단하지 않을 수가 없었다. 결국 해군의 견제로 군사작전은 취소되었다. 이것이 표면적으로 나타난 사건의 전말이다. 겉으로 보기에는 해프닝에 가까운 시시한 사건이지만, 배후에는 해군과 육군의 불꽃 튀는 암투가 숨겨져 있었다.

육군에서는 대만총독 고다마 겐타로와 참모차장인 데라우치 마사타케(寺內正毅)의 주도로 하문을 군사력으로 점령하려는 계획을 세우고, 심지어 사전에 천황의 결재마저 얻어냈다. 고다마와 데라우치는 '황태자' 가쓰라에 이어 육군 죠슈벌의 떠오르는 별과 같은 존재로, 야마가타의 직계에 해당하는 공통점이 있다. 즉, 이 사건을 일으킨 진정한 배후인물은 야마가타였다. 하문이 대만과 지리적으로 매우 가깝고 때마침 대만총독이 야마가타의 직계인 고다마였던 관계로, 이러한 사실을 이용해 복건성을 점령하려고 의도한 것이다. 그러나 해군장관 야마모토는 하문을 점령하려는 생각을 갖고 있지 않았다.

이 문제를 논의하기 위한 대책회의에서 야마모토가 파병반대의 의견을 말하자, 육군장관 가쓰라는 천황의 재가마저 얻었다는 이유로 이미 돌이킬 수 없다는 식으로 말하고는, 하문 점령을 기정사실화하려고 했다. 그러자 자신의 의견이 무시당하는 데 크게 화가 난 야마모토는 무장병력을 태운 정체불명의 선박이 하문에 나타난다면, 국제법에 따라 격침시켜 버린다고 태연한 말투로 주저없이 협박했다.

다시 말해 육군이 증원 병력을 수송선에 태워 하문에 파견한다면 해군이 격침시킨다고 암시한 것이다. 여기에 대해 가쓰라도 어쩔 수 없었고, 또한 서구열강으로부터 항의가 들어온 사정도 있어서 결국 하문의 점령계획은 전면 취소되고 말았다. 만약 야마모토가 제동을 걸지 않았다면 나중에 발생한 만주사변이나 중일전쟁과 비슷한 결과가 중국 남부에서 나타났을지도 모른다.

야마모토는 해군을 장악하기 위해 까마득한 선배들을 아무렇지도 않게 숙청하는 짓을 일삼는 것은 물론이고, 나이로 따지나 군 경력으로 따져도 하늘같은 선배이자 막강한 권력자인 야마가타 아리토모에게도 "어이, 야마가타군!"이라고 부를 정도로 강인한 성격과 담력을 갖춘 인물이다. 그렇기 때문에 가쓰라는 야마모토의 격침시킨다는 협박을 농담으로 받아들일 수 없었다.

아무튼 야마가타는 이 사건이 발생하고 1개월 후인 9월 26일 사임했다. 이것이 정치의 표면에 등장한 마지막 순간이었다. 그는 제2차 야마가타 내각의 붕괴 이후 정치무대의 표면에 등장해 활발하게 활동한 경우는 찾아보기 힘들다. 그러나 육군과 관료벌을 장악한 막강한 실력자로서의 권위는 조금도 쇠퇴하지 않았고, 오히려 점점 더 강해지기만 했다. 그를 대신해서 '황태자' 가쓰라가 표면에 등장해 활동했으며, 나중에는 데라우치 마사타케가 뒤를 이었기 때문에 정치권에 지속적으로 강력한 입김을 행사하는 것은 어려운 일이 아니었다.

여기서 짚고 넘어갈 사항의 하나는 엄밀히 말해 고다마는 야마가타의 직계라고 말하기 어렵다는 점이다. 본래 고다마는 죠슈벌의 준원로급 인물인 야마다 아키요시(山田顯義)의 후원을 받았기 때문이다. 야마다는 쇼카촌숙 출신으로 오무라 마쓰지로의 제자이자 심복이었으므로, 메이지 시대가 시작되자 군부의 실세 중 하나가 되었다. 만약 오무라가 암살당하지 않았으면 오무라 아래에서 육군의 2인자가 되었을 가능성도 매우 높았다. 그러나 오무라가 암살되고 육군의 실권을 장악한 야마가타와 격렬하게 충돌한 후 법제관료로 진로를 바꿨다.

내각제도가 발족되고 제1차 마쓰카타 내각 당시 벌어진 러시아 황태자 암살미수 사건으로 사직할 때까지 줄곧 장기간 법무장관으로 재직했다. 그래서 민법이나 상법을 비롯한 수많은 법률의 제정에 관여했고 직접 법률학교를 설립하기도 했다. 그럼에도 불구하고 야마다는 의연하게 육군에 적을 두고 중장의 계급을 가지고 있었다.

원래 야마다에 관해서는 제2권에서 자세히 설명해야 했으나, 지면의 제한도 있고 가급적 등장인물을 줄인다는 취지에 따라 그냥 넘어간 게 사실이다. 또한 야마다가 법무장관을 사직한 다음해에 그가 소유한 광산을 시찰하다가 돌연히 사망했으므로 더욱 그러하다.

이처럼 야마가타가 라이벌 의식을 가지고 있고 사이가 좋지 않았던 야마다와 인연을 맺은 탓으로, 애초에 고다마는 야마가타와 미묘한 거리감이 있었다. 구체적으로 어느 정도의 거리감이 있었는지는 야마가타 본인에게 직접 물어보는 방법 이외에는 없다. 워낙 편협하고 경계심이 강한 야마가타의 성격을 고려해 미루어 짐작하는 수밖에 없다.

그렇지만 야마다의 사망과 아울러 고다마가 그 누구도 무시할 수 없는 뛰어난 재능을 갖고 있었으므로 결국 야마가타가 중용할 수밖에 없었으며, 러일전쟁 이후에는 야마가타의 직계라고 봐도 무방할 정도로 총애와 신뢰를 받았다. 특히 야마가타의 후계자이자 육군의 황태자인 가쓰라가 후배인 고다마의 능력을 높게 평가하고 그를 이끌어 줬다. 독자들의 이해의 편의를 위해 줄곧 고다마를 야마가타의 직계라고 소개한 것이 사실이지만, 자세히 살펴보면 이처럼 미묘한 점이 있다.

# 8

## 입헌정우회와 제4차 이토 내각

　우여곡절이 많았던 제2차 야마가타 내각의 뒤를 이어 내각을 인수한 사람은 이토 히로부미였다. 이토는 벌써 네 번째로 수상이 되었다. 그러나 이번 내각은 과거와는 완전히 다른 양상을 나타냈다. 왜냐하면 이토가 그토록 원하던 정당을 창설하고 정당내각을 실현시켰기 때문이다. 바로 입헌정우회, 즉 정우회(政友會)의 창당과 이를 기반으로 한 내각의 탄생이라는 정치상의 신기원을 이룩한 것이다.

　정우회는 메이지 33년(1900) 9월 14일에 창당되었고 15일에는 발대식이 열렸다. 이토 스스로 정우회의 총재에 취임한 것은 물론이다. 그러나 정우회는 헌정당을 흡수해 만들어진 정당이므로, 나쁘게 말하면 이토의 측근들을 제외하고는 헌정당이 정우회로 명칭을 바꾼 것에 불과하다고 해도 과언이 아니었다. 그는 이러한 단점을 보완하고 당의 규율을 바로 잡는다는 명목으로 당권을 총재에게 집중시키는 독재 스타일을 선언한다. 다수결로 당의 방침을 결정하도록 정하면 수적으로 압도적인 우위에 있는 헌정당 출신자들이 당권을 장악할 게 뻔했기 때문이다.

독일의 비스마르크를 흠모하던 이토는, 걸핏하면 자신에게 권력을 집중시켜 강력한 지도력을 발휘하고자 시도했다. 그러나 본질적으로 우유부단한 성격을 가진 그는 평생 단 한 번도 비스마르크처럼 강력한 지도력이나 카리스마를 발휘해본 적은 없었다.

정당의 명칭을 피하고 정우회라는 언뜻 보기에는 친목단체를 연상하게 하는 명칭을 택한 이유는 지주계급뿐만 아니라 널리 실업가나 관료·전문직 종사자 등을 광범위하게 포섭해 국가적 정당으로 만들길 원했기 때문이다. 그러나 정우회에 대해 상공업자 등의 호응은 예상외로 적었다. 아직 초연주의에서 벗어나지 못하고 정당에 대한 혐오를 나타내는 관료층도 역시 등을 돌렸다. 여기에는 정우회를 창당할 당시 내각수상이자 관료벌을 좌지우지하는 야마가타의 입김이 배후에 있었다.

아울러 이토는 오쿠마의 진보당 역시 정우회에 흡수할 구상도 가지고 있었으나, 여러 가지 사정상 실현에 옮겨지지는 못했다. 다만 오쿠마의 핵심 측근인 오자키 유키오가 입당한 데 불과한 정도다. 애초 이토가 의도한 다양한 계급을 망라해 이해관계를 대변한다는 국민적 통합의 상징으로서 정당 만들기는 초반부터 벽에 부딪쳤지만, 헌정당을 흡수한 덕분에 중의원 의원 150명 이상을 가진 강력한 정당이 되는 것은 어렵지 않게 가능했다. 그러나 야마가타는 이것을 그대로 지켜보면서 좌시하지 않았다.

사태를 그대로 방치하면 이토 히로부미와 정치적으로 정적의 관계에 서게 된다. 같은 죠슈벌 출신이 만든 정당이지만, 앞서 말한 것처럼 정당 창설에 관한 의견 대립으로 크게 싸운 후 야마가타와 이토는 정치적으로 동지가 아니라 원수가 된 상태였다. 정우회가 야마가타 내각을 지지하는 여당이 될 가능성은 거의 없었다. 그래서 야마가타는 서둘러 내각을 포기하고 이토 히로부미에게 후계내각을 맡도록 공작을 한 것이다.

아직 정우회가 창당되고 불과 1개월도 안 된 시점에서 내각을 맡는 것은 무리였다. 당의 기반을 궤도에 올리려면 적어도 반년 정도는 필요했다. 교활한 야마가타도 이러한 점을 잘 알고 있었으므로 정우회를 사정없이 흔들기로 작정하고, 거절하는 이토에게 내각을 강제로 인수하도록 천황을 앞세워 저항을 봉쇄하는 데 성공한다. 이토는 야마가타의 속셈을 알면서도 꼼짝없이 당했다.

이러한 야마가타의 '정우회 흔들기'가 효과를 발휘한 탓인지, 정우회는 아직 창당의 분위기도 가시지 않은 상태에서 내각을 떠맡자, 각료의 선발과정에서 부터 내부분열이 일어나기 시작했다. 먼저 문제를 일으킨 사람은 정우회의 총무위원인 와타나베 구니타케(渡辺国武)였다. 그는 이토가 대장성 장관으로 절친한 친구인 이노우에 가오루를 임명하려 한다는 사실을 파악하자, 크게 반발하면서 인사파동을 일으켰다.

굳이 경제관료 출신의 와타나베를 제치고 이토가 이노우에를 대장성의 우두머리에 앉히려고 한 이유는, 미쓰이를 비롯한 재계와 깊은 관련을 맺고 있는 이노우에가 정우회의 정치자금으로 거액을 마련했기 때문이다. 그러나 결국 탈당을 무기로 협박하는 와타나베에게 이토가 양보하지 않을 수가 없었다.

체면을 중시하는 이토는 총무위원이라는 당의 고위직에 있는 인물이 창당하자마자 탈당한다는 불미스러운 사건은 막고자 했다. 그래서 결국 와타나베가 이노우에를 제치고 대장성 장관에 임명되기는 했지만, 정우회 내부의 헌정당 출신자들에게 잠재하고 있던 엽관 열기가 되살아나는 계기를 만든다는 부작용도 생겼다. 이토가 정우회에 영입한 인물이 앞장서서 감투를 차지하려고 인사파동을 일으키는 마당에, 정당 출신자들이 손가락을 빨면서 가만히 지켜볼 턱이 없었다.

와타나베는 청일전쟁의 전시재정을 담당한 것은 물론이고 전후 경영에도 수완을 발휘했으며, 철도·제철소 등 국책사업의 추진이나 증세의 실현에도 상당한 업적을 남겼다. 그는 경제관료로서의 긍지와 자부심이 강했던 탓에 이노우에 가오루에게 양보할 생각이 전혀 없었던 것이다. 이토 역시 자신이 거느리고 있는 인물 중 경제통으로 와타나베를 매우 높이 평가하며 아꼈다.

이러한 경력에도 불구하고 그는 순수하게 경제관료의 길을 걸어간 인물은 아니다. 메이지 9년(1876)에는 자유민권운동의 소굴인 고치(高知)현에 부임해 무자비한 탄압을 가하고, 그 후 국회가 설립되자 정당대책의 수립 등에서 두각을 나타내기도 했다. 특히 서남전쟁이 발발하자 이타가키와 그의 추종세력들이 반란을 일으키지 못하도록 강력히 견제해 오쿠보의 신임을 얻었다. 번벌 출신도 아니고 변변한 학력이나 경력도 없는 와타나베가 눈부시게 출세한 것은 바로 이러한 배경이 있었기 때문이다. 어쨌든 자유민권운동과 정당의 탄압에 깊이 관련된 과거가 있었던 탓에, 정우회 내부의 자유당 출신자들은 와타나베를 처음부터 매우 싫어했다.

문제는 그 누구에게도 뒤지지 않을 만큼 야망과 권력에 대한 강렬한 욕구를 가지고 있는 와타나베가 단지 이토의 각별한 총애를 받는 정도에 만족하지 못했다는 사실이다. 그는 이토의 수석참모이자 후계자가 되고자 하는 이토 미요지를 제치고 그 자리를 차지하길 원했다. 치열한 암투와 신경전 끝에 결국 와타나베가 승리를 거두었다. 정우회를 정당이 아니라 친목단체의 성격이 강한 클럽의 형태로 창당하자고 제안한 장본인이 바로 와타나베다. 강력한 정당 조직의 형태로 창당하고자 원했던 이토 미요지는 이토가 와타나베의 손을 들어주자 정우회 창당준비에서 손을 떼고 이토에게서 떨어져 나갔다.

한편, 천황은 이토가 정우회를 창당하자 2만 엔이라는 거금을 하사하면서 변함없는 애정과 신뢰를 보여줬다. 본래 메이지 천황은 정당정치에 대해서 강렬한 혐오감을 가지고 있었고, 이러한 사실은 최초의 정당내각인 이타가키·오쿠마 연립정권의 붕괴과정에서 잘 나타났다. 또한 속마음으로는 이토가 정당을 창설하는 움직임을 별로 달갑게 생각하지 않았던 것도 사실이다. 그럼에도 불구하고 이토가 모든 관직을 사퇴하고 정당을 창설하겠다는 단호한 태도로 나서자, 격려하는 태도를 보일 정도로 이토와 각별한 관계를 과시한다.

10월 19일에 출범한 제4차 이토 내각에서 육군장관과 해군장관을 제외한 나머지 각료들은 전부 정우회 출신들로 채워졌다. 겉으로 보기에는 정당내각 이지만 실제로는 이토의 심복들과 과거 헌정당의 유력한 인물들이 자리를 나눠먹는 식으로 배분되었다. 결국 과거에 이토가 내각을 만들 때는 번벌 출신의 유력인물로 채우던 자리를, 이번에는 특정정당 출신의 유력인물로 대체한 데 불과했다.

육군장관과 해군장관은 군부의 차세대 리더들인 가쓰라와 야마모토가 그대로 유임했으며, 이토는 내각의 핵심보직인 내무장관에 스에마쓰 겐쵸를 임명해 사위 사랑이 끔찍하다는 것을 과시했다. 이토는 스에마쓰가 똑똑한 인물이라는 사실을 알자 일찍부터 사윗감으로 점찍었고 영국의 캠브리지대학으로 유학을 보내줬다. 캠브리지에서 문학이나 법학 등을 배우고 귀국한 그는 이토의 차녀 이쿠코(生子)와 결혼하면서 출세가도를 달렸다.

한편, 야마가타는 이토를 곤란하게 만들기 위해 가쓰라에게 육군장관의 유임을 거절하도록 지시를 내렸다. 앞서 말한 것처럼 야마가타가 현역 대장이나 중장만이 육군장관이 될 수 있다고 명문으로 정했기 때문에, 이토는 가쓰라가 유임을 거절하는 뜻을 밝히자 커다란 곤경에 처하지 않을 수 없었다.

사실 예전에 천황이 직접 이토 히로부미를 불러 현역군인만이 육군장관이나 해군장관에 임명될 수 있다는 제도가 메이지 헌법에서 가능하냐고 물어본 적이 있었다. 그 당시 이토는 아무런 문제가 없다고 대답을 했었다. 예사롭지 않은 정치적 감각을 가진 천황의 날카로운 질문에 대해, 이토는 군부가 정치를 위협할지도 모른다는 현실을 자각하지 못한 것이다. '대정치가' 이토가 저지른 뼈아픈 실수 중의 하나였다. 가쓰라가 유임하지 않으면 육군장관을 새롭게 선발해야 하지만, 현역군인 중에서 뽑아야만 한다면 육군의 쇼군과 같은 존재인 야마가타에게 엎드려 구걸을 하지 않으면 안 된다.

이러한 사정이 있었으므로 이토는 가쓰라에게 필사적으로 매달려 후임자를 구할 때까지만 유임해 달라고 애걸을 했고, 다른 한편으로 천황에게 부탁해 가쓰라의 유임을 명령해 달라고 요청하기에 이른다. 그래서 가쓰라의 사임을 간신히 막는 데 성공한 이토는, 2개월 후 역시 야마가타의 직계인 고다마 겐타로를 후임 육군장관으로 임명하게 되었다. 이것 역시 불쌍한 이토에게 선심을 쓴다는 형태로 이루어졌던 탓에, 고다마는 대만총독을 겸임하면서 장관에 취임했다.

명색이 죠슈벌의 간판인물이고 일본을 대표하는 대정치가로 군림하는 이토 히로부미가, 군부의 눈치를 보며 쩔쩔매야 할 정도로 군부의 세력이 막강해진 것을 알 수가 있다. 이토 스스로의 능력으로는 군부를 전혀 통제할 수가 없었고, 천황의 권위를 빌려야지만 간신히 내각을 성립시킬 수 있을 정도로 현실은 처참했다.

제4차 이토 내각의 2인자는 과거 헌정당의 실권을 장악했던 체신장관 호시 도루다. 그러나 호시는 내각이 성립하자마자 도쿄시 참사원에서 발생한 수뢰 사건에 연루되면서 이토를 곤경에 빠지게 만들었다. 오쿠마의 헌정본당을 비롯해서 귀족원 의원들도 이토를 직접 방문해 호시를 처벌하라고 요구하는 상황이었다. 이토는 귀족원의 협조 거부라는 협박에 견디지 못하고 호시를 해임하고는, 후임 체신장관으로 호시의 심복인 하라 다카시(原敬)를 임명했다.

이 내각의 각료 중에서 가장 독특한 인물 중의 하나는 외무장관으로 기용된 가토 다카아키(加藤高明)였다. 그는 예전에

가토 다카아키

말한 것처럼 미쓰비시의 창업자인 이와사키 야타로의 장녀와 결혼한 인물이고, 계보로는 오쿠마 시게노부의 계열에 속한다고 할 수 있었다. 그럼에도 불구하고 유능한 인물이라면 출신성분을 묻지 않고 자신의 휘하로 끌어들이는 이토 특유의 성향이 가토를 외무장관으로 기용하게 만들었다.

제2차 이토 내각 당시 외무장관으로 등용한 무쓰 무네미쓰의 경우, 번벌 출신이 아니고 반란을 꾀한 과거가 있음에도 불구하고 외무장관으로 기용한 사실을 생각하면 가토의 발탁은 별로 이상한 것은 아니다. 가토는 비록 번벌 출신은 아니지만 미쓰비시와 오쿠마라는 든든한 배경을 갖고 있었으므로, 이토에게 접근해 인사 청탁을 하거나 환심을 사려는 짓은 하지 않았다.

오히려 이토가 먼저 가토를 불러 외무장관에 취임해 달라고 간청했다. 가토가 당시 40대 초반의 젊은 나이에 불과했고 외교관으로 특별히 인정받을 만한 업적이나 경력도 없는 것을 생각하면 파격적인 조치였다. 오쿠마의 후광으로 영국공사로 근무한 경력은 있으나 외무성의 실력자라 할 수 있는 인물은 아니었다. 이토는 학벌의 상징인 도쿄대학 출신의 가토를 발탁해 '학벌 창조의 아버지'다운 면모를 보였다.

여기에 비해 야마가타는 자신에게 충성을 하느냐 아니냐가 발탁의 기준이었다. 그도 역시 번벌 출신이 아니라도 구애받지 않았지만, 아무리 유능한 인물이라 할지라도 자신에게 충성하지 않으면 결코 중용하지 않았다. 특히 자신의 텃밭인 육군 내부에서 이러한 사실이 두드러졌다. 야마가타의 편협하고 완고한 성격을 생각하면 이토와의 차이는 분명하다. 아무튼 절대적 충성을 기준으로 했던 덕분에, 야마가타는 그를 정점으로 똘똘 뭉친 강력한 파벌을 만들 수 있었다.

바로 이러한 점이 사쓰마벌과의 중요한 차이점이다. 인재 중시 풍토를 가진 죠슈번에서 성장한 죠슈벌의 유력한 실력자들은 출신성분에 구애받지 않고 인재를 등용하는 경향이 사쓰마벌에 비해 뚜렷하게 강했다. 메이지 시대에 삿쵸번벌 이외의 출신자 중에서 출세한 인물들의 대다수는 죠슈벌의 3인방이라고 할 수 있는 이토, 이노우에, 야마가타가 발탁하거나 중용한 인물들이었다. 설상가상으로 정우회를 창당할 무렵 사쓰마벌의 거두인 구로다가 사망하는 사건이 발생했다. 구로다는 제2권에서 본 것처럼 폭탄테러로 하야한 이후 정치판의 표면에 나타나 활동하지는 않지만, 배후에서 사쓰마벌 대표자로 구심점 역할은 제대로 하고 있었다.

구로다 사망 이후 마쓰카타가 사쓰마벌을 이끌어야 했으나, 우유부단하고 소심한 마쓰카타가 구로다를 대신하기는 역부족이었다. 게다가 유능한 인재를 죠슈벌에 빼앗기는 경우도 많았다. 이토 파벌의 실력자로 급부상한 와타나베도 따지고 보면 마쓰카타가 키워 놓은 인물이지만 지도력이 빈약한 마쓰카타를 배신하고 이토 파벌에 합류했다. 야마가타가 매우 중용한 기요우라 게이고의 경우도 본래는 사쓰마벌에 속했다. 야마가타는 내무장관으로 재직할 당시 기요우라의 재능을 간파했으나, 사쓰마벌은 가고시마 출신이 아닌 기요우라를 따돌리고 거리를 두었다.

그 결과 야마가타와 손을 잡은 기요우라는 단숨에 경보국장에 발탁되고 그를 도와 경찰조직망을 완성하는 등 업적을 세워 총애를 받게 되며, 야마가타의 후원으로 장관직에 단골로 기용되었다. 게다가 설상가상으로 가고시마 출신의 차세대 인재들 대부분은 서남전쟁을 계기로 사이고 다카모리와 운명을 같이 했으므로 시간이 지날수록 사쓰마벌의 열세는 두드러졌다.

아울러 야마가타는 이토가 정우회를 만드는 바람에 본의 아니게 반사이익을 톡톡히 얻었다. 번벌정부 내에서 정당정치를 혐오하는 관료벌이 야마가타가 자신들을 보호해 줄 구심점으로 여기고 절대적인 지지를 보내기 시작했기 때문이다. 제2권에서 언급한 것처럼 메이지 3세대 관료들은 여기저기 기웃거리던 2세대와는 다르게 특정한 행정부서에서 장기간 근속했으므로, 풍부한 실무경험과 담당 분야에 전문지식을 가졌고 관료로서의 긍지와 자의식이 매우 강했다. 이들이 국장급 이상의 출세를 원한다면 정당정치가 자신들의 밥그

룻을 넘보는 사태를 막아야만 했다. 이미 본 것처럼 처음에는 장관 보직이나 차지하던 정당 정치가들이 이제는 국장급 보직까지 넘보고 있었으며, 시간이 흐를수록 상황은 점점 악화되고 있었다.

다시 말해 이토가 정우회를 창당한 것을 계기로 가뜩이나 정당정치에 대한 불안감에 시달리던 관료벌은 '배신자' 이토에게 확실히 등을 돌리고 야마가타에게 몰려들었다. 죠슈벌은 정우회의 창당을 계기로 이토 파벌과 야마가타 파벌로 확실하게 분리되었으며, 야마가타 파벌이 이토 파벌에 대해 상당히 우세에 서 있었다. 야마가타는 방대한 규모를 자랑하는 관료벌은 물론, 육군과 귀족원·추밀원에도 탄탄한 입지를 가지고 있었으며, 심지어는 중의원에도 세력은 미약하지만 일정 지분을 확보했기 때문이다.

여기에 비해 이토는 정우회라는 강력한 정당을 가지고 있지만, 이토의 지지자들이 아니라 헌정당을 모체로 창당되었으므로 엄밀히 말하면 이토가 소유한 정당이라고 말하기 곤란할 정도였다. 그 이외에 이토의 직속참모들 중 그의 후광이 없어도 수상이나 장관을 맡을 만한 인재들은 거의 없었다. 그나마 무쓰 무네미쓰나 이노우에 고와시 같이 괜찮은 인재는 병에 걸려 일찍 사망했으며, 시간이 흐를수록 이토 파벌과 야마가타 파벌의 격차는 점점 벌어지게 된다.

과거와는 다르게 강력한 정당을 거느리고 내각을 이끌었기 때문에, 이토는 의회를 극복하는 데 아무런 어려움이 없을 것이라는 자신감을 가졌다. 그러나 엉뚱하게도 상원에 해당하는 귀족원이 이번에는 이토의 최대강적으로 등장한다. 전혀 예상하지 못한 이러한 결과가 나타난 것은 그동안 은밀히 추진되던 야마가타의 귀족원 포섭공작이 결실을 거둔 덕분이었다.

치밀하고 용의주도한 성격의 야마가타는 내무성을 중심으로 하는 관료벌의 장악만으로는 정당세력에 대한 대항이 불충분하다는 사실을 깨닫고, 중의원을 장악한 정당내각이 출현할 경우를 대비해서 상원인 귀족원을 자신의 세력권으로 만들기 위해 기회가 있을 때마다 공을 들였다. 이를 목적으로 귀족원의 내부에 기요우라 게이고를 비롯한 자신의 계열에 속하는 부하들을 대거 들여보냈다. 이것이 제4차 이토 내각에서 드디어 빛을 발하게 된 것이다.

중의원을 장악한 덕분에 이토 내각은 제15차 의회에서 원하는 법률안이나 예산안을 일사천리로 통과시켰지만, 귀족원에서는 심의를 지연시키며 강력히 견제를 가했다. 쟁점이 된 사항은 의화단의 난에 출병하면서 지출한 비용을 보전하기 위한 증세안이었다. 재정적으로 매우 빈약했던 당시 일본 정부의 상황에서는, 중국에 임시로 파병한 병력의 비용조차 확보하기 어려웠다. 중의원에서는 압도적인 지지로 찬성을 얻었으나, 귀족원은 증세의 이유가 분명하지 않다고 트집을 잡으며 비협조적인 태도로 일관했다.

법률상 귀족원은 중의원과 거의 동등한 권한을 갖고 있으므로, 귀족원이 내각에 대해서 비협조적 태도로 일관한다면, 이토가 중의원을 장악하고 있다는 사실은 정치적으로 별다른 의미가 없게 된다.

·재미있는 사실은 귀족원도 중의원과 더불어 어엿한 입법부의 쌍두마차임에도 불구하고 법률안 제출의 실적이 지극히 부진했다는 점이다. 법률안 제출에 있어서 정부와 중의원이 각각 50% 가량을 차지하는 팽팽한 균형을 유지한 상황에서, 귀족원의 법률안 제출은 불과 1%를 채울 정도에 지나지 않았다.

아울러 주의할 점은 중의원이 법률안 제출에 있어서 정부와 팽팽한 균형을 이루었지만, 막상 법률안이 성립하는 실적은 상당히 저조했다는 사실이다. 그것은 귀족원이 철저한 견제를 가했기 때문이다. 즉, 귀족원은 법률안을 제출하기 위해서 존재하는 입법기관이 아니라, 중의원이 제출한 정부 측에 불리한 법률안을 좌절시키는 기능을 담당한 것이다. 귀족원이 존재하는 이유가 과연 어디에 있는가를 묻게 만드는 에피소드다.

아무튼 헌법을 비롯한 입헌제도를 창설할 당시, 이토가 야당이 장악할 것으로 예상한 중의원에 대항해 절대적으로 내각을 지지하기 위한 목적으로 만들었던 귀족원이, 내각을 위협하는 반정부세력의 소굴로 바뀐 것이다. 특히 이토는 과거 중의원과 귀족원의 권한쟁의가 발생할 때마다, 귀족원에 유리한 유권해석을 하여 힘을 실어 줬다. 이것이 부메랑이 되어 정치적 곤경에 빠질 거라고는 꿈에도 생각하지 못한 것이다.

'대정치가' 이토는 인생무상을 느끼지 않을 수 없었다. 급기야 이토는 야마가타에게 귀족원이 협조해주도록 구걸하는 상황에 이르렀다. 그러나 이토 히로부미에게 최대한 정치적 타격을 주려는 속마음을 가지고 있는 야마가타는 겉으로는 협조적으로 처신했지만 실제로는 건성으로 반응했다.

막다른 궁지에 몰린 이토는 내각을 포기하는 대신, 과거 중의원에 대해 썼던 것과 마찬가지로 천황의 권위를 이용해 극복하려 시도했다. 다른 한편, 귀족원의 대대적 개혁을 암시해 은근히 협박하는 것도 아울러 병행한다. 그 결과 귀족원의 태도를 일변시키고 예산안을 통과시키는 데 그럭저럭 성공을 거두었다.

여기서 이토 스스로의 힘으로는 궁지를 벗어나지 못하고, 천황의 권위에 의존해야지만 원하는 목적을 달성할 수 있다는 한심한 상황이 여전히 반복되고 있다는 사실이 적나라하게 드러났다. 정당을 창설하고 중의원을 장악한 정당내각을 만들어도, 스스로의 정치력만으로는 정국운영을 할 수 없다는 사실에 '대정치가' 이토는 깊은 좌절감을 갖게 된다.


한편, 이토는 이것을 계기로 추밀원을 대대적으로 개혁하려는 구상도 세웠으나 실현되지는 않았다. 앞서 언급한 것처럼 추밀원은 애초에 천황의 측근 세력을 회유하기 위해서 만들어 졌지만, 메이지 20년대 중반에 들어서면서 모토다 나가자네(元田永孚)를 비롯한 측근 세력들이 차례차례 사망했다. 그리고 이들의 빈자리를 오야마 이와오·사이고 쓰구미치·가바야마 스케노리·야마다 아키요시 등 번벌세력의 유력한 실력자들로서 준원로급에 속하는 인물들이 채웠다. 결국 추밀원은 천황의 측근 세력을 대신해 번벌의 유력자들이 당장 장관이나 이것에 준하는 마땅한 보직이 없는 경우에 임시로 머무르는 자리로 변질된 것이다.

이러한 현상을 타파하고 원로회의가 가진 후계내각의 추천기능을 추밀원의 권한으로 새롭게 부여해 원로제도를 제도적으로 공식화하는 한편, 추밀원의 고문관들을 귀족원에서 지도력을 발휘하는 유력한 인물로부터 충당해 귀족원과 정당내각 사이의 갈등과 대립을 해소한다는 것이다. 이는 시기적절한 좋은 구상이었지만 귀족원을 발판으로 정당내각을 견제하려는 야마가타의 반대로 결국 좌절되고 만다. 그것은 이토의 구상이 실현된다면 야마가타가 애써 귀족원에 심어놓은 인물들이 추밀원으로 방출되는 결과가 되기 때문이다. 천황 역시 이토의 손을 들어주지 않았다.

그럭저럭 의회를 극복하자 이번에는 다음해인 메이지 34년(1901) 예산안의 시행을 둘러싸고 내각의 분열이 발생했다. 문제를 일으킨 장본인은 이노우에 가오루를 밀어내고 대장성을 장악한 와타나베였다. 와타나베는 예산상 문제를 제기하며 긴축재정의 실시를 강력하게 주장하고, 당세 확장을 위해 적극적으로 공공사업을 추진하려는 헌정당 계열의 각료들과 정면충돌했다. 경제공황 등 당시 좋지 않은 경제상황을 감안해 대장성 관료들은 긴축재정을 원했고, 와타나베는 이들의 의견을 충실하게 반영한 것이다.

호시가 이토와 손잡고 정우회를 창당할 때 당의 정책으로 매우 중요하게 생각했던 것의 하나가 철도나 항만건설 등 공공사업을 적극적으로 추진한다는 방침이다. 헌정당 시절부터 호시는 자본주의 발전과 당세 확장을 위해 적극적인 팽창정책을 펼쳐야 한다는 생각을 일관되게 고수했다. 이토는 공공사업에 대해 호시만큼 적극적이지는 않았지만, 공공사업 확대에 의해 자본주의가 발전하면 상공업자계층의 지지를 확보할 수 있다는 점에 주목해 원칙적으로 동조의 뜻을 나타냈다.

한편, 내각 내부에서 와타나베의 주장에 반대하는 데 앞장선 인물은 호시의 후임으로 체신장관에 임명된 하라 다카시였다. 그는 뛰어난 수완과 정치적 감각을 바탕으로 사실상 이토 내각의 2인자로 자리 잡는 데 성공한다. 하라는 개인 사정상 정우회 창당에 참가하지 못했음에도 불구하고, 예전부터 이토의 정치참모이자 보좌관으로서 역량을 발휘해 신임을 얻고 있었다. 그가 이토와 연결된 계기는 무쓰 무네미쓰와의 인연 덕분이다. 무쓰의 비서관으로 근무하면서 능력을 인정받았고, 그로 인해 이토에게 접근하는 게 가능했다.

하라 다카시

처음에는 타협을 통해 일부 공공사업을 폐지하는 방향으로 가닥이 잡혔으나, 그 후 와타나베가 다시 철저한 긴축재정의 방침을 주장한 탓에 문제가 심각하게 커졌다. 게다가 그는 여기에 반대하는 각료들을 내각에서 축출해야 한다는 주장까지 했다. 이에 대해 하라는 독자적인 조사를 거쳐 와타나베의 주장을 반박하는 한편, 내각 포기마저도 주장하며 강력하게 반발했다. 여기에 호응하듯이 정우회 내부에서도 연일 와타나베를 성토하는 목소리가 높아져만 갔다. 당내에서 반대의견을 배후에서 주도한 인물은 역시 체신장관을 사임한 호시였다.

이러한 강렬한 반대의 배경에는 와타나베가 탈당을 무기로 억지로 장관의 자리를 차지한 것에 대한 반감과 과거 자유민권운동을 탄압하는 데 적극 개입한 사실에 대한 혐오감이 밑바탕에 있었기 때문이다. 덕분에 와타나베는 내각에서 철저하게 고립되었지만, 스스로 사표를 제출하기는커녕 주장을 철회하지 않고 완강하게 버텼다. 분열을 수습할 책임이 있는 이토는 사정이 여의치 않자, 5월 2일 돌연 사표를 제출하고 내각을 포기해 버렸다. 제4차 이토 내각은 정우회를 창당해서 중의원을 장악했음에도 불구하고, 내부분열과 우여곡절 탓에 불과 7개월 정도로 허망하게 쓰러졌다.

설상가상으로 이토 내각이 쓰러진 다음 달에 호시 도루가 암살되는 사건이 일어났다. 도쿄시 참사원의 뇌물수뢰 사건으로 부패한 정치가라는 이미지가 널리 인식된 덕분에, 연설을 하던 도중 등 뒤에서 옆구리를 칼로 찔려 '옆구리 터진 김밥 신세'가 된 것이다. 호시의 사망으로 정우회 내부의 헌정당 출신세력의 입지가 크게 약해졌고, 이 공백을 보완하면서 정우회의 실권을 장악한 인물이 하라 다카시였다.

본래 정우회가 이토와 호시의 정치적 담합에 의해 성립된 만큼, 호시의 죽음으로 정우회가 공중분해될 것이라는 관측마저도 있을 정도였다. 애초 정우회는 과거 자유당의 핵심 세력인 이타가키의 측근들, 즉 도사번 출신자들이 대거 탈락한 상태에서 만들어졌다.

이타가키의 측근 중의 측근으로 정우회 총무위원에 임명된 하야시 유죠(林有造)는, 제4차 이토 내각의 농상무장관으로 입각하고 당내에 일정한 지분을 확보하기는 했지만, 호시를 제압하고 당을 리드할 만큼의 정치력이나 지도력이 없었다. 그래서 호시가 정우회 내부에서 가진 위치는 총재에 버금갈 정도라고 해도 과언이 아니다. 이러한 점을 감안하면 이토가 내부분열로 내각을 포기한 상황에서 호시마저 사망하자, 정우회가 해산할지도 모른다는 관측이 나오는 것도 당연하다.

비리 스캔들에 연루되어 체신장관을 사직하고 내각을 떠났음에도 불구하고, 당내에서 호시의 영향력이나 지도력은 여전히 굳건했다. 사실 호시에 대한 비리 스캔들이 일어난 배후에는 정우회 내에서 호시의 영향력을 감퇴시키고, 도사번 세력을 다시 부활시키려는 이타가키 측근들의 음모가 있었다. 이러한 음모에도 불구하고 호시는 건재했지만 엉뚱하게도 그의 비리에 격분한 청년에게 살해되면서 정우회는 위기에 빠진다.

이토는 창당 당시 총무위원 중의 하나로 사위인 스에마쓰 겐쵸를 임명했으며, 그의 사위가 정우회를 장악해 후계자가 되기를 내심 바랐다. 그러나 잘난

장인 덕분에 온실 속의 화초로 성장한 스에마쓰는 정치력이나 지도력은 빈약한 인물이었다. 여기에 비해 하라 다카시는 정우회 입당 전에는 무쓰의 후원으로 조선공사와 외무차관을 역임한 적이 있다는 정도의 경력에 불과했고, 번벌 출신도 아니며 학력 또한 캠브리지대학을 나온 스에마쓰와는 비교도 되지 않았다. 그렇지만 그는 비리사건으로 사임한 호시의 뒤를 이어 체신장관에 취임하고, 호시의 의향을 받들어 와타나베 공격에 앞장서면서 상무(常務)위원의 자리를 차지한다.

마침 이러한 때에 호시가 암살되자 그는 기회를 놓치지 않고 정우회 내부의 큐슈세력을 대표하는 지역 보스 마쓰다 마사히사(松田正久)와 손을 잡고 당을 장악했다. 호시가 체신장관을 사임할 당시 무명의 인물에 불과하던 하라는 호시의 후원과 그 자신의 정치적 능력으로 서서히 정우회의 리더로 거듭난다.

마쓰다 마사히사는 사가번 출신으로 막부말기부터 메이지 초기의 대표적 지식인 중의 하나인 니시 아마네(西周)에게 학문을 배우고, 그의 권유로 유럽에 유학을 다녀온 인물이다. 외국유학을 다녀왔고 사가번 출신이므로 관직을 얻는 것도 어렵지 않았지만 고향으로 돌아가 자유민권운동에 참가했다.

제1회 총선거가 실시되자 사가현 지역구에 입후보해 당선되고, 자유당 내에서 큐슈세력을 대표하는 인물로 자리매김했다. 그러나 이타가키의 측근으로 지목된 덕분에 제2회 총선거에서 정부의 격렬한 선거간섭으로 낙선하고, 이후 연거푸 낙선의 고배를 마신다. 비록 국회의원의 신분은 아니지만 큐슈지역의 대표자로서 계속 자유당 내에서 영향력을 행사하다가, 이타가키와 오쿠마의 제휴로 성립한 헌정당에 참가하고 앞서 본 것처럼 최초의 정당내각에 대장성장관으로 입각했다. 게다가 국민들의 헌정당에 대한 압도적인 지지와 오쿠마의 배려로 다시 국회의원으로도 당선되었다.

나중에 헌정당이 분열하자 그는 자유당 계열이 창당한 새로운 헌정당에 머물면서 유력한 실력자인 호시 도루와 손을 잡아 당을 지도하고, 그 후 이토 히로부미를 추대해 정우회 결성에 참가하기에 이른 것이다. 그는 전국적인 지명도와 명망을 갖춘 지도자는 아니었으나, 자신이 확보한 지분을 바탕으로 당내에서는 막강한 실력자로 군림했다. 지역감정에 바탕을 둔 정당정치의 풍토가 존재하는 오늘날 한국의 경우에도 마쓰다와 같은 인물이 낯설지 않다는 것은 긴말이 필요 없다.

다른 한편, 제4차 이토 내각이 쓰러지는 원인을 제공한 와타나베 구니타케는 정우회에 영향력을 행사해 유력한 지도자의 하나로 남길 원했다. 그러나 호시를 계승한 하라의 강력한 견제와 와타나베 자신의 편협하고 완고한 성격으로 인해 사실상 정우회에서 축출당하고 만다. 이것은 이토에게도 정치적 타격을 입히지 않을 수 없었다. 왜냐하면 와타나베가 다름 아닌 이토의 수석참모이자 정우회 창당을 실질적으로 주도한 인물이기 때문이다. 겉으로는 독재권력을 가진 총재임에도 불구하고 정우회 내에서 이토의 입지는 상당히 약화되었다.

불곰사냥

# 1

## 가쓰라 내각의 탄생과 영일동맹

제4차 이토 내각의 후임자로 누구를 선발해야 하는가라는 문제는 난관에 부딪쳐 쉽게 해결되지 않았다. 야마가타와 마쓰카타가 한사코 거절을 했기 때문에 궁여지책으로 '이류 인재'인 이노우에 가오루가 선발되었다. 이노우에는 죠슈벌의 유력한 인물이라는 출신배경을 발판으로 원로 자리까지 차지했으나 아직까지 수상이 된 경험은 없었다. 그는 그때까지 팔방미인으로 다양한 분야에서 활동을 했다. 그렇지만 명성황후 시해를 비롯한 수많은 실책을 저지르고 내세울만한 지지 세력도 없거니와 대중적인 인기나 덕망도 매우 빈약한 인물이었다.

아무튼 이노우에 입장에서는 수상이 될 수 있는 최초이자 마지막 기회가 찾아온 것이다. 그러나 믿는 도끼에 발등을 찍힌다는 속담처럼 가장 신임하는 측근이라고 할 수 있는 재계의 거물 시부사와 에이치(渋沢栄一)마저도 대장성 장관에 취임하길 거부하는 지경에 이르자 조각을 포기하고 만다. 원로가 내각을 만들지 못한다는 유일한 사례가 만들어졌다.

청년시절 이노우에는 죽을 고비를 넘긴 적이 있었다. 다카스기 신사쿠가 쿠데타를 일으키기 전에 막부에 복종을 주장하던 보수파와 정면으로 대립한 것이 원인이 되어, 귀가 도중 어두운 밤에 괴한으로부터 습격을 받았다. 온몸을 칼로 난자당하고 생명이 위태로울 정도의 중상을 입었으므로, 친형에게 차라리 죽여 달라고 부탁할 정도였다. 그러나 이노우에의 어머니가 일단 치료라도 해보자고 애원해 치료를 받게 되었고 구사일생으로 살아났다는 일화가 있다.

따지고 보면 죠슈번의 존왕양이운동에 투신한 청년들은 대부분 한 번쯤은 죽을 고비를 넘긴 일화를 가지고 있다. 그러나 이노우에는 차라리 이때 죽는 편이 낫지 않았을까 생각된다. 막부가 멸망하기 전 죠슈번 출신의 일류인재들은 대부분 사망했다. 이류인재는 능력은 뒤쳐지지만 명줄이 긴 것이 특징이다.

마치 일류인재들이 요절한 데 대해 보상받기라도 하듯이 이노우에, 야마가타 등 죠슈벌의 이류인재들은 70세 이상을 살면서 장수했다. 이토 역시 안중근에게 사살당하지 않으면 70세를 넘기며 장수했을 게 확실하다. 메이지 2세대의 주요 정치가 중에서 일찍 사망한 자는 술을 지나치게 좋아한 사쓰마벌의 구로다가 거의 유일하다.

별다른 기대를 하지 않았던 이노우에가 내각의 조직을 포기하자, 천황은 은근히 이토 히로부미가 또다시 내각을 맡을 거라고 기대했다. 그러나 이토는 별로 내키지 않는다는 반응을 보였다. 다시 내각을 만든다면 정우회와 원로를 망라하는 강력한 내각을 원했지만, 원로 중에서 정당정치를 혐오하는 야마가타나 마쓰카타와 같은 유력한 인물은 이토가 정우회를 창당한 것을 계기로 포섭하기가 극히 곤란했다. 또한 구로다 기요타카와 같이 포섭이 가능한 인물은 이미 사망했기 때문이다.

이러한 사정으로 결국 가쓰라 다로가 원로회의에서 후계수상으로 추천된

다. 메이지 3세대가 정치판의 세대교체
를 하는 순간이다. 벌써 시간은 19세기
를 지나 20세기로 접어들고 있었다. 그
래서 이 시점에서 메이지 3세대가 등장
한 것은 의미가 컸다. 가쓰라가 야마가
타의 직계에 속하는 인물로서 '황태자'라
는 점을 생각하면, 가쓰라 내각은 사실
상 '리틀 야마가타' 내각이 되지 않을 수
없었다.

히라타 도스케

야마가타와 마찬가지로 가쓰라도 역
시 현역 육군대장의 신분을 유지하고 수상에 취임했으며, 육군장관에는 고다
마 겐타로, 해군장관에는 야마모토 곤베가 유임됐다. 또한 '리틀 야마가타' 내
각답게 야마가타 파벌에 속하는 인물이 대거 등용되었다. 대장성 장관에는 소
네 아라스케, 기요우라 게이고는 법무장관, 요시카와 아키마사는 체신장관, 히
라타 도스케(平田東助)는 농상무장관에 취임했다. 야마가타 파벌에 속하는 인
물들이 주요 보직의 대부분을 '싹쓸이' 했다고 해도 과언이 아니다.

이 중에서 가장 특이한 인물이 히라타 도스케다. 그는 번벌 출신이 아니고
무진전쟁에서 열번동맹의 핵심 역할을 한 요네자와(米沢)번 출신이다. 이와쿠
라 사절단에 수행한 것을 계기로 독일의 하이델베르크대학에서 정치학과 법
률 등을 배우고 귀국하여 대장성에 들어갔다. 그 후 귀족원 의원이 되고 야마
가타 파벌에 포섭되어 제2차 야마가타 내각 당시 법제국장관을 역임하였으며,
이번에는 농상무장관으로 입각하기에 이른 것이다. 그는 권모술수에 뛰어난
재능을 가지고 있었던 탓에 야마가타와 가쓰라의 신임이 두터웠다.

외무장관에는 제4차 이토 내각의 가토 다카아키에게 유임을 요청했지만, 이
것이 뜻대로 되지 않자 고무라 쥬타로(小村壽太郎)를 기용한다. 고무라는 야마

가타의 직계에 속한다고 보기는 어렵지만 대단히 밀접한 교감을 가지고 있었다. 특히 러일전쟁을 지지하는 외무성의 유력한 인물이라는 점이 높은 평가를 받았다.

고무라 쥬타로

고무라는 미야자키(宮崎)현 출신으로 도쿄대학의 전신인 개성(開成)학교의 법학부를 졸업한 후, 일본 최초의 국비유학생 중 한 명으로 선발되어 미국의 하버드 대학에서 법학을 전공하고 돌아온 인물이다. 학력으로 따지면 당시로서는 그야말로 최고 중의 최고였지만, 번벌 출신이 아닌데다가 아버지가 경영하던 비료회사가 파산하는 바람에 거액의 빚을 지고 불우한 관료생활을 보내지 않을 수 없었다.

유학을 다녀온 후 외무성 번역국장이라는 겉으로는 그럴듯한 직위를 부여받았으나, 실제로는 외교문서를 번역하는 일에 종사하는 데 불과했다. 게다가 채권자들이 주변을 맴돌며 월급이 나오자마자 차압했으므로 생계유지에 막대한 곤란을 겪었고, 끼니조차 해결하기 어려웠다고 한다.

이러한 불우한 시절을 견디면서 극복하기까지는 채무변제를 비롯해 물심양면으로 헌신적인 도움을 준 친구들이 있었기에 가능했다. 청일전쟁이 발발하자 고무라는 당시 외무장관이었던 무쓰에게 주목을 받으며 출세가도를 달리는 발판을 마련하게 된다. 그 무렵 대리공사로 북경에서 근무하고 있었는데, 전쟁을 적극적으로 지지하며 국교단절의 훈령이 도착하기도 전에 공사관을 폐쇄하고 철수한다는 과감한 조치를 취했다. 절차를 무시한 그의 비상식적인 행동은 청일전쟁을 외교적 측면에서 주도한 무쓰의 호감을 사게 된다.

그 후 전쟁의 상황에 따라 1군에 소속되어 점령지 통치를 담당했으며, 별다른 마찰 없이 매끄럽게 일을 처리해 당시 제3사단장인 가쓰라에게 주목을 받았고, 그를 통해 야마가타에게도 존재를 알렸다. 이 덕분에 명성황후 시해사건이 발생하자 야마가타의 요청으로 서둘러 한반도로 건너가 신속하게 사후처리를 맡았고, 이후 외무성 차관이나 주요국 공사로 근무하면서 지위를 확고하게 굳힌다. 또한 의화단의 난이 일어나자 일본 대표로 참가해 수완을 발휘하기도 했다. 그는 외모가 매우 볼품없고 체격도 왜소했던 탓으로 외교관의 풍채에는 걸맞지 않았지만, 식견이나 기량은 발군이라는 평판을 얻었다.

이토 히로부미가 번벌 출신이 아니지만 유능하고 뛰어난 무쓰를 기용해 불평등조약의 개정에 성공한 것처럼, 러일전쟁을 지지하는 야마가타와 가쓰라에게는 고무라가 있었다. 그러나 고무라는 자신의 출세를 위해 무쓰처럼 죠슈벌에 의도적으로 접근하지도 않았으며, 출세가 좌절되자 욕구불만에 쌓여 반란에 가담하는 행동도 취하지 않았다. 또한 무쓰는 자신의 필요에 따라 대외적 강경론을 선택적으로 받아들였지만, 고무라는 두각을 나타내기 이전부터 거의 일관되게 대외강경론을 적극적으로 주장한 국수주의 성향이 매우 강한 인물이었다. 즉, 야마가타나 가쓰라와는 정치적 '코드'가 맞았다.

비록 원로가 전혀 입각하지 못하고 야마가타 계열의 인물이 대거 등용되어 '이류내각'이나 '차관내각'이라는 비아냥거림을 듣기는 했으나, 차세대 리더가 만든 정권답게 원로급의 인물을 배제해 세대교체의 색채를 대폭 강화시킨 것이 특색이다.


규정대로 하자면 가쓰라는 수상에 취임하면서 예비역 육군대장에 편입되어야 했다. 그러나 야마가타의 입김으로 천황이 직접 나서 현역군인의 신분을 그대로 유지하도록 조치했다. 수상에 임명되었다고 황태자의 군복을 벗기는 것은 어불성설이다. 해군의 차세대 리더인 야마모토 곤베는 라이벌인 가쓰라가 만든 내각에 장관으로 유임하는 게 자존심상 별로 내키지 않았던 것이 사실이었다. 그러나 가쓰라가 원수이자 해군의 최고봉인 사이고 쓰구미치에게 매달려 간청한 덕분에 마지못해 유임하게 되었다.

야마모토는 해군 내에서는 쇼군과 같은 존재였으나, '야마모토의 해군'을 만드는 작업에는 해군의 간판인물인 사이고 쓰구미치의 전폭적인 지지와 신뢰가 있었기에 가능했다. 그래서 쓰구미치는 야마모토에게 영향력을 가진 거의 유일한 인물이었다. 그러나 자존심이 강하고 가쓰라에 대해 강렬한 라이벌 의식을 가지고 있었으므로, 그는 유임의 조건으로 내각 수상과 동등한 수준의 발언권을 요구하고 이를 인정받았다. 고다마 겐타로 역시 대만 통치를 위해 유임을 원하지 않았지만, 야마가타의 요청으로 당분간 유임하는 것으로 결정된다.

가쓰라가 집권하면서 반드시 실현해야 할 과제로서 꼽은 점은 해군력 강화와 영일동맹의 체결, 조선을 보호국으로 만든다는 것 등이다. 한눈에 봐도 한반도 장악과 러시아와 전쟁에 대비한 사전준비에 있다는 사실을 알 수가 있다. 이러한 정책을 표방한 가쓰라에게 있어 눈엣가시와 같은 존재는 바로 이토 히로부미가 이끄는 정우회였다. 정우회는 중의원의 과반수를 차지한 것은 물론이고, 러시아 대책이 불투명했기 때문이다.

조선을 보호국으로 만든다는 점에 대해 이토 역시 이의가 없었지만, 러시아와 전쟁은 한사코 피하려 했다. 정우회를 창당할 당시 이토는 대외정책에 관해 명확한 방침을 세우지 않고 출범했었다. 러일협상을 통해 긴장완화를 추구하고 대륙에서 군사적 충돌을 회피한다는 정도가 고작이었다. 아무튼 러일전쟁을 생각하고 있는 가쓰라 내각의 대외방침이 정우회의 정책과 정면충돌하는 것은 피할 수 없는 상황이다.

사실 그 누구도 러시아와 전쟁을 해서 이긴다는 보장을 할 수 있는 사람은 없었다. 러시아는 중국과 완전히 다른 상대였다. 육군력에 있어서는 자타가 공인하는 초강대국이고 해군력 역시 영국보다는 뒤지지만 당시 세계 2위로 일본이 만만하게 볼 상대는 아니다. 또한 영토는 67배, 인구는 2.2배, 국가예산은 10배, 철강생산량은 30배의 차이가 있었다. 그렇기 때문에 러시아와 전쟁을 회피하려고 하는 이토의 생각은 지극히 현실적이다. 이토는 성격적으로 국가와 민족의 운명을 전쟁이라는 모험에 맡기는 것을 꺼려했고, 특히 승리한다는 보장이 없는 경우에는 더욱 그러하다.

원로 중에서 이토와 같은 의견을 가진 사람은 이노우에 가오루가 있었다. 그러나 야마가타와 가쓰라는 이기든 지든 러시아와 전쟁은 불가피하다는 생각을 가지고 영일동맹을 추진하려고 했다. 이 두 사람이 영일동맹을 원한 목적이 궁극적으로 러시아와 전쟁을 전제로 하는 것임은 긴말이 필요 없다. 이토 히로부미가 주장한 러일협상론이 지지를 얻으려면 러시아의 태도가 중요한 변수였다. 그런데 러시아는 예전부터 계속 일본을 자극하고 무시하는 행동을 하면서 야마가타로 하여금 러일협상을 체결해도 실효를 거두지 못할 것이라는 확신을 심어줬다. 사실 예전에는 야마가타 역시 러일협상을 지지했었고, 이미 본 것처럼 한반도를 38도선이나 39도선을 경계로 나눠 가지자고 러시아에 제안한 적도 있었다.

의화단의 난이 일어나자 러시아는 다른 서구열강에 뒤질세라 시베리아 철도를 통해 대규모 병력을 중국에 파견했지만, 이미 일본이 파견한 병력을 주축으로 하는 연합군이 북경을 함락했으므로 뒷북을 치는 결과가 되었다. 그럼에도 불구하고 병력을 철수하지 않고 출동한 병력으로 만주를 사실상 군사적으로 점령해 버리고 만다. 이것이 일본의 군부와 극우세력을 크게 자극한 사실은 말할 것도 없었다.

전쟁을 피하기 위해 이토는 러시아의 만주 지배를 일본이 묵인하는 대신 한반도를 일본이 차지하자고 주장했다. 이것이 러일협상론의 핵심이다. 즉, 만주는 러시아가, 한반도는 일본이 서로 사이좋게 나눠 갖자는 주장이다. 그는 설사 영일동맹을 체결하더라도 러일협상을 우선시해야 한다고 생각했다. 왜냐하면 영일동맹을 먼저 체결하면 영국에 라이벌 감정을 갖고 있는 독일이 이것에 반감을 가지고 러시아에게 붙어버리는 결과가 될까봐 우려했기 때문이다.

또한 이토가 구상하는 영일동맹은 전쟁을 위해서가 아니라, 영국의 힘을 빌려 러시아를 견제하는 것을 주된 목적으로 해야 한다고 생각했다. 즉, 이토는 영일동맹이 러일전쟁을 위한 전제요건이라는 의식을 가지고 있지 않았다. 물론 야마가타나 가쓰라 역시 영일동맹의 체결을 계기로 러시아가 스스로 양보한다면 굳이 러일전쟁을 추진할 생각은 없었다. 그러나 러시아가 양보할 가능성이 희박하므로 최종적으로는 전쟁을 각오한 상황에서 영일동맹을 체결하고자 한 것이다. 물론 교활하고 신중한 성격의 야마가타가 이토에게 전쟁을 전제로 영일동맹을 체결한다고 명쾌하게 주장한 적은 없었다.

자신의 주장을 굽히지 않던 이토는 러일협상을 추진하기 위해 개교 100주년을 맞은 예일대학에서 수여하는 명예박사학위를 받는다는 명목으로 출국하는 기회를 잡았다. 그는 해외에 나간 김에 러시아에 들러 러일협상의 가능성을 구체적으로 타진하려고 했다. 야마가타나 가쓰라는 굳이 이것을 견제하지 않았다. 이토를 해외로 쫓아버리는 것이 영일동맹 체결에 오히려 도움이 된다고 생각했기 때문이다. 야마가타와 가쓰라가 이토를 따돌리기 위해 즐겨 사용한 방법이 바로 그를 해외로 내보내는 수법이었다.

이토는 러일협상을 지지하는 이노우에 가오루의 사위이자 귀족원 의원인 스즈키 게이로쿠(都筑馨六)를 동반하고 출국했다. 메이지 34년(1901) 11월에 그는 러시아의 수도에 도착해서 황제를 알현하는 한편, 러시아 수뇌부들과 의견을 교환한다. 이노우에의 사위인 스즈키도 이토의 사위인 스에마쓰와 비슷하게, 똑똑하고 장래가 촉망된다는 이유로 발탁되고 권력자가 사위로 삼게 된 경우다.

스즈키 게이로쿠

스즈키 게이로쿠는 도쿄대학을 졸업한 후 국비유학생으로 독일의 베를린대학에서 유학생활을 했으며, 메이지 19년

(1886)에 귀국해 외무성에 들어갔다. 이것을 계기로 당시 외무성의 실권을 장악한 이노우에로부터 재능을 인정받고 사윗감으로 찍혔다. 조약개정교섭의 실패로 이노우에가 실각하자 그를 따라 외무성을 사직하고 프랑스 파리로 다시 유학을 갔는데, 때마침 시찰을 위해 유럽을 방문한 야마가타의 통역으로 근무하며 어학능력을 인정받을 정도로 죠슈벌 권력자와 친분이 두터웠다. 이토가 러일협상을 추진하기 위해 통역 겸 참모로 그를 필요로 할 만큼 다양한 외국어를 구사할 능력이 있었고 유럽 사정에도 밝았다.

영일동맹 추진의 핵심세력은 야마가타를 비롯한 육군이었지만 해군 역시 반대는 없었다. 영국 해군을 모델로 성장한 일본 해군이 영국에 호감을 가지고 있는 것은 당연하다. 영일동맹의 본격적인 교섭은 가쓰라가 수상에 취임하고 불과 1개월 정도에 불과한 메이지 34년(1901) 7월에 시작되었다. 일본의 접근에 대해 영국의 태도는 과거와는 달리 크게 긍정적으로 바뀐 상태였다. 여기에는 영국의 내부 사정이 중요한 동기로 작용했다.

영국은 보어전쟁에서 승리하기는 했으나 막대한 타격을 입으며 예전의 대영제국이 아니라는 사실을 만천하에 폭로하고 말았다. 해군력은 여전히 자타가 공인하는 무적이지만, 육군은 결코 최강이 아니라는 사실이 명백해진 것이다. 독일과 미국의 급속한 추격으로 경제적으로도 점점 열세에 몰리고 있었다. 또한 자본주의가 고도로 발전함에 따라 발생하는 사회적 모순과 불평등의 문제를 해결하는 것도 중요한 과제의 하나였다.

이러한 상황에서 의화단의 난을 계기로 일본의 군사력이 결코 서구열강에 뒤지지 않는다는 사실을 피부로 확인하자, 영국에서도 시베리아 철도를 발판으로 극동에 세력을 팽창하는 러시아를 견제하기 위해 일본을 활용하는 방법이 바람직하다는 의견이 유력해졌다.

이것은 제국주의 시대 영국과 러시아 사이에서 지구 전체를 시야에 두고 전개되던 거대한 그레이트 게임(Great Game)의 일부분이었다. 다시 말해 점점 쇠약해지고 있는 영국을 대신한 동아시아의 지역 맹주로 일본을 키우고자 한 것이다. 동북아시아를 러시아에게 내주느니 차라리 친영적인 일본이 낫다는 생각이 설득력을 가지고 영국 내부에서 널리 공감을 얻기 시작했다.

용의주도하고 교활한 성격의 가쓰라는 영일동맹의 추진을 극비리에 추진했다. 그러나 사실 일본의 국내 분위기는 영일동맹 체결에 반대하지 않는 의견이 대부분이었다. 오히려 이토가 추진하는 러일협상론에 대해 비판적인 반응을 나타내는 상황이다. 그러나 가쓰라는 이토의 비위를 건드리지 않도록 극히 조심하는 태도를 보였다.

의회를 정우회가 장악한 이상 군비증강을 위한 예산을 통과시키기 위해 이토의 눈치를 보지 않을 수 없기 때문이다. 그래서 일본의 외교노선이 통일되지 못하고 영일동맹과 러일협상이라는 양립하기 어려운 두 개의 방향으로 진행하는 상황이 벌어진 것이다. 물론 겉으로는 영일동맹이든 러일협상이든 러시아를 견제하기 위한 목적이지, 전쟁을 전제로 하는 게 아니므로 별다른 문제는 없는 듯이 보였다.


11월에 들어서자 마침내 영일동맹의 안건이 각료회의에서 토의되기 시작하고 천황에게도 상주하는 절차를 밟았다. 외교정책의 혼선과 이토의 입장을 우려한 메이지 천황은 유럽에 체재 중이던 이토와 상담해 자문을 구하라고 명령했다. 그러나 가쓰라는 이것을 무시하고 만다. 이토가 영일동맹의 체결에 제동을 걸려고 시도할 것이 뻔했기 때문이다.

이미 야마가타를 비롯한 원로 대부분이 자신을 지지한다는 사실에 자신감을 가지고, 가쓰라는 원로회의를 배제한 형식으로 각료회의에서 결정을 보려고 했다. 이토는 해외에 나가 있었지만 러일협상을 지지하는 원로 이노우에 가오루가 이토의 뜻을 받들어 가쓰라를 견제하려 했기 때문이다. 사실 이토에게는 외교적 교섭을 추진할 어떠한 권한도 없었다. 다만 천황의 절대적인 신임을 받는 '원로'에 지나지 않는 존재다.

가쓰라는 이러한 약점을 날카롭게 파고들어 이미 각료회의에서 결정을 본 내용을 이토에게 통보하는 형식을 취했다. 이토는 독일에서 전보를 보내 견제를 가하려고 했으나, 야마가타와 가쓰라가 이노우에마저도 영일동맹이 대세라고 인정하게 만들었으므로 결국 무시당하고 만다. 천황마저도 영일동맹에 찬성했다. 가쓰라는 이노우에를 침묵시키기 위해 12월 7일 자신의 별장에 원로들과 주요 각료들을 불러 모아 담판을 벌였고, 이노우에가 영일동맹 체결에 반대할 수 없는 분위기를 만들어 그를 굴복시키는 데 성공한 것이다.

바로 그 다음날인 12월 8일에 이토로부터 러시아와 교섭을 위해 영국과 동맹체결에 관한 확답을 미루어 달라고 요청하는 전보가 도착했다. 그러나 이미 대세는 확고하게 영일동맹을 체결하는 방향으로 결정된 후였다. 이토는 전세를 역전시키기 위해 은밀히 천황에게 도움을 요청하는 전보를 보냈으나 소용이 없었다. 이미 가쓰라가 이노우에마저 굴복시켰기 때문에 제아무리 천황이 직접 나서도 상황을 뒤집는 것은 불가능했다.

여기서 이토는 정치가로서뿐만 아니라 원로이자 죠슈벌 간판인물로서의 입지도 크게 흔들리는 모습을 보였다. 즉, 한물간 늙은이가 주책없이 외교에 참견한다고 치부될 정도로 초라한 존재로 전락한 것이다.

한편, 영일동맹의 체결은 이토와 야마가타 사이의 대립을 크게 완화시킨 면이 있었던 것도 사실이다. 본래 영일동맹의 체결 자체에 이토가 반대했던 것은 아니고 다만 러일협상을 우선해야 한다는 입장이었으므로, 그는 귀국하자마자 영일동맹에 찬성하는 연설을 하는 등 대세에 순응하는 특유의 유연한 처신을 했다. 결과적으로 영일동맹의 체결을 계기로 이토와 야마가타 사이의 외교정책에 있어 갈등은 상당히 해소되었지만, 대외문제에서 야마가타의 압도적인 우위가 확보되고, 이토는 이후 계속 주도권을 빼앗기고 끌려 다니게 된다.

영일동맹의 핵심적인 내용은 동맹국이 다른 국가와 전쟁을 하는 경우 다른 동맹국은 중립을 지키고, 2국 이상과 전쟁을 하는 경우는 다른 동맹국도 참전하는 것을 의무로 규정한 점이다. 다른 국가와 전쟁을 한다는 것은 물론 러시아를 겨냥한 표현이며, 2국 이상과 전쟁을 하는 경우라 함은 프랑스가 러시아를 도와 참전하는 상황을 의미한다. 즉, 프랑스가 러시아를 도와서 참전할 경우는 영국과 전쟁을 각오하지 않으면 안 되었다.

이것은 야마가타가 간절히 원하는 사항이다. 만약 러일전쟁이 발발할 경우 프랑스가 동맹국인 러시아를 도우러 참전하지 않는다는 보장은 없었다. 프랑스는 인도차이나반도를 식민지로 가지고 있어 지상병력의 신속한 파견도 가능했고, 해군력에서는 러시아와 합세하면 당연히 일본을 능가하는 것으로 평가받았다.

청일전쟁의 교훈으로 제해권을 장악하는 문제가 얼마나 중요한가는 군부 내에서 널리 공감대가 형성된 사항이다. 설사 지상전투에서 러시아를 상대로 연전연승하더라도 제해권을 빼앗기면 보급로가 차단되는 것은 물론, 일본 본토의 방어에 쩔쩔매는 상황에 몰린다.

그렇기 때문에 번벌정부는 청일전쟁이 끝난 후 지속적으로 해군력 강화에 막대한 투자를 해왔다. 그러나 영일동맹을 체결한 덕분에, 만약 프랑스가 참전한다면 아시아에 주둔한 영국 해군이 일본을 도와 참전할 것이고, 그러면 제해권에 관한 걱정은 하지 않아도 좋았다. 즉, 야마가타가 영일동맹을 체결해 얻고자 원하는 가장 중요한 점이 바로 러일전쟁을 러시아와 일본의 일대일 싸움으로 만든다는 데 있었다.

프랑스나 독일 등 그 어떠한 국가도 영국과 전쟁을 감수하면서까지 러시아를 도우려고 하지 않을 것이라는 점은 확실했기 때문이다. 러일전쟁이 일어나도 러시아와 동맹관계에 있는 프랑스가 참전해 얻을 이익은 별로 없으므로, 프랑스가 자발적으로 러일전쟁에 참가할 가능성은 희박한 편이었다. 그러나 러시아가 예상외로 일본에게 밀린다면 결국 방관하는 게 불가능하고 전쟁에 휘말려들지 않을 수 없게 된다. 최소한 참전하는 시늉이라도 할 가능성이 높았다. 이 문제를 사전에 미리 차단하는 것이 중요했다.

다른 한편, 해군력 강화를 위해 영국의 도움을 받는 점도 크게 기대한 사항의 하나였다. 일본 해군은 영국식을 모델로 해서 발전했지만, 그때까지 결코 영국으로부터 직접 도움을 받은 것은 아니다. 러일전쟁이 발발하면 러시아의 발트함대가 아시아로 파견될 가능성이 매우 높다는 사실을 고려하면 최신예 군함과 각종 첨단장비가 절실하게 필요했는데 당시 일본의 기술수준과 공업능력으로는 독자적으로 이를 제조할 수 없었다. 아직 중공업 발전의 초창기 단계에 지나지 않았기 때문이다. 그러나 영일동맹의 체결을 계기로 최신식 광학 조준장치를 비롯한 각종 첨단장비와 신예군함을 수월하게 구입하고 해군력의 대폭 증가를 이루어냈다.

영국은 동맹의 적용범위를 한반도와 만주를 포함한 중국으로 한정해, 극동에서 벌어지는 전쟁이 유럽에까지 파급하는 사태를 막으려고 했다. 또한 일본이 조선을 보호국으로 만들려는 의도를 탐탁지 않게 여겼던 탓에 완강하게 이를 거부하고, 다만 일본이 한반도에서 기득권을 보호하는 데 필요한 조치를 취하는 것에 한정하도록 규정했다. 영국은 영일동맹이 러일전쟁을 이끄는 도화선이 되는 가능성을 별로 달가워하지 않았다.

동맹의 정식 체결은 다음해인 메이지 35년(1902) 1월이었으며, 런던에서 조인식이 거행되었다. 비준을 필요로 하지 않는다고 협의한 덕분에 조인과 동시에 발효되었으며, 2월 11일에 양국에서 동시에 발표되었다.

일본은 영일동맹이 5년의 기간으로 한정되도록 요구했다. 장차 어떻게 변할지도 모르는 유럽과 극동의 정세를 고려해 요구한 사항이다. 다른 한편으로 동맹의 적용범위를 영국의 식민지인 인도까지 확장하는 문제에 관해서는 일본이 명쾌하게 반대해 좌절되었고, 독일이 영일동맹에 참가하길 희망하는 일본의 의도는 유럽에서 영국과 독일의 관계가 악화일로로 치닫고 있던 탓에 역시 성사되지 못했다.

사실 영일동맹의 체결에 독일의 알선이 무척 중요한 계기를 만들었다. 독일

황제인 빌헬름 2세가 영국을 방문한 것을 계기로 앞장서 영일동맹의 체결을 권유했을 정도다. 이것은 물론 일본을 위해서가 아니고 러시아의 관심을 극동으로 돌리는 한편, 영국이 러시아의 동맹국인 프랑스와 동맹을 맺어 독일의 진로를 방해하는 사태를 방지하기 위해서였다. 결국 유럽의 외교정세에 입각해 자국의 이익추구를 위한 목적이다. 그래서 처음부터 독일은 영일동맹에 참가할 생각은 없었고, 영국 역시 독일의 참가에 거부반응을 나타냈다.

영일동맹이 체결된 사실이 발표되자, 일본 국내는 거국적인 환영과 기쁨의 반응으로 가득 찼다. 제국주의 시대의 초강대국인 영국이 명예로운 고립(Splendid Isolation)을 깨고 일본과 동맹을 체결했다는 게 그 주된 이유다. 일본 국민들은 영일동맹이 러시아와 긴장을 완화하고 동아시아에 평화를 가져올 거라고 생각했고, 러일전쟁에 대비하기 위한 사전포석이라는 점은 인식하지 못했다.

한편, 이러한 영일동맹 체결의 움직임을 몰랐던 러시아는 크게 놀라지 않을 수 없었다. 그래서 영일동맹 체결의 3개월 후 중국과 만주에서 러시아 병력을 철수하는 조약을 체결하기는 했지만, 1단계 철병만을 하고는 그대로 현상유지의 자세를 나타내 일본의 신경을 건드린다. 나중에 자세히 보는 것처럼 여기에는 러시아 내부의 복잡한 사정이 있었기 때문이다. 조약 내용에 따르면 반년 단위로 3단계에 걸쳐 만주에 주둔한 러시아 병력의 철수를 완료하도록 되어 있었다. 영일동맹의 체결로 러시아가 자발적으로 만주에서 철수하기를 은근히 기대했던 야마가타는 전쟁이 불가피하다고 확실하게 인식했다.

영일동맹의 체결은 외교적·군사적 측면의 도움뿐만 아니라, 가쓰라 내각이 의회를 극복하는 것에도 커다란 이익을 안겨줬다. 러일협상과 영일동맹이라는 외교적으로 정반대의 노선을 둘러싸고 가쓰라가 거둔 정치적 승리로 인해, 천황을 비롯한 원로 전원의 지지를 얻은 것은 물론이고, 이토가 섣불리 반정부적 태도를 취하지 못하도록 하는 효과도 있었다.

만약 영일동맹의 체결이 없었다면 미국에서 외채모집에 실패하고 행정정리에도 별다른 성과를 올리지 못했던 가쓰라 내각은, 정우회의 집중공격을 받아커다란 정치적 위기에 직면했을 것이다. 불과 1년도 버티지 못하고 내각이 붕괴되는 상황이 됐을지도 몰랐다. 그러나 동맹이 체결된 후 영국이 적극적으로나서서 외채 모집에 도움을 주었고, 그 결과 액면가 5,000만 엔이라는 거액의 외채를 런던에서 판매하는 데 성공했다. 덕분에 가쓰라 내각은 재정적으로 풍족한 여유를 가질 수 있었다.

중의원과 원만한 관계를 유지하고 싶은 가쓰라는 정우회와 전략적 제휴를원했다. 그러나 천황이 예전부터 우려한 것처럼 정우회가 죠슈벌의 간판인물인 이토가 만든 정당임에도 불구하고 여당이 아니라 강력한 야당으로서 기능했다. 정우회는 행정정리를 무기로 가쓰라를 압박했다. 행정정리는 제4차 이토 내각의 중요한 과제 중 하나였지만, 내각이 조기에 붕괴되는 바람에 실천에 옮기지 못했던 사항이었다.

행정정리는 정부부처의 불필요한 인원을 대폭 삭감하는 문제는 물론이고예산의 축소도 포함해 '작지만 강한 정부'를 추구하는 것을 말한다. 시험성적에 의한 공무원 선발제도가 정착되기 이전에 번벌의 실력자들이 인사 청탁을받아 자신의 파벌을 확대할 목적으로 관료로 등용한 경우가 비일비재했기 때문에, 각 행정부처에는 필요 이상으로 인력 과잉인 경우가 많았다.

그렇기 때문에 의회제도가 시행된 초기부터 행정정리는 야당이 즐겨 사용하는 정치공세였다. 그러나 가쓰라는 관료사회의 동요를 막고 관료벌의 대변자로 자처하는 자신의 입장을 고려해 대규모 행정정리에는 소극적이었다. 애당초 내각을 맡을 당시 행정정리를 중요하게 고려한 것도 아니다. 그럼에도불구하고 정우회가 집요하게 행정정리를 요구했기 때문에 일단은 하는 시늉에 그쳤다. 하는 시늉에만 그쳐야 할 정도로 각 행정부처의 반발이 격렬했던사실도 간과하기 어려웠다.

야마가타가 직업공무원제도를 확립한 덕분에 관료들은 강력한 단결력과 결속력을 가지고 자신이 소속된 부서에 할거해 끼리끼리 뭉치는 폐해를 나타내는 지경에 이르렀다. 이러한 사정으로 마지못해 행정정리를 약속한 덕분에 제16차 의회는 그럭저럭 극복하는 게 가능했지만, 막상 실현된 행정정리는 정우회의 기대와 커다란 차이가 있어 정우회의 태도를 경직시키게 된다.

정우회는 가쓰라가 성의 있는 태도를 보이지 않자 대대적인 행정정리를 하지 않으면 해군력 증강에 협조할 수 없다는 입장을 표명하며 압박을 가했다. 가쓰라는 해군력 증강을 위한 재원을 지조의 증세를 통해 실현하려고 했다. 그러나 아직도 유권자 중에서 지주계급의 영향력이 매우 강했으므로, 지주계급을 지지기반으로 하는 정우회 입장에서는 받아들이기 어려운 요구였다.

이러한 와중에 오쿠마의 헌정본당이 정우회에 접근해 정부 공격을 위한 공동투쟁의 움직임마저 보이자, 가쓰라는 메이지 35년(1902) 12월 28일에 주저 없이 제17차 의회를 해산한다. 그는 영일동맹의 체결로 얻은 자신감과 천황의 두터운 신임을 바탕으로, 의회에 대해 일관되게 강경 대응하는 방법을 취했다. 이것은 정당에 대해 기본적으로는 초연주의의 입장에 선 것이다. 이어서 열린 총선거에서도 역시 예상대로 정우회가 의석의 과반수를 획득했고, 헌정본당과 합세하면 무려 290석에 육박했으므로 가쓰라는 커다란 위기의식을 느끼지 않을 수 없었다.

사태를 그대로 방치한다면 가쓰라 내각은 붕괴 위기에 처하게 된다. 그러나 야마가타의 후계자답게 가쓰라는 정치공작에도 뛰어난 수완을 발휘해 이토를 회유하는 데 성공했다. 그는 은밀히 이토를 직접 만나 정치적 거래를 성사시켰다. 즉, 해군력 확장을 위한 자금마련을 지조의 증세를 통해 하지 않는다면 가쓰라 내각을 지지하겠다는 약속을 얻어낸 것이다. 이토는 마음만 먹으면 가쓰라 내각을 붕괴시키는 것도 어렵지 않았지만, 정당보다는 번벌의 이익을 우선했다. '피는 물보다 진하다'는 속담을 생각나게 하는 대목이다.

문제는 이토가 가쓰라와 타협했다는 사실을 당의 간부들에게 전혀 알리지 않고 비밀로 했다는 점이다. 앞서 말한 것처럼 이토는 애당초 정우회를 만들 당시 총재에게 권력이 집중되는 체제를 만들려 했다. 그러나 당의 기반을 잡기도 전에 제4차 이토 내각이 발족하는 바람에 당의 실권은 총무위원들에게 넘어가고 말았다. 특히 호시 도루가 암살된 후에는 하라 다카시와 마쓰다 마사히사가 당내에서 리더십을 발휘했고, 그 중에서도 하라의 지도력이 돋보였다.

　제18차 의회가 열리자 가쓰라는 이토와 약속한 대로 지조 인상을 바탕으로 한 증세안을 제출한 후, 정우회의 반대에 부딪치자 이를 포기하고 다음 수순으로 주로 공채모집을 통해 해군력을 증강한다는 방안을 제시한다. 이렇게 타협이 성립해 문제는 해결되었지만, 가쓰라가 중의원에서 정우회의 간부들에게 이토와의 타협안을 누설한 것이 계기가 되어 정우회는 분열의 양상을 드러냈다. 교활한 성격에다가 정치공작에 능수능란한 가쓰라의 특성을 생각하면, 정우회의 분열을 노리고 의도적으로 이토와 타협한 사항을 누설했을 가능성이 높다.

　이 소식이 전해지자 정우회 내부에서는 이토의 독선에 반발해 오자키 유키오처럼 탈당하는 사람이 나타난 것은 물론이고, 총재로서의 지도력이 현저하게 저하되는 현상은 불가피했다. 정우회 창당을 계기로 이미 관료벌에게 '배신자'로 낙인찍힌 이토는, 그 대가로 얻은 정우회조차 그를 '배신자'로 규탄한다는 기가 막힌 상황에 내몰렸다. 그 결과 이토에게 남은 마지막 정치적 보루인 정우회마저도 그의 뜻대로 통제하지 못하는 최악의 상황을 맞이하게 된다. 정우회가 야당으로서 가쓰라 내각을 공격하지 않는다면 당의 존립기반이 흔들릴 정도로 위태로운 상황이었다.

　이처럼 이토의 애매한 처신으로 정우회가 야당인지 여당인지 색깔이 불분명하게 되자, 헌정본당은 정우회와 제휴를 끊고 독자적으로 가쓰라 내각의 공격에 나섰다. 가쓰라가 지조 증세안을 제출한 후 이를 철회한 사실을 무정견의 극치라고 비판하며 탄핵안을 제출한 것이다. 여기에 자극을 받아 하라 다카시를 비롯한 정우회의 간부들이 적극적으로 정부 공격에 나서면서, 이것을 제지하려는 이토의 반대를 무시하고 강행할 정도로 당내의 동요와 분열은 심각했다.

이러한 사태에 크게 화가 난 가쓰라는 사퇴 의사를 밝히면서 이토 히로부미에 대한 불만을 노골적으로 표명하기에 이른다. 낮에는 야당의 총수로 정부를 공격하며, 밤에는 원로로서 국가시책의 중추에 참여한다는 이토의 이중적인 행태를 지적하고, 이러한 상태로 내각을 운영하기 곤란하다고 주장한 것이다. 즉, 가쓰라는 이토를 박쥐같은 인간으로 여겼다.

러시아와 전쟁이 임박한 상황을 고려해 야마가타는 물론이고 천황마저도 가쓰라의 유임을 원했으므로, 타협책으로서 이토를 추밀원 의장에 임명해 정우회와 관계를 끊도록 하는 방안이 추진된다. 추밀원 의장에 취임하라는 제의가 들어오자, 이토는 이 문제에 관해 일단 정우회의 간부들에게 의향을 타진했다. 하라는 가쓰라와 야마가타가 이토를 추밀원 의장에 추대하려는 속셈을 간파하고 앞장서 이토를 말렸지만 그는 결국 승낙하고 만다.

만약에 추밀원 의장의 취임을 거절하면 가쓰라가 내각을 포기할 것이고, 그러면 가쓰라 내각을 붕괴시킨 장본인으로서 이토가 후계수상이 될 가능성이 매우 높았다. 그러나 이토는 정우회 총재로서 지도력과 위신이 만신창이가 된 상태에서 내각을 맡을 생각이 없었다. 또한 고향 후배에 해당되는 가쓰라가 총리가 되면서 정치권의 세대교체가 이루어진 마당에, 새삼스럽게 다시 총리가 되고 싶지도 않았다. 그래서 그는 정우회 총재의 자리를 사이온지 긴모치에게 넘기고 추밀원으로 떠났다.

이리하여 이토는 표면적으로는 야마가타와 마찬가지로 정계를 은퇴한 것과 비슷한 상황이 되었으나, 은퇴라는 형식을 취하면 여전히 군부와 정관계에 걸쳐 막강한 세력을 가지고 있는 야마가타가 훨씬 유리했다.

애당초 정우회는 자유당의 계보를 계승한 헌정당이 주축이 된 정당이고, 당내에서 이토의 독자적인 세력기반은 매우 약했다. 비록 정우회 간부진에 이토 계열의 관료세력이 제법 있었지만, 강력한 지지기반을 가지고 있거나 뛰어난 지도력을 갖춘 인물이 없었다. 하라 다카시의 경우는 넓게 보면 이토의 계열에 속한다고 할 수 있으나, 이토가 직접 키운 인물이 아니며 맹목적으로 이토에게 충성하지도 않았다. 결국 이토는 헌정당이 집권하기 위해서 추대한 '용병'에 불과한 존재다.

정우회 내부에서 이토가 총재의 자리를 유지하려면 내각을 맡을 수 있는 가능성, 즉 집권가능성을 항상 갖추고 있어야만 한다. 이것이 불가능하다면 이토가 정우회 총재의 자리에 있을 이유가 없으며, 더군다나 번벌의 실력자와 유착해 당의 방침을 멋대로 뒤집는 처신을 한다면 더욱 그러하다.

이토는 정우회 총재로 취임하기 전까지 정당을 지도한 경험이 없었다. 게다가 느닷없이 자신과 정반대의 길을 걸어온 정치집단의 리더가 되려면 탁월한 지도력과 카리스마가 필수적이다. 이런 의미에서 그가 번벌의 지도자가 아닌 정당의 지도자로서 거듭나는 것은 처음부터 무리였을지도 모른다. 천황과 번벌세력을 등에 업고 온실에서 자라난 화초가 들판에서 온갖 고난을 견디며 성장한 잡초와 동일한 생명력을 갖추기는 어려운 법이다.

이토는 영일동맹의 체결과정에서 정치가로서 위상이 급속히 추락했으며, 이제는 정우회마저도 거의 포기상태에 이르렀다. 원로라서 평생 정치에 관여하는 길은 보장되어 있었지만, 그에게 이제 남아 있는 것이라고는 천황의 총애와 왕년의 '대정치가'로서의 후광 정도에 불과했다. 야마가타처럼 일찍부터 유능한 후계자를 발굴해 키우고 정치의 전면에서 물러났다면 편안한 노년을 맞이했을지도 모른다. 이토의 추하게 늙어가는 과정은 안중근에게 살해되면서 절정을 맞이하게 된다.

# 2

## 러일전쟁의 발발

　앞서 말한 것처럼 러시아가 만주에서 철수한다는 약속을 1단계에서 중지하고 오히려 중국에 대해 만주를 타국에 개방하지 말도록 약속하라고 강요하자, 야마가타는 결단의 시기가 다가오고 있다는 것을 느꼈다. 그래서 그는 메이지 36년(1903) 봄에 교토에 있는 자신의 별장인 무린암(無隣庵)에서 이토 히로부미를 비롯한 원로들과 내각수상 가쓰라, 외무장관 고무라 쥬타로를 불러 대책회의를 열었다.

　영일동맹 체결을 계기로 원로로서 이토의 권위는 크게 추락했고, 일본의 외교라인은 야마가타(원로) → 가쓰라(수상) → 고무라(외무장관)의 계통이 정비되었다. 그럼에도 불구하고 원내 제1당인 정우회를 등에 업고 있는 이토를 완전히 무시하기는 불가능했다. 이토를 따돌리면 여기에 앙심을 품은 그의 보복으로 가쓰라 내각이 정치적으로 커다란 곤경에 처할 우려가 있었으며, 러일전쟁에 명확히 찬성하지 않는 대표적 인물인 이토를 전쟁에 찬성하게 만들기 위해서도 참석시킬 필요성은 충분하다고 할 수 있다.

한편, 야마가타의 취미 중 하나로서 별장을 만드는 것을 들 수 있다. 그는 개인적으로 행복하지 못한 인생을 살았다. 어린 시절에는 계모에게 모질게 학대를 받고 자랐으며, 그토록 사랑하던 첫째 부인과 사별하고 자식이라고는 마쓰코(松子)라는 딸이 하나가 있었을 뿐이다. 친어머니를 대신해 그를 키워준 할머니는 야마가타가 기병대를 지휘해 막부군의 공격을 막기 위해서 분투하던 중 의문의 자살을 했다. 그래서 그는 공허함을 달래기 위해 권력에 집착했고 인맥과 파벌을 만드는 데 공을 들인 것이다. 아울러 다른 한편으로는 바둑을 비롯한 다양한 취미생활을 가지고 무료함을 달래기도 했다.

막부 타도 이전에 기병대의 실권을 장악하고 생활에 여유가 생기자 그가 최초로 만든 별장의 이름이 바로 무린암이었다. 교토의 무린암은 죠슈번 시절에 만들었던 무린암을 기초로 확장한 것이다. 그 후 메이지 시대가 열리고 군부의 실력자이자 정계의 거물로서 치부를 통해 모은 재산으로 틈나는 대로 전국 각지에 웅장한 규모의 아름다운 별장을 만드는 데 몰두했다. 그의 신중하고 치밀한 성격을 반영해 직접 별장의 설계를 하고 공사를 감독하는 것은 물론, 별장에 놓는 바위 하나라도 세심하게 배치하는 정성을 들였던 탓에 오늘날에도 평판이 높은 훌륭한 별장을 남겼다.

무린암에서 열린 대책회의의 결론은 무척 간단했다. 러시아가 만주에서 철수하지 않는다면 한반도에서 일본의 우월적 이익을 보장해 줄 것을 요구하고, 이것이 받아들여지지 않는다면 전쟁을 하는 수밖에 없다는 것이다. 수상인 가쓰라는 무린암에서 결정된 사항을 각료회의로 끌고 나가 내각의 정식방침으로 만들었고, 이어서 6월 23일에는 천황과 원로는 물론이고 각료 전원이 참석한 어전회의의 형식으로 최종적인 낙착을 봤다. 그래서 일본이 러시아와 전쟁을 한다는 방침은 특별한 사정이 없는 이상 뒤집을 수 없는 국면에 접어들었다.

언론을 겨냥해 공식석상에서 가쓰라가 전쟁의 명분으로 주장한 요점은, 사태를 방치하면 러시아가 한반도를 장악할 것이고 더 나아가 쓰시마해협의 제해권을 위협받아 국가안보가 위험에 처하게 된다는 것이다. 베트남전쟁 당시 미국이 참전명분으로 내세운 유명한 도미노 이론처럼 현실성이 떨어지는 주장이지만, 일본이 섬나라이므로 해상교통이 차단될 우려가 있다는 주장은 일본인들에게 설득력이 있었다. 다시 말해 가쓰라의 주장에 의하면 러일전쟁은 어디까지나 국토방위를 위한 전쟁이었다.

한편, 러시아는 일본의 제안에 대해 미온적인 반응을 나타내는 것은 물론이고, 한반도의 용암포를 조차하고 만주의 봉천(奉天)을 점령하는 등 노골적으로 일본을 무시하면서도 겉으로는 일본과 건성으로 협상하는 태도를 취했다. 러시아의 거만한 태도가 우유부단한 이토 히로부미조차도 러일전쟁에 찬성하도록 만들었다. 일본 국내의 여론은 청일전쟁 전과 유사하게 대외강경파가 다시 부활하는 조짐이 나타났다. 특히 도쿄제국대학의 교수 7명이 공동성명으로 전쟁을 주장하면서 커다란 반향을 불러일으켰다. 메이지 36년의 가을에 들어서자 일본의 수뇌부는 본격적으로 개전 준비를 추진하기 시작했다.

여기서 가장 주목할 만한 사실은 육군 죠슈벌의 기린아라고 할 수 있는 고다마 겐타로가 메이지 36년(1903) 10월에 참모차장에 임명된 것을 들 수가 있다. 그는 나이로 보나 경력으로 따져 이미 차관급의 보직으로 취급되던 참모차장에 임명되기에는 어색한 위치에 있었다. 가쓰라 내각 발족 당시 육군장관이었고, 그 후 대만총독을 그대로 유지하면서 내무장관과 법무장관도 일시 겸임하는 등 내각의 해결사 역할을 했다.

고다마가 대만 통치에 전념하기 위해서 육군장관을 사임하자 후임자가 된 인물이 바로 '야마가타의 귀염둥이' 데라우치 마사타케였고, 데라우치는 참모차장과 육군차관을 거쳐 순조롭게 육군장관에 등극했다. 이러한 데라우치가 고마다의 후배라는 점을 생각하면 겉보기에는 그야말로 계급 강등에 가까운 좌천인사처럼 보였다. 그러나 실제로는 러일전쟁의 작전계획을 입안하기 위해

참모본부에 들어간 것이다. 그는 감투나 서열에 구애받을 정도로 그릇이 작은 인물이 아니었다.

곤란한 문제가 발생할 때마다 고다마는 야마가타의 부름을 받고, 종횡무진으로 정계와 군부를 넘나들며 해결사 역할을 해왔다. 재능이나 유능함에 있어서 가쓰라에게 결코 뒤지지 않았지만, 소탈한 성격으로 인해 눈에 띄지 않는 존재이기도 했다. 이번에는 러일전쟁을 승리로 이끌 작전을 세우라는 과제를 떠맡고 심혈을 기울여 전쟁준비를 추진했다. 일본의 운명이 고다마에게 달려 있다고 해도 과언이 아닌 상황이었다.

청일전쟁 당시 고다마는 육군차관으로 사실상 육군장관과 대등한 실권을 장악하고 후방지원의 임무를 맡았다. 전쟁의 승리에 나름대로 공헌을 한 것은 사실이지만, 전쟁이 끝난 후에는 최전방에서 전과를 올린 장군들과 동등하게 취급되어 중장에 진급한다. 여기에는 물론 야마가타의 입김이 배후에 있었다. 그의 재능을 생각하면 언젠가 중장으로 진급할 게 확실했으나, 야마가타는 자신의 파벌을 챙기는 데 우선시한 것이다.

이것과 비슷한 사례는 이토 히로부미에게도 있었다. 이토는 자신이 아끼는 사위 스에마쓰 겐쵸를 청일전쟁 당시 대본영에서 근무하도록 조치했다. 스에마쓰가 청일전쟁의 승리에 별다른 공헌을 한 것은 없었으나, 아무튼 이를 계기로 남작의 작위를 받고 귀족의 반열에 올랐다. 남작은 귀족계급의 가장 말단의 작위이지만 군인이 남작의 작위를 받으려면 최소한 장군으로 진급해 실전에서 공적을 올려야 가능하다.

아무튼 이처럼 고다마가 러일전쟁의 지휘를 맡게 된 이유는, 청일전쟁을 승리로 이끈 가와카미 소로쿠가 일찍 사망한 사실이 결정적인 원인이었다. 가와카미는 청일전쟁 후 육군대장과 참모총장으로 승진했고, 삼국간섭을 한 러시아에 대한 적개심에 불타 러일전쟁을 위한 작전계획을 구상하는 등 정력적으로 활동하다 과로로 쓰러져 52세의 나이로 사망했다.

또한 가와카미의 후계자인 참모차장 다무라 이요죠(田村怡与造)도 러일전쟁이 발발하기 불과 4개월 전에 50세의 나이로 돌연히 사망했으므로, 러일전쟁을 지휘할 수뇌부가 없다는 다급한 상황을 감안해 고다마가 참모차장에 기용된 것이다. 설상가상으로 다무라는 비밀이 새어나갈까 우려해 러일전쟁의 계획에 대해 누구에게도 말한 적이 없다. 게다가 그의 상관인 오야마 이와오가 부하에게 모든 것을 일임하는 스타일이기 때문에 다무라가 수립한 작전의 세부사항은 아무도 몰랐다.

결국 러일전쟁의 작전계획은 다무라의 사망으로 전혀 없는 거나 마찬가지의 상태가 된 것이다. 가와카미의 사망 이후 '야마가타의 귀염둥이' 데라우치 마사타케가 참모차장으로 취임해 가와카미의 측근들을 숙청한 후 육군장관에 등극했다. 번벌 출신이 아니며 가와카미와 친분이 두터웠음에도 불구하고, 재능을 인정받은 다무라는 러일전쟁의 작전계획을 입안하기 위해 데라우치의 후임으로 참모차장에 발탁되었다. 이처럼 다무라가 능력을 인정받은 계기는 청일전쟁 당시 제1군의 참모로 출전해 1군 사령관으로 직접 출정한 야마가타의 눈에 들었기 때문이다.

이러한 사정이 있었기 때문에 다무라가 사망한 이후 야마가타는 좋든 싫든 자신의 파벌에 속하는 '에이스' 고다마를 내세워야만 했다. 고다마는 가쓰라나 가와카미처럼 독일에 장기간 유학을 다녀온 경험은 없으나, 초대 육군대학교 교장으로 취임한 것을 계기로 작전과 용병에 관해 눈을 뜨고 일가견을 가진 인물로 인정받았다. 특히 고다마는 교장의 신분임에도 불구하고 청강생의 자격으로 육군대학교의 기초를 다진 멕켈의 강의를 직접 들었다. 게다가 그를 가르친 멕켈로부터 매우 높은 평가를 받았다고 한다.

고다마가 만든 작전계획의 요점은 1단계와 2단계로 나눠 우선 한반도 확보에 성공하면 다음 단계로 만주로 진격하고 러시아군과 대결한다는 것이다. 작전계획은 평범하지만, 고다마는 초강대국 러시아와의 전쟁이라는 점을 간과하지 않았다. 그래서 전쟁 초기 일본의 연전연승으로 재빨리 만주를 확보하고, 전쟁을 조기에 종결시키는 것을 가장 중요하게 생각했다.

사실 당시 일본의 군사력이나 국력으로 보면 러시아와 장기전을 감당할 능력이 없었다. 전체적인 군사력의 면에서는 러시아와 싸운다는 생각을 하는 것 자체가 터무니없는 발상이라고 할 수 있을 정도다.

일본이 동원할 수 있는 주력병력은 제1사단에서 12사단까지의 12개 사단과 근위사단을 합쳐서 13개 사단이고, 이것은 러시아 육군병력 총수의 9%에 지나지 않았다. 러시아는 정규사단만 하더라도 70개 사단을 보유하고 있었다. 또한 해군력에 있어서도 2배 이상의 차이가 있다. 그러나 아시아 지역에 한정한다면 사정이 다르다.

러시아가 동북아시아에 배치한 태평양함대와 주둔 병력은 일본이 격파할 자신을 가져도 좋을 만큼 세력이 그다지 강하지 않았다. 지상군은 철도를 경비하는 병력을 합쳐 대략 11만 명 정도였고, 태평양함대는 주력함을 가지고 따지면 일본과 비슷한 전력을 갖췄지만 여순과 블라디보스토크로 분산되어 있었다.

게다가 동북아시아에 배치된 러시아의 지상군은 시베리아로부터 한반도까지 너무나 광대한 지역에 분산되어 있어 유사시 병력을 집중해 신속히 대응하기 곤란했다. 고다마는 이것에 착안해 러시아가 본격적으로 증원 병력을 보내기 전에 끝장내려 한 것이다.

전쟁 초기 연전연승을 해야만 하는 까닭은 경제적인 문제도 있었다. 일본이나 러시아 모두 자본주의가 충분히 발전하지 않은 국가여서 전쟁을 수행하기 위해서는 해외에서 거액의 외채를 모집해 자금을 조달해야만 했다. 외채를 모집하는 방법은 국제금융시장에서 국채를 판매하는 방법이 일반적이지만, 만약 일본이 전쟁 초기부터 패전한다면 일본의 국채를 사려는 투자가는 아무도 없게 된다.

러일전쟁이 발발하기 전에 일본이 러시아를 이길 것이라고 예측하는 사람은 거의 없었다. 이러한 상황에서 일본이 개별적인 전투에서 단 한 번이라도 패배한다면 공채를 판매하기가 무척 어려워진다. 특히 일본이 섬나라이므로 해전에서 패배하는 것은 절대로 피해야만 하는 상황이었다. 그러나 일본 해군은 러시아의 태평양함대를 격파하고 제해권을 장악한다는 약속을 하지 못했다. 기껏해야 쓰시마해협의 확보를 말하는 정도였다. 그래서 고다마 스스로가 러일전쟁에서 승리할 가능성이 희박하다고 실토할 정도로 상황은 낙관하기 어려웠다.

다음해인 메이지 37년(1904) 1월에 들어서자 러시아 역시 전쟁에 대비한 준비에 들어간다. 시베리아 지역을 비롯한 극동의 지상군에게 동원명령이 내려지고, 시베리아 철도를 군사수송을 위한 목적으로만 사용하도록 하는 조치도 취했다. 그러나 진지하게 전쟁에 대비해 최선을 다하는 모습과는 거리가 멀었다.

러시아 내부에서는 일본이 전쟁준비를 하는 것을 단지 외교적 위협으로 생각하는 의견도 꽤 있었으며, 설사 전쟁이 벌어진다고 해도 결국 러시아가 승리한다는 사실을 의심하는 자는 드물었다. 러시아를 방심하게 만드는 중요한 원인 중 하나는 일본이 외교적으로 단호한 태도를 보이지 않고, 집요하게 한반도에서 일본의 우위를 인정해 달라고 간청하는 저자세를 보인 탓이 크다.

사실 일본은 전쟁을 기정사실화해서 준비를 착착 진행하고 있음에도 불구하고, 여전히 전쟁에 대한 최종적인 결의를 망설이는 분위기가 있었다. 특히 천황은 청일전쟁 때와 마찬가지로 이 전쟁은 짐의 전쟁이 아니라고 말하는 식으로 패전에 대한 불안감을 노골적으로 드러냈다. 승전에 대한 확신이 없었던 탓에 일본 정부 내에서도 불안감이 은근히 떠돌았다. 야마가타는 이러한 사정을 감안해 최종적으로 개전을 확실하게 확인하기 위한 원로회의를 1월 30일에 개최했다. 여기서 누구도 정면으로 전쟁반대를 주장하는 사람은 없었다.

다른 한편, 러시아가 일본에 대해 경직된 태도를 취한 것에는 나름의 복잡한 내부사정이 있었다. 러일전쟁에 반대한 비테(Witte)가 실각했기 때문이다. 앞서 본 것처럼 그는 삼국간섭을 주도한 장본인이며, 시베리아 철도의 건설은 물론이고 극동 경영에 주도권을 가지고 추진했었다. 그러나 그는 러시아의 국력을 결코 과대평가하지 않았고, 일본과 전쟁을 하기보다는 한반도의 남부지역을 양보하고 평화적으로 사태를 해결하자고 원했다. 이것이 러시아 황제 니콜라이 2세의 자존심을 건드렸다.

니콜라이 2세의 측근으로서 황제의 신임이 두터운 베조브라조프(Bezobrazoff)와 프레베(Plehve)는, 일본에게 양보하는 것은 러시아의 이익을 포기하는 매국행위라고 주장하며 황제의 관심을 끌었다. 게다가 러시아 군부 역시 일본과 전쟁을 하면 반드시 승리한다고 장담해 러시아 황제의 오판을 유도한다. 특히 일본주재 러시아대사관의 무관인 바노프스키(Vannovsky) 육군대령은 일본 육군이 유럽에서 가장 군사력이 약한 국가의 군대와 비슷한 수준에 도달하기까지 '1세기'의 시간을 요한다는 터무니없이 낙관적인 보고서를 제출하기도 했다.

니콜라이 2세는 측근들이 일본에 대한 강경론을 부채질하는 데 자극을 받아 대일강경파가 득세하도록 용인했다. 그 결과 수도인 상트페테르부르크에 극동문제위원회라는 조직이 만들어져 러시아 극동정책의 최고정책결정기구가 되었다. 게다가 현지에 극동총독부라는 조직을 만들고 황제의 숙부이자 대일 강경론을 주장하는 알렉세예프(Alekseev)를 임명했다. 러시아 외무부와 재무부는 극동문제에 관해서는 유명무실한 존재로 전락한 것이다. 비테는 이것을 참지 못하고 재무장관을 사임했고, 극동문제는 대일강경파에게 완전히 주도권이 넘어갔다.

이러한 사정이 있었으므로 만주에서 2단계 철병을 이행하지 않은 것은 물론이며, 한반도의 용암포를 점령해 일본을 자극하는 행위를 서슴지 않았다. 게다가 중국에 대해 만주의 어떠한 지역도 다른 국가에게 양도 혹은 매각하는 것을 금지하는 요구를 강제로 승낙시켜 만주의 문호개방을 완전히 무시했다.

하지만 러시아의 대일강경파가 일본을 외교적으로 압박한 이유는 반드시 일본과 전쟁을 하겠다는 의도를 가졌던 탓은 아니었다. 혁명의 조짐을 보이고 있는 불안한 국내정세의 시선을 극동으로 돌리려는 정치적 목적이 다분히 많았다. 만약 일본과 전쟁이 벌어진다 하더라도 승리를 100% 장담하는 러시아 군부의 자신만만한 태도로 인해, 대일강경파는 별다른 불안감도 없이 일본을 거침없이 압박했던 것이다.

일본 정부는 2월 6일 러시아에 대해 국교단절을 통고하고, 그로부터 2일 후인 8일 일본의 연합함대가 여순의 러시아 태평양함대를 기습공격하면서 드디어 본격적으로 전쟁의 막이 올랐다. 선전포고의 2일 전에 기습공격으로 전쟁은 시작되었지만, 제해권을 장악할 자신이 없는 일본 해군의 입장에서는 불가피했다. 만약 여순과 인천에 있는 러시아 군함을 격파하지 못한다면 한반도를 확보하는 것조차도 곤란해지기 때문이다.

한반도에서 추진하던 경부선 철도의 개통을 서두르도록 야마가타가 거듭 독촉했음에도 불구하고, 개전 당시 완전히 개통되지 않아서 병력을 신속하게 이동시키기가 어렵게 되었다. 러일전쟁에서 일본군의 대명제인 속전속결의 방침에 비추어 보면 커다란 문제다. 그러나 예상을 뛰어넘어 일본 해군이 인천에 있던 러시아 군함 2척을 격침 혹은 자침시키고, 여순의 러시아 함대 움직임도 봉쇄했으므로 사정이 180도로 달라졌다.

한반도 남부에 상륙하려던 예정을 급거 변경해 2월 8일 1개 사단이 인천에 상륙한 후 진격하여 한양을 손쉽게 점령했다. 조선은 청일전쟁 당시와 마찬가지로 중립을 선언했지만 철저하게 무시당했다. 게다가 해빙기를 기다려 3월에는 2개 사단이 평양 근처에 상륙하고 한반도에서 러시아군의 세력을 완전히 몰아냈다. 그 후 한반도에 있던 병력을 재편성해 이를 제1군으로 하고, 5월에 들어서자 압록강을 건너 본격적으로 만주공격에 나섰다. 최종목표는 시베리아 철도를 만주의 동청철도와 연결하는 핵심적인 교통의 요충지 하얼빈이었다.

여기에다가 일본 본토에서 제2군이 편성되어 요동반도의 대련 근처에 상륙했다. 해군이 제해권을 장악한 덕분에 이러한 대규모 상륙작전이 가능하게 된 것은 물론이다. 일본군은 파죽지세의 진격을 거듭했고 참모본부 내에는 낙관적인 분위기로 들떴다. 청일전쟁의 재판이 되는 것은 아닌가라는 예측이 조심스럽지만 은밀하게 퍼져나갔다. 그러나 이것은 러시아군의 전통적인 수법을 제대로 파악하지 못했기 때문에 나타난 잘못된 판단이었다.

러시아군은 광대한 영토를 이용해 후퇴를 거듭하면서 증원부대를 모으고 전력을 증강한 다음 결전을 벌이는 특성이 있었다. 이러한 전법으로 과거 러시아를 침공한 나폴레옹을 격파한 사실은 잘 알려져 있다. 그래서 일본군이 속전속결과 조기종전을 계획했음에도 불구하고 양국 사이에 본격적인 대규모 지상전투가 벌어진 것은 전쟁이 시작되고 무려 7개월이 지난 후였다.

후퇴를 거듭하면서 적을 깊숙이 끌어들이므로 적의 병참선이 길게 늘어지게 되고, 결과적으로 보급에 막대한 지장을 받는 것은 물론이며 적군을 지치고 피로하게 만든다. 중요한 점은 주력부대가 적군의 추격에 포착되어 섬멸되는 사태를 피하는 데 있었다. 나폴레옹이 러시아 정복에 실패한 이유가 도망치는 러시아군의 주력부대를 포위해서 섬멸하지 못했기 때문이다. 러시아군은 머나먼 유럽으로부터 증원병력과 물자를 보내야 했으나, 상대적으로 러시아보다 보급과 지원을 위한 거리, 즉 병참선이 짧은 일본 역시 사정이 좋지는 않았다.

대규모 물자와 병력을 상륙시키기 위한 좋은 입지를 가진 항구가 요동반도의 대련밖에는 없었기 때문이다. 게다가 러시아군이 기관차를 가지고 후퇴했던 탓에 일본군은 보급을 위해 러시아가 만주에 부설한 동청철도를 이용할 수 없었다. 그래서 요양을 점령해 기관차를 포획하기 이전까지는 말에 의해 보급을 하거나 사람이 직접 화차를 레일 위에서 밀고 끌어 보급을 했다.

전쟁이 시작되자 러시아는 예상대로 시베리아 철도를 통해 병력과 물자의 수송을 개시했다. 사실 당시 시베리아 철도는 상당 부분이 복선이 아니라 '단선'이었고 전체노선이 완전히 개통한 것도 아니었다. 게다가 단선의 열차운행을 효율적으로 사용하기 위해 필요한 대피소나 신호시설도 터무니없이 부족했다. 그러나 바이칼 호수가 얼어붙어 있다는 점을 이용해 임시로 호수 위에 레일을 부설하고 해빙기가 찾아오기 이전의 25일 동안은 순조롭게 수송을 할 수 있었다. 단선이라는 것은 도로로 따지면 1차선 도로에 해당한다. 그래서 왕복통행에는 막대한 지장이 생기지 않을 수 없었다.

러일전쟁 기간 중 시베리아 철도를 통해 파견된 러시아 병력은 총 129만 명에 이르렀다고 한다. 시베리아 철도가 단선임에도 불구하고 일본군의 예상을 훨씬 뛰어넘는 병력과 물자의 수송이 가능했던 이유는, 러시아 특유의 기상천외한 비상식적인 행동을 했기 때문이다.

정상적으로 단선을 통해 수송을 하려면 열차가 종착역까지 도착한 다음에 부상병 등을 싣고 되돌아와야 한다. 그래서 열차가 되돌아 올 때까지는 수송이 불가능하게 되거나 막대한 지장을 받지 않을 수 없다. 그러나 러시아군은 종착역에 도착한 열차의 객차를 아예 포기해 버렸다. 다시 말해 객차를 한 번 쓰고 버리는 일회용품처럼 취급해 버린 것이다. 객차를 따로 빼돌린 다음 창고나 숙소로 활용했으므로, 출발지점에 객차가 풍부하게 있다면 복선에 뒤지지 않는 수송력을 발휘하는 게 가능했다. 이러한 사실은 일본군이 전혀 예상하지 못한 행동이다.

이때 러시아군이 사용한 객차는 본래 가축운반용으로 만들어진 것이다. 즉, 지붕조차 없는 엉성한 가축운반용의 객차에다 병사들을 짐짝처럼 가득 싣고 운반한 다음 도착지에서 객차까지 버렸다. 러시아 특유의 비인간적인 방식이지만, 효율성을 극대화한 수송방법이다.

러시아군이 중국군과 질적으로 다르다는 사실은 요동반도에 상륙한 제2군이 남산(南山)에서 격돌하자 분명하게 나타나기 시작했다. 러시아군 수비 병력과 불과 2일간 벌인 전투로 막대한 사상자가 나온 것이다. 2군이 최초 사상자 숫자를 대략 3,000명이라고 전보로 본국의 참모본부에 통보하자, 참모본부는 실수로 300명을 3,000명이라고 보고했다고 생각했을 정도였다.

최종적으로 집계된 사상자는 4,300명에 달했다. 이것은 청일전쟁 당시 전투로 사망한 일본군 사망자 총 수와 거의 비슷한 규모다. 믿지 못하는 것이 당연한 일인지도 몰랐다. 게다가 남산을 점령하기까지 소모한 포탄이 청일전쟁에서 일본군이 소비한 전체 물량과 맞먹을 정도로 엄청난 양이어서 참모본부를 어리둥절하게 만들었다.

전통적으로 러시아군은 공격보다는 방어에 탁월한 소질을 나타내는 특징이 있다. 크림전쟁 당시의 세바스토폴 요새 공략전이나 2차 세계대전 때 레닌그라드 포위전, 스탈린그라드 전투에서 증명된 것처럼, 완강하고 끈질긴 저항으로 공격하는 쪽이 오히려 지치게 만들었다. 남산 전투에서 일본군이 막대한 손해를 입은 이유는 러시아군이 기관총을 적절하게 활용했기 때문이다.

이 전투에서 러시아군이 보유한 기관총은 불과 10정에 불과했으나 철조망을 비롯한 보병의 접근을 막는 장해물을 만든 것은 물론, 견고한 진지 안에서 사전에 치밀하게 계획한 대로 화망을 만들어 사격을 가했다. 게다가 일본군의 지휘관이 이러한 사실에도 불구하고 러시아군 진지 정면으로 단조로운 돌격을 거듭했던 탓에 막대한 희생을 지불하는 결과가 나온 것이다. 당시 일본에서는 기관총을 기관포라고 부르며 주로 본토의 해안방어용으로 활용했다. 그래서 막상 야전부대에게 기관총을 지급해도 활용할 방법을 잘 몰랐고, 공격용무기가 아니라 방어용무기로 인식하는 게 일반적이었다.

일본군에서 전쟁 초기부터 기관총을 적극적으로 활용한 부대는, 화력을 중시하는 해병대와 화력이 빈약한 것에 고민하는 기병부대에 지나지 않았다. 웃기는 사실이지만 남산 전투 당시 일본군이 보유한 기관총이 러시아군보다 더 많았다.

메이지 초기 핸들을 돌려 발사하는 수동식 기관총인 개틀링 기관총이 기관총의 대명사였다. 그러나 그 후 기술의 발전으로 수냉식 맥심(Maxim) 자동기관총이 탄생하였고, 1890년대부터는 세계 각국에 널리 보급되기 시작한다. 이 기관총은 자동식이어서 버튼만 누르면 분당 600발이라는 속도를 자랑했다. 당시로서는 상상을 초월하는 경이적인 발사속도이며, 또한 수냉식이므로 총신의 냉각을 위한 물과 탄약만 충분히 있으면 하루 종일 쉬지 않고 쏴도 상관이 없었다.

맥심 기관총 앞으로 총검을 부착한 소총을 들고 정면 돌격하는 것은 자살행위나 마찬가지다. 일본군도 청일전쟁에서 활용한 경험으로 기관총의 위력 자체는 잘 알고 있었다. 특히 동학농민군은 우금치 전투에서 일본군의 기관총에 처절한 대가를 치렀다. 그러나 문제는 무게가 매우 무겁다는 점이다. 오늘날의 기관총과는 달리 보통 무게가 50킬로그램에 육박했기 때문에, 사람이 운반하기는 곤란하고 따로 운송수단을 마련해 대포처럼 끌고 다녀야만 했다. 그래서 신속하게 최전선에 투입해 공격용으로 사용하기는 불편하다. 이와는 반대로 방어하는 입장에 있는 러시아군은 기관총을 최대한 유효하게 사용하는 게 가능했다.

맥심 기관총의 도입은 러시아보다 오히려 일본이 빨랐다. 그러나 수냉식이라서 반드시 물을 휴대해야만 한다는 것과 무게가 무거운 점을 고려해, 프랑스제의 호치키스 기관총을 널리 도입했다. 호치키스 기관총은 공냉식으로 무게가 상대적으로 가볍고 총의 위력이 맥심보다는 강하다는 장점을 가졌다. 그러나 탄띠를 이용해 총탄을 공급하는 게 아니라 오늘날의 탄창과 유사한 방식인 클립을 사용하므로 연속사격에는 적합하지 않은 면도 있었다. 일본은 나중에 호치키스 기관총을 국산화해 제2차 세계대전에서 패전할 때까지 표준 중기관총으로 채용했다.

남산 전투에서 그 후 이정표가 될 만한 징후가 몇 가지 나타났다. 러시아군은 병력이나 화력에서 일본군보다 별로 뒤지지 않았음에도 불구하고, 방어선이 돌파당하고 퇴로가 차단될 우려가 있으면 미련 없이 후퇴했다. 퇴로가 차단되고 포위당하는 데 지나칠 정도로 예민한 반응을 보이는 점이 러시아군의 가장 중요한 특징이었다. 이것은 전술적으로 패배라기보다는 작전상 후퇴를 의미하는 것이지만, 군사지식이 부족한 일반인들의 시각에서는 적에게 거점을 빼앗기는 패배로 보기 마련이다.

또한 빈약한 병참과 포격지원을 무시한 일본군의 무모한 돌격으로 발생한 불필요한 사상자의 속출도 역시 두드러진 특징 중의 하나다. 일본군은 즉각 화력지원을 받을 수 없는 상황이라고 판단되면, 차분하게 화력지원을 기다리기보다는 몸으로 때우는 돌격전법을 주저 없이 실행에 옮기는 경우가 많았다. 이것이 방어하는 러시아군을 심리적으로 압박하는 효과는 있었을지 몰라도, 청일전쟁 당시 중국군처럼 겁에 질려 도망치게 만드는 효과는 없었다. 오히려 '기관총의 밥'이 되어 대량으로 인명손실이 나오는 결과만 야기했다.

# 3

◐

# 여순 공방전

러일전쟁 최대의 격전지가 된 여순 공략전은 7월 말부터 시작되었다. 청일전쟁 당시 일본군이 불과 하루 만에 점령한 여순은 러시아가 조차하면서 완전히 요새로 변모했다. 앞서 말한 것처럼 일본 함대가 2월 8일에 여순을 기습 공격했지만 커다란 성과를 올리지는 못했다. 기가 막히게도 여순의 러시아 함대는 기습을 받을 당시 항구 밖에 정박한 채로 파티를 하던 중이었고, 기습공격에도 불구하고 파티를 중단하지도 않았다. 이미 일본이 국교단절을 통고하고 긴장이 극도로 높아진 점을 생각하면 너무나 안이한 태도라고 하지 않을 수 없었다.

여순 주변에 방어용의 거포가 배치되어 있었으므로, 러시아 함대를 공격하기 위해서 항구에 접근하는 것은 너무나 위험했다. 그래서 일본 해군은 부득이하게 야음을 틈타 어뢰정으로 어뢰공격을 가하고 전함과 순양함 등에 명중시켰다. 그러나 당시의 어뢰는 위력이 부족한 탓도 있고, 일본의 어뢰정들이 방어용 거포를 의식해 소극적으로 행동한 덕분에 격침시키지는 못했다. 그럼에도 불구하고 대외적으로는 대단한 전과를 올린 것처럼 선전되었다. 외채의 모집을 의식했기 때문이다.

러시아 함대가 스스로 여순 밖으로 나오지 않는 이상, 일본 함대가 할 수 있는 일은 거의 없다고 해도 과언이 아니다. 그래서 육군이 나섰다. 본래 전쟁이 나면 궂은일은 보병이 맡아서하기 마련이다. 해군이 피해를 감수하고 공격하면 여순의 러시아 함대를 전멸시킬 수도 있었다. 그렇지만 러시아가 자랑하는 유명한 발트함대가 극동으로 파견될 게 거의 확실한 상황이기 때문에, 일본 해군은 옥체를 보존해야만 하는 귀하신 몸이다.

해군은 육군과는 달리 일단 함정이 격침당하면 피해를 신속하게 만회하기가 어렵다는 사정이 있었다. 더군다나 당시 일본은 최신예 군함의 제조능력도 없었고, 함정의 승무원들을 새롭게 선발해 훈련시키는 일도 상당한 시간이 걸린다. 결론적으로 불필요하게 단 한 척의 함정도 잃어서는 안 된다는 것이 일본 해군의 입장이었다.

사실 여순 주변이 험준한 지형을 갖춘 것은 아니다. 기껏해야 200미터 전후의 낮은 구릉이 연달아 펼쳐져 여순을 감싸고 있는 데 불과했다. 그러나 러시아군은 거듭되는 진지공사를 통해서 콘크리트 엄폐물과 철조망, 기관총, 대포를 갖춘 철벽요새로 만들었다. 그리고 이러한 사실을 일본 측은 정확하게 몰랐다. 또한 콘크리트로 만들어진 요새를 공격해 본 경험도 없었다.

당초 참모본부는 여순을 공략하는 게 어렵지 않을 것이라고 생각했고, 실질적인 참모총장에 해당하는 고다마는 만주에서 러시아군의 주력을 섬멸하는 문제에만 관심을 기울였다. 그래서 여순은 해군에 맡기면 된다는 정도로 가볍게 취급했다. 5월에 들어서서 여순 공격을 위한 제3군이 편성된 것도 여순을 완전히 점령하기 위한 의도와는 약간 거리가 있었다.

고다마는 여순을 수비하는 러시아군이 뛰쳐나와 만주에서 작전 중인 일본

군 주력의 배후를 공격하는 사태를 우려
해 3군을 파견한 데 지나지 않았다. 그
래서 3군이 여순의 러시아군을 격파하
면 좋지만, 그것이 어려우면 단지 포위
해 러시아군의 움직임을 봉쇄하고 3군
의 주력은 만주로 돌리려고 한 것이 애
당초 계획이다.

노기 마레스케

　3군의 사령관에 임명된 인물은 육군
죠슈벌의 중진 노기 마레스케(乃木希典)
였다. 그에게 여순은 낯선 곳이 아니다.
청일전쟁 당시 제1사단 소속 여단장으로 여순 공략을 위한 예비부대 지휘관에
임명된 바 있었다. 그러나 예상외로 쉽게 여순을 점령한 결과 실제로는 공격
에 참가하지 못했었다. 그러나 이번에는 여순 공략을 위한 총사령관의 자격을
가지고 여순으로 향했다. 이처럼 그가 3군의 사령관으로 임명된 배후에는 야
마가타의 입김이 있었다는 것은 물론이다. 노기는 야마가타 파벌의 직계에 해
당하는 인물이라고 보기는 어려우나 야마가타와 개인적인 친분이 매우 두터
웠다.

　노기에게는 3개 사단을 기간으로 하는 보병부대와 아울러 특별포병부대가
추가로 배치되었다. 문제는 당시 일본군이 보유한 대포로는 여순의 콘크리트
요새를 쉽게 관통하는 게 불가능했다는 사실이다. 콘크리트 요새라고는 하
지만 오늘날의 콘크리트 구조물처럼 철근으로 보강한 튼튼한 구조는 아니다. 그
러나 당초 예상으로는 280밀리 포탄에는 견디지 못할 것이라고 생각한 콘크리
트 요새가, 같은 곳에 두 번 이상 연달아 명중하지 않는 이상 280밀리 포탄의
포격에도 꿋꿋하게 견뎠다.

　일본군의 주력 대포는 150밀리 포탄을 사용했고, 280밀리 유탄포는 해안방

어용으로 배치한 것을 특별히 빼내 노기의 3군에게 지급했다. 즉, 280밀리 유탄포는 본래 군함을 격침시키기 위해 만든 대포. 이처럼 엄청난 위력의 포탄에 견디는 콘크리트 요새가 존재한다는 사실은 그 누구도 예상하지 못했다. 아울러 이때 사용한 150밀리나 280밀리 거포는 참호나 요새를 공중에서 낙하해 타격하는 곡사화기였다. 오늘날의 대포로 따지면 곡사포보다는 박격포에 가까웠다. 그래서 적절한 포병관측으로 유도하면 상당히 정확한 포격이 가능했다.

요새 공략전에서 대포가 위력을 발휘하지 못한다면 남은 방법으로는 보병의 돌격밖에는 없었고, 그러면 막대한 피해가 발생하는 건 불가피했다. 결론적으로 여순 공략전에서 일본군이 막대한 피해를 입은 것을 오직 노기의 잘못으로만 비난하기는 어렵다. 오히려 여순의 러시아군 요새를 사전에 치밀하게 조사해서 준비하지 못한 참모본부의 고다마가 비난받아야 옳다.

그럼에도 불구하고 노기는 무능한 장군으로 낙인찍혀 장병들의 희생에 대한 모든 책임을 뒤집어썼다. 승승장구하며 만주로 진격하던 1군이나 2군과 비교하면 일본 국민들에게 3군의 입장이 더욱 초라하게 보이는 것은 당연했다. 노기가 보유한 대포를 충분히 활용하지 못하고 무모한 돌격만을 일삼았다면 비난을 받아도 할 말은 없었다. 그러나 그는 보병에게 돌격을 명령하기 전에 포탄이 바닥나 더 이상 포격을 못할 정도로 맹렬한 포격지원을 퍼부었다.

3군의 참모장에 임명된 육군소장 이지치 고스케(伊地知幸介)는 독일 등 유럽에서 포술을 배우고 돌아왔고 이 분야에 일가견을 가진 인물이다. 그는 청일전쟁을 주도한 가와카미로부터 재능을 인정받았으며, 청일전쟁 전년에 가와카미를 수행해 중국 시찰단에 참가하기도 했었다.

포술에 일가견을 가진 인물답게 이지치는 보병이 돌격하기 전 충실하게 준비포격을 하도록 지시한 것은 물론이다. 그렇기 때문에 포격이 별다른 효과를 거두지 못한 것을 전적으로 이지치의 책임으로 돌리기에는 무리가 있었다. 그러나 여순 공략전에서 입은 막대한 피해에 대한 희생양으로 나중에 전출되는 비운을 겪고 만다.

제1차 총공격은 8월 18일에 실시되었지만, 단번에 여순을 점령하리라는 본국의 기대와는 다르게 막대한 피해만 내고 후퇴할 수밖에 없었다. 그토록 맹렬한 포격을 받았음에도 불구하고, 멀쩡하게 건재한 러시아군의 요새로부터 돌격하는 일본군을 향해 대포와 기관총이 불을 뿜었으므로 곳곳에서 일본군의 시체가 무더기로 쌓였다.

맹렬한 집중포격이 효과를 거두지 못했던 이유는 일본군이 사용한 포탄이 보병을 살상하기 위한 유산탄(榴散彈)이 대부분이었기 때문이다. 유산탄은 공중이나 지표면 근처에서 폭발하며 파편을 뿌려 살상력을 극대화하도록 고안된 것이다. 그래서 평지에서 싸우는 통상적인 야전의 경우에 유산탄은 노출된 보병에게 막대한 타격을 줄 수 있으나, 참호나 요새에 엄폐한 보병에게는 별다른 효과가 없다. 여순 전투가 요새 공략전이 될 것이라는 상황을 미리 예측하지 못한 일본 육군이 보유한 포탄의 대부분은 유산탄이었다. 일본군은 헛되이 막대한 포탄만 낭비했다.

요새공략의 해법을 찾지 못하던 3군은 지극히 고전적인 수법으로서 예전부터 널리 사용되어 왔던, 참호를 파 요새의 바로 앞까지 전진하고는 밑바닥에 폭약을 설치해 날려버린다는 전법으로 방향을 바꿨다. 이 방법은 시간이 많이 걸린다는 단점이 있으나, 아무튼 거대한 요새의 주변에 자리 잡고 있는 작은 보루들을 격파하는 데 효과를 발휘했다.

러시아군은 대구경 대포를 갖춘 규모가 큰 요새를 중요한 방어거점에 만들고, 그 주변에는 보병의 접근을 막기 위해 소구경의 대포와 기관총을 중심으로 하는 작은 보루들을 배치해서 치밀한 방어망을 구성했다. 게다가 이러한 요새 주변에 참호와 교통호를 거미줄처럼 엮어서 방어력을 더욱 강화했다. 보병이 주된 요새로 돌격하려면 이러한 작은 보루들을 제거하는 것이 필수적인 작업이다. 그래서 제2차 총공격을 위한 분위기는 무르익었다.

이 무렵 본국에서 히든카드로 애타게 고대하던 280밀리 유탄포가 도착했으므로, 서둘러 설치준비를 진행하고 10월 25일까지는 18문의 배치를 완료했다. 다음날인 26일부터 맹렬한 포격이 시작되었고 노기는 제2차 총공격을 명령했다. 이번에는 피해를 줄이기 위해 포병 엄호 아래 신중하게 전진해 요새를 폭파하는 전법을 구사했다. 그러나 무려 50시간이 넘는 끊임없는 집중포격에도 불구하고 여순의 요새들은 의연하게 버텼다. 일본군은 포탄이 바닥나 공격을 중지하지 않을 수 없었다.

280밀리 유탄포는 확실히 위력이 막강했고 러시아군에게 상당한 타격을 입혔지만, 여순에는 일본군의 예상을 훨씬 뛰어넘는 수비 병력이 있었으므로 큰 도움이 되지는 못했다. 당초 참모본부는 여순을 지키는 러시아군이 1만 명 정도라고 추정했다. 그러나 사실은 4만 이상이 주둔하고 있었다. 제2차 총공격으로 러시아군의 사상자는 4,000명을 넘어섰지만, 아직도 방어를 위한 병력은 충분했다.


이러한 와중에 드디어 발트함대가 발트해의 군항 크론슈타트(Cronstadt)를 출발해 아시아로 향한다는 뉴스가 전해졌다. 해군의 초조감은 극도로 높아졌고 강도 높게 육군을 비난하기 시작했다. 발트함대가 도착하기 이전 여순에 있는 러시아 함대를 섬멸하지 못한다면, 발트함대가 여순에 입항할 것이고, 결국 러시아 해군의 전력이 크게 강화된다. 발트함대조차도 이긴다는 보장이 없는 상황에서 이것만은 한사코 피해야 하는 사태다.

1852년에 프티아틴이 일본을 개국시키기 위해 크론슈타트를 출항해 나가사키로 향했다. 그로부터 불과 50년 정도 시간이 흐른 시점에서 일본과 한판 승부를 벌이기 위해 러시아의 주력 함대가 같은 항구를 출발한 것이다. 1852년 당시 일본에는 증기선은 물론이고 변변한 범선 한 척 없는 상황이었으나, 이제는 발트함대가 승리를 장담할 수 없을 정도의 해군력을 가지고 있었다. 격세지감을 느끼게 하는 대목이다.

어느덧 여순은 군사적인 측면뿐만 아니라 정치적인 차원에서도 중대한 의미를 가지게 되었다. 러시아의 국민들에게 여순은 승전에 대한 희망의 등불과 같은 존재로 떠올랐고, 발트함대가 도착할 때까지 버티기만 한다면 전세를 단숨에 역전시킬 수 있다는 믿음을 안겨다 주었다. 유럽의 언론들도 여순을 극동의 세바스토폴이라고 부르며 지대한 관심을 나타냈다. 만약 일본군이 여순을 함락시킨다면 러시아의 전쟁수행 의지를 꺾는 것은 물론, 전쟁의 중대한 전환점이 될 거라는 사실이 누구의 눈에도 분명하게 보였다.

해군은 203고지에 주목하고 이곳의 공략을 3군에게 요구한다는, 육군의 작전에 대한 간섭에까지 나섰다. 그 정도로 해군의 심정은 절박했다. 203고지는 표고가 203미터이어서 붙은 명칭인데 여순을 둘러싼 구릉지 중에서는 가장 높았다. 그래서 유일하게 여순의 시가지가 완전히 내려다보이고, 이곳을 점령하면 여순의 시가지를 향해 포병의 포격을 유도하는 게 가능했다.

결국 203고지를 일본군이 점령하면 러시아 함대는 일본군의 포격을 고스란히 받든지, 아니면 항구 밖으로 나와 대피해야만 하는 궁지에 몰린다. 일단 항구 밖으로 나오면 하이에나처럼 어슬렁거리며 여순 주변을 배회하던 우세한 일본 함대의 밥이 되는 것은 물론이다.

웃기는 사실은 이미 여순의 러시아 함대는 전투능력이 크게 저하되어 일본 해군의 적수가 되지 못하는 상황에 있었다는 점이다. 노기가 제1차 총공격 준비를 할 무렵 상황을 우려한 러시아 황제가 여순의 러시아 함대를 보다 안전한 블라디보스토크로 옮기라고 명령했다. 일본 해군의 요청을 받아들인 노기가 여순 시가지의 대부분을 관측할 수 있는 대고산(大孤山)을 점령했고, 이를 발판으로 중포를 동원해 러시아 함정을 포격했기 때문이다. 그러나 빈약한 일본군의 포격이 러시아 함정에 실제로 준 피해는 그다지 크지 않음에도 불구하고, 현지의 상황을 정확하게 모르는 러시아 황제가 과민반응을 한 것이다.

항구 밖에 진을 치고 기다리는 일본 해군을 피해 무사히 블라디보스토크까지 가기는 매우 어려웠다. 그러나 황제의 직접명령이므로 일단은 항구 밖으로 나오지 않을 수 없었다. 애당초 태평양함대를 블라디보스토크가 아니라 여순에 배치한 게 러시아 해군의 치명적인 실수였다. 만약 블라디보스토크에 배치한다면 그 항구가 부동항이 아니어서 겨울에 작전을 할 수 없다는 점과 여순이 함대방어에 유리하다는 측면을 고려한 것이지만, 전력상 우위에 있는 일본 해군이 선제공격을 하고 여순을 봉쇄한다면 항구 밖으로 나오기 어렵게 된다는 사실이 뻔했다. 결국 꼼짝없이 발이 묶여 별다른 역할도 못하는 애물단지로 전락하게 된다.

이러한 바보 같은 결정을 내린 것은 러시아 황제의 숙부에 해당하는 극동총독 알렉세예프였다. 그는 군사적 지식이나 경험이 거의 없으면서도 극동에 주둔하는 러시아 해군의 지휘권을 가지고 있었다. 다른 사람도 아닌 황제의 숙부이므로 러시아 해군 수뇌부는 그의 어리석은 결정에 제동을 걸지 못했다. 그럼에도 불구하고 알렉세예프는 여순과 운명을 함께 하지 않고, 일본군이 3군을 배치해 본격적으로 공격을 시작하기 전에 뻔뻔스럽게 여순을 탈출했다.

러일전쟁을 통해 러시아 해군의 함정이 그나마 어느 정도의 역할을 한 것은 개전 당시 블라디보스토크에 주둔하고 있던 3척의 순양함이 유일하다. 이 3척의 함정은 쓰시마해협과 대한해협에서 치고 빠지는 전술로 일본 수송선에 상당한 타격을 입히며 괴롭혔다. 그러나 여순에 신경을 집중한 일본 해군은 이것을 견제할 능력이 없었다. 만약 러시아 태평양함대의 주력이 개전 당시 여순이 아니라 블라디보스토크에 주둔했더라면 전쟁의 양상이 바뀌었을 가능성도 컸다. 적어도 극동의 러시아 해군이 있으나 마나한 존재로 전락하지는 않았을 것이다.

상황이 답답하게 돌아가자 러시아 해군성은 회심의 카드로 마카로프(Makarov)를 신임 태평양사령관으로 임명해 5월에 여순으로 보내고 전세의 만회를 기도했다. 그는 유능한 제독으로 정평이 나있고, 논문과 책의 저술 등을 통해 일본 해군에도 널리 알려진 인물이었다. 그러나 그가 탑승해서 지휘한 태평양함대의 기함 페트로파블로프스크(Petropavlovsk)가 어처구니없이 일본 해군이 부설한 기뢰에 접촉해 격침당하는 불상사가 일어난 결과, 변변한 지휘관마저도 없는 최악의 상황에 빠졌다.

마카로프는 기뢰부설과 일본 해군의 주특기 중 하나인 어뢰정에 의한 어뢰 공격에 일가견을 가진 것으로 국제적인 명성을 얻었다. 게다가 평민 출신으로 제독이 되었기 때문에 장병들의 신뢰와 인기는 거의 절대적이었다. 또한 전문적으로 기뢰를 부설하기 위한 군함을 개발한 장본인이며 쇄빙선의 제작에 깊이 관여하기도 했다. 러시아 해군의 에이스라고 해도 과언이 아닌 인물이다. 그는 봉쇄당해 사기가 바닥에 떨어진 해군장병들을 북돋우기 위해 공세적 태도를 취했지만, 불행하게도 이를 역이용한 일본 해군의 유인전술에 말려들어 황급히 여순으로 철수하다가 타고 있던 군함과 함께 비명횡사한 것이다.

아무튼 부득이하게 황제의 명령에 따라 여순을 빠져나온 태평양함대의 주력 함정들은 운이 좋았으면 블라디보스토크로 무사히 도망칠 수도 있었다. 일본 해군의 발견과 대응이 늦었기 때문이다. 그러나 전함 중 한 척이 무리하게 출항한 탓에 문제를 일으키며 속도가 떨어져 일본 해군의 추격을 허용하고 만다. 이윽고 포격전이 시작되었지만 러시아 함대의 기함 함교에 정통으로 명중한 포탄에 전사한 마카로프를 대신해 지휘를 맡은 사령관대리 비트게프트(Witgeft)를 비롯한 태평양함대의 수뇌부가 한순간에 전멸했다.

그 결과 태평양함대는 통제가 불가능한 지리멸렬의 상태에 빠지고, 블라디보스토크로 탈출에 성공한 것은 순양함 1척에 불과했다. 뿔뿔이 흩어진 나머지 함정의 대부분은 다시 여순으로 돌아가거나 독일의 조차지인 청도(靑島)에서 무장해제 당했다. 여순으로 되돌아간 함정들도 전투능력을 크게 손상당한 것은 물론이다.

이러한 사정으로 일본 해군이 군이 여순의 봉쇄작전에 모든 해군력을 투입할 필요는 없었지만, 사실을 정확히 알지 못하고 하루속히 태평양함대를 확실하게 전멸시키기 위해서 203고지에 집착했다. 다른 한편, 육군도 이러한 사실을 알았다면 군이 여순을 점령하려고 하지 않고 포위만 해둔 상태로 주력병력을 만주로 빼돌렸을 가능성이 높았다. 물론 오늘날이라면 정찰위성이 찍은 사진판독으로 간단하게 판명되었을 문제다.

그 이전 일본 해군은 여순항을 봉쇄해 아예 군함이 출입할 수 없게 만들려는 시도도 했었다. 노후 선박을 항구 입구에서 침몰시켜 버리면 여순의 러시아 해군은 무용지물이 되고 만다. 여순이라는 항구는 방어에는 유리하지만 대형 군함이 출입하기에 좋은 여건을 갖춘 곳은 아니다. 즉, 조수가 만조가 될 때만 지극히 제한된 지점을 통과해 대형선이 출입할 수 있다는 약점이 있었다.

이 점에 착안한 작전이 바로 항구봉쇄작전이었다. 러시아 함대가 항구에 틀어박혀 밖으로 나오지 않는 이상 이 방법이 가장 좋은 해결책이라는 것은 물론이다. 그러나 야간투시장비나 GPS가 없던 당시로서는 어두운 한밤중에 여순 주변에 배치된 해안포대의 맹렬한 포격을 뒤집어쓰면서 원하는 지점에 정확히 배를 침몰시키기는 매우 어려웠다. 결국 봉쇄작전은 성공하지 못했다. 그래서 일본 해군은 꼼짝없이 여순에 발이 묶인 상태가 계속된 것이다.


한편, 노기가 203고지에 관심을 기울이지 않은 것은 아니다. 특히 이 고지에는 별다른 방어시설이 없었다. 도처에 그토록 많이 건설한 그 흔한 보루조차 203고지에는 존재하지 않았다. 그럼에도 불구하고 3군이 203고지에 공격을 집중하지 않은 것은 러시아군이 방어에 자신이 있어서 일부러 203고지를 무주공산으로 만들었다고 생각했기 때문이다.

사실 러시아군은 203고지 주변에는 강력한 요새와 보루들을 잔뜩 만들어 놨다. 그러나 시간이 없어 203고지에 방어시설을 만들지 못했지 일부러 그런 것은 아니었다. 다시 말해 203고지는 러시아군 방어선의 아킬레스건이고, 러시아 측도 이것을 잘 알고 있었다. 그래서 9월 19일에 최초로 일본군이 본격적으로 203고지를 공격하자, 대병력을 파견해 필사적으로 방어하는 태도를 보여 일본군을 놀라게 했다.

203고지를 집중 공략하라는 해군의 요청이 들어왔음에도 불구하고, 노기는 좀처럼 적극적으로 움직이려 하지 않았다. 왜냐하면 노기에게 주어진 임무는 러시아 함대의 전멸이 아니라 여순의 함락이기 때문이다. 여순을 함락하기 위해서는 아무런 방어시설도 없는 203고지가 아니라 방어거점인 강력한 요새들을 공략하는 게 정석이라고 할 수 있다. 융통성이 부족한 노기에게는 상황에 맞춰 발 빠르게 대처하는 능력이 부족했다.

이러한 노기의 태도에 속을 태우던 해군은 육군참모본부에 직접 203고지의 공격을 건의하는 행동에 나섰다. 당시 참모총장은 야마가타 아리토모였다. 그러나 야마가타가 참모총장이 된 것은 참모본부의 수뇌부가 직접 만주로 건너갔기 때문이며, 그에게는 군사작전을 지휘할 실권이 없었다. 고다마는 러시아군을 격파하기 위해 직접 참모본부의 핵심 인물들을 거느리고 만주로 갈 결심을 했고, 참모총장이었던 오야마 이와오의 동의를 얻었다. 이러한 경위로 만들어진 만주군 총사령부라는 조직이 사실상 참모본부였다.

만주군 총사령관은 오야마이고, 총참모장은 고다마 겐타로였으므로 한눈에 봐도 참모본부의 구성멤버가 그대로 임명된 것임을 알 수가 있다. 본래 야마가타는 만주군 총사령관이 되기를 간절히 원했으나, 청일전쟁 당시 1군사령관으로 제멋대로 난동을 부린 후유증을 극복하지 못하고 '집지키는 개'의 신세가 되고 말았다.

정치군인으로 야마가타는 육군의 쇼군이라 할 정도의 권위가 있었으나, 야전군인으로서는 결코 존경받는 존재가 아니었다. 따라서 해군이 본국 참모본부에 203고지 공격을 건의해봤자 아무런 도움이 되지 못했고, 만주군 총사령관 오야마는 육군의 군사작전에 시시콜콜히 간섭하는 해군의 태도에 거부감을 강하게 드러냈다.

급기야 애간장이 달아오를 대로 달아오른 해군의 우두머리 야마모토 곤베의 정치공작으로 11월 14일에 어전회의를 열고, 천황이 직접 203고지의 공격을 제안하도록 시도했다. 물론 육군의 자존심과 반발을 고려해 203고지를 공격하라는 강압적인 명령이 아니라, 다시 한 번 생각해 보라는 식의 부드러운 어투를 사용했다. 그러나 만주군 총사령부나 3군의 입장은 203고지 점령이 여순 함락의 키포인트가 아니라는 점에서 생각이 일치했으므로, 모처럼 천황이 나섰지만 해결의 실마리는 잡히지 않았다. 자칫하면 여순 공략을 둘러싸고 육군과 해군이 서로 반목하며 싸운다는 내부분열을 일으킬 우려마저도 강했다.

재미있는 사실은 메이지 천황이 청일전쟁 당시와는 다르게 매우 얌전한 태도를 취했다는 점이다. 연전연승하며 파죽지세로 진격하던 청일전쟁과 달리, 상황을 낙관하기 어려운 강대국 러시아를 상대로 벌인 전쟁이어서 그러했을 것으로 추측된다. 천황은 승전보고가 들어와도 별다른 감정의 변화를 보이지 않고 담담한 표정으로 일관했다고 한다. 청일전쟁 당시처럼 군가를 열심히 만들거나 참전한 군인을 소환해 직접 천황에게 무용담을 보고하게 하는 등의 적극적인 태도는 나타내지 않았다.

아무튼 해군이 필사적으로 나선 덕분에 만주군 총사령부로부터 3군에게 여순 공격을 서두르라는 독촉이 오게 된다. 본래 여순 공략 초기부터 해군은 여순을 빨리 점령하라고 독촉해왔지만, 발트함대가 아시아를 향해 항진해오자 이제는 거의 히스테리에 가까운 반응마저 보일 정도였다. 11월 26일 드디어 제3차 총공격이 개시되었다.

이번 공격에는 3,000명 규모의 대규모 결사대가 편성된 점이 특색으로, 3군에 배속된 4개 사단으로부터 자원자나 용감한 자를 차출해 만든 회심의 카드였다. 그러나 결과는 4,000명이 넘는 막대한 사상자만 발생했을 뿐이고 아무런 효과도 거두지 못했다.

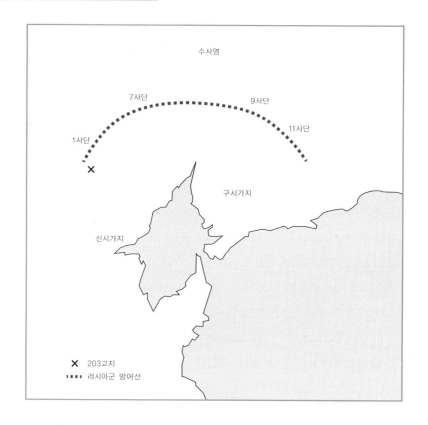

결사대마저도 효과가 없자 심경의 변화를 일으킨 노기는 중대한 작전의 변경을 명령한다. 즉, 11월 27일에 203고지를 향해 공격을 집중하라는 명령을 내린 것이다. 작전의 변경을 위해서는 만주군 총사령부의 승인이 있어야 하지만 독단으로 실행에 옮겼다. 맹렬한 집중포격을 퍼부은 후 1사단에게 고지를 점령하라는 명령이 떨어졌다.

러시아군과 고지를 빼앗고 다시 탈환하는 격렬한 공방전이 밤새 거듭되었지만, 러시아 측이 대규모 증원부대를 이 고지에 파견했기 때문에 일본군은 수세에 몰렸다. 여기에 굴하지 않고 노기는 예비부대인 7사단을 투입하는 과감한 결정을 내렸다. 멋대로 귀중한 예비부대마저도 투입하자, 화가 난 고다마가 직접 나서 여순으로 출장을 가기로 결심한다. 여차하면 노기의 지휘권을 박탈하고 그가 직접 3군을 지휘할 속셈이었다.

12월 1일에 고다마가 여순에 도착할 때까지도 203고지에서는 처절한 공방전이 거듭되고 결말은 나지 않았다. 러시아군의 역습이 집요하고도 끈질기게 반복되었으므로 일단은 숨을 가다듬을 필요가 있었다. 고다마는 3군에 대한 지휘권을 명확하게 인수한 것은 아니나, 사실상 참모총장으로서 누구의 눈치도 볼 필요 없이 필요한 조치를 취했다. 육군의 쇼군이라 할 수 있는 야마가타마저도 러일전쟁 지휘에 관해서는 고다마의 눈치를 봐야 할 정도였다.

12월 5일에 전열을 가다듬은 일본군이 다시 공격하기 시작했다. 하루 종일 처절한 쟁탈전을 벌인 끝에 저녁 무렵 203고지를 탈환하는 데 성공하고야 만다. 러시아군이 더 이상의 역습을 가하지 않았으므로 203고지의 마지막 주인은 일본군 7사단이 되었다. 마침내 일본 해군의 숙원이 풀린 것이다.

203고지의 점령은 고다마의 지휘가 훌륭했기 때문이라기보다는, 극심한 소모전에 러시아군이 견디지 못했던 것이 더욱 중요한 원인이다. 물론 최후 단계에 도착해 기합을 넣고 일본군의 전열을 재정비한 고다마의 공로도 어느 정도 있는 게 사실이다. 7사단은 203고지를 점령하기 위해 전체 부대원의 60% 정도에 해당하는 사상자를 냈다. 사단을 여단으로 재편성해야 할 지경으로 만신창이가 된 셈이다.

203고지를 빼앗기는 바람에 여순항구 안에 있던 러시아 함대는 전멸당하는 운명에 놓였다. 이미 상당수 군함이 집요한 일본군 포격으로 타격을 받았지만, 포병관측반의 정확한 포격유도로부터 숨을 곳은 없었다. 러시아 함대가 전멸한 것은 실제로는 일본군의 포격에 의해서가 아니라 절체절명의 궁지에 몰려 스스로 군함을 폭파한 탓이다. 아무튼 203고지를 점령한 덕분에 여순을 봉쇄하는 작전에 매달려 아무것도 못하던 해군은, 본국으로 돌아가 함정의 수리와 정비를 한 후 발트함대를 맞이할 준비를 할 수 있게 되었다.

일본 해군은 숨을 돌리는 것이 가능했으나 3군은 아직도 나머지 요새를 공략해야 한다는 숙제에서 벗어나지 못했다. 역시 노기와 만주군총사령부의 주장대로 203고지의 점령과 여순의 점령은 일치하는 문제가 아니었다. 그러나 203고지의 점령 직후 일본군에게 행운의 여신이 찾아왔다. 12월 8일에 부하들을 격려하기 위해 방문한 러시아군 요새수비사령관 콘드라첸코(Kondrachenko) 소장이 요새의 천장을 뚫고 들어온 280밀리 유탄포 파편에 맞아 전사했기 때문이다.

종횡무진 최전방 진지를 누비고 다니며 병사들을 다독거리던 유능한 지휘관을 잃은 러시아군의 사기가 급속히 저하되기 시작했고, 일본군은 기회를 놓치지 않기 위해 공격에 박차를 가했다. 콘드라첸코는 방어전의 귀재로 일본군에게 막대한 피해를 준 남산의 러시아군 진지를 만든 장본인이며, 남산의 전투를 교훈으로 여순의 러시아군 요새를 콘크리트로 더욱 완벽하게 강화하도록 만들었다. 그래서 그가 비명횡사한 것은 러시아 수비병 1만 명의 전사보다도 더 커다란 손실이라고 할 수 있다.

아무튼 포격이 별다른 효과가 없다는 건 이미 증명된 사실이므로, 일본군은 공병이 땅을 파고 접근해 요새 밑바닥에 수천 톤의 폭약을 장치한 후, 단번에 요새를 날려버리는 방법을 애용했다. 이러한 수법은 참호전의 양상을 나타낸 나중의 제1차 세계대전에서도 널리 사용되었다. 일본군이 요새를 통째로 날려버리며 야금야금 다가오자, 여순의 러시아군 최고상급자인 스텟셀(Stoessel) 중장은 다음해인 메이지 38년(1905) 1월 1일에 항복을 결심한다. 203고지를 점령당하고 불과 1개월도 버티지 못한 것이다.

러시아군은 아직도 방어하기에 충분한 병력과 수십일 분량의 식량이 남아 있었고, 이제 겨우 최전선에 있던 방어선이 돌파당했을 뿐이다. 그러나 스텟셀은 여순의 러시아 함대가 전멸한 이상 끝까지 버텨야 할 이유가 없다고 생각했다. 게다가 실질적으로 여순의 수비를 담당하던 콘드라첸코가 전사한 사실이 심리적으로 커다란 부담이 되었을 것이다.

어차피 여순이 일본군에게 함락당하는 건 시간의 문제에 지나지 않았다. 그러나 여순이 가지고 있는 군사적인 중요성뿐만 아니라 정치적인 중요성을 생각했을 때는, 끝까지 버티는 게 옳은 처신이라는 것은 긴말이 필요하지 않다. 그래서 전쟁이 끝난 후 그는 일본군에게 항복했다는 이유로 재판에 회부되어 사형을 언도받았다가 10년형으로 감형된 다음에 특사로 풀려났다.

반년 정도 지속된 여순 공략전에서 일본군의 전사자는 1만 5천 명, 부상자는 4만 3천 명에 이르렀다. 청일전쟁에서 일본군 전체 사망자가 2만 명 정도라는 사실을 생각하면 엄청난 희생이다. 여순의 러시아군이 항복했다는 소식은 일본 국내를 열광시켰으나, 노기에 대한 비난과 야유가 수그러들지는 않았다. 그러나 지금까지 본 것처럼 노기는 유능한 장군은 아니지만 무능한 인물이라고도 할 수는 없었다. 그는 자신에게 주어진 모든 방법을 활용해 요새 공략에 나섰다.

만약 3군이 콘크리트요새를 쉽게 관통할 수 있는 강력한 대포를 보유했더라면 사정은 달라졌을 것이다. 발트함대가 도착하기 전까지 점령해야 한다는 시간적 제한에 쫓기면서, 또한 믿을만한 대포도 없는 상태에서 견고한 요새를 공략하는 것은 막대한 희생이 불가피하다. 어쨌든 노기는 주어진 임무를 달성했다. 제2차 세계대전 당시 만슈타인이 이끄는 독일군이 견고한 세바스토폴 요새를 별다른 희생 없이 점령하는 게 가능했던 이유는, 열차포를 비롯한 무시무시한 위력의 중포와 정밀폭격이 가능한 공군력을 가지고 있었기 때문이다. 노기는 이러한 행운을 누리지 못했다.

물론 노기에게 아무런 잘못이 없었다고 말하기 곤란한 것도 사실이다. 특히 제1차 총공격 당시, 포병의 집중포격이 러시아군 요새에 얼마나 타격을 주었는가를 세밀히 조사하지 않고 안이하게 보병의 돌격을 명령한 것은 커다란 실수였다. 아울러 203고지가 전쟁의 향방을 바꾸는 키포인트라는 점을 간파하지 못한 사실도 비난받아야 마땅하다.

러일전쟁이 끝난 후 노기를 날카롭게 비판한 근원지는 다름 아닌 육군대학교다. 이론에만 밝은 육군대학교 출신의 고급장교들이나 교관들은 세세한 실수까지 들추어내며 모든 책임을 노기에게 전가했다. 그러나 당시 상황으로는 누가 3군을 지휘했다 하더라도 막대한 희생을 내는 것은 불가피했다. 또한 제2차 세계대전이 끝난 후 일본의 유명한 역사소설가 시바 료타로(司馬遼太郎)가 여순 전투를 지휘한 노기를 정면으로 비판하는 책을 출간해 그를 일본 역사상 가장 무능한 장군으로 만들어 버렸다.

시바 료타로는 전후 일본의 3대 소설가 중 하나로 꼽을 만큼 인지도와 영향력을 가졌다. 도사번 출신의 낭인에 불과하던 사카모토 료마를 위대한 영웅으로 만들어낸 사람도 시바 료타로다. 이러한 그가 앞장서 비판했으므로 오늘날까지 후유증을 남기지 않을 수 없었다. 그 이후 노기가 과연 그 정도로 무능한 인물인가 아닌가를 놓고 일본에서는 팽팽한 논쟁이 계속되고 있는 상황이다.

흥미로운 점은 노기가 연대장 시절에 러일전쟁을 총지휘한 고다마를 상대로 연병장에서 부대를 지휘해 여러 번 모의전투를 한 경험이 있다는 사실이다. 그러나 단 한 번도 고다마를 이기지 못했다는 일화가 남아있다.

한편, 여순 공략전을 계기로 이 전투를 상징하는 말로 '육탄(肉彈)'이라는 단어가 대중들에게 널리 어필했다. 그리고 203고지는 '승부의 분수령' 또는 반드시 점령 혹은 성취해야 하는 것을 의미하는 표현으로서 오늘날에도 일본인의 뇌리에 남아있다. 임진왜란 당시 행주산성에서 왜군과 벌어진 처절한 공방전을 계기로 '행주치마'라는 단어가 오늘날 한국에 남아있는 것과 비슷한 이치다.

# 4

## 만주의 지상전투

여순에서 처절한 공방전이 벌어지고 있던 당시 만주에서도 역시 러시아군과 일본군 주력 사이에 대규모 전투가 개시되고 있었다. 여순의 3군이 1차 총공격을 할 무렵 요양에서 결전이 벌어졌다. 만주로 진출한 일본군의 주력은 1군과 2군과 4군, 여기에 독립기병여단으로 2개 여단이라는 구성이었다. 1군의 사령관은 구로키 다메모토(黑木爲楨), 2군은 오쿠 야스카타(奧保鞏), 4군은 노즈 미치쓰라(野津道貫)였다.

이들 사령관 전부가 야마가타에게 도전할 만한 야심을 가지지 않은 육군의 중진들이다. 특히 주력부대인 2군사령관

노즈 미치쓰라

오쿠는 죠슈번의 앙숙인 오쿠라(小倉)번 출신으로, 서남전쟁 당시 구마모토성의 포위를 탈출해 식량이 떨어져가는 상황을 알리고 정부군에게 지원을 요청한 것으로 유명해진 인물이었다. 또한 4군사령관 노즈 미치쓰라는 육군 사쓰마 출신을 대표하는 맹장으로 서남전쟁에 여단장으로 참가하고 청일전쟁 당시 1군 소속의 5사단을 지휘했으며, 난동을 부린 야마가타가 본국으로 소환당하자 후임자로 1군을 맡았다.

1군사령관인 구로키 다메모토 역시 사쓰마 출신으로서 사쓰마벌의 우두머리로 이미 사망한 구로다 기요타카의 사위이므로, 겉으로 보기에 만주군 총사령관 오야마 이와오를 비롯해 육군도 사쓰마 출신이 러일전쟁의 주역인 것처럼 보였다. 일본 육군의 특징이라고 할 수 있는 표면에는 사쓰마 출신이 나서고, 배후에서 죠슈 출신이 실권을 장악한다는 구도는 러일전쟁에서도 그대로 유지되었다.


일본군이 만주군 총사령부 직속으로 기병여단을 2개나 편성한 것은 러시아군이 보유한 강력한 중기병(드라군)을 의식한 것이다. 그러나 중기병을 만들능력이 없었던 사정으로 경기병이었다. 비록 경기병이기 때문에 강력한 돌파력이나 공격력은 없었지만 정찰이나 수색, 패잔병 소탕 등에서 활약하며 기대이상의 전과를 올린다. 일본군은 1군이 오른쪽으로 전진하고, 4군이 중앙으로, 2군이 좌측으로 전진하는 진용을 취했다.

러일전쟁 초기 1군은 한반도를 확보한 후 압록강을 건너 만주로 진격했고, 2군은 요동반도에 상륙해 북상했으므로, 1군과 2군 사이에는 수백 킬로미터의 간격이 있었다. 시간이 지나면서 수십 킬로미터로 좁혀지긴 했지만 여전히 간격은 컸다. 고다마는 이 간격을 방어하기 위해서 단지 1개 사단만을 배치했다. 이 약점을 러시아군이 과감하게 찔렀다면 일본군은 전선이 분단당하고 각개격파당할 위험성이 있었다. 그러나 러시아군은 병력 부족을 이유로 그저 후퇴만 거듭하며 전쟁 초기의 주도권을 포기했다.

전쟁 초기 러시아 육군이 적극적으로 행동하지 못하게 만든 중요한 원인은 제해권을 확보하지 못했기 때문이다. 극동에 주둔한 러시아 함대가 여순에 발이 묶여 사실상 없는 것이나 마찬가지의 상황이므로, 일본군은 마음만 먹으면 어느 지역에서라도 상륙작전을 펼칠 수가 있었다. 일본군이 양동작전을 펼치며 대담하게 블라디보스토크로 상륙작전을 펼치지 않는다고 장담할 사람은 아무도 없었다.

러시아 육군이 수비하고 신경을 써야 할 지역은 너무나 광대했다. 결국 특정지역 수비에 집착하거나 진격하는 일본군을 적극적으로 요격하려고 시도하다가는, 가뜩이나 열세인 병력이 분산되어 각개격파당하는 상황에 빠지고 만다. 그래서 일본군과 적당히 교전하다가 후퇴하면서 병력을 집결시키고, 본국으로부터 병력의 증강을 기다리는 가장 안전하고 합리적인 방법을 택한 것이다.

일본군이 만주에 진입하고 나서 최초의 본격적인 지상전인 요양 전투가 있기 전까지 별다른 전투는 없었으며, 다만 기차역을 중심으로 소규모 전투가 되풀이 된 것에 지나지 않았다. 일본군은 전쟁 초기 예상 밖으로 손쉽게 제해권을 장악한 덕분에 공격의 주도권을 잡고 다양한 작전을 구사할 수 있었다. 그러나 고다마는 무리수를 두지 않고 지극히 정석적인 방법으로 진격해 나갔다.

한반도와 요동반도를 장악해서 보급로를 안전하게 확보한 후, 주력부대를 집결시키며 동청철도 노선을 따라 요양(遼陽) → 봉천(奉天) → 장춘(長春)을 거쳐 하얼빈에 도달한다는 것이다. 가장 중요한 포인트는 러시아군이 본국으로부터 병력을 증강받기 전에 주력부대를 신속하게 격파한다는 점이다.

요양의 전투는 8월 28일부터 9월 4일까지 벌어졌으나, 일본군과 러시아군은 거의 비슷한 규모의 사상자인 2만 명 정도를 냈다. 그러나 러시아군 병력이 일본군보다 거의 10만 명 정도나 많았다는 사실을 생각하면 일본군이 상당히 손해를 봤다고 할 수 있었다. 러시아군은 필사적으로 요양을 방어하려는 생각이 없었고 뺀질거리며 계속 북쪽으로 후퇴를 거듭했다.

러시아군 특유의 한 번 싸우고 퇴각하는 전법을 구사한 것이다. 고다마는 요양에서 러시아군 주력을 포위해 섬멸하지 못했기 때문에 초조감이 높아졌다.

10월에 들어서자 사하(沙河)에서 두 번째 대규모 전투가 벌어진다. 사하는 요양과 봉천의 중간 정도에 해당하는 지점이다. 선제공격을 감행한 러시아군의 공격방향은 일본군의 모든 전선에 걸친 대규모였지만, 공격의 주된 방향은 일본군의 오른쪽 측면에 집중되었다.

일단 어느 방향이든 일본군의 진지를 돌파하는 데 성공하면 우회기동으로 포위하는 작전을 수립했다. 여기에 대해 고다마는 러시아군 공격을 막아내고 역습에 나선다는 작전을 세웠으나 실제로 그럴 능력은 없었다. 이번에는 공격하는 입장에 있었던 러시아군이 일본군보다 3배나 많은 사상자를 냈다. 그러나 일본군의 전투능력은 이미 한계에 도달하고 있었다. 포탄의 부족은 물론이고 병력 손실을 보충하기도 매우 어려웠다.

포탄은 여순 공략을 담당하는 3군에게 최우선으로 배분되고 있었다. 병력 충당에 있어서는 급거 4개 사단을 새롭게 편성하는 한편, 예비역을 대대적으로 소집하기 시작했으나, 살인적인 병력소모를 감당하기는 역부족인 상황이다. 러시아군은 일본군에 의해 완전히 포위된 여순에 대한 병력이나 물자 보충을 신경 쓰지 않아도 되었다. 그러나 일본군은 여순에 있는 노기의 3군이 군수자원을 빨아들이는 블랙홀과 같은 존재였다.

만약 러시아군이 이러한 사실을 눈치 채고 과감하게 역습을 가했다면 사하의 일본군은 후퇴해야만 하는 상황이다. 그러나 계절은 어느덧 겨울에 접어들고 있었고, 러시아군이 시베리아철도를 통해 대규모 병력증원을 받을 때까지는 공격하지 않을 작정이었으므로 일본군은 간신히 한숨을 돌릴 수 있었다.

웃기는 사실이지만 러시아군은 일본군의 물적·인적자원이 고갈 직전이라는 상황을 전혀 눈치 채지 못했다. 사람은 자신의 입장과 기준으로 다른 사람을 평가하기 마련이다. 러시아군의 기준으로는 10만 명을 동원한다면, 적어도 그것의 몇 배 이상을 예비 병력으로서 동원가능하다는 게 상식이다. 그러나 일본군은 본토를 수비할 능력조차 없을 정도로 가지고 있는 모든 인적자원을 만주에 쏟아 부었다. 이것은 러시아인의 사고방식으로는 이해할 수 없는 모험적인 행동이었다.

또한 요양에서 최초의 결전을 할 당시 일본군은 집중포격을 불과 하루도 할 수 없을 정도로 포탄이 바닥이 난 상태에서 전투를 개시했다. 여순 공략을 담당한 3군이 포탄을 엄청나게 소모한 탓이라는 점은 말할 것도 없다. 러시아군이 그냥 느긋하게 공격에 버티기만 해도 일본군은 제풀에 물러나야 하는 상황이었다. 그러나 구로키의 1군이 과감하게 도하작전을 실시해 강을 건너 방어선이 무너질 조짐이 보이자, 절대적인 위기에 처한 상황이 아님에도 불구하고 퇴로차단을 염려해 후퇴를 결정한다. 러시아군의 사고방식으로는 포탄 재고량이 밑바닥인 상태에서 총공격을 하는 것은 상상할 수도 없는 모험행위였다.

일본은 민간의 공장까지 동원해 포탄생산에 총력을 기울였으나, 만주에서 본격적인 전투가 벌어질 무렵 이미 재고가 바닥났다. 부족한 물량을 보충하기 위해 영국의 암스트롱사를 비롯한 외국의 무기회사에 주문을 하지 않을 수 없었으며, 러일전쟁 기간 중 일본군이 사용한 포탄의 거의 절반가량을 외국에서 조달해야만 했다.

총탄의 부족도 심각해서 실탄이 바닥나 돌을 집어 던졌다는 기록도 남아있을 정도다. 흥미로운 사실은 일본군이 러일전쟁 기간 내내 사용한 포탄의 총 소비량이 제1차 세계대전 당시 서부전선에서 단 한차례의 대규모 전투에 사용한 포탄의 소비량 정도에 불과했다는 점이다. 여기서 일본과 서구열강 사이의 국력과 공업생산력의 차이를 알 수가 있다.

다음해 1월 말에 들어서자 러시아군이 기습공격을 시도했다. 여순이 함락되어 자유롭게 된 노기의 3군이 북상해 합류하기 전에 일본군에게 타격을 줄 필요가 있었기 때문이다. 그러나 일본군의 경기병 여단이 활발한 정찰활동을 통해 이것을 탐지했고, 기습공격의 의도가 발각되고 일본군이 맹렬히 저항하자 별다른 의욕을 보이지 않고 철수했다.

일본군의 기병여단은 유명한 코사크 기병을 주축으로 구성된 러시아군의 기병대보다 객관적인 전력에서 압도적 열세였다. 그럼에도 불구하고 12개 사단 규모로 감행된 러시아군의 기습공격을 불과 8개 연대의 병력으로 필사적으로 방어해 지원군이 도착할 때까지 버티며 러시아군의 공세를 좌절시켰다. 러시아군은 일본군 경기병 여단이 방어하는 지역이 허술할 것으로 생각하고 이곳에 공세를 집중했지만, 일본군의 기병부대가 예상외로 선전하며 완강히 저항하자 물러나지 않을 수 없었다. 만약 이때 일본군의 방어선이 뚫렸다면 주력부대가 포위당했을 가능성이 컸다.

앞서 말한 것처럼 일본군의 기병여단은 전략예비대로서 만주군 총사령부 직속이었다. 그러나 실제로는 만주군 주력부대인 오쿠 야스카타의 제2군에 소속되어 싸웠다. 약체라고 평가받던 일본군 기병부대가 예상외로 선전한 배경에는 지휘관 아키야마 요시후루(秋山好古)의 공이 크다. 그는 전쟁이 발발하기 전부터 막강한 코사크 중기병의 상대가 되지 못한다는 점을 잘 알고 있었다. 그래서 경기병 개념에 충실하게 수색과 정찰, 적의 후방교란 등의 임무에만 한정해 사용했다.

만약 본격적인 전투에 휘말려 들면 말에서 내려 진지를 구축하고, 기관총이나 야포의 화력지원을 받으며 싸운다는 방침을 채택했다. 즉, 일본군 기병은 말을 타고 있을 때는 허약한 경기병에 지나지 않았으나, 말에서 내리면 강력한 화력을 갖춘 보병부대로 변신할 수 있었다.

여기에 비해 러시아군이 보유한 코사크 기병은 가지고 있는 실력을 거의 발휘하지 못했다. 그것은 무능한 러시아군 지휘부의 잘못된 처신 덕분이다.

러시아군 지휘부는 장거리 기동력을 갖춘 코사크 기병을 활용해 종횡무진 활약하는 일본군 경기병을 강력하게 견제하려고도 하지 않았으며, 후방을 교란하고 일본군의 보급과 통신을 차단하는 조치도 거의 취하지 않았다.

또한 러시아군 지휘부가 코사크 기병을 소홀하게 대접했던 탓으로, 막상 코사크 기병에게 후방교란의 임무를 부여해도 소극적으로 행동하도록 만들었다. 당시 코사크 기병은 편제상으로는 러시아군 소속이지만, 진정한 실체는 용병이자 외인부대에 가까웠다. 왜냐하면 슬라브 민족이 아니기 때문이다.

이러한 이유로 필요한 무기나 탄약, 군복 등을 국가로부터 받는 게 아니고 스스로 조달해야만 했다. 그럼에도 불구하고 급료를 넉넉하게 지급받지 못해서 코사크 기병들이 강한 불만을 가지게 했으며, 공격명령에 소극적으로 행동하게 만든 원인을 제공한 것이다.

코사크 기병이 타고 다니던 말은 장거리를 계속 달려도 쉽게 지치지 않는 우수한 종자였다. 만약 코사크 기병이 일본군 후방에 깊숙이 침투한 후에 치고 빠지는 전술을 구사하면서 적극적으로 일본군의 배후를 교란했다면, 일본군은 엄청난 피해를 입고 괴롭힘을 당했을 가능성이 크다.

일본군 경기병에게 코사크 기병을 견제할 능력이 거의 없었기 때문에, 상당한 규모의 보병부대를 보급선 방어를 위해 빼돌리지 않을 수 없는 상황이다. 그러나 코사크 기병은 사실상 개점휴업 상태였고, 이와는 정반대로 허약한 일본군 경기병이 적극적으로 러시아군 배후를 교란하는 전법을 펼쳐 러시아군 수뇌부를 당황하게 만드는 웃기는 상황이 벌어졌다.

러시아군 최고 지휘관 쿠로파트킨(Kuropatkin)은 러일전쟁 이전 전쟁장관이나 시종무관으로 근무한 경력이 있었으며, 일본군을 매우 과소평가했다. 일본과 전쟁을 위해 유럽에 주둔한 러시아군을 차출할 필요가 없다고 주장했을 정도다. 그는 풍부한 실전경험을 가진 군부의 실력자로서 러시아 내부에 만연한 일본 멸시의 풍조를 조장한 장본인 중 하나다. 또한 러시아군으로 하여금 만주를 점령하도록 주도했으나, 막상 전쟁의 분위기가 고조되자 만주로부터 철수할 것을 주장하는 모순된 행동을 했다.

실제로 전쟁이 일어나면 승리를 장담하기 어렵다고 생각했기 때문이다. 그 후 러일전쟁이 시작되고 일본군이 예상외로 선전하자, 이번에는 일본군을 필요 이상으로 과대평가하는 실수를 저질렀다. 그는 매우 교과서적이고 러시아군의 전통에 입각한 지휘를 했다. 즉, 일본군보다 화력과 병력에서 압도적 우위에 서지 않으면 결전을 하지 않는다는 방침을 일관되게 고수한 것이다.

이러한 방침 덕분에 주력부대를 커다란 손상을 입지 않고 보존할 수 있었으나, 계속 후퇴를 거듭하면서 사방에서 비난을 받는 것은 물론 러시아 국내 정세를 불안정하게 만들었다. 사실 러시아 입장에서는 국토방위전쟁이 아니므로 물량의 우위에 과도하게 집착할 필요는 없었고, 손해를 감수하고 단 한 번이라도 일본군에게 타격을 줄 필요가 있었다. 그러나 쿠로파트킨은 답답할 정도로 소극적인 방침으로 일관했다.

재미있는 사실은 전쟁이 일어나기 전 일본 해군이 고다마에 대해 제해권 확보를 약속하지 못한 데 비해서, 러시아 해군은 제해권을 장악한다고 쿠로파토킨에게 자신만만하게 장담했다는 점이다. 이러한 자신감의 근거는 여순의 러시아 함대가 총톤수에서 일본 해군의 절반에 불과했으나, 전함의 비중이 매우 높았기 때문이다.

쿠로파토킨은 러시아 해군의 호언장담을 믿지 않았지만, 적어도 서해의 제해권을 장악할 거라고 예상했다. 그래서 일본군이 중국대륙에 직접 상륙작전을 펼치기는 어려울 것으로 가정하고, 한반도에 상륙해 진격하는 일본군을 방어에 유리한 압록강 부근에서 저지한 후, 시베리아 철도를 통해 병력을 증강해 일본군을 격파한다는 게 애초의 구상이었다.

노기의 3군이 합류한 것을 계기로 만주군의 병력은 일약 23만으로 팽창했다. 병력의 증원을 받은 러시아군 역시 30만 명으로 몸집이 불어났지만 병력 격차는 제법 줄어들었다. 고다마는 3군의 합류에 만족하지 않고 흔히 '압록강군'이라고 부르는 한반도 수비 병력을 뽑아내 5군을 편성했다. 엄밀히 말해 사쓰마 출신의 가와무라 카게아키(川村景明)가 지휘하는 압록강군은 고다마가 지휘할 수 있는 입장에 있지 않았다. 이 부대는 장래 한반도를 북상해 블라디보스토크 방면의 러시아군을 소탕할 목적으로 만들어진 것이며, 소속은 엄연하게 한반도에 주둔하는 일본군에 속해 있었기 때문이다. 그래서 5군이라는 호칭은 적당하지 않지만, 사실상 만주군의 지휘를 받았기 때문에 흔히 5군이라고 칭하는 것이다.

2월 말에 접어들자 봉천에서 결전이 벌어졌다. 이것은 고다마의 승부수였다. 이번 전투에서도 러시아군에게 괴멸적인 타격을 주지 못한다면 일본군은 한계를 넘어서기 직전의 상태이므로 수세에 몰리게 된다. 러시아군의 동원능력은 아직 한계치에 도달한 것과는 거리가 멀었지만, 일본은 동원능력뿐만 아니라 국력 자체가 한계치에 이르렀다.

일본군은 탄약 부족으로 가마솥을 녹여야 하는 지경에 있었고, 전쟁자금도 바닥나 있는 상태였다. 또한 계절이 봄으로 바뀌고 있어서 얼음이 녹기 전에 승부를 내야 한다는 시간적 제약도 고려하지 않으면 안 되었다. 얼음이 녹으면 길이 진흙탕으로 바뀌므로 공격하는 입장에서는 괴롭게 된다.

봉천은 오늘날 심양(瀋陽)이라고 하며 만주 중심에 위치한 도시로서 청나라에게 있어서 매우 의미가 있는 존재다. 청나라가 중국을 통일하고 북경으로 수도를 옮기기 전까지 의연하게 수도로서의 역할을 했었고, 그 이후도 만주족에게는 마음의 고향이나 마찬가지였다. 이러한 상징적인 의미도 있어서 반드시 점령할 필요가 있었다. 또한 병자호란 이후 소현세자와 봉림대군이 인질로 잡혀가 살았던 도시이기도 하며, 특히 효종에 즉위한 봉림대군의 뒤를 이은 현종이 이 도시에서 출생했다. 본래는 성곽도시였으나 의화단의 난을 계기로 러시아가 사실상 점령한 이후 근대 도시로 탈바꿈하기 시작했으며, 특히 도시의 왼쪽으로 동청철도가 지나가는 점이 중요한 포인트였다. 즉, 러시아군은 전투가 불리한 상황으로 전개되면 철도를 이용해 손쉽게 퇴각할 수 있다는 장점이 있었다. 이와는 정반대로 일본군이 봉천의 러시아군을 포위해 섬멸하려면, 봉천의 후방으로 멀리 우회한 후 이 철도를 차단해 퇴로를 끊는 게 필수적이다. 러시아군은 봉천 외곽지역에 거듭되는 방어공사를 통해 견고한 진지를 구축해 놓았다. 요양 전투 이후 쿠로파트킨은 봉천을 방어거점으로 만들기 위해 상당한 정성을 쏟았다. 그래서 일본군이 정면공격을 하게 되면 상당한 피해를 입게 되는 것은 불가피한 상황이었다.

고심 끝에 고다마는 양동작전을 구사했다. 봉천의 왼쪽으로는 노기의 3군이 우회해 공격하고, 산악지형인 오른쪽으로는 가와무라의 5군이 러시아군을 견제하면서 공격의 포문을 연 것이다. 공격의 핵심은 물론 3군이다. 3군이 동청철도를 차단하는 데 성공하기만 한다면 러시아군을 포위해 섬멸하는 것도 가능하기 때문이다.

가와무라가 지휘하는 5군은 2개 사단으로 구성되었지만 그 중 하나는 예비역을 소집해 구성한 부대다. 그래서 날카로운 공격력을 선보이기는 어려웠다. 그러나 쿠로파트킨이 5군을 노기의 3군으로 착각해 성급하게 예비부대를 5군의 공격방향으로 투입하면서, 초기 상황은 일본군에게 유리하게 돌아가기 시작했다. 쿠로파트킨은 여순 공략에 성공한 노기의 3군을 과대평가하고 두려워했다.

공격을 지휘하는 고다마의 진정한 의도가 러시아군을 포위해 섬멸하는 것에 있느냐, 아니면 주력부대를 격파하는 데 중점을 두었는가는 논란의 여지가 있다. 왜냐하면 3군을 우회시켜 포위하려는 시도를 하면서도 견고한 러시아군 진지에 대한 정면공격도 아울러 감행했기 때문이다.

아무튼 전투 초기는 쿠로파토킨의 착각도 있어서 일본군에게 유리한 상황으로 전개되었다. 그러나 일본군의 입체적인 공격과 러시아군의 후퇴로 전선이 대폭적으로 축소되었고, 그 결과 남아도는 병력이 생긴 러시아군은 새로운 예비부대를 만드는 게 가능해졌다. 이렇게 만들어진 예비부대를 쿠로파트킨 자신이 직접 지휘해 노기의 3군을 저지하는 데 나섰다.

노기의 3군은 러시아군 방어선을 돌파하는 데 성공했지만 대담한 우회기동을 성공시키기는 역부족이었다. 포위당할 위험성을 간파한 사령관이 직접 예비부대를 이끌고 요격에 나선 러시아군과는 정반대로, 만성적인 병력 부족에 시달리는 일본군은 공격력이 둔화하기 시작한 노기의 3군을 지원해 줄 능력이 없었다. 게다가 날씨 또한 러시아군을 도왔다. 3군이 진격하는 정면방향으로 바람이 거세게 불면서 시야 확보조차 어려운 상황에 빠진 것이다.

이러한 상황을 고려하지 않고 무리하게 진격하다가 오히려 러시아군의 강력한 역습으로 위기에 빠지는 지경이었다. 결국 그럭저럭 퇴각을 위한 생명선인 철도 확보에 성공한 쿠로파트킨은 3월 9일 미련 없이 전군의 퇴각명령을 내린다. 기진맥진한데다가 최악의 기상조건이 겹쳐 일본군은 러시아군이 질서 정연하게 후퇴하는 모습을 눈앞에서 뻔히 보면서도 퇴각을 저지할 여력이 없었다. 그 결과 일본군 공세를 저지하다가 후퇴시기를 놓친 러시아병사들을 포로로 잡는 정도에 불과했다.

다음날인 3월 10일에 봉천은 무혈입성한 일본군의 수중에 떨어졌고, 이날을 일본 육군의 기념일로 지정할 정도로 의미를 부여했다. 그러나 러시아군은 주력부대가 멀쩡히 건재한 것은 물론이며, 시베리아철도를 통해 계속 증원을 받고 있었다. 봉천 전투에서 일본군은 5만 명이 넘는 사상자를 냈으며, 이것은 회복하기 어려울 정도의 인명손실이었다. 이제 현역병의 인적자원은 거의 고갈되었다.

러시아군도 포로로 잡힌 인원을 포함하면 거의 10만 명 정도의 인명손실이 발생했다. 그러나 병력증강이 완료된다면 언제라도 다시 봉천을 탈환하기 위한 태세를 갖추고 있었다. 결국 봉천 전투는 겉으로 보기에는 일본군의 승리로 끝났지만, 전쟁의 최종적인 승리와는 한참 동떨어진 것이다. 전략적으로는 러시아군을 포위해 섬멸하지 못한 일본군의 패배였다. 일본군은 아직 최종목표인 하얼빈 근처는 고사하고 이제 겨우 절반 정도의 지점인 봉천에 도달하는 데 불과했지만 탈진 직전의 상태다.

일본은 러일전쟁 중 징병령을 개정하고 황급히 병력의 부족을 보충하기 위해 조치를 취했다. 병역의무를 부담하는 연령을 32세에서 37세로 연장하고 임시소집제도를 신설하는 등 피나는 노력을 기울였지만 현역에 충당할만한 우수한 자원은 턱없이 모자랐다. 게다가 장교의 부족은 더욱 심각한 문제로서, 속성교육을 통해 보충하거나 부사관을 승진시켜 충당했던 탓에 심각한 질적 저하는 막을 수 없었다.

한편, 쿠로파트킨은 봉천에서 퇴각한 것을 패배라 생각하지 않았지만, 러시아 여론은 상당한 병력을 잃으며 계속 후퇴만 거듭하는 그에 대한 비난으로 들끓었다. 그 결과 그는 인내심이 바닥난 니콜라이 2세에 의해 해임당하는 비운을 맛보았다.

혁명의 조짐이 보이는 본국의 상황을 고려한다면 봉천을 필사적으로 사수하는 게 옳았을지도 모른다. 앞서 설명한 것처럼 봉천은 성곽도시여서 쿠로파트킨이 필사적으로 방어하고자 마음먹었다면 일본군에게 막대한 피해를 줄 수 있었다. 러시아 국내의 정치적 입장에서 절실하게 필요했던 것은 주력부대의 보존이 아니라 전쟁에서 승리할 수 있다는 희망이다.

러일전쟁의 지상전투에서 포로를 포함해 전투로 인한 소모율이 일본군은 17%, 러시아군이 18%라는 통계가 있다. 즉, 겉보기에 러시아군이 연전연패하면서 후퇴하고 있는 것처럼 보였지만, 실제로는 일본군과 거의 대등하게 싸웠다는 의미다. 러시아가 풍부한 인적자원을 보유한 사실을 고려하면 소모율이 일본보다 2배 이상 많았다 하더라도 충분히 감당할 여력이 있었다.

아무리 상대방을 두들겨 패도 약해지기는커녕 오히려 강해진다면, 때리는 쪽의 힘이 빠지고 공포를 느끼기 마련이다. 그러나 러시아군이 봉천 탈환을 위한 본격적인 반격에 나서기 전 포츠머스 강화조약이 체결되었기 때문에 일본군은 이러한 공포를 맛보지 못했다. 인적자원이 풍부한 러시아군은 병력의 증강 그 자체는 어렵지 않았다. 그러나 시베리아 철도를 통한 수송이 현지의 요구를 충족시킬 정도로 신속하고 원활하지 못했던 점이 뼈아픈 타격이었다.

한편, 병력과 물자 부족에 시달리는 일본군의 경우도 대규모 전투를 치룬 후에는 회복하기 위해 적어도 몇 개월 정도의 시간이 필요했다. 즉, 양쪽 모두 대규모 전투를 치룬 후 즉시 반격을 가하거나 추격을 할 수 있는 입장이 아니었다. 그래서 지상전에서의 대규모 전투가 매우 드물었던 것이다. 비록 일본은 러일전쟁이 조기에 종전되어 러시아의 무시무시한 잠재력을 제대로 느끼지 못했으나, 나중에 히틀러의 독일은 소련을 상대로 처절한 공포를 맛보게 된다. 아무리 타격을 줘도 오뚝이같이 다시 일어나 반격을 가하는 데 당해낼 군대는 없다.

이러한 사실에도 불구하고 전쟁이 끝난 후, 일본군이 러시아군보다 병력의 열세를 극복하고 승리할 수 있었던 원인으로 총검돌격만이 부각된다. 실제로는 총검돌격으로 기관총의 밥이 되는 엄청난 희생을 지불했고 커다란 성과를 올린 경우도 드물었지만, 새롭게 만들어진 군사교범에서는 정신력만을 강조하고 화력은 등한시하는 잘못을 저질렀다.

실전에서 러시아군이 총검술에 능숙하지 못했다는 점이 총검술을 부각시킨 중요한 원인의 하나였다. 러시아군은 전통적으로 꼬챙이 형태의 스파이크식 총검을 사용하므로, 찌르기만이 가능하고 베거나 자르기는 어렵다. 게다가 본격적인 총검술 훈련보다는 막대기를 이용한 찌르기 연습을 하는 정도에 불과했다. 여기에 비해 일본군은 총검술에 능숙했으며, 특히 장교들은 6연발 리볼버권총과 군도를 양손에 쥐고 앞장서 돌격해 총검술에 자신이 없는 러시아군 병사들을 압도했다. 당시 일본군 장교에게 정식으로 지급된 군도는 일본도가 아니라 서양식 검이었다.

아울러 지상전투에서 화력의 꽃이라고 할 수 있는 대포가 생각만큼 위력을 발휘하지 못한 것도 백병전을 중시하게 만든 원인의 하나다. 당시 야포는 사정거리가 2km에 불과했고 일본군이 대부분 유산탄을 사용한 덕분에 진지전과 참호전의 양상을 나타낸 러일전쟁의 지상전에서 헛되이 막대한 포탄만 낭비하는 결과를 초래했다.

참호를 비롯한 엄폐물을 활용하는 러시아군을 타격하기 위해서는 유산탄보다는 지표면과 충돌해야 폭발하는 유탄이 효율적이었지만 참모본부는 상황에 발 빠르게 대처하지 못했다. 그럼에도 불구하고 대포를 잘 활용하지 못한 것을 반성하기는커녕 백병전에 과도하게 집착했다. 심지어 새롭게 개정된 교범에는 '일본인 독특의 묘기', '일본 국민의 성격에 적합한', '일본 고유의 전투법' 등의 표현을 삽입하며 백병전을 찬양하는 모습마저 나타낼 정도였다.

러일전쟁에서 승리했다고 특유의 자아도취와 자만심에 빠진 일본군은 변화하는 시대에 적응하지 못하고, 나중에 허약한 중국군을 상대로 중일전쟁을 경험하면서 화력에 대한 정신력 우위의 확신을 갖게 된다. 그러나 그 후 태평양전쟁을 치르면서 화력 중심의 미군을 상대해 처절한 대가를 치렀다.

다른 한편, 러일전쟁은 무기 면에서도 청일전쟁 당시에 비해 상당히 발전된 모습을 보여줬다. 기관총에 관해서는 이미 언급했으나 소총 역시 무연화약이 실용화되었으므로 연발총의 위력을 배가시켰다. 기존의 흑색화약은 연발사격을 하면 연기가 자욱해 앞을 보기 힘들 정도였지만, 무연화약은 연기가 나지 않아 연발사격에 지장을 주지 않는다. 또한 무연화약은 화약이 연소되는 속도가 흑색화약에 비해 느리므로 더 많은 운동에너지를 발생시켜 오늘날에 일반화된 소구경의 고속 탄환을 사용하는 소총을 가능하게 만들었다. 일본군이 사용한 30년식 무라타(村田) 소총이나 러시아군이 주력 소총으로 사용한 모신나강 소총은 모두 5발을 클립으로 장전해 사격하도록 고안된 볼트액션식 소총이다. 여기서 30년식이라 함은 물론 메이지 30년을 의미한다.

30년식 소총은 독일의 게베르(Gewehr) 88소총을 모방했다. 여기서 88은 1888년을 의미한다. 게베르 88소총은 볼트액션 방식을 채용해 연속사격시 명중률 향상과 고질적인 송탄불량 문제를 해결했다. 또한 5발 클립 삽탄 방식을 도입해 신속한 장전이 가능했으며, 무연화약과 금속제 탄피와 아울러 위력을 배가시켰다.

개발 주체 역시 독일의 유명 총기제조회사인 마우저(Mauser)가 아니라 독일 육군 소총 위원회다. 그러나 7.92mm 구경의 게베르 88소총과 다르게 30년식 소총은 6.5mm였다. 소총 사격시 반동을 줄이고 탄환을 생산하는 데 필요한 자원을 절약하기 위해서 구경을 더 작게 만든 것이다.

대포 역시 청일전쟁 전과 비교해 두 배 이상 사정거리가 늘어났으며, 청동포는 더 이상 주력 대포의 소재로 사용되지 않았다. 어차피 일본이나 러시아 모두 기술력과 공업의 빈곤으로 주력 대포는 외국에서 수입해야만 하는 상황이었으나 러시아군이 좀 더 우수한 대포를 보유했다. 특히 러시아군이 사용한 대포는 포격 시 대포가 반동에 의해 뒤로 밀리지 않도록 하는 장치를 부착한 덕분에, 일본군 대포보다 더욱 정확한 연속 포격을 할 수 있었다. 그러나 일본군의 31년식 야포는 그러한 장치가 없었다. 병력 열세를 극복하기 위해 일본군 총지휘자인 고다마는 대포를 매우 중시했지만, 결국은 러시아군이 화력에 있어서도 우위를 차지하고 말았다.

비록 대포는 러시아군이 우세였지만 기관총에 있어서는 일본군이 러시아군을 압도했다. 최후의 지상전투인 봉천 전투에서는 일본군이 280문의 기관총을 장비한 데 비해 러시아군은 50문에 지나지 않았다. 우세한 기관총 전력을 이용해 일본군은 돌격하는 보병의 엄호용으로 사용했고, 러시아군이 참호 밖으로 머리를 내밀지 못하도록 만들었다. 요새공략에 고심하던 여순의 일본군은 박격포와 수류탄의 원시적인 형태를 완성시켜 사용하기도 했다.

이처럼 보다 발전된 무기의 등장으로 보병의 화력이 현저히 강화되었고, 그 결과 기병이 보병진지의 정면으로 돌격하는 건 자살행위나 마찬가지였다. 기병이 공격의 꽃으로 군림하던 시대는 확실하게 막을 내리고 있었다. 반면에 화력의 증가는 막대한 총탄과 포탄의 소비를 야기해 만성적인 보급문제에 시달리게 만들었다.

앞서 말한 것처럼 쿠로파트킨은 강력한 코사크 기병을 보유했으면서도 이를 활용해 일본군의 보급로에 타격을 주려는 시도를 거의 하지 않았다. 만약 러시아군 기병이 신출귀몰하면서 일본군의 보급과 통신에 타격을 주었다면, 이것은 단지 일본군을 괴롭히는 수준을 넘어서는 효과가 있었을 것이고 전쟁의 양상이 달라졌을지도 모른다.

한편, 러일전쟁을 계기로 오늘날까지 판매되는 '정로환(征露丸)'이라는 약도 탄생했다. 문자 그대로 러시아를 정복하라는 의미가 있으며, 제2차 세계대전 이후 정로환(正露丸)으로 이름이 바뀌었다. 본래 육군 군의(軍医)학교에서 장티푸스와 콜레라를 연구하던 중 우연히 발견되어 약으로 만들어진 것이다. 복통과 설사에 효과가 있었기 때문에 깨끗한 식수를 구하기 어려운 만주에서 싸울 때 도움이 되었다. 식후 반드시 1정을 먹도록 권장되었는데, 각기병에 효과가 있다고 오해하는 병사도 많았다. 심지어는 비타민이나 자연 강장제로 여기고 복용하기도 했다. 그렇지만 많은 병사들이 각기병, 이질, 콜레라, 장티푸스, 말라리아 등의 질병으로 쓰러지는 것을 막지는 못했다.

# 5

## 운명의 발트함대

    일본 육군이 봉천을 점령해 지상전투는 일단락되었다. 그러나 러시아 황제가 아직 승전에 대한 미련을 버리지 않았기 때문에, 바다에서 발트함대와 일본 연합함대의 결전이 최후의 이벤트로 남아있었다. 사실 발트함대는 출발 직후 제2태평양함대로 개칭되었고, 여기에 나중에는 제3태평양함대를 추가했다. 아무튼 이들 모두를 편의상 발트함대라고 칭한다.

    러시아는 발트함대 외에도 막강한 전력을 자랑하는 흑해함대도 보유하고 있었다. 그러나 보스포러스 해협을 통과하지 못하도록 금지당한 탓에 사실상 없는 것이나 마찬가지였다. 발트함대와 흑해함대를 합친다면 일본의 연합함대에 대해 압도적인 우위에 선다는 사실은 분명했다. 그러나 만약 무리하게 흑해함대를 지중해로 진출시킨다면 투르크와 전쟁을 각오해야만 했고, 일본과 전쟁을 하는 도중에 새롭게 다른 지역에서 전쟁을 벌이는 것은 아무리 러시아라 하더라도 전략적으로 무리다.

발트함대가 북해를 출발해서 아시아로 가려면, 수에즈 운하를 통과해 인도양으로 나가는 게 가장 거리를 단축하는 방법이라는 것은 물론이다. 그러나 주력 전함은 수에즈 운하를 통과할 수 없다는 이유를 내세워 부득이하게 아프리카를 한 바퀴 돌아 인도양으로 나가야만 했다. 수에즈 운하를 장악한 영국이 혹시나 운하를 통과하는 도중 해코지를 할까봐 우려했기 때문이다. 그래서 전함을 주축으로 하는 주력함들은 함대사령관 로제스트벤스키(Rozhestvensky)가 직접 인솔해 아프리카의 해안선을 따라 전진하는 한편, 나머지 함정들은 수에즈 운하를 통과하기로 결정되어 따로 행동하면서 함대가 두 팀으로 나뉘게 된다.

로제스트벤스키는 아프리카 남단의 희망봉을 통과할 무렵, 신문을 통해 여순이 함락되었다는 사실을 알았다. 당시는 무선통신이 발달하지 않아 장거리 항해 중인 발트함대가 전쟁 상황에 관한 뉴스를 입수하기는 어려웠으며, 보급을 위해 들어간 항구에 동맹국인 프랑스의 외교관이 있는 경우에나 신문을 입수해 소식을 아는 형편이었다. 여순의 함락소식에 낙담한 그는 본국에 원정중단을 건의했다. 하지만 정치적 이유에서 받아들여지지 않았다.

사실 발트함대를 여순에 파견하자고 제안한 장본인은 러시아 해군의 참모총장에 해당하는 지위에 있었던 로제스트벤스키 자신이었다. 그러나 그가 이러한 제안을 한 시점은 여순이 풍전등화의 위기에 빠지기 이전인 러일전쟁 초기단계이고, 여순에 틀어박힌 러시아 함대와 발트함대가 연합하면 일본 해군을 격파할 수 있다는 계산을 고려한 것이다. 발트함대가 출항할 무렵에는 여순의 위기가 심화되었고, 여순이 함락되기 전 아시아에 도착하기 어렵다는 사실이 명확해졌다. 게다가 여순의 러시아 함정들은 이미 전투에 참가할 수 없을 정도로 망가져있는 상태다.

그럼에도 불구하고 발트함대 파견을 제안한 장본인이라서, 로제스트벤스키는 니콜라이 2세에게 발트함대의 파견을 중지하자는 주장을 차마 하지 못했다. 설사 건의하더라도 전쟁을 계속하고자 하는 의지를 갖고 있는 황제가 받아들일 가능성은 희박했다. 여순이 함락된 이상 발트함대는 일본 연합함대와 단독으로 맞서야 하는 상황이 되었지만, 이것이 그가 애당초 구상했던 밑그림과 완전히 다른 양상이라는 점은 물론이다.

이러한 상황을 고려해 러시아 황제는 제3태평양함대를 편성, 발트함대를 증강한다는 조치를 취했다. 그러나 이 함대는 당초 로제스트벤스키가 발트함대 편성에서 제외시킨 노후 함정들을 긁어모아 만들었으며, 실제 전력에 도움이 되기는커녕 오히려 부담만 되는 것이다. 게다가 이 새로운 함대가 합류하길 기다리며 시간을 낭비한 것도 상당한 손실이었다.

로제스트벤스키가 진정으로 원했던 것은 구식군함을 긁어모아 지원하는 게 아니라, 8인치 속사포를 장비한 최신에 순양함으로 구성된 함대다. 당시 러시아 해군은 6인치 속사포를 장비한 순양함이 표준이었다. 여순의 러시아 함대 사령관으로 파견되었다가 허무하게 전사한 마카로프는, 청일전쟁에서 일본 해군이 압도적 승리를 거둔 비결이 속사포 덕분이라는 점에 주목해 6인치 속사포를 주포로 장착한 순양함 건조를 주도했다.

본래 속사포는 빠른 속도로 접근해 어뢰를 발사하고 달아나는 어뢰정을 요격하기 위해 만들어진 것이다. 그러나 청일전쟁을 계기로 속사포에 대한 인식이 완전히 달라졌고, 전함의 주포를 대체하는 수단으로서 속사포의 전성시대가 열렸다. 문제는 눈부신 기술혁신이 거듭되면서 러일전쟁이 발발할 무렵에는 전함에 장착된 12인치 주포의 성능이 비약적으로 높아진 점이다. 청일전쟁 당시를 기준으로 5,000미터 정도의 거리에서 벌어지는 포격전은 장거리 포격전에 해당되었지만, 여순을 탈출하려던 러시아 함대와 일본의 연합함대는 15,000미터 이상의 거리에서도 주포를 이용한 포격전을 벌였다.

6인치 속사포를 장착한 러시아 순양함은 5,000미터 이상의 거리에서 벌어지는 장거리 포격전에서는 별다른 위력을 발휘하지 못한다. 러시아 해군에서 자타가 공인하는 포술 전문가로 인정받던 로제스트벤스키는 이러한 점을 잘 알고 있었다.

발트함대에 전함은 충분히 있었다. 그러나 전함을 뒷받침해야 할 최신예 8인치 속사포를 장비한 순양함이 없는 이상, 화력의 질적인 면에서 일본의 연합함대에게 크게 뒤지므로 승산이 희박해진다. 게다가 발트함대가 보유한 전함 중 최신예 전함은 4척에 불과했다. 냉정하게 판단하면 한사코 원정을 중단해야 했으나, 로제스트벤스키는 황제에게 맞서 반역자가 되기보다는 순교자가 되는 쪽을 선택했다.

흥미로운 사실은 러시아 해군의 에이스로서 6인치 속사포를 장비한 순양함 건조를 주도한 마카로프의 아내와 로제스트벤스키가 불륜관계를 맺고 있었다는 점이다. 두 사람은 모두 귀족 출신이 아니면서도 해군제독으로 출세했다는 공통점을 가지고 있었다. 이미 말한 것처럼 마카로프는 국제적 명성을 갖고 있는 제독이었지만, 로제스트벤스키는 포병학교에서 포술을 배웠던 덕분에 포격전에 일가견이 있다고 인정받는 정도에 불과했다.

그럼에도 불구하고 그는 마카로프에 대해 강렬한 라이벌 의식을 가지고 있었다. 하지만 마카로프처럼 해군의 발전을 리드하는 입장에 있었던 것도 아니며, 풍부한 실전경험을 가진 인물도 아니다. 즉, 명색이 함대사령관이지만 그는 대규모 함대를 지휘해 본격적인 해상전투를 치른 경험은 없었다. 기껏해야 함대를 통솔하고 장거리 항해를 해봤던 정도에 불과하다.

제3태평양함대를 기다리다가 다시 출발한 것은 봉천 전투가 끝난 직후였다. 거듭되는 패전소식으로 함대의 분위기는 침통했다. 순양함에서 반란사건이 일어나는 등 벌써부터 조짐이 좋지 않았지만, 항해를 중단하기는 어려웠다. 발트함대는 영국 근해의 유명한 어장인 도거 뱅크(Dogger Bank)를 통과할 당시, 영국의 트롤어선을 일본 어뢰정으로 오인하고 격침시키는 실수를 저질렀다. 이 어장에는 유럽 각국의 어선이 항상 출몰하곤 했지만 하필이면 영국 국적의 어선을 침몰시킨 것이다.

이 사건으로 발트함대의 문제점이 살짝 드러났다. 한밤중에 접근하는 배를 어선인지 아닌지 확실히 확인하지 않은 상태에서 공포에 사로잡혀 무차별 포격을 가하고, 심지어는 아군의 함정에까지 포격을 퍼부었다.

정보수집에 무관심한 러시아는 조직적인 첩보활동을 전개할 능력이 빈약했다. 그 결과 발트함대가 출항하면 일본 해군이 유럽해역에서 어뢰정으로 기습공격을 가할 것이라는 허위정보를 곧이곧대로 믿었고, 이러한 허위정보가 사실이냐 아니냐를 확인하는 과정도 없이 그대로 발트함대에게 통보해 일어난 불상사였다. 아무튼 이 사건으로 영국의 여론은 러시아에 대한 적개심으로 들끓었다.

그 결과 전함 24척과 순양함 18척을 집결시킨 막강한 영국 함대가 배상을 요구하며 보급을 받기 위해 스페인 비고만에 정박한 발트함대의 발을 5일 동안이나 묶어놓는 등 강력한 압박을 가했다. 영국 해군은 여차하면 압도적인 해군력으로 발트함대를 수장시켜 버릴 것처럼 기세등등했다.

이러한 영국의 견제로 발트함대는 아프리카에 본격적으로 진입하기 전까지 필요한 석탄과 물을 충분히 공급받지 못하는 것은 물론, 항구에 정박해 숨을 돌리기도 어려울 지경이었다. 고의로 영국 어선을 침몰시킨 게 아니라는 이유로 로제스트벤스키 본인은 영국과의 마찰에 별다른 우려를 나타내지 않았으나, 러시아 본국의 외무성과 해군성은 사태수습을 위해 진땀을 흘려야만 했다.


적도 근처의 아프리카를 통과하면서 난생 처음 겪어보는 혹독한 무더위에 발트함대의 장병들은 지쳐갔고 거듭되는 패전소식에 사기가 밑바닥까지 떨어졌다. 더구나 여순이 함락되었는데도 불구하고 계속 아시아를 향해 항진해야하는 이유를 납득하지 못했다. 장병들 대부분은 훈련 부족으로 규율이 엉망이었으며, 인원 부족을 충당하기 위해 심지어는 죄수를 수병으로 차출하기까지했다.

무능과 부패가 판치는 러시아 해군에서 보기 드물게 청렴한 성격을 가진

로제스트벤스키는 엄격한 규율을 가지고 부하들을 다루었다. 그는 화가 나면 불같이 화를 내는 다혈질로 유명했지만 부하가 아무리 잘못을 저질러도 사형 결정만은 피했다. 이러한 이유로 그는 부하들에게 두려움의 대상이 되면서도 전폭적인 신뢰를 얻었다. 그렇지만 함대기동 연습을 하면서 기본적인 전투대형조차도 일사불란하게 만들지 못할 정도로 훈련 상태가 엉망이었으므로, 사령관은 부하들에게 애정을 갖고 있으면서도 결코 신뢰하지는 않았다.

재미있는 사실은 제3태평양함대를 만들어 발트함대의 전력을 증강해야 한다고 주장한 장본인이 로제스트벤스키의 부하였던 클라도(Klado)라는 인물이었다는 점이다. 그는 본래 발트함대의 기함인 수보로프에서 정보참모로 근무하다가 영국과 마찰을 빚은 도거 뱅크 사건의 사후수습을 위해 도중에 내려 본국으로 되돌아갔다. 그는 사령관의 심중을 헤아리지 못하고, 자신이 가진 인맥을 동원하고 신문에 기고 등을 통해 발트함대를 증강해야 한다는 여론을 형성해 나갔다. 로제스트벤스키의 입장에서 보면 믿는 도끼에 발등을 찍힌 셈이다.

발트함대의 본진은 일단 프랑스령 인도차이나에 도착한 후 제3태평양함대를 기다리고, 5월 14일에 승리에 대한 확신이 없는 채로 드디어 일본을 향해 출발한다. 로제스트벤스키는 프랑스 식민지인 아프리카의 마다가스카르섬을 출발할 당시 항해를 계속하도록 강요하는 본국에 대한 항의의 표시로 인도양을 통과해 싱가포르를 거쳐, 아시아로 간다는 사실조차도 알리지 않았다.

그 결과 어느 누구도 발트함대의 행방을 알 수 없는 상태가 몇 주일 동안이나 계속되었다. 이것은 황제에 대한 항명이나 다름없는 행동이었다. 게다가 그는 부담만 되는 제3태평양함대를 기다리지 않고 블라디보스토크로 직행한다는 대담한 계획마저 가지고 있었다.

만약 실제로 실천에 옮겨졌으면 아직 요격준비를 완전히 갖추지 못한 일본 함대를 따돌리고 성공할 가능성이 높았다. 그러나 석탄 보급의 차질로 부득이하게 프랑스령 인도차이나를 방문하면서 함대의 위치가 만천하에 드러나고 계획이 좌절되고 만다. 로제스트벤스키는 함대를 인솔하고 일단 블라디보스토크까지 무사히 도착하는 것을 가장 중요하게 생각했으나, 승리에 굶주린 니콜라이 2세는 발트함대가 처한 상황은 고려하지 않고 오직 일본 해군을 멋지게 격파했다는 희소식만을 원했다. 이러한 생각의 차이가 발트함대의 운명에 지대한 영향을 준 것은 물론이다. 아무튼 일단 위치가 드러난 이상 제3태평양함대를 기다렸다가 출발하는 방법을 선택하지 않을 수 없었다.

제3태평양함대의 합류로 발트함대는 38척이라는 대함대가 되었다. 겉으로 드러난 전력상으로는 일본 해군 전체를 능가할 정도로 강력했으나, 장병들의 사기가 밑바닥에 떨어진 상태에다가 사령관조차도 마지못해 항해를 계속하는 심정에 있었다. 그러나 로제스트벤스키는 승리에 대한 일말의 희망마저 버린 것은 아니다. 발트함대의 주력 전함들이 일본 해군의 추적을 따돌리고 무사히 블라디보스토크에 입항하는 데 성공한다면 전쟁의 흐름을 바꿀 수 있다는 희망은 항상 갖고 있었다.

여기에 비해 일본 해군의 주력은 소위 66함대였다. 즉, 전함 6척, 장갑순양함 6척으로 이루어진 함대다. 일본 해군은 순양함을 장갑순양함과 보통순양함으로 구분했다. 장갑순양함은 문자 그대로 보통의 순양함보다 장갑판을 부착해 방어력을 대폭 강화한 것으로, 나중에 등장한 중순양함이 방어력보다는 화력이나 속도에 중점을 둔 것과 비교하면 다르다. 장갑순양함을 1등 순양함, 보통의 경순양함을 체급에 따라 2등 순양함이나 3등 순양함이라고 부르며 분류하기도 했다.

66함대의 함정은 독일제와 프랑스제가 한 척씩 있는 것을 제외하면 전부 영국제였다. 또한 거의 대부분이 러일전쟁에 대비해 발주한 최신예 함정이라는 게 장점으로 꼽힌다. 그래서 일본 해군의 전함은 1만 5천톤급이고, 1만 3천톤이 최대급인 러시아 전함보다 우위에 설 수 있었다. 특히 순양함의 경우 8인치 속사포를 장비했는데, 6인치 속사포를 개조한 형태의 속사포가 아니라 청일전쟁 당시 전함의 주포와 비슷한 위력을 가진 본격적인 8인치 속사포를 장비한 게 강점이다. 즉, 순양함 화력에 있어서 일본 해군과 발트함대는 엄청난 차이가 있었다.

　일본 해군은 전함을 주축으로 1함대를 편성하고, 순양함 중심의 2함대, 청일전쟁에 참전한 구식군함을 3함대로 해서 편성되었지만, 나중에는 이를 전부 합쳐 연합함대로 통합했다. 모든 함대에는 어뢰정부대가 편성되어 각각 배속되어 있는 것이 특징이었다. 일본 해군의 주특기 중 하나인 어뢰공격을 무척이나 중시했기 때문이다.

　하지만 쓰시마 해전 발발 당시 일본 해군의 주력 함대인 소위 66함대는, 전함 6척·장갑순양함 6척에서 전함 4척·장갑순양함 8척으로 구성이 바뀐 상태였다. 하쓰세(初瀨)와 야시마(八島)라는 전함 2척이 여순 봉쇄작전 도중 허망하게 기뢰에 접촉해 침몰했고, 이 빈자리를 황급히 구입한 장갑순양함이 메웠기 때문이다. 그래서 엄밀히 말하면 48함대라고 하는 것이 옳다. 새롭게 추가된 2척의 장갑순양함은 본래 아르헨티나가 영국에 주문한 것인데 영국의 알선으로 신속하게 일본이 넘겨받을 수가 있었다. 영일동맹이 일본에게 도움을 준 중요한 사례의 하나다.

　여순의 러시아 함대를 지휘하다 기뢰에 접촉해 허망하게 전사한 마카로프는, 그 이전 여순 주변을 배회하는 일본 해군의 행동패턴을 간파하고 교묘하게 주변해역에 기뢰를 부설했었다. 이것이 효과를 거두어 전함을 2척이나 격침시키는 개가를 올린 것이다. 결국 일본 해군이 보유한 전함의 3분의 1을 격파한 것과 마찬가지의 전과를 거두었다. 도고 제독은 죽은 마카로프한테 보복을 당한 셈이다. 그러나 러시아 해군의 입장에서는, 탑승했다 전함과 함께 전사한 마카로프의 손실은 일본 전함 2척을 격침시킨 전과보다 훨씬 큰 손해였다.

　연합함대의 사령관에 임명된 자는 도고 헤이하치로(東鄕平八郎)였다. 도고 제독은 앞서 말한 것처럼 해군의 쇼군인 야마모토 곤베가 숙청해 제거하려고 한 장교의 하나였지만, 사이고 쓰구미치의 도움으로 숙청을 피하고 해군 내 사쓰마벌의 대표 중진으로 연합함대 사령관에 등극하는 영예를 누렸다. 야마모토가 도고를 숙청하려고 한 이유는 그가 두드러진 능력을 보여주지 못했기 때문이다.

도고는 사이고 다카모리의 권유와 알선으로 영국에 유학을 다녀온 유학파지만, 야마모토가 포술교관으로 재능을 발휘한 데 비하면 그는 변변하게 내세울게 없는 눈에 띄지 않는 존재였다. 청일전쟁 초기 나니와(浪速)함장으로 중국 수송선을 격침하고 대령에서 소장으로 승진했고, 전후에는 해군대학교 교장 등의 수수한 보직을 역임했다. 사쓰마 출신이 아니었다면 제독으로 승진하기 어려웠을 정도로 해군 내부에서는 무능한 인물로 취급되었다.

비록 변변한 논문조차 쓴 적이 없었으나 그는 국제법에 관해 풍부한 지식을 가지고 있는 인물로 평가받았고, 그 때문에 청일전쟁 당시 영국 국적의 수송선을 과감하게 격침하고도 문제를 일으키지 않았다. 그러나 해군제독이 국제법에 풍부한 지식을 가지고 있는 게 커다란 장점은 아니다. 게다가 그는 영국에 유학을 갔을 당시 해군사관학교에 입학을 거절당하자, 나이를 10살이나 속이고 민간인 선원을 양성하는 학교에 입학해 배우고 돌아온 데 지나지 않았다.

장교시절에는 이렇다 할 두드러진 활약을 하지 못했으나 제독이 되고나서는 부하들에게 인망이 있는 존재였으며, 포용력을 가지고 유능한 인재를 참모로 발탁해 등용하는 혜안을 발휘했다. 다시 말해 그는 동양적 사고방식으로 볼 때 뛰어난 지휘관의 자질을 가지고 있는 타입이다. 즉, 도고 제독은 삼국지의 유비와 비슷하게 덕망이 있고 유능한 인재를 발탁해 부릴 줄 아는 인간이었다.

이러한 도고 제독의 아래에 제갈공명과 같은 역할을 한 사람이 바로 참모장 가토 도모사부로(加藤友三郎)와 작전참모 아키야마 사네유키(秋山眞之)였다. 특히 당시 소령이던 아키야마 사네유키는 사실상 일본 해군 참모총장과 마찬가지의 입장에 있었다. 203고지를 공략하자고 건의하고 주도한 장본인이 바로 아키야마다. 그는 일본 육군의 기병여단을 지휘해 용맹을 떨친 아키야마 요시후루의 친동생이기도 했다.

아키야마 사네유키는 청일전쟁에도 참가했지만 하급 장교에 불과했던 탓으로 별다른 활약을 하지는 못했다. 그러나 청일전쟁이 끝난 후 미국으로 유학을 갔다 왔으며, 귀국해서는 해군대학교에서 교관으로 활약했다. 그는 해군대학교 교관으로 재직하던 중 도고 제독의 요청으로 연합함대의 작전참모로 발탁된다. 연합함대에 배속된 작전참모의 대부분은 아키야마로부터 가르침을 받은 사람들이라고 해도 과언이 아니다. 쓰시마 해전에서 일본 해군의 작전계획은 사실상 아키야마가 입안했다.

본래 서열로 따져 연합함대 사령관이 되어야 할 인물은 상비함대 사령관이었던 히타카 쇼노조(日高壯之丞)였다. 그러나 히타카는 야마모토 곤베가 인사권을 장악하고 해군성을 좌지우지하는 데 불만을 품고 야마모토와 정면으로 대립한 과거가 있었다. 해군 내부의 야마모토 반대파를 보통 '함대파'라고 부른다. 야마모토나 그의 주변인물들이 해군성에 자리 잡고 함상생활을 하지 않은 것에 착안한 명칭이다. 야마모토는 가바야마에게 발탁되어 해군성에 들어간 이후로는 함상생활과 영원히 작별했다.

해군의 쇼군이라고 할 수 있는 야마모토와 정면으로 대립한 덕분에, 히타카는 결정적인 순간에 연합함대사령관의 자리를 도고에게 양보해야만 하는 비운을 겪는다. 야마모토는 그의 지시에 고분고분 복종하고 다루기 쉬운 인물이 연합함대를 지휘하길 원했다. 국가의 운명이 걸려있는 발트함대와의 대결을 앞두고도 여전히 파벌투쟁의 버릇을 버리지 못했다는 사실을 알 수 있는 대목이다. 그러나 러시아 해군 수뇌부들의 무능과 부패는 일본 해군을 훨씬 능가했다. 러시아 해군의 제독들은 대부분이 귀족이나 황제의 친척들로서, 바다에 나가 함정을 지휘해 본 경험조차 가지지 않은 경우가 부지기수였다.

# 6

## 쓰시마 해전

여순이 함락되었으므로 발트함대의 행선지가 블라디보스토크가 될 것이라는 사실은 확실했다. 문제는 어느 곳을 통과해서 블라디보스토크로 향하는가에 있었다. 크게 나눠보면 쓰시마해협을 통과하는 방법이나, 혼슈와 홋카이도 사이에 있는 쓰가루(津輕)해협을 지나가는 2가지 선택가능성이 있었다. 쓰시마해협을 통과한다면 일본 열도의 왼쪽을 통과하는 것이고, 쓰가루는 태평양으로 진출해 일본의 오른쪽을 지나간다는 의미다. 물론 이밖에도 홋카이도와 사할린 사이를 통과하는 방법도 있었지만, 항해거리가 너무 길어지는 관계로 석탄 보급의 문제를 고려해 진지하게 검토하지는 않았다.

만약 일본 함대가 쓰시마해협에 진치고 기다리고 있는데 예상 밖으로 발트함대가 쓰가루해협을 통과한다면 커다란 낭패였다. 3만 킬로미터가 넘는 기나긴 항해에 지친 발트함대가 블라디보스토크에 입항해 선박의 수리와 휴식을 취할 여유를 줘서는 곤란하다. 이를 저지하고 되도록 커다란 타격을 입혀야만

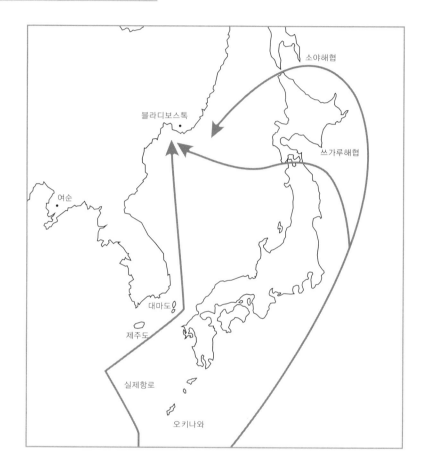

하는 게 일본 해군의 절박한 입장이었다. 당초 늦어도 5월 25일 무렵에는 모습을 나타낼 거라고 생각했던 발트함대가 등장하지 않자, 연합함대 내부는 갈팡질팡하는 모습을 나타냈다.

항해술에 일가견을 가진 도고 제독은 당초 블라디보스토크로 가는 최단거리를 감안해 쓰시마해협으로 발트함대가 통과할 것이라고 예상했으며, 조급하게 행동하지 않고 하루 정도 시간의 여유를 두고 경과를 지켜보기로 결정한다. 앞서 말한 것처럼 전함을 2척이나 기뢰로 잃은 후 야마모토를 비롯한 일본 해군의 수뇌부는 절대로 주력 함정을 잃어서는 안 된다는 명령을 도고에게 내렸다. 그 이후 도고 제독은 시종일관 매우 신중하고 조심스럽게 함대를 움직였다. 그래서 5월 26일 내내 아무런 조치도 취하지 않고 기다리자, 본국으로부터 발트함대가 쓰시마해협을 지나갈 게 확실하다는 정보를 얻는다.

발트함대의 석탄수송선이 중국 상해에서 석탄을 보급받는다는 소식은 쓰시마해협을 통과할 예정이라는 의미이기 때문이다. 5월 27일 새벽에 일본 초계선이 발트함대를 드디어 육안으로 포착했다. 한반도 진해만에 정박 중이던 일본 함대는 보고를 받자 즉시 요격을 위해 출항을 개시했다. 27일의 정오가 지날 무렵 쓰시마해협 한복판을 지나가던 발트함대를 향해서, 일본 해군 1함대 소속의 어뢰정을 비롯한 소규모 부대가 접근하면서 일이 꼬이기 시작한다.

이것을 무시하면서 그냥 지나쳐도 무방했지만, 사령관 로제스트벤스키는 포위해 전멸시키려 시도했다. 기뢰를 투하해 함대의 진로를 가로막을까봐 우려했기 때문이다. 그런데 충분한 훈련을 받지 못한 함대가 기동하면서 진형이 헝클어지고 로제스트벤스키가 이끄는 함대의 진형이 2개로 나눠지고 말았다. 본래 로제스트벤스키는 함대를 두 개로 나누어서 항진하는 대형을 만들었다. 처음부터 이끌고 온 함대는 그가 직접 지휘했으며, 나중에 황제가 보내준 제3 태평양함대는 네보가토프(Nebogatov)가 통솔하도록 조치했다. 함대 규모가 워낙 크다보니 부득이한 현상이었다.

하지만 사령관의 의도와 다르게 주력 함대의 진형이 헝클어지면서 기함 수보로프(Suvorov)를 선두로 하는 4척의 전함은 나머지 함정들과 따로 행동하게 되는 상태에 놓이고 만 것이다. 애당초 함대기동도 일사불란하게 못하는 상태에서 포위공격을 시도한 행동이 경솔한 실수였다. 이것을 바로 잡으려고 하던 중에 마침 일본 해군의 주력 함대가 모습을 나타냈다. 결국 발트함대는 주력 함대가 분산된 엉성한 자세를 취하는 상태에서 교전에 들어가지 않을 수 없었다.

오후 1시 39분에 발트함대를 육안으로 확인한 도고 제독은 유명한 Z깃발을 기함에 내걸었다. 본래는 알파벳의 Z를 의미하는 깃발에 불과했지만, 일본 해군에서는 국가의 운명을 걸고 분발해서 싸우라는 식의 전투개시를 알리는 의미를 가지고 있었다.

발트함대와의 거리가 8,000미터에 이르자 도고 제독은 유명한 'T자형'으로 연합함대의 진형을 바꾸기 시작한다. 이렇게 되면 2열종대로 전진하는 발트함대 주력부대의 앞을 오른쪽에서 왼쪽으로 지나치며 옆구리를 드러내게 되는 셈이다. 이것이 가지는 위험부담에 관해서는 길게 설명할 필요가 없다. 일본 함대는 도고 제독이 원하는 진형을 갖추기 전까지 발트함대의 일방적인 포격을 받아야만 했다. 이것을 증명하듯이 로제스트벤스키는 도고가 탑승한 연합함대의 기함 미카사(三笠)를 향해 포격을 집중시킨다. 잘못하면 기함이 격침되어 도고 제독의 목숨이 위태로운 상황이고, 문자 그대로 목숨을 건 도박이었다.

2시 10분에 거리가 6,000미터 정도로 좁혀지고 전진하는 발트함대의 정면에 횡대로 나란히 늘어선 일본 연합함대의 진형이 만들어졌다. 그러자 그때서야 도고 제독은 공격명령을 내린다. 도고 제독이 종대로 전진하는 발트함대의 앞을 가로막고 T자형을 만들었다는 데 관해서는 이것이 사실인가 아닌가를 비롯해 많은 논란이 있다. 아무튼 일본 함대는 속도의 우위를 활용하기 위해 현란한 기동을 펼쳤고, 그 와중에 발트함대를 압박하려고 일시적으로 T자형을 취했다는 게 진실에 가깝다.

적의 함대 앞에서 옆구리를 드러내면 노출 면적이 늘어나므로 당연히 불리하다. 그러나 반면에 군함의 주포를 최대한 이용해서 공격을 할 수 있다는 장점이 있었다. 또한 아군함정들이 일렬로 나란히 늘어선 형태로 포진하면 전진하는 적함대의 선두에 있는 기함에게 최대한 포격을 집중할 수 있다는 점도 중요한 사실이다. 여기에 비해 일본 함대를 향해 종대로 직진하던 러시아 전함은 배의 앞부분에 장착된 주포만을 이용해 반격을 해야만 하고, 뒤나 옆에 장착된 포는 활용하지 못한다는 문제점이 생겼다. 다시 말해 화력에서 크게 밀리게 된다. 특히 종대로 전진하는 경우 선두에 있는 함이 시야를 가려 뒤에서 따라오는 후속 함들은 사격에 상당한 지장을 받지 않을 수 없었다. 그렇기 때문에 발트함대가 이러한 상태를 벗어나기 위한 회피기동을 시도하는 것은 당연한 이치이며, 회피에 성공하면 간단하게 T자 전법을 무력화시킬 수가 있다. 일단 회피기동에 성공하면 양국의 함대가 나란히 늘어서 포격전을 주고받는 상황으로 변하므로, 화력의 열세를 만회할 수 있다.

일본 함대가 나란히 늘어서서 포격을 가하자 발트함대가 오른쪽으로 선회하면서 회피기동을 시작했고, 도고 제독은 여기에 대응하기 위해서 발트함대의 기동을 방해하려고 했다. 로제스트벤스키와 마찬가지로 도고 역시 적함대 기함에 포격을 집중시켜 기선을 제압하려 한 것이다. 이 와중에 발트함대의 선두에 있던 기함 수보로프의 사령탑에 명중탄이 작렬하고, 사령관 로제스트벤스키가 파편에 머리와 발을 다치는 중상을 입었다. 게다가 조타가 고장 났기 때문에 기함을 마음대로 움직일 수도 없는 상태에 빠졌다. 결국 사령관이 쓰러지고 기함이 조종불능의 상태에서 표류한다는 최악의 상황이 일어난 것이다. 도고 제독이 공격을 명령하고 불과 20분도 정도 지난 시점에서 벌어진 일이다.

쓰시마 해전에서 일본이 승리한 이유는 T자 전법에 있기보다는 발트함대의 기함을 조기에 격파하는 데 성공한 덕분으로 봐야 한다. 기함의 사령탑에 날아든 한 발의 명중탄이 양국의 명암을 갈랐다. 당시의 대포는 오늘날과는 달리 컴퓨터로 사격을 통제하는 것이 아니어서 명중률이 매우 낮았다. 더군다나 움직이면서 포격을 주고받는 경우는 더욱 그러하다. 그래서 발트함대 기함의 함교에 정확하게 포탄이 명중했다는 사실은 실력보다는 행운에 의한 것일 가능성이 매우 높았다. 그러나 개별적인 전투에서 때로는 실력보다 행운이 승패를 가르는 경우가 종종 생기는 법이다.

전통적으로 일본 해군은 영국 해군을 본받아 상대방을 적극적으로 공격하는 특성이 있다. 이 해전에서도 이러한 특성이 유감없이 발휘되었다. 일본 함대는 기함을 잃은 발트함대가 전열을 재정비할 틈을 주지 않고, 우세한 기동력과 화력을 이용해 함대 선두에 있는 전함을 집중공격으로 각개 격파하는 수법을 사용했다. 발트함대의 2인자로서 장병들에게 신망이 있었던 펠케르삼(Felkersam)이 5월 23일에 암으로 사망한 탓에 발트함대는 사실상 지휘자가 없는 상태에서 싸우지 않을 수가 없었고, 서서히 함대의 대형이 무너지며 지리멸렬하는 양상을 나타나게 된다.

발트함대가 가지고 있었던 숨은 문제점 중의 하나가 바로 지휘계통이 부실하다는 점이다. 서열상으로는 펠케르삼이 함대의 2인자였지만 중병에 걸려 사경을 헤매다가 급기야는 쓰시마해협에 도착하기도 전에 사망했다. 로제스트벤스키는 장병들의 사기를 고려해 그의 죽음을 비밀에 붙였다. 이제 남은 사람이라고는 제3태평양함대를 지휘하는 네보가토프와 또 다른 제독인 엔크비스트(Enkvist)가 있었을 뿐이다. 그러나 이 두 사람 모두 로제스트벤스키가 신뢰할 수 없는 무능한 인물들이었다.

이러한 사정을 감안해 만약 사령관이 지휘할 수 없는 상황이 발생할 경우, 기함인 수보로프의 뒤를 따라오는 함정이 선두에 서서 함대를 이끌고 블라디보스토크를 향해 항진하도록 한다는 고육지책을 마련했다. 즉, 누가 함대를 지휘하느냐에 상관없이 선두의 전함을 따라 함대 전체가 항진하도록 조치한 것이다. 그러나 일본 해군이 발트함대의 선두에 선 전함을 차례차례 집중적으로 타격하는 수법을 채용했으므로 이 방법은 그다지 현명한 선택이 아니었다. 누군가 함대를 통솔해 지휘할 필요성은 있었지만 일이 꼬이면서 이것마저도 용이하게 이루어지지 않았다. 중상을 입은 로제스트벤스키는 의식불명의 상태에 빠졌고, 기함의 마스트가 부러진 관계로 깃발로 다른 함정과 연락을 취할 수도 없는 상황이었다. 결국 발트함대는 사령관이 쓰러진 이후로 지휘자가 없는 사태에 빠지고 일방적으로 일본 함대의 사냥감으로 전락하고 말았다.

일본의 연합함대는 전통에 따라서 함대를 둘로 나눴다. 전함을 주축으로 하는 함대는 도고가 직접 지휘했으며, 속도가 빠른 순양함을 중심으로 별개의 함대를 만들어 가타오카 시치로(片岡七郎)가 독립적으로 지휘해 공격하도록 했다. 이 순양함으로 구성된 별동함대가 2열종대로 전진하던 발트함대의 또 다른 선두함인 전함 오슬랴뱌(Oslyabya)를 격침하는 개가를 올린다. 속도의 우위를 활용해 현란한 기동을 펼친 끝에 오슬랴뱌 앞에 나란히 늘어선 일본의 순양함들은, 8인치 속사포의 집중포화를 퍼부어 순양함 그룹이 전함을 속사포로 격침하는 사건을 만들어낸 것이다.

그 후 해가 져서 포격전을 중단할 때까지 발트함대의 핵심 주력 전함 5척 중에서 기함인 수보로프를 비롯한 4척이 침몰하고, 1척은 전함으로서의 기능을 상실했다고 할 정도로 만신창이가 되었다. 즉, 발트함대는 더 이상 일본 연합함대에게 위협적인 존재가 되지 못할 정도로 껍데기만 남은 셈이다. 그럼에도 불구하고 일본 함대는 울릉도 근해까지 악착같이 따라붙으며 단 한 척이라도 블라디보스토크에 입항하지 못하게 한다는 의지를 드러냈다. 그 결과 블라디보스토크에 입항하는 데 성공한 함정은 3척에 불과하다는 참담한 패배를 안겨다 주었다.

네보가토프가 함대의 지휘권을 인수받은 시점은 일본 함대의 공격이 일단락된 후에 어둠이 찾아온 무렵이었고, 그는 공격으로부터 살아남은 잔존 함대의 운명을 결정해야만 했다. 발트함대를 파견한 목적을 생각하면 무조건 블라디보스토크를 향해 전진하는 것만이 상책이었다. 그러나 다음날 아침이 찾아오고 일본 함대의 주력함이 다가오자 그는 항복을 결정하고야 만다.

한편으로 발트함대의 또 다른 제독인 엔크비스트의 주변에 모인 함정들은 미국의 식민지인 필리핀에 가기로 결정했다. 그는 러시아 해군장관의 친척이라는 이유로 고위직에 오른 데 불과한 인물이다. 그래서 사실상 전투 중에 도망간 것이나 마찬가지였지만, 일본 해군에게 항복하지 않았다는 이유로 나중에 아무런 문책도 받지 않았다.

최종적으로 발트함대의 전함 8척의 중에서 6척이 격침당하고 2척은 나포되었으며, 순양함도 불과 1척만이 블라디보스토크에 입항하는 데 성공했다. 일본 해군은 러시아 함대가 울릉도 근해에 집결할 것을 예상해 독도를 일본 영토로 편입하는 용의주도한 조치를 취했다. 이것이 현재까지 독도를 둘러싼 영토분쟁을 일으키는 시발점의 하나가 되었다.

여기에 비해 일본 함대의 피해라고는 어뢰정 3척이 침몰한 게 전부다. 그나마 그 중 한 척은 앞이 잘 보이지 않는 밤에 작전하다가 아군 함정과 충돌해 침몰한 것이다. 어뢰정은 빠른 속도를 이용해 적함에 접근해서 어뢰를 발사하고 도망치는 전법을 구사하도록 만든 100톤도 안 되는 작은 배를 말한다. 그래서 어뢰정은 많이 격침당해도 별다른 손실은 아니었다.

일본 함대는 밤이 되자 구축함(17척)과 어뢰정(24척)을 중심으로 어뢰공격을 하고, 주력함은 휴식을 취하며 재정비하는 방법을 채용했다. 구축함은 러일전쟁에서 최초로 등장한 새로운 타입의 군함이다. 본질적으로는 소형의 어뢰정을 대형화시켜 군함으로 만들었으나, 어뢰의 사정거리가 어뢰정에 탑재한 것보다 2배 이상 길었고 속도도 빨랐기 때문에 발트함대에게는 매우 위협적인 존재였다.

본래 구축함은 영국에서 어뢰정이 주력 함정을 위협하는 상황을 방어할 목적으로 개발된 것이다. 사실 전함이든 순양함이든 구축함이든 근대 해군의 함정들은 전부 영국 해군이 고안해 냈다. 1860년대에 최초로 등장한 이래 어뢰는 무시무시한 무기로 위력을 떨쳤다. 비록 속도가 느리고, 사정거리도 짧으며, 폭발력도 약하지만, 어뢰는 군함의 약점인 흘수선 아래를 노리므로 일단 명중하면 대형군함이라도 단 한방에 치명상을 입히거나 그대로 수장시켜 버릴 수 있었다. 매우 빠른 속도를 가진 적의 어뢰정이 아군의 함대로 파고들어와 재빨리 어뢰를 발사하면 신속하게 피하기 어렵다.

1만 톤이 넘는 대형 전함이나 순양함이 불과 수십 톤의 어뢰정에게 격침당한다면 엄청난 손해다. 나폴레옹의 몰락 이후 점점 열세에 처하던 프랑스는 영국처럼 대규모 함대를 만들어 보유하기를 포기했다. 그 대신 어뢰정을 대량으로 건조해 영국 해군을 위협했다. 이러한 이유로 함대방어를 위해서 구축함이 탄생한 것이다.

초기의 구축함은 어뢰정을 대형화한 데 불과한 존재였다. 그러나 대포를 비롯해서 다양한 무기를 장비하고 어뢰정이 함대에 접근하지 못하도록 막는 것은 물론이며, 초계임무나 어뢰공격 등을 비롯한 많은 임무를 수행할 수 있었다. 그래서 결국에는 함대가 약방의 감초처럼 필수적으로 보유해야 하는 함정이 되고 만다.

이 무렵 구축함 이외에도 잠수함 역시 실용화단계에 접어들었기 때문에 발트함대도 잠수함의 공격에 대비해 신경을 곤두세웠다. 그러나 잠수함의 진가를 잘 모르는 일본 해군은 잠수함을 활용할 생각은 없었다. 발트함대가 보유한 전함이나 순양함은 일본의 연합함대를 능가할 정도로 많이 있었으나, 주력함을 엄호해 줘야 하는 구축함이 빈약하다는 게 약점 중의 하나였다. 이것은 사실상 지구를 한 바퀴 도는 대항해를 해야 하는 발트함대의 입장에서는 불가피했다.

한편, 일본의 어뢰정들은 어둠을 이용해 밧줄로 여러 개의 기뢰를 묶어 공격하는 방법으로 심각한 손상을 입은 발트함대의 전함을 격침하기도 했으나, 기대한 만큼 커다란 전과를 올린 것은 아니다. 그러나 밤새도록 과감한 공격을 되풀이하면서 발트함대가 전열을 재정비할 여유를 주지 않은 점은 다음날 아침에 네보가토프가 항복을 결심하게 만드는 중요한 계기가 된 것도 사실이었다.

아무튼 일본 함대의 절반 정도는 침몰할 거라는 당초의 각오에 비하면 결과적으로 일본 해군의 압승이라고 해도 과언이 아니다. 일본 해군이 압승할 수 있었던 중요한 이유의 한 가지는 주포의 명중률과 위력이 뛰어났던 점이 지적된다. 명중률이 높았던 이유는 영국에서 만든 최신식 통신장치가 진가를 드러낸 탓이고, 다른 한편 일본 해군이 독자적으로 만든 화약이 화재를 일으키기 쉽도록 고안되어 위력을 발휘했던 것도 중요한 원인이다.

당시 세계 해군의 흐름은 폭발력이 강한 포탄보다는 철갑탄을 사용하는 추세였고, 로제스트벤스키의 발트함대 역시 철갑탄을 사용했으나 도고 제독은 철갑탄을 선택하지 않았다. 왜냐하면 당시의 철갑탄은 군함의 장갑판에 비스듬하게 맞으면 탄두가 휘어지면서 튕겨져 나갔기 때문이다. 나중에 기술적 개량을 거쳐 철갑탄은 맞는 각도에 별다른 관계없이 관통력이 보장되었지만 러일전쟁 당시는 아니었다. 그렇기 때문에 도고는 발트함대 눈앞에서 대담하게 함대기동을 했던 것이다. 여기에 비해 화약의 폭발력에 의존한 일본 해군의 함포사격은 발트함대의 함정들을 불바다로 만들었다.

다른 한편, 일본 해군은 영국의 바 앤 스트라우드(Bar & Stroud)라는 회사가 만든 통신장비를 이용해 주포의 효율적인 사격을 가능하게 만들었다. 청일전쟁 당시는 5,000미터 이내의 가까운 거리에서 포격전을 벌였으므로 각각의 포를 조작하는 포수가 개별적으로 판단해 포격전을 벌였다. 그러나 러일전쟁 무렵에는 함포의 성능향상으로 인해 장거리 포격전을 벌일 수 있게 되었다. 그래서 포수의 개별적 경험과 판단에 맡기기보다는, 유능한 포술장교의 지휘 아래 일제 포격을 하는 게 명중률과 효율을 극대화하는 지름길이라는 사실은 분명했다. 장거리 포격을 하게 되면 풍속 · 풍향 · 지구의 자전속도 등 계산해야 할 요소가 많아진다. 더군다나 함대가 고속으로 기동전을 펼치면서 포격을 한다면 더욱 그러하다.

이러한 사정으로 오늘날로 따지면 중앙관제에 의한 사격통제가 도입되기 시작한 것이다. 문제는 포술장교가 포수에게 목표물 할당이나 포격에 필요한 여러 가지 정보를 어떠한 방법으로 정확하게 전달하느냐다. 주포가 요란한 굉음을 내며 포격을 하는 상황에서 시시각각 정확하게 정보를 전달하지 못한다면, 중앙관제에 의한 사격통제는 불가능하게 된다. 여기에 대한 해답이 바로 바 앤 스트라우드사에서 만든 전송기(Transmitter)다.

문자판의 바늘에 전류가 흐르도록 해서 목표물의 속도나 거리 등의 정보를 전달하고 포격을 지시할 수 있도록 고안된 비교적 간단한 장치에 불과하나, 일본 해군의 주력 함정은 대부분 이 장치를 장비한 덕분에 장거리 포격전을 효율적으로 수행할 수 있었다.

포술에 일가견을 지닌 로제스트벤스키 역시 발트함대가 출항하기 직전 영국으로부터 이를 황급히 구입했다. 그러나 이 장치를 활용해 장거리 포격을 연습할 시간은 충분하지 않았다. 이에 비해 일본 해군은 러일전쟁이 발발하기 전부터 이 장치를 구입해서 철저하게 장거리 포격에 대비한 연습과 연구를 거듭했다는 점이 쓰시마 해전의 결과에 그대로 반영된 것이다.

이 장치가 최고 진가를 발휘한 사례는 러시아 황제의 명령으로 여순을 탈출해 블라디보스토크로 가려던 러시아 태평양함대와 전투를 했을 당시였다. 고속으로 쫓고 쫓기는 추격전을 펼치면서 벌어진 15,000미터 정도의 장거리 포격전에서, 일본의 연합함대가 압도적으로 우세에 선 이유가 바로 전송기를 이용한 효율적인 일제 포격을 구사했기 때문이다. 반면에 여순에 있던 러시아 함정들은 이러한 장비를 갖추지 못했고 장거리 포격에 대비한 연습도 불충분했다. 그래서 막상 전투가 시작되자 일방적으로 당한 것이다.

쓰시마 해전을 치르기 전부터 발트함대에게 불리한 점은 많이 있었다. 예를 들어서 장거리 항해에 지쳤다든지, 실전에 대비한 충분한 연습을 하지 못한 점 등을 들 수가 있다. 특히 그 이전까지 유례가 없을 정도로 발트함대의 전함이 많이 격침된 이유는, 설계상의 문제점 때문이다.

전함은 엔진에 치명적인 타격을 입지 않는 이상은 항해가 가능할 정도로 방어력이 견고한 게 보통이지만 발트함대 전함의 일부는 그렇지가 않았다. 왜냐하면 전함의 무게중심을 낮추기 위해 배의 측면부가 볼록하게 튀어 나오도록 안이한 설계를 했고, 만약 적함대의 포격으로 이 부위에 구멍이 뚫려 바닷물이 들어오면 복원력에 심각한 문제를 야기하지 않을 수가 없었다. 게다가 배의 중앙에 격벽을 만들었으므로 실제로 나타난 결과는 더욱 치명적이다. 즉, 발트함대 전함의 상당수는 적함의 공격을 받아 8도 이상 기울면 구조상 복원력을 상실하고 전복해 그대로 침몰해 버렸다.

더군다나 발트함대의 전함들은 이러한 약점을 보완하기 위해서 선체 중앙의 격벽을 제거한다든지 취약한 부분의 장갑을 보강한다는 등의 필요한 조치를 취하지 않았다. 로제스트벤스키가 탑승했던 기함 수보로프도 엄밀히 말하면 일본 측의 포격에 견디지 못하고 침몰한 게 아니라, 느닷없이 배가 전복한 후에 생존한 승무원들이 탈출할 틈도 없이 그대로 침몰한 경우다. 로제스트벤스키는 기함이 침몰하기 전에 구축함에 옮겨 타 생명을 구했지만, 결국 중상을 입은 상태로 포로가 되고 말았다.

당시의 일반적인 상식을 초월해 주력 전함이 예상외로 많이 희생된 이유가 바로 여기에 있었다. 주력함들의 거의 100%를 외국에서 수입한 일본 해군과 다르게, 러시아의 주력 전함들은 자국의 조선소에서 자체적으로 건조한 것이다. 러시아는 일본과는 다르게 경공업과 중공업이 동시에 발전해 나갔다는 경제발전의 특징이 있었다. 그러나 전함의 설계 자체는 러시아의 동맹국인 프랑스 설계기사가 했다. 해군력에 많은 문제점을 가진 프랑스와 제휴한 덕분에 청일전쟁에서 곤란을 겪은 일본 해군과 마찬가지로, 러시아는 러일전쟁에서 혹독한 대가를 치른 셈이다.

도고 제독은 이 해전을 계기로 국가적 영웅이 된다. 모든 영광을 도고 제독 혼자서 차지하기에는 불공평한 감이 있었지만, 언론이 앞장서 영웅 만들기에 나섰고 '동양의 넬슨'이라는 칭호마저 생겨났다. 전쟁이 끝난 후 도고 제독은 해군대장이자 원수에 등극했다. 그러나 자신에게 주어진 권위를 적극 이용하려는 모습은 별로 보여주지 않았다. 그는 본질적으로 정치군인과는 거리가 먼 존재다.

한편, 쓰시마 해전에서 순양함으로 구성된 별동함대를 지휘하며 도고 제독과 나란히 혁혁한 공적을 세운 가타오카 시치로는 끝내 원수에 등극하지 못했다. 그는 사쓰마 출신으로서 독일에 유학을 다녀오고 청일전쟁에도 순양함장으로 참전해 눈부신 공적을 세운 인물이다. 그러나 도고 제독과는 다르게 야마모토가 해군을 좌지우지하는 사실에 불만을 가진 관계로 찬밥취급을 당하지 않을 수 없었다.

쓰시마 해전을 승리로 이끈 도고 제독은 당연히 원수의 자리에 등극할 자격이 있었으나, 그 외에 해군에서 원수에 등극한 자는 엉뚱하게도 이쥬인 고로(伊集院五郞)다. 그는 쓰시마 해전 승리의 원인 중의 하나로 꼽히는 이쥬인 신관을 개발한 장본인이다. 이쥬인 신관은 충격에 민감해 포탄을 발사하기도 전에 폭발하는 경우가 종종 있었지만, 일본 해군 함포의 파괴력을 높이는 데 큰 역할을 했다. 그러나 단지 그것만으로는 쓰시마 해전에 직접 참전한 연합함대의 사령관을 제치고 원수의 자리까지 오르기에는 석연하지 않은 점이 많다.

그가 원수에 취임할 수 있었던 원동력은 역시 사쓰마 출신으로 야마모토 곤베와 절친한 친분이 있었기 때문이다. 해군사관학교에 해당하는 해군병학교에 입학하기는 했지만, 서남전쟁에 참전하는 바람에 졸업하지 못했던 이쥬인은 그 후 영국에서 장기간 유학생활을 한 인물이다.

이쥬인 고로

함상 근무도 거의 하지 않았으며 러일전쟁이 발발하자 군령부 차장으로서 무능한 군령부장 이토 스케유키(伊東祐亨)를 대신해 사실상 해군의 작전을 총지휘했다.

가타오카와 이쥬인은 모두 사쓰마 출신이고 해군의 쇼군인 야마모토 곤베와 비슷한 나이의 인물이라는 공통점이 있었다. 이쥬인은 야마모토와 동갑인 1852년생이고 가타오카는 한 살 어린 1853년생이다. 그럼에도 불구하고 야마모토와의 친분 여하에 따라 두 사람의 운명이 엇갈린 것이다. 결국 함대를 지휘하면서 실전에 참가한 제독 중에서는 야마모토와 반목하지 않았던 도고 제독만이 원수에 등극한 셈이다. 이것과 아울러 청일전쟁에서 연합함대를 지휘해 승리로 이끈 이토 스케유키도 원수가 되었다.

원수라는 계급은 종신계급으로 군인으로서는 최고의 영예로운 것이기 때문에, 혁혁한 전과를 올리고 누구나 인정할 정도로 뛰어난 장군에게 주어져야 빛을 발하는 법이다. 그러나 원수는 삿쵸번벌 출신의 유력한 인물들과 천황의 혈족인 친왕에게 나눠 먹기식으로 배분되는 계급으로 변질되고 말았다.

이것과 마찬가지로 육군에서는 '야마가타의 귀염둥이' 데라우치 마사타케가 나중에 원수에 등극했다. 서남전쟁에 참전해 오른팔을 다친 이후 실전과는 담을 쌓았지만, 청일전쟁과 러일전쟁에서 후방근무로 일관하면서도 야마가타의 후광으로 원수까지 승진한 것이다. 야마가타의 총애가 없었다면 중장의 자리도 과분한 인물이 군인 최고의 영광을 차지하고, 급기야 조선총독을 거쳐 수상의 자리에까지 올라갔다. 이것이 일본 군벌의 추악한 진면목의 하나다.

그렇지만 이러한 사실들은 약과에 불과하다. 번벌적 부당인사의 극치를 보여준 가장 좋은 사례는 이노우에 요시카(井上良馨)가 원수에 등극한 사실을 들 수가 있다. 이노우에 요시카는 사쓰마 출신으로 강화도사건을 일으킨 유명한 운요호를 지휘했던 함장이었다. 그는 명색이 함대사령관을 역임했음에도 불구하고 청일전쟁과 러일전쟁에 참전하지 않았다. 그렇다고 후방지원 등에서 이렇다 할 공적이 있는 것도 아니다. 그나마 육군의 데라우치는 후방지원에서 활약한 거라도 있지만 이노우에 요시카는 그것마저 없으면서도 원수의 자리까지 올라갔다.

이노우에 요시카

해군의 쇼군인 야마모토 곤베와의 절친한 친분으로 이러한 부당한 인사가 가능했다는 것은 긴말이 필요하지 않다. 야마모토는 무능한 인물들이라는 이유로 자신의 마음에 들지 않던 허다한 제독들을 숙청하거나 추방했지만, 그가 개인적으로 존경하는 선배인 이노우에 요시카만은 예외였다.

명색이 야전군인이지만 실전에서 아무런 공적도 없음에도 불구하고 실전에서 활약한 군인들을 제치며 최고의 영예를 차지하는 게 가능할 정도로, 일본 군부의 내부가 썩을 대로 썩은 상태라는 것을 알 수 있다. 제아무리 사쓰마 출신이고 실전에서 공적을 올렸어도, 인사권을 쥐고 횡포를 휘두르는 야마모토의 마음에 들지 않으면 원수에 취임하기는 어려웠다.

한편, 야마모토는 사이고 쓰구미치가 해군의 우두머리로 등장하기 이전에 해군의 사쓰마벌을 상징하던 존재였던 가와무라 스미요시를 위해서도 파격적인 특혜를 베풀었다. 가와무라는 해군을 떠난 이후 추밀원 고문관 등의 한직에 머무르며 별다른 활약을 하지 못했다. 당시 육해군의 군인 중 권력투쟁에서 밀려나 현역을 떠난 인물들은 대부분 추밀원에 머무르며 여생을 보내는 게 관례처럼 굳어진 상태다. 그러나 야마모토는 가와무라의 임종이 임박한 메이지 37년(1904)에 그를 해군대장으로 승진시키는 조치를 취했다. 이미 오래전에 현역을 떠난 군인을 승진시켜 예우하는 것은 일본 육군에서도 유례를 찾아보기 힘들었다.

# 7

## 전시체제와 포츠머스 강화조약

가쓰라 내각은 러일전쟁이 발발하는 타이밍을 의회가 해산하고 총선거하는 시점에 맞췄다. 이것 역시 청일전쟁의 경우와 유사한 것이고, 가쓰라가 이토 히로부미의 수법을 모방했다고 해도 과언이 아니다. 그는 이토를 극복해야만 하는 정치적 걸림돌로 생각하고 무척 싫어했지만, 필요하다면 이토의 전례를 따르는 데 주저하지 않았다.

러일전쟁 직전에 의회가 해산된 원인은 당시 중의원 의장이었던 고노 히로 나카의 돌발행위가 배경에 존재했다. 통상 중의원이 개원하게 되면 천황이 축하하는 의미의 칙어를 내리는 게 관례고, 중의원은 여기에 대해 답례문을 작성하는 수순으로 진행되었다. 그런데 고노가 작성한 답례문에는 가쓰라 내각을 탄핵하는 내용이 들어 있었다.

당시까지 관례에 비추어 보면 유례없는 행동이었고 정치도의에 어긋난 처신이었는데, 더욱 문제가 되는 것은 중의원이 이것을 묵인하는 태도를 취했다는 점이다. 그래서 중의원이 개원하는 바로 그 시점에서 곧바로 내각을 탄핵한다는 초유의 사태가 벌어진 것이다. 여기에는 직전 의회에서 이토가 가쓰라와 멋대로 예산안에 관해 타협한 사실에 대한 반감이 밑바탕에 깔려있었다. 정우회는 그 이후 배신감을 느끼는 오쿠마의 헌정본당과 협조노선을 구축하는 데 노력했고, 그 결과 고노 히로나카가 압도적인 지지를 얻어 중의원 의장에 당선되었다. 여기서 자신감을 얻은 고노가 개원하자마자 강하게 가쓰라 내각을 압박한 것이며, 가쓰라는 주저 없이 의회를 해산해 답례를 했다.

러일전쟁이 발발하자 가쓰라에게 주어진 최대의 사명은 전쟁을 원활하게 수행하기 위해 비용을 조달하는 문제이다. 청일전쟁보다는 규모가 훨씬 큰 전쟁이고 당시 일본 경제력의 한계를 초월했으므로, 온갖 수단을 동원해야만 했다. 실제 지출된 비용은 약 17억 엔으로 청일전쟁의 무려 8배에 달했다. 우선 증세를 통해 국민들을 쥐어짜야만 했는데, 임시의회를 소집해 청일전쟁 당시의 제2차 이토 내각과 마찬가지로 아무런 어려움 없이 중의원의 동의를 얻어낸다.

비상특별세라는 명목으로 두 번에 걸쳐서 대규모 증세를 행하는 한편, 각종 세금을 신설하고 담배와 소금을 전매하는 방법마저도 썼다.

당시 일본에서는 대부분 담뱃대로 끽연을 했으며, 종이에 말아 피우는 궐련은 가격이 비싸서 대중화되지 못했다. 궐련을 대량제조하는 기계는 미국에서 1880년대에 들어서야 비로소 개발되었다.

그래서 외출해서는 휴대하기 편한 궐련을 이용하고 집에서는 담뱃대로 끽연을 하는 경우가 대부분이었다. 메이지 시대에는 여성의 흡연에 대한 인식도 나쁘지 않았다. 가쓰라는 엽연초뿐만 아니라 담배의 제조까지 전매하도록 규정해 담배로부터 최대한 많은 세금을 뽑아내려 했다.

결과적으로 1억 3천만 엔을 마련하는 데 성공했으며, 이 액수는 전년도 예산과 거의 맞먹는 금액이다. 그러나 증세의 대상은 주로 일반 국민들을 대상으로 한 것이고, 법인소득세나 이자소득세 등은 건드리지 않아서 자본가나 돈이 많은 지주계급은 오히려 보호하는 조치를 취했다. 그러나 이걸로는 어림도 없으므로 내국채의 대대적인 모집을 개시한다.

총 5회에 걸쳐 행해진 내국채 판매는 무려 4억 3천 만엔에 이르렀다. 목표액수를 채우기 위해 지방공무원과 경찰을 동원한 사실상의 반강제적인 모금운동이었다. 국민들이 가진 돈을 철저하게 빨아들이는 것도 한계가 있는 법이다. 그래서 외채 모집이 더욱 중요했다.

문제는 이것만큼은 공권력을 동원해 해결할 수 없다는 사실에 있었다. 일본이 연전연승해서 전쟁에 승리한다는 확신을 심어주지 못하는 이상, 해외에서 일본의 국채를 판매하기 어려웠다. 당시 일본이 보유한 외화는 1억 엔을 약간 넘는 정도에 불과했고, 전쟁비용을 충당하기 위해 외화를 전부 해외로 유출할 수 없는 노릇이다. 게다가 개전 당초 예상한 4억 5천만 엔 가량의 전쟁비용을 훨씬 뛰어넘는 액수가 필요하다는 사실이 분명하게 되자 외채의 모집은 더욱 절박한 문제로 떠오르게 된다.

외채모집을 위해서 세계금융의 중심지인 영국 런던으로 일본은행의 부총재 다카하시 고레키요(高橋是淸)가 파견되

었다. 그는 일본의 수출입금융을 담당하면서 영국의 금융업자와 친분이 있다는 이유로 발탁된 것이다. 그러나 영일동맹에도 불구하고 영국 금융업계의 태도는 그다지 일본에게 호의적이지 않았다. 그 이유는 경제적으로 일본의 국가신용도가 매우 낮았기 때문이다. 게다가 명색이 동맹국이지만 일본이 승리할 거라고 생각한 사람도 별로 없었다.

다카하시 고레키요

다카하시는 1845년에 태어났으며 너무나 파란만장한 인생을 살았기에 요약해 설명하기도 복잡할 정도다. 사생아로 태어나 센다이번에서 성장했으나, 미국에 유학을 갔다가 노예 생활을 한 경험도 있다. 모리 아리노리에게 영어를 배웠고, 농상무성에서 근무하다가 사직한 후 일확천금을 노리고 남아메리카 페루의 광산개발에 참여했다가 파산하기도 했다. 39세 때 비로소 일본은행에 들어갔으며, 러일전쟁의 전비조달에 공을 세워 출세의 발판을 마련했다.

그는 메이지 시대가 끝난 후 대장성 장관으로 활약하며 일본의 경제위기를 여러 차례 극복하고 급기야 수상에 취임했다. 마쓰카타가 메이지 시대를 상징하는 경제 관료라면, 다카하시는 메이지 시대 이후 다이쇼 시대와 쇼와 시대 초기를 대표하는 경제통의 인물이다.

시간이 약이라는 속담처럼 일본군이 만주로 진출해 파죽지세의 전진을 거듭하자 영국 금융업계의 태도도 바뀌기 시작한다. 게다가 때마침 런던에 있던 미국의 유태인 금융업자 쉬프(Jacob Schiff)가 러시아의 유태인 차별정책에 반감을 품고 전격적으로 일본 정부가 발행한 거액의 국채를 인수함에 따라 상황은 일본에게 매우 유리하게 전개되었다. 여순에서 고전하는 사이 외채 모집도 부진했으나, 여순 함락 후에는 순조롭게 일이 풀렸다.

그 결과 전쟁비용 총액의 40%에 육박하는 6억 9천만 엔 정도의 외채를 모집하는 데 성공한다. 일본 입장에서 보면 공채의 상환기간이 단기간인데다가 담보가 붙은 불리한 조건이었으나, 국제금융시장에서 이러한 대규모 공채발행은 종전까지는 유례가 없었던 사례라고 한다. 쉬프는 러일전쟁 비용의 절반에 육박하는 금액을 혼자서 인수한 덕분에, 러일전쟁이 끝난 후 가족을 동반해 일본을 방문하고 국빈으로서 극진한 대접을 받았다. 게다가 민간 외국인으로는 최초로 천황을 알현하고 훈장을 수여받기까지 했다.

여기에 비해 러시아는 프랑스라는 부유한 동맹국의 든든한 자금줄이 있어서 전쟁자금의 조달은 일본보다 수월한 편이었다. 전쟁 개시 후 3개월이 지난 5월에 들어서자 총액 8억 프랑을 차관으로 빌리는 데 성공했으나, 그 이후 프랑스의 태도도 경직되고 만다. 러시아가 연전연패하는 것도 원인의 하나지만, 유럽에서 독일과 관계가 악화됨에 따라 전쟁을 조기에 종결하고 러시아의 관심을 아시아에서 유럽으로 돌리려 했다. 게다가 러시아에서 혁명의 조짐이 보이는 사실도 무시할 수 없었다.

아무튼 러시아가 사용한 전쟁비용의 절반 정도는 프랑스와 독일이 인수했지만, 국내적으로는 일본과 달리 국민들의 자발적인 성금모집을 오히려 탄압하는 비상식적인 조치를 취했다. 그 이유는 이것을 계기로 국민들이 조직화되고 연전연패에 따른 불만으로 반정부세력이 될까봐 우려했기 때문이었다. 그렇지 않아도 러일전쟁 전부터 체제의 위기가 심화되고 있던 상황을 감안해 러시아 정부는 국민들이 조직적인 행동을 하는 것에 대해 필요 이상의 과민반응을 나타냈다.

러일전쟁에서 일본의 동맹국은 공식적으로는 영국밖에 없었지만, 미국도 사실상 동맹국처럼 행동했다. 일본은 미국의 지지와 호의를 얻기 위해 가네코 겐타로를 파견했다. 가네코는 이토 히로부미의 참모 중 하나로 앞서 말한 것처럼 이와쿠라 사절단에 동행해 유학생의 자격으로 미국에 건너간 후, 하버드대학

가네코 켄타로

법대를 졸업했으며, 당시 미국대통령인 시어도어 루즈벨트는 가네코와 하버드를 연결고리로 친분을 가지고 있었다.

일반적으로 미국은 학벌의식이 강한 국가는 아니나 하버드대학과 같은 명문대학은 사정이 다르다. 인종을 초월해 대학동문이라는 이유로 친밀해지는 게 가능할 정도였다. 가네코는 미국의 여론이 러일전쟁을 지지하는 방향으로 흐르도록 유도하는 것은 물론이며 외채의 모

집에도 노력했다. 그러나 가네코에게 주어진 가장 중요한 사명은 미국의 중재로 러시아와 강화조약을 체결하도록 하는 데 있었다. 일본군이 봉천을 점령한 후 가네코는 루즈벨트를 움직여 강화조약 체결을 러시아에게 제안했지만, 러시아는 발트함대가 일본으로 가고 있다는 이유로 이를 거절했다.

다른 한편, 이토의 사위인 스에마쓰 겐쵸는 영국의 명문대학 캠브리지 출신이므로 영국과 프랑스의 지지를 얻기 위한 외교공작을 펼치기 위해 유럽으로 파견되었다. 이토는 러일전쟁의 진행과정 자체에는 깊숙하게 개입하지 않았으나, 유력한 서구열강 국가를 일본에게 호의적으로 만드는 외교공작에는 적극적으로 협조했다.

미국으로 파견되어 루즈벨트를 일본의 편으로 만드는 역할을 맡았던 가네코는 본래 이 임무를 완강히 거절했다고 한다. 결코 쉽지 않은 임무이기 때문이다. 그러나 다른 사람도 아닌 이토의 부탁과 권유를 거절할 수 없어 결국 미국으로 향했다는 일화가 남아있을 정도다.

일본이 이렇게 적극적으로 서구열강의 지지를 얻기 위해서 나선 이유는 독일황제인 빌헬름 2세가 주장한 황화론(黃禍論)의 영향이 컸다. 황화론은 청일전쟁에서 일본이 승리한 것을 계기로 시작되었으며, 장래 아시아가 서구열강의 식민지지배를 탈피하고 일어나서 경제적으로 유럽을 능가할 거라는 우려가 핵심내용이었다.

당시로서는 황당한 의견에 가까웠지만 빌헬름 2세가 이러한 주장을 한 배경에는 극동에서 영국과 미국, 일본이 연합해 공동전선을 형성할까봐 경계하는 심리가 밑바탕에 있었다. 러일전쟁이 발발하자 황화론은 다시 힘을 얻어서 널리 유포되기 시작한다. 여기에 대해 과거에 3국간섭을 경험한 바 있는 약소국 일본은 거의 노이로제에 가까운 반응을 나타내고, 미국이나 영국을 확실하게 자국의 편으로 끌어들이기 위해 필요 이상의 노력을 기울인 것이다.

다른 한편, 가쓰라 내각은 한반도를 확실히 장악하기 위한 작업도 게을리

하지 않았다. 본래 가쓰라가 내각을 만들 당시 가지고 있던 과제의 하나가 조선을 보호국으로 만든다는 것이므로 아무런 망설임이나 주저함도 없었다. 전쟁 발발의 불과 1개월도 안 된 시점인 2월 23일에는 유명한 한일의정서를 강제로 체결하도록 강요했다.

조선은 중립을 희망했지만 이것은 안중에도 없었고, 동맹국이라는 이름 아래 사실상 군사적으로 점령하고 통치하는 과정을 실현에 옮겼다. 청일전쟁 당시는 이노우에 가오루가 조선으로 건너와서 내정개혁이라는 이름 아래 위성국가로 만드는 작업에 주력했지만, 이번 전쟁은 그러한 여유를 부릴 만한 상황이 아니므로 내정개혁보다는 군사적 협조를 얻어내도록 강요하는 데 중점이 있었다.

조선주둔군(정식 명칭은 韓國駐劄軍)이라는 사실상의 점령군 조직이 만들어지고 육군 원로 중의 하나인 쵸슈번 출신의 하세가와 요시미치(長谷川好道)가 사령관에 취임한다. 그는 러일전쟁 초기에 근위사단장으로 출정했는데, 절친한 친분이 있는 야마가타의 배려로 육군대장에 승진한 후 편안한 후방근무를 하게 되었다.

한반도 점령군은 철도나 군용전신에 위해를 가한 자는 무조건 사형에 처하고, 범인을 숨겨준 자도 마찬가지로 사형에 처한다는 혹독한 처벌규정을 발표해서 혹시 있을지도 모르는 반일행동에 쐐기를 박았다. 게다가 조선민중의 비협조적인 태도를 우려해 마을이나 부락 전체를 처벌하는 연좌제도 규정했다.

또한 나중에는 철도나 전신뿐만 아니라 군수품과 군사시설도 처벌대상에 추가했다. 이걸로도 부족한지 조선민중이 징발이나 부역 동원을 거부하면 처벌하는 것은 물론, 수도인 서울과 그 주변의 경찰권을 수중에 넣었으며, 심지어는 조선 정부의 지방관리 임명권마저도 빼앗았다. 다시 말해서 조선주둔군은 러일전쟁의 원활한 수행을 위해서 필요하다면 한반도에서 무엇이든지 할 수 있는 권한을 휘둘렀다.

러일전쟁 도중 가장 두드러진 착취의 사례는 역시 철도 건설과 관련된 것이다. 경의선 노선의 완성을 위해서 평안도와 황해도를 중심으로 철도가 통과하기로 예정된 지역에 무려 20만 명 이상의 민간인들을 강제로 동원해 건설에 종사하도록 했다. 아울러 만주에서 전투를 벌이는 일본군에게 철도보급을 원활하게 수행할 목적으로, 일본 본토에서 황급히 철도건설 부대를 편성해 경의선과 동청철도를 연결하려고 하였다. 그 결과 경의선의 종착지인 의주와 압록강을 건너 안동(安東)을 연결하는 노선이 벼락치기로 완성되었다. 안동은 국공내전에서 승리한 중국 공산당이 집권한 이후 단동(丹東)으로 이름이 바뀌었다. 물론 그 이외에도 군용물품의 운반을 위해서 10만 명 이상의 조선민중을 동원한 사례도 있다.

주의할 점은 경부선이나 경의선이라는 철도노선은 일본이 철도부설권을 획득한 후 붙인 호칭이라는 것이다. 일본이 식민지 지배를 시작한 후 조선의 수도인 한양을 '경성'으로 이름을 바꾼 사실은 잘 알려져 있다. 그러나 그 훨씬 이전부터 일본은 경성이라고 호칭했으며, 이러한 이유로 일본이 러일전쟁에 대비하기 위해 한반도에 만든 철도노선도 경부선, 경의선으로 명명했다.


발트함대를 격파하자 강화조약 체결을 위한 분위기는 무르익어 갔다. 러시아는 여순이 함락된 후 유명한 피의 일요일 사건이 일어나며 혁명의 조짐이 점점 강하게 나타나고 있었다. 황제의 권위는 크게 추락했고, 러시아군은 고위 장교들의 부패와 무능, 아울러 사회주의에 물든 사병들이 전쟁반대와 계급혁명을 부르짖으며 휘청거리는 상황이었다.

한편, 봉천 함락 직후부터 일본 내부에서는 강화조약의 조건을 둘러싸고 논의가 활발히 진행되었으며, 이것에 가장 발언권을 가지고 주도한 인물은 역시 러일전쟁을 추진한 장본인 야마가타 아리토모였다.

야마가타와 가쓰라는 강화조약 체결을 위한 대표사절로 이토 히로부미가 미국으로 가기를 원했다. 이것은 이토에게 활약의 기회를 주기 위한 것은 결코 아니었다. 강화조약이 일본에게 유리한 방향으로 체결될 전망이 서지 않자 이토에게 이것을 맡도록 하고, 만약 강화조약의 조건이 일본에게 매우 불리하게 되면 그 책임을 이토에게 뒤집어씌운다는 속셈이 있었다. 게다가 이토가 나서서 체결한 강화조약이 일본에게 불리하더라도 중의원을 장악한 정우회가 여기에 정면으로 반대하지 못할 거라는 예상도 계산에 넣었다.

교활한 가쓰라의 속셈을 잘 알고 있는 정우회의 하라 다카시가 맹렬히 반대했기 때문에 이토를 사절로 파견한다는 제안은 결국 무산된다. 그렇다고 차마 야마가타에게 미국으로 가라고 요구하기도 어려우므로, 가쓰라는 부득이하게 외무장관 고무라 쥬타로를 파견하지 않을 수 없었다. 일본이 내세운 조건은 사할린 할양과 배상금 지불, 요동반도의 조차, 한반도에서 독점적 우월권의 인정 등이 주요한 내용이고, 여기에 러시아가 만주에 부설한 철도의 일부를 일본이 관리한다는 등 잡다한 요구도 포함되었다.

본격적인 강화조약 교섭에 들어가기에 앞서 일본군이 사할린을 점령한다는 사건이 일어났다. 본래 사할린 점령계획은 사실상 참모총장인 고다마가 반대해 실천에 옮겨지지 못했다. 그 이유는 러시아를 자극할까봐 우려했기 때문이다. 그러나 미국의 루즈벨트 대통령이 전쟁의 조기종결을 위해서는 사할린을 점령해 러시아를 압박할 필요가 있다고 이것을 강력히 권유한 사실도 있어서 느닷없이 7월에 사할린 점령 작전을 실시하게 된다.

루즈벨트는 전쟁 내내 일본 편에 서서 적극적으로 응원했지만, 발트함대의 패전 직후부터는 일본과 미묘한 감정의 골이 생기기 시작했다. 발트함대의 격파로 자신감이 붙은 일본이 만주에 독점적 우월권을 차지하려 했기 때문이다. 루즈벨트는 일본이 한반도나 요동반도의 이권을 차지하는 것에는 별다른 이의가 없었지만, 만주는 열강이 공동으로 관리하는 지역으로 만들어 미국이 진출하려는 욕심을 가지고 있었다.

결국 루즈벨트가 일본을 지원한 배경은 일본이 좋아서가 아니라 만주에서 러시아세력을 몰아내고 만주를 공백상태로 만들길 원했던 게 진정한 이유였다. 그러나 일본은 막대한 피를 흘리며 얻은 이권을 강화조약을 중재했다는 이유만으로 미국과 나눠가질 만큼 만만한 존재는 결코 아니다. 루즈벨트는 일본의 제국주의적 야욕을 과소평가했다. 어쨌든 그는 겉으로 일본의 환심을 얻기 위해 일본을 지지하는 태도로 일관했다.

러시아의 교섭대표로 참가한 자는 러일전쟁에 반대해 러시아 황제의 신임을 잃었던 유능한 경제관료 비테(Witte)였다. 그는 본래 이 어려운 임무를 떠맡을 생각이 없었으나, 황제의 명령에는 저항할 도리가 없었다. 게다가 미국으로 출발하기 전 영토할양이나 배상금 지불에 관해 털끝만큼의 양보도 허용하지 않는다는 황제로부터의 엄명을 받았다. 당시 전쟁 상황에 비추어 보면 불합리한 명령이지만, 그는 끝까지 명령에 따라 일본에게 조금도 양보하지 않았다. 최종적으로 러시아가 사할린의 남부를 할양한 것은 황제의 결심에 의한 것이지 비테가 양보한 게 결코 아니다.

러시아는 한반도와 요동반도를 넘기는 데는 별다른 이의가 없었고, 소위 말하는 동청철도의 일부노선 양도도 순순히 동의했다. 동청철도는 여순에서 하얼빈까지 연결하는 철도노선을 말한다. 앞서 말한 것처럼 러시아는 시베리아철도를 블라디보스토크와 연결하는 단축노선으로 만주를 관통하는 철도를 건설했다. 몽골의 북부로 연결되는 노선보다 거리가 훨씬 줄어들기 때문이다. 그래서 러시아는 이 철도를 보호한다는 명목으로 만주에 병력을 주둔시켜 왔었다. 이 결과 만주를 가로로 횡단하는 건 물론이고 세로로도 관통했으므로, 만주를 러시아 식민지로 만드는 데 매우 유리한 환경을 정비한 셈이다.

요동반도는 중국의 영토이기 때문에 러시아가 요동반도를 반환해도 원칙적으로는 일본의 영토가 되는 게 아니라 중국에게 돌려줘야 했다. 게다가 동청철도의 노선도 여순에서 장춘(長春)까지만 양도하기로 결정되었으므로, 이것역시 중국 영토에 해당되어 중국의 동의를 얻어야만 일본이 관리할 수 있었다. 결국 형식적으로는 러시아가 중국에게 돌려주는 것이지 일본에게 넘겨주는 건 아니라는 셈이다.

문제는 배상금 지불과 사할린 양도에 대해 러시아가 완강하게 거부한다는 데 있었다. 당시가 제국주의 시대이므로 배상금을 얻지 못하면 국제적으로 일본의 체면이 크게 손상되는 것은 물론이고, 가쓰라 내각의 운명은 바람 앞의 등불이 된다. 그래서 일본 측은 필사적으로 배상금 지불에 매달리지 않을 수 없었다. 이러한 태도가 미국의 여론을 악화시키고, 결국 루즈벨트가 가네코를 불러 배상금을 포기하도록 통고했다.

친일적이던 미국의 여론이 갑자기 러시아에게 호의적으로 변한 이유는 양국의 교섭대표인 비테와 고무라의 언론에 대한 태도의 차이가 결정적이었다. 비테는 불리한 입장에서 교섭에 임해야만 한다는 상황을 뒤집기 위해 미국의 언론을 교묘하게 이용했다. 미국은 민주주의 국가여서 언론과 여론이 매우 중요한 역할을 한다. 설사 대통령이라 할지라도 여론과 정면으로 어긋나는 정책을 펼치기 어렵다는 특성을 가지고 있었다.

비테는 이 점을 잘 파악하고 미국 언론의 환심을 사는 데 최선의 노력을 다했다. 그는 미국으로 향하는 도중 여객선에서 당시로서는 최첨단 기술인 무선통신으로 미국 언론사에 성명을 발표하는 등, 미국에 도착하기도 전에 언론의 주목을 끌기 시작한다. 또한 미국인들이 친필사인을 요구하면 거절하지 않는 것은 물론이고, 스스럼없이 일반대중과 접촉하려는 노력을 게을리 하지 않았다.

여기에 비해 고무라는 일본의 고위관료답게 언론과의 접촉에 무관심했으며 특유의 침묵과 비밀주의로 일관했다. 게다가 그는 미국 언론을 친일적으로 유도하던 가네코에게 언론과 접촉하는 대신, 루즈벨트의 의중을 파악하는 데 집중하도록 명령하는 실수마저도 저질렀다.

미국 국민들은 성격이 낙천적이고 개방적이어서 사교적 태도를 가지고 활달하고 친근감 있게 행동하는 사람을 좋아한다. 이러한 점은 일본인들도 역시 마찬가지다. 오쿠마 시게노부가 당시 일본에서 대중정치가로서 커다란 인기를 끈 이유는 바로 그의 낙천적이고 쾌활하면서도 개방적인 태도 덕분이다. 그러나 일본은 민주주의 국가가 아니므로 여론이 정치에 미치는 영향은 그다지 크다고 할 수 없지만, 미국의 경우는 매우 중요한 의미를 가졌다. 고무라는 미국의 하버드 법대에 유학을 다녀왔다는 경력에도 불구하고, 미국 정치에서 여론이 차지하는 중요성을 간과했다. 아무튼 고무라가 미국 언론과 접촉을 기피하고 러시아와 협상에서도 경직된 태도를 나타냈던 탓에, 미국 내에서 반일감정이 대두하고 루즈벨트가 노골적으로 일본 편을 드는 것은 곤란하게 되었다.

선전포고를 하고 나서 전쟁을 했다면 패배하는 쪽이 배상금을 지불하고 영토할양을 하는 게 당시의 관행이다. 그렇기 때문에 배상금지불을 거절한다는 건 패배를 인정하지 않는다는 의미를 가지고 있었다. 결국 전쟁을 계속해 패배를 인정하게 만들든지 아니면 배상금을 포기하는 방법밖에는 없다. 전쟁으로 러시아의 항복을 받아내려면 시베리아와 우랄산맥을 넘어 모스크바나 상트페테르부르크까지 진격해야만 했다. 이것은 나폴레옹이 되살아나 일본군을 지휘한다 하더라도 불가능하다.

러시아가 패배를 인정하지 않을 정도로 사실 지상전투는 아직 초반전을 지나고 중반전에 접어든 데 불과했다. 러일전쟁은 일본이 승리한 전쟁이 아니라 지지 않은 전쟁이라는 말이 있을 정도로 러시아의 잠재력은 무서웠다. 그렇기 때문에 러일전쟁의 지상전투에서 일본군이 승리를 거둔 사실은 큰 의미가 있는 것은 아니다.

만약 러일전쟁이 그대로 계속되고 대규모 전투에서 단 한 번이라도 참패한다면, 그것으로 일본군의 운명은 끝장났을 것이 확실했다. 장기전이 아니고 단기전에서는 러시아의 진가가 드러나기 어려웠다. 러일전쟁은 형식적으로 1년 반 정도 계속된 전쟁이지만, 본격적인 지상전은 따져보면 8개월 정도 지속된 데 불과하고 대규모 전투는 대략 3번 정도에 지나지 않았다.

흥미로운 사실은 러일전쟁을 추진한 장본인 야마가타가 전쟁을 계속하려는 의지를 가지고 있었다는 점이다. 만주에서 일본군을 지휘하던 고다마가 봉천전투가 끝난 후 본국으로 비밀리에 돌아가 전쟁을 계속하기 어렵다고 호소했음에도 불구하고, 야마가타는 연해주로 침공하길 원했으며 적어도 블라디보스토크는 점령해야 한다는 생각을 굽히지 않았다. 그는 청일전쟁 당시와 마찬가지로 전략적 관점에서 전체 흐름을 보는 능력이 여전히 부족했다.

일본 군부의 최고실세이자 원로인 야마가타의 고집을 말리기는 어려운 상황이다. 만약 일본군이 블라디보스토크를 공격한다면 직접 러시아 본토를 침공한 셈이 되므로, 러시아 내부의 염전분위기가 바뀌고 위기의식을 느껴 전쟁이 장기전으로 변할 가능성도 배제할 수 없었다.

러시아에게 있어 블라디보스토크가 차지하는 의미는 사할린과는 비교도 되지 않는다. 그러나 여기에 대해 해군의 쇼군이라고 할 수 있는 야마모토 곤베가 강력한 제동을 걸었다. 일본 해군이 수송선의 호위를 하지 않겠다고 일방적으로 선언해 버린 것이다. 해군이 사실상 전쟁에서 손을 떼겠다는 선언과 마찬가지였다. 야마모토의 무시무시한 성격을 잘 알고 있는 야마가타는 이 말을 결코 농담으로 받아들일 수 없었다. 그래서 야마가타도 고집을 꺾었다.

외무장관 고무라는 러시아가 완강히 버티자 사전에 지시받은 대로 협상을 포기할 움직임을 나타냈다. 그리고 최종적으로 본국의 허가를 요청했지만, 어전회의 결과 배상금과 영토할양의 포기를 고무라에게 지시했다. 일본의 태도 변화는 러일전쟁의 총지휘자인 고다마가 더 이상 전쟁을 수행할 능력이 없다고 강력히 주장한 게 결정적인 이유다. 일본의 민족적 자존심 문제는 제쳐두고 전쟁에 동원 가능한 청년층이 모자랐다. 돈은 외국으로부터 빌릴 수 있어도 사람은 빌릴 수 없었다.

여기에다 일본이 협상을 포기할 움직임을 보이자 몸이 달아오른 루즈벨트가 영국과 독일, 프랑스 등을 동원해 러시아 황제의 설득에 총력을 기울였다. 협상이 실패로 돌아가면 루즈벨트의 체면이 구겨지는 것은 물론이고 일본의 원망을 살 우려가 높았다. 영국이나 프랑스, 독일은 나름의 이해관계는 달랐지만 전쟁중단이라는 점에서는 공통된 생각을 가지고 있었다.

주변국들의 설득으로 심경의 변화를 일으킨 러시아 황제가 사할린 남부를 할양해서 전쟁을 끝낼 수도 있다고 발언한 게 계기가 되어 협상은 극적인 반전을 맞이한다. 이 정보를 얻어낸 영국이 재빨리 일본에게 전달하자, 8월 29일의 마지막 회담에서 고무라가 전격적으로 사할린 남부의 할양을 제의했다. 이것이 받아들여져 북위 50도 이남의 사할린을 일본에게 넘기고 그 대신 배상금 지불은 없는 것으로 합의를 보게 된다.


포츠머스 강화조약의 내용이 일본으로 전해지자 당연한 반응이지만 거국적인 분노가 일어났다. 배상금이 전혀 없는 건 물론, 일본이 러시아로부터 얻은 영토는 달랑 사할린 남부밖에 없었기 때문이다. 겨우 이러한 결과를 바라고 국민들이 그토록 막대한 희생을 기꺼이 감수한 게 아니므로, 전쟁 계속을 부르짖는 목소리가 야당을 중심으로 터져 나왔다. 물론 당시 일본군이 처한 정확한 실정을 알았다면 그러한 주장은 하지 못했을 것이지만, 일본의 국력이 바닥났다는 사실은 극비 중의 극비였다.

만약 이 사실이 러시아에게 알려지면 러시아는 강화조약을 포기하고 전쟁을 계속할 게 틀림없었다. 그래서 권력의 핵심에 있던 극소수의 사람만이 진실을 알고 있었을 뿐이다. 러일전쟁 직전에 의회를 해산하게 만든 장본인 고노 히로나카가 앞장서 천황에게 상주문을 제출하는 한편, 격문을 살포하고 대중을 선동해 도쿄 히비야(日比谷) 공원에서 9월 5일 규탄집회를 개최했다. 이 집회에는 경찰의 제지를 뚫고 대략 30,000명 정도가 모였다고 한다.

집회를 마친 성난 군중들은 관공서는 물론이고 정부를 지지하는 신문사와 내무장관 관사 등을 습격하고 불을 지르는 폭동을 일으켰다. 덕분에 야마가타 파벌의 기둥으로 당시 내무장관이었던 요시카와 아키마사는 집을 잃은 이재민 신세가 되고 만다. 치안유지의 최고책임자인 내무장관이 폭동을 방지하지 못했기 때문에 자업자득의 결과다.

히비야 공원은 지리적 위치가 천황이 사는 궁궐의 바로 앞이었으며, 육군성이나 해군성 건물과도 매우 가까웠다. 오늘날 한국으로 치자면 청와대 바로 앞에서 대규모 시위를 하다가 폭동으로 발전한 셈이다.

급기야 계엄령이 선포되고 2,000명이 넘는 사람이 체포되었으며, 민중을 선동한 신문과 잡지사들이 발간정지 등의 탄압을 받았다. 폭동은 확산되는 조짐을 보여 전국 각지의 주요 도시에서도 연달아 폭동과 규탄집회가 열렸다. 폭동의 주범은 주로 하루 벌어 하루 먹고 사는 하류계층의 사람들이고, 전쟁에 수반한 물가상승과 무거운 세금 부담에 괴로움을 당하던 계층이었다.

한편, 이러한 사실과는 정반대로 일본의 민중은 전쟁영웅으로 개선한 장군들에게는 도가 지나칠 정도로 열광적인 반응을 나타냈다. 특히 러일전쟁의 대미를 장식하는 쓰시마 해전을 승리로 이끈 도고 헤이하치로에 대한 반응이 가장 뜨거웠다. 도고가 교토를 방문하자 시 전체가 축제분위기에 뒤덮여 들썩거렸다. 이러한 사실은 일본 국민들이 결코 러일전쟁에 반대하지 않았다는 사실을 의미하는 것과 동시에, 전쟁이 국민통합에 얼마나 커다란 효과를 야기하는지를 증명하는 에피소드이다.

일본 국내에서 비난의 화살은 온통 외무장관이자 강화교섭의 담당자인 고무라에게 쏠렸다. 이것은 고무라에게 매우 억울한 상황이다. 그는 당시 일본의 국수주의자 중에서도 손꼽히는 골수분자이며, 강화조약 체결반대와 전쟁속행을 주장한 급선봉이었다. 또한 러일전쟁을 전후해 한반도 식민지화 등 일본의 제국주의적 대외팽창을 외교 측면에서 주도하고 리드한 장본인이기도 하다.

결국 그는 외무장관이라는 직책에 있었기 때문에 부득이하게 십자가를 진 것에 불과하다. 그럼에도 불구하고 삼국간섭으로 거국적 비난을 받은 무쓰와는 다르게 자신의 입장을 변명하거나 옹호하려 하지 않고, 특유의 침묵으로 자신에게 쏟아지는 비난을 묵묵히 참았다. 가쓰라나 야마가타가 그를 절대적으로 신임하는 이유가 바로 이러한 점에 있었다고 해도 과언이 아니다.

정략결혼

# 1

## 전후처리와 사이온지 내각의 출범

포츠머스 강화조약의 결과 가쓰라가 더 이상 내각을 유지하는 것은 곤란하게 되었다. 청일전쟁을 일본에게 유리한 방향으로 마무리한 제2차 이토 내각이 쓰러진 이유도 삼국간섭의 후유증이 컸기 때문이다. 하물며 배상금을 한 푼도 얻어내지 못한 가쓰라는 구차하게 내각을 유지하기보다는 차라리 포기하는 편이 현명했다. 이미 가쓰라 내각은 제2차 이토 내각을 능가하는 장수내각으로서 할 만큼 했다.

사이온지 긴모치

야마가타를 닮아 치밀하고 용의주도한 그는 러시아와 강화조약이 순조롭게 진행되지 않을 것으로 미리 예상하고 비밀리에 정우회에게 내각을 넘기는 정치공작을 추진하고 있었다. 이미 여순이 함락되기도 전인 전년도 12월에 정우회 총재인 사이온지 긴모치와 당의 실권을 장악한 하라 다카시, 마쓰다 마사히사를 비밀리에 만나 장래 정권을 넘기는 대신 가쓰라 내각에 대한 지지와 협력을 얻어냈다.

중요한 사실은 원로를 배제한 그들만의 약속이었다는 점이다. 가쓰라는 야마가타에게 사전에 이러한 사실에 대한 양해와 동의를 얻으려 하지 않았고, 정우회도 당내에서는 총재를 비롯한 오직 3명만이 알고 있는 극비사항이었다. 이토와 긴밀한 관계에 있는 하라 다카시가 이러한 협정의 내용을 은밀히 이토에게 알렸지만, 가쓰라가 약속을 어기지 않도록 견제하기 위한 일방적인 통보에 불과했다.

정치적으로 가쓰라는 야마가타의 그늘을 벗어나 독립을 시도하기 시작했다. 과거 야마가타의 충실한 심복으로서 정당정치에 대한 부정적인 생각을 공유하고 이를 실천에 옮겼지만, 막상 수상이 되어 정치를 해보니 정당과 협조나 제휴를 하지 않고서는 정국운영이 극히 곤란하다는 사실을 피부로 실감한 것이다.

야마가타처럼 강력한 파벌을 가지고 있지 않았으므로, 가쓰라는 군비증강이나 정권안보 등 원하는 목적만 달성하고 내각을 포기해도 상관없을 정도로 막강한 권력자는 아니었다. 내각을 포기하면 의지할 곳은 육군밖에 없었지만, 육군은 '야마가타의 귀염둥이' 데라우치 마사타케가 가쓰라의 빈자리를 채우며 장악했다. 귀족원을 중심으로 뿌리를 내린 관료세력도 가쓰라의 정치적 자산이지만, 엄밀히 말하면 야마가타의 소유재산이고 그의 것은 아니었다. 야마가타에게 뒤지지 않는 야심과 권력욕을 가진 가쓰라는 언제까지나 야마가타의 그늘에서 안주하려 하지 않았다.

정치적 후견인의 자격으로 시시콜콜한 것까지 간섭하는 야마가타로부터 독립해 '대정치가'로 자리매김하기 위해서는, 정당과 제휴는 필수이고 자신만의 정당을 가지고 있을 필요성도 있었다. 이러한 속마음을 감추고 전쟁지도에 열중했지만, 봉천 점령으로 지상전이 사실상 끝나자 본격적으로 정권양도를 위한 협상의 분위기가 무르익는다. 그러나 아직도 할 일이 많이 남아있어 당장은 전후처리에 정력을 집중해야만 했다.

발트함대를 격멸한 후 5월에는 영일동맹을 개정하는 문제가 정부 수뇌의 중대한 관심사항으로 떠올랐다. 영일동맹을 개정해야 하는 가장 중요한 이유는 한반도에서 일본의 독점적 우월권을 영국으로부터 인정받으려는 데 있었다. 앞서 말한 것처럼 영일동맹 체결 당시 영국은 한반도에서 일본이 독점적 우월권을 갖는다는 점을 한사코 인정하려 하지 않았다. 영국이 조선을 위해 그런 것은 물론 아니다.

영국이 한반도에서 특별한 이해관계를 가지지 않는 이상, 러일전쟁에서 일본이 승리할 경우에만 일본이 독점적 우월권을 갖는 게 의미가 있었기 때문이다. 아무튼 러일전쟁에서 일본의 승리가 거의 확실하게 되자 일본은 초강대국 영국으로부터 이것을 명확하게 보장받으려 했다. 이러한 이유로 개정된 제2차 영일동맹의 핵심 내용은 영국이 일본의 한반도 지배권을 묵인하는 대신, 일본은 영국의 식민지 인도에 대한 지배권을 인정했다.

다른 한편, 동맹국이 전쟁상태에 들어가면 다른 국가는 이것을 원조한다는 내용도 중요한 의미를 가졌다. 이 규정에 바탕을 두고 일본은 제1차 세계대전에 참전하는 게 가능했고, 영국의 뜻을 넘어서 아시아에 존재하던 독일의 식민지를 탈취하는 등 막대한 이익을 얻어냈다.

어느덧 일본은 러일전쟁이 끝날 무렵 동북아시아의 지역 맹주로서 영국과 대등한 입장에 서게 된다. 전쟁은 흔히 인간이 저지르는 어리석은 짓이라고 말하지만 전쟁이 없어지지 않는 이유가 바로 여기에 있다. 일본은 러일전쟁에서 승리한 이후 국제사회에서 그 어느 국가도 무시할 수 없는 강대국으로 단숨에 부상했다.

일본은 또한 미국과도 한반도에서 독점적 지배권을 인정하는 협정을 체결했다. 한국의 국사교과서에도 등장하는 유명한 가쓰라·태프트 협정이 바로 그것이다. 태프트는 당시 미국의 육군장관으로서 특사 자격으로 비밀리에 일본을 방문해 7월 29일에 회담을 했다. 태프트는 필리핀 총독을 거쳐 나중에는 루즈벨트의 뒤를 이어 대통령에 취임한 인물이다. 여기서 일본이 미국의 필리핀 지배를 인정하는 대신, 미국은 일본의 한반도 지배를 승인한다는 내용의 비밀협정이 맺어졌다.

이러한 일련의 조치로 일본은 일본에게 우호적인 국가들로부터 한반도의 지배권을 확실하게 보장받았으나, 그 대신 서구열강이 지배하는 아시아 식민지에서 일어나는 독립운동에 아무런 원조나 지원을 하지 못했다. 이것과 동일하게 미국이나 영국 등 서구열강도 한반도에서 일어나는 독립운동이나 항일투쟁에 아무런 지원을 하지 않고 손을 떼는 상황이 되었다. 다시 말해 서로의 지배영역에 대한 불가침과 불간섭의 약속을 한 것이다.

이러한 사정이 있었으므로 나중에 조선에서 일제의 식민지화 작업에 대항해 외교적으로 서구열강의 지지를 얻으려 한 시도는 결과적으로 부질없는 짓이었다. 한때는 조선을 위해 애를 쓰는 척하던 러시아도 러일전쟁 후에는 결국 중국과 마찬가지로 냉정하게 등을 돌렸다. 이제 조선을 보호국으로 하느냐, 아니면 식민지로 하느냐는, 전적으로 일본의 마음에 달려있는 문제에 지나지 않았다. 그리고 이것에 대한 최종결정권은 역시 러일전쟁을 주도한 야마가타와 가쓰라의 뜻에 달려 있었다.

정우회에게 차기정권을 넘긴다는 약속을 한지 벌써 반년 이상이 지났지만 아직도 전후처리 문제로 좀처럼 약속을 지키지 못하는 상황이 되었다. 인내심이 바닥난 하라 다카시는 가쓰라에게 독촉을 했고, 포츠머스 강화조약의 내용에 정우회가 무조건 찬성하는 대신 8월에는 무슨 일이 있어도 반드시 정권을 넘긴다는 확약을 받아냈다. 그러나 강화조약 내용이 국민의 기대와 너무나 달랐기 때문에 앞서 말한 것처럼 대혼란이 일어나고, 이것을 수습하느라 결국 연말인 12월에 들어서야 겨우 정권을 넘길 수 있었다.

한편, 이러한 와중에 이토 히로부미는 가쓰라의 후계수상으로 고다마 겐타로를 추진한다는 엉뚱한 발상을 했다. 정우회와 오쿠마의 헌정본당을 합당해 거대 정당을 탄생시키고, 러일전쟁을 승리로 이끌어 정계에서도 각광을 받던 고다마에게 이를 맡긴다는 구상이다. 이토는 정우회를 만든 장본인임에도 불구하고 스스로 후계자로 지명한 사이온지가 정권을 맡는 것을 못미더워 했다. 그가 별다른 정치적 경력도 없고 능력 역시 검증되지 않은 인물이기 때문이다. 그러나 결국에는 하라의 간곡한 설득과 만류가 효과를 거두어 없던 일이 되었다.

우여곡절 끝에 탄생한 사이온지 내각은 이전의 정권과는 분명하게 다른 특징이 있었다. 즉, 가쓰라가 물러났지만 정권의 후견인 역할을 하며 지원하고, 정우회라는 정당의 총재가 내각의 수상임에도 불구하고 정당내각의 색채를 대폭 약화시킨 것이다. 정우회의 소속으로 입각한 자는 하라 다카시와 마쓰다 마사히사에 지나지 않았다. 과거 제4차 이토 내각 당시, 정우회 출신이 장관의 보직을 싹쓸이했던 것과는 양상이 크게 달랐다.

외무장관에 제4차 이토 내각의 가토 다카아키가 능력을 인정받아 다시 선발된 것을 제외하면, 나머지 각료는 원로들과 깊은 관련을 가진 번벌 출신이나 그 방계에 해당하는 차세대 인물들로 채워졌다. 그 중에서 가장 눈길을 끄는 인물이 바로 야마가타 이사부로(山県伊三郎)였다.

체신장관에 임명된 그는 본래 야마가

야마가타 이사부로

타의 조카로, 1861년에 아들이 없는 야마가타의 양자가 되었다. 메이지 초기 이와쿠라 사절단에 참가한 것을 계기로 독일에 유학을 갔지만 도중에 병을 이유로 귀국했고, 이후 야마가타의 후원으로 관계에 입문해 경력을 쌓아왔다. 특별히 눈에 띄는 보직을 맡은 적은 없었고 그럴만한 재능을 가지고 있지도 않았지만, 잘난 양아버지 덕분에 급기야 장관으로 등용되기에 이른 것이다.

또한 문부장관에 임명된 마키노 노부아키(牧野伸顕)는 서남전쟁 직후 암살당한 오쿠보 도시미치의 차남이었다. 비록 오쿠보의 아들이지만 마키노 가문의 상속을 위한 양자로 들어갔으며, 일본에서 널리 사랑받는 야구(Baseball)를 최초로 도입한 사람으로 유명하다. 친아버지 오쿠보를 따라가 이와쿠라 사절단에 참가한 것을 계기로 미국에서 유학생활을 보내다가 귀국해 도쿄대학의 전신인 개성(開成)학교에서 수업을 받기도 했다.

오쿠보의 사망 후 이토 히로부미가 그를 돌봐줬지만, 한편으로 구로다 내각 당시 수상인 구로다의 비서관으로 근무하는 등 삿쵸번벌의 실력자들과 친분이 두터웠다. 사이온지와는 그가 문부장관일 당시 차관으로 보좌해 문교정책을 함께 추진한 덕분에 친밀한 사이다.

이러한 인연으로 그가 문부장관에 등용된 것이다. 또한 오쿠보의 친아들인 만큼 사쓰마벌의 환심을 사기 위한 목적도 아울러 있었다. 아울러 그는 일본이 제2차 세계대전에 패배한 후 수상에 취임하는 등 일본의 정치판을 배후에서 좌지우지한 막강한 실력자 요시다 시게루(吉田茂)의 장인이기도 하다.

더욱 가관인 것은 대장성 장관에 취임한 사카타니 요시로(阪谷芳郎)가 재계의 황제이자 이노우에 가오루의 오른팔인 시부사와 에이치의 사위였다는 점이다. 즉, 사카타니는 엄밀히 말해서 번벌 출신은 아니지만 번벌에 준하는 인물이라 해도 무방하다. 그래서 이 내각은 '번벌 2세 정권'이라고 규정해도 과언이 아닐 지경이었다. 한국의 대통령인 박근혜 역시 박정희의 장녀로서 군사독재 '2세'에 해당한다. 따라서 독자들에게도 이러한 풍경이 낯설게 느껴지지 않을 것으로 생각된다. 물론 박근혜는 선거에 의해 국민의 선택을 받아 대통령에 취임했다는 점에서 메이지 시대의 번벌 2세와는 다르다.

한편, 육군장관은 데라우치 마사타케가 그대로 유임했지만, 해군장관에는 사이토 마코토가 등장한다. 해군의 쇼군에 해당하는 야마모토 곤베가 가쓰라의 후배인 데라우치와 동격인 장관으로 취급받는 데 자존심이 상해 심복 사이토에게 장관자리를 물려준 것이다. 이처럼 야마

사이토 마코토

모토는 찬밥취급을 받으며 끝내 메이지 시대에는 수상에 취임하지 못했다. 이는 죠슈벌에 대한 사쓰마벌의 열세가 메이지 시대가 끝날 때까지 계속되었다는 의미이기도 하다.

이때 전격적으로 정치의 전면에 등장한 사이토는 이 내각에서 해군장관에 취임한 이래, 메이지 시대가 끝나고 야마모토 곤베가 수상에 취임할 때까지 연달아 장기간 해군장관을 역임했다. 사이토가 번벌 출신이 아님에도 이처럼 파격적인 출세를 할 수 있었던 배경의 하나에는, 그가 니레 카게노리(仁礼景範)의 사위라는 점도 무시할 수 없었다. 니레는 정치계에 입문한 가바야마의 공백을 채우기 위해 몇 개월 동안 해군장관의 자리에 있었을 정도로 해군의 사쓰마벌에서는 원로급으로 대우받는 인물이었다. 그래서 사이토 역시 번벌 출신은 아니지만 번벌 2세에 준하는 인물로 간주해도 무방하다.

번벌 2세 정권으로 출범한 사이온지 내각의 가장 빛나는 존재는 역시 수상인 사이온지 긴모치였다. 그는 번벌 출신이 아니라 조정의 공경 출신이다. 이와쿠라 토모미나 산죠 사네토미가 사망한 이후 멸종되었다고 생각되던 공경

출신이 정치 전면에 다시 등장한 것이다. 사이온지는 공경 출신이므로 번벌 출신이 흉내 낼 수 없는 막강한 장점이 한 가지 있었다.

다름 아니라 메이지 천황의 신임이 매우 두텁다는 점이다. 그는 3세 연하의 메이지 천황과 유년시절을 함께 보내며 같이 놀고 공부하면서 자랐다. 한마디로 말해 사이온지는 천황의 부랄 친구였다. 천황의 시종장이자 내대신으로 장기간 근무했으며, 사실상 천황의 정치비서에 해당하는 도쿠다이지 사네노리 (德大寺実則)가 사이온지의 친형이다. 그는 교토 공경의 계보로 따지면 세이가 (清華) 가문에 속하며, 사이온지 가문에는 가문을 상속할 양자로 들어갔다.

이러한 사정이 있었기 때문에 천황은 항상 사이온지의 거취를 주시하고 기회가 있을 때마다 각별한 관심을 기울였다. 그는 무진전쟁에 야마가타와 함께 참전한 후 프랑스 파리로 자비유학을 갔다. 명문 소르본대학에서 법학과 문학을 전공하면서 무려 10년 동안 향락을 만끽하고 방탕한 생활을 즐기다가 귀국한다. 이때 대학동기이자 절친한 친구가 된 인물이 제1차 세계대전 당시 프랑스의 수상이었던 클레망소다. 이러한 인맥이 있었던 덕분에 제1차 세계대전의 사후처리를 위한 파리강화조약이 체결될 당시 그는 일본의 대표자로 참가했다.

사이온지는 파리 유학을 계기로 공화정치에 물들었다는 주변의 의혹과 우려를 불식하고, 시간이 갈수록 보수적이고 국수주의적인 면모를 나타내기 시작했다. 귀국 후 그는 메이지(明治) 법률학교를 만들고 프랑스의 법률과 정치를 직접 강의하면서 민주정치와 사회주의 보급에 나섰다. 이것이 사이온지를 눈여겨보고 있던 이와쿠라 토모미의 심기를 불편하게 만든다.

또한 귀국해 강의와 계몽운동에 주력하고 있던 중에, 그는 자유민권운동의 대표적 사상가이자 프랑스의 사상과 정치철학에 조예가 깊은 나카에 쵸민 (中江兆民)과도 접촉했다. 두 사람은 프랑스 유학 중 친분을 맺은 사이다. 그래서 나카에 쵸민이 사실상 창간한 〈동양자유신문〉의 사장에 취임했지만, 천황이 직접 칙명을 내려 곧바로 사퇴하도록 명령한다는 매우 이례적인 조치를 취했다. 사이온지에 대한 의혹과 불신을 파악한 천황이 그를 보호하기 위해 내린 조치였다.

메이지 천황은 사이온지가 자유민권운동 계열에 속하는 신문사의 사장이 되어 본의 아니게 반정부적인 태도를 취한다면, 번벌세력의 미움을 받고 장래 그의 정치생명에 커다란 타격을 받을까봐 우려했다. 언젠가는 그와 함께 정치를 이끌어 나가고 싶다는 소망을 천황은 은밀히 가지고 있었다. 그 후 사이온지는 메이지 15년(1882)에 독일헌법을 모방하려는 이토 히로부미를 수행해 입헌제도 조사를 위한 조사단 멤버의 하나가 되어 함께 독일로 갔다.

이를 계기로 이토 히로부미와 친분을 쌓고 능력을 인정받는다. 이토의 참모 중 하나로서 프랑스의 법률과 제도를 소개하는 역할을 맡았기 때문이다. 본래 그는 기도 다카요시로부터 총애를 받을 정도로 죠슈벌과 유대관계를 가지고 있었다.


이러한 인연으로 이토의 세력권에 들어간 그는 이토 내각이 출범할 때마다 장관의 물망에 오르고 문부장관의 단골멤버로 취임했다. 그 배후에는 이토와 각별한 사이인 천황의 입김이 작용했다는 것은 물론이다. 그러나 사이온지는 이토 내각에서 눈에 띄는 존재는 아니었고 그저 얼굴이나 이름을 알리는 정도에 지나지 않았다. 즉, 이토는 사이온지를 주로 대타로 활용했다. 이토가 아끼던 법률참모 이노우에 고와시가 폐결핵으로 쓰러지자 그의 대타로 문부장관에 임명된 것을 시작으로, 역시 폐결핵으로 사직한 무쓰 무네미쓰의 후임자로 외무장관에 취임하기도 했다.

그럼에도 불구하고 나중에는 천황이라는 든든한 백그라운드를 발판으로 추밀원 의장에 취임했고, 가쓰라 내각이 탄생하자 앞서 말한 것처럼 이토와 자리를 바꿔 이토는 추밀원으로 물러나고 사이온지가 정우회 총재의 자리를 물려받는다. 즉, 그는 이토의 정치적 상속자가 된 것이다. 알기 쉽게 야구로 비유하자면, 평소 별다른 활약을 못하고 대타로 뛰던 데 불과하던 선수가 구단주와 감독의 총애를 받아 주전선수의 자리를 꿰차고, 급기야 감독에까지 취임한 것과 비슷하다고 할 수 있다.

본래 추밀원 의장이라는 보직이 구로다·이토·야마가타 등 번벌세력의 유력한 최고실력자에게나 주어지는 자리라는 점을 생각하면, 천황의 사이온지에 대한 애정이 얼마나 깊은지 알 수가 있다. 사이온지는 천황의 후원으로 힘 하나 안들이고 추밀원 의장이라는 메이지 시대 권력구조의 핵심 보직을 차지했으며, 그 후 거대 정당 정우회의 총재로서 급기야는 내각수상의 자리에까지 오른다. 그래서 사이온지 내각은 겉으로 드러나지는 않았지만, 천황의 그림자가 짙게 깔린 내각이라고 해도 과언이 아니었다.

정치가가 되어 정치를 하려면 정치자금이 필요하기 마련이다. 그런데 사이온지는 당시 일본을 대표하는 재벌기업인 미쓰이, 스미토모(住友)와 인척관계에 있었으므로 돈 걱정은 하지 않아도 좋았다. 특히 스미토모의 가문상속을 위한 양자로 영입된 도쿠다이지 다카마로(德大寺隆麿)는 사이온지의 친동생이다. 정우회 내에서 사이온지가 뜬금없이 총재가 되는 데 별다른 반발이 없었던 이유는, 사이온지가 천황의 각별한 신임을 얻고 있는데다가 재벌을 등에 업고 정치자금을 제공할 수 있는 능력이 있었기 때문이다.

이것만으로도 모자라 수상에 등극한 것을 계기로 사이온지는 나중에 원로가 되었다. 메이지 시대가 배출한 '최후의 원로'가 바로 사이온지다. 사실 수상이 되기 이전부터 그는 원로회의에 참가했었다. 추밀원 의장이면 원로회의에 참가할 충분한 자격이 있었고, 천황이 이를 강력히 원했으므로 원로회의에 참석할 수 있었던 것이다. 타고난 복이 많은 사이온지는 90세를 넘기며 장수했다. 즉, 2차 세계대전이 발발하기 5년 전까지 생존하며 최후의 원로로서 정계에 막강한 영향력을 발휘했다.

이상에서 본 것처럼 사이온지는 메이지 시대가 배출한 최고의 행운아라고 할 수 있다. 미천한 신분으로 메이지 시대에 권력의 정점에 오른 이토나 야마가타도 행운아 중의 행운아지만, 사이온지는 타고난 좋은 출신성분을 배경으로 천황에 의해 인위적으로 만들어진 행운아라는 점이 다르다. 피는 물보다 진하다는 속담처럼 번벌의 실력자들이 같은 고향 출신의 인물을 우대하고 등용한 것과 마찬가지로, 천황은 공경 출신의 인물 중에서 장래성이 엿보이면 보호하고 육성하는 데 은밀히 힘을 기울였다.

그 중에 대표적인 인물이 사이온지와 귀족원 의장으로 장기간 근무한 고노에 아쓰마로(近衛篤麿)다. 아쓰마로는 고노에라는 성을 쓰는 것에서 알 수 있듯이 5섭가의 필두인 고노에 가문 출신이다.

제1권에서 말한 것처럼 고노에 가문과 사쓰마번의 시마즈 가문은 연가의 관계에 있었다. 그렇기 때문에 고노에 아쓰마로는 막부 타도 당시 사쓰마번의 실질적인 번주였던 시마즈 히사미쓰의 딸을 어머니로 두었으며, 화족계급의 리더로 귀족원 내에서 국수주의 성향을 가진 그룹을 대표하는 인물 중 하나로 자리매김한다. 일찍 세상을 떠난 덕분에 정치적으로 크게 성장하지 못했지만, 나중에 그의 아들 고노에 후미마로(近衛文麿)는 히로히토 천황의 아래에서 수상에 등극했다.

출범 당시 사이온지 내각은 원로회의를 거치지 않았다. 원로제도가 정착된 이래 후계수상을 결정하는 문제는 원로회의의 추천과 자문을 얻어야 하는 게 관행이었다. 그러나 가쓰라는 천황을 설득해 원로회의를 거치지 않도록 자신의 의지를 관철하는 데 성공한다. 원로들을 배제하는 정치판의 진정한 세대교체를 꿈꾸고 더 나아가서 정치적 독립을 달성하려는 가쓰라의 입장에서는 반드시 실현해야만 하는 과제였다.

천황은 자신이 고안해낸 원로제도를 부정하는 가쓰라의 태도가 당연히 마음에 들지 않았지만, 러일전쟁을 승리로 이끈 가쓰라에 대한 신임이 두터웠던 탓에 별다른 이의 없이 그의 소원을 들어줬다. 게다가 차기수상이 다름 아닌 천황이 각별히 아끼는 사이온지라서 더욱 그러하다.

이것은 가쓰라의 정치적 위상이 원로에게 뒤지지 않을 정도로 성장했다는 의미다. 또한 아울러 원로가 정치의 전면에 나서는 시대는 끝났고, 단순히 국가 통합과 권위의 상징으로 변질되기 시작했다는 의미도 내포하고 있었다. 물론 그렇다고 해서 원로의 정치적 권력이 현저하게 쇠퇴했다는 말은 아니며, 배후에서 내각을 조종하거나 간섭하는 경우가 여전히 많았다. 특히 강력한 파벌을 확보하고 가쓰라와 메이지 초기부터 긴밀한 관계를 맺은 야마가타의 경우는 더욱 그러하다.

원로정치의 배제는 원로들이 차례차례 사망하면서 비로소 실현되었다. 그러나 야마가타를 비롯한 유력한 원로의 대다수는 메이지 시대 이후에도 생존했으므로, 진정한 의미에서 원로정치의 쇠퇴는 메이지 시대가 끝나고 나서야 실현된다.

이때부터 메이지 시대가 끝날 때까지 사이온지와 가쓰라가 번갈아가며 내각을 맡는 시대가 시작되었고 일본에서는 이를 '게이엔(桂園) 시대'라고 한다. 가쓰라(桂)와 사이온지(西園寺)의 성에서 한 글자씩 따서 붙인 명칭이다. 내각제도 초기에 나타난 것처럼 삿쵸번벌의 실력자들이 번갈아가며 권력을 나눠먹는 대신, 야마가타 파벌의 직계인 가쓰라와 이토가 만든 정우회가 권력을 사이좋게 공유하는 구도라 할 수 있다. 즉, 대국적으로 보면 사쓰마벌에 대해 죠슈벌이 우위를 차지한 와중에, 죠슈벌의 양대 산맥이라 할 수 있는 야마가타 파벌과 이토 파벌이 권력을 차지한 것이다. 하지만 나중에 보는 것처럼 실체를 자세히 들여다보면 반드시 그렇다고 보기는 어렵다. 정우회를 이토가 마음대로 좌지우지하는 상황도 아니고, 가쓰라 역시 야마가타의 눈치를 보면서 서서히 그로부터 독립하려 했기 때문이다.

이 시대의 특징은 흔히 '무풍시대'라는 말로 표현된다. 중의원을 장악한 정우회와 번벌세력의 합작에 의해 정권이 운영되었으므로 의회를 극복하는 데 아무런 지장이 없었기 때문이다. 의회제도가 창설된 이래 끊임없이 되풀이 된 번벌정부와 의회의 알력과 갈등이 이 시기에는 거의 존재하지 않았다.

무풍시대를 증명하는 가장 좋은 예는 중의원 의원의 임기만료로 총선거가 실시된 사실을 들 수 있다. 대통령제를 채택하는 경우 특별한 사정이 없는 이상 국회의원의 임기가 만료되면 선거를 실시하는 게 일반적이지만, 내각책임제는 정부와 의회가 충돌해 의회를 해산하는 경우 언제든지 국회의원 선거를 다시 실시해야 한다. 그러나 게이엔체제 아래에서는 중의원 의원이 임기를 끝까지 채울 수 있을 정도로 별다른 파란 없이 평온한 시기가 지속되었다.

　사실 이러한 제휴형태는 이미 오래전에 나타날 수도 있었지만 정당정치를 혐오하는 원로들, 특히 야마가타가 용납하지 않아서 실현될 수 없었다. 그러나 가쓰라는 야마가타와 매우 각별한 관계에 있었고, 정우회는 이토가 창설한 정당이므로 이타가키나 오쿠마가 만든 정당과는 성격이 상당히 달랐다. 게다가 정우회 총재로 등극한 사이온지가 정당정치가의 색채가 희박해 야마가타를 자극하지 않았다는 점도 간과하기 어렵다.

　결국 겉으로 보기에 게이엔 시대를 만든 것은 차세대 지도자들인 가쓰라와 사이온지의 합의에 의한 것이지만, 사실은 가쓰라의 배후에 있는 야마가타가 반대하지 않았기 때문에 성립했다고 봐도 무방하다. 러일전쟁 후 야마가타의 권위와 권력은 그의 비위에 어긋나는 정치체제는 성립하는 게 불가능할 정도로 막강했다.

　또한 이러한 기형적인 정치체제가 탄생한 밑바탕에는 헌법의 창시자인 이토 히로부미가 내각책임제를 명확하게 채택하지 않았던 탓이라는 점도 간과하기 어렵다. 헌법을 제정할 당시 정당이라는 존재를 애써 무시하고 외면했지만, 정당의 세력이 급속하게 성장하자 기득권을 가진 번벌세력과 충돌하게 되는 것은 불가피했다.

　문제는 이러한 갈등을 조정할 제도적 장치가 없다는 점이다. 헌법 규정상으로는 막강한 권력이 부여된 천황이 갈등을 조정할 자격이 있었지만, 천황 스스로가 노골적으로 정치에 개입해 실패할 경우 천황의 권위에 커다란 손상을 입는 사태는 한사코 피해야만 했다. 천황의 권위에 치명적인 손상이 가해질 경우 천황제 국가라는 체제 자체가 위기에 빠지기 때문이다.

결국 이 문제의 근본적인 해결책은 헌법을 개정해 내각책임제를 확실하게 도입하는 방법이 최선이었다. 그러나 이것은 독일식 입헌체제를 도입한 게 잘못이라고 인정하는 꼴이며, '대정치가'로서 이토의 자존심이 허락하지 않았다. 그래서 이토는 스스로 정우회라는 정당을 창설해서 번벌세력과 정당의 대결 구도를 해소하려 한 것이다. 즉, 이토가 정우회를 창당한 것은 전면적인 내각 책임제의 도입을 회피하기 위한 미봉책이자 타협책에 지나지 않았다.

그 결과 정치체제의 모순과 갈등은 게이엔체제라는 변태적인 형태로 그럭저럭 수습되기는 했으나, 민주정치의 올바른 발전을 기대하기가 불가능하게 되었다. 나중에 정당정치가 말살되고 군국주의가 대두한 것은 결코 우연의 일치가 아니다.

진정한 의미에서 내각책임제가 도입되면 자동적으로 중의원 다수당이 권력을 차지하게 되며, 그렇게 되면 정당에 대한 번벌의 우위라든지 기득권은 포기해야만 했다. 이토를 비롯한 번벌의 실력자들이 진정한 의미에서의 내각책임제를 반대한 이유가 바로 여기에 있었다. 이토와 야마가타가 자신들의 기득권을 지키기 위해서 민주정치의 발전을 외면했기 때문에 역사의 죄인으로 심판받아 마땅하다. 그러나 이토는 오늘날에도 여전히 일본에서 입헌정치를 도입한 '대정치가'로 대접받고 있다.


사이온지 내각이 직면한 최초의 과제는 러일전쟁을 계기로 2배 이상 팽창한 정부 예산안을 그대로 유지해 항구화시키는 것이다. 이것은 평소 정우회가 중시한 행정·재정 정리와 정반대의 노선이다. 그러나 러일전쟁 후 러시아의 복수를 우려한 군부는 군비 확장을 요구했고, 또한 철도 국유화나 한반도의 식민지화를 추구하려면 더 많은 예산이 필요했다. 여기에 대해 다른 야당뿐만 아니라 정우회 내부에서도 반발이 강했지만, 사이온지는 하라와 마쓰다의 도움으로 정우회의 의견통일을 이루어내고 무사히 중의원에서 예산안을 통과시킨다.

예산의 팽창상태를 그대로 굳히는 것 외에도 철도 국유화 역시 해결해야만 하는 중요한 숙제였다. 오늘날과는 다르게 교통수단으로서 철도를 대체할 만한 것이 없었으므로, 당시 철도의 중요성은 전략적 의미를 가진다고 할 수 있을 정도다.

흥미로운 사실은 육군이 철도노선의 선정에 깊은 관심을 가지고 이를 수정하려 했다는 것이다. 해안선을 따라 그 근처에 철도를 부설하면 외국의 침공을 받을 경우 방어에 취약하다는 이유를 들어서, 육군은 철도노선을 좀 더 내륙으로 옮길 것을 강력히 요구했다. 그러나 당시 상황에서는 비용의 문제는 물론이고 기술적으로도 어려운 문제이기 때문에 결국 실현되지 않았다.

이러한 요구의 배후에는 야마가타가 있었으며, 그는 한반도의 경부선과 경의선 부설에도 군사적인 관점에서 지대한 관심을 가지고 깊숙이 개입했다. 단선철도 노선을 하나만 가지고 있어도 자동차 몇 천대와 비슷한 수송능력을 자랑하며, 병력의 신속한 이동과 집결을 위해 철도만큼 유용한 운송수단이 없었기 때문이다. 이러한 사정은 교통이 눈부시게 발달한 오늘날에도 마찬가지다.

철도의 국유화는 메이지 20년대부터 꾸준히 제기되어 온 문제였고, 군부·실업계가 모두 일치해 국유화를 강력하게 원했다. 민영철도라 하더라도 순수한 의미의 민영은 아니었으나, 철도의 객차구조나 바퀴 등이 국철과 다르다는 점과 철도운영의 중앙집권화를 확실히 하기 위해 국유화의 필요성은 공감대가 형성되었다. 그러나 문제는 역시 민영철도를 매수할 자금을 마련하는 데 있었다.

여기서 엉뚱하게도 외무장관 가토 다카아키가 반대를 주장하고 나섰다. 그는 표면적으로는 사유재산권의 보호 등을 주장하면서 반대의사를 표명했다. 그러나 사실은 미쓰비시 창업자의 사위라는 입장에 있었으므로, 철도 국유화를 꺼려하는 미쓰비시의 입장을 대변해 반대를 주장한 것이다. 결국 가토는 자신의 주장이 받아들여지지 않자 사임했다. 정우회는 전면적인 국유화 법안을 제출했지만, 막대한 재정 부담을 우려한 귀족원의 반대로 절반 정도의 민영철도만 국유화하기로 결정되고 말았다.

그럼에도 불구하고 민영철도를 매수하기 위해 무려 4억 7천만 엔이라는 천문학적 액수의 공채가 발행되었다. 당시 국가예산과 맞먹는 액수의 공채발행으로 거액의 자금이 금융계로 흘러들어갔기 때문에 전후 경제부흥을 촉진하는 역할을 하게 된다. 그러나 이것이 공채의 가치를 대폭 하락하게 만든 부작용의 결과, 공채 이자로 부를 증식하는 자본가 계층으로부터 원성을 사지 않을 수 없었다.

다른 한편, 사이온지 내각에서 내무장관의 자리를 차지한 하라는 번벌세력의 타도를 위한 시도를 게을리 하지 않았다. 그는 기회가 있을 때마다 번벌세력을 견제하고 정당 중심의 정치를 달성하려 했다. 하라는 동북지방 출신으로 번벌세력에 대한 강력한 반감을 가지고 있는 인물이었다.

따지고 보면 사이온지 내각에 해군장관으로 입각한 사이토 마코토도 동북지방 출신이고, 대만의 민정장관으로 대만 통치를 실질적으로 담당한 고토 심페이 역시 마찬가지다. 이러한 인물 외에도 메이지 말기에 이르면 정계나 관료층, 군부에 동북지방 출신이 중견간부급으로 많이 등용되기 시작했다. 육군에서는 의화단의 난 당시 일본군을 지휘해 명성을 날리고 육군 대장까지 승진한 '역적' 아이즈번 출신의 시바 고로(柴五郎)가 대표적이다.

그럼에도 불구하고 번벌 타도를 꿈꾸고 이것을 실천에 옮긴 사람은 하라가 거의 유일하다. 그는 메이지 시대가 끝난 후 동북지방 출신으로는 최초로 수상의 자리까지 올랐기 때문에 보통 '평민재상'이라는 칭호가 따라붙는다. 그러나 실제로 평민 출신은 아니고 본래는 상급무사의 자제였다.

무진전쟁 당시 13세의 소년이었던 하라는 난부(南部)번 출신이라서 혹독한 고통을 겪었다. 난부번은 무진전쟁에서 최후까지 신정부군에게 대항한 대표적

번으로 미움이 받혔다. 그래서 20만 석을 13만 석으로 삭감당하는 것은 물론이고 영지를 센다이(仙台)번의 시로이시(白石)로 옮기도록 명령받았다. 그 후 다시 본래의 영지로 복귀하도록 허락받았으나, 그 대신 무려 70만 량이라는 거액을 정부에 헌납한다는 조건이 붙었다.

난부번의 무사들은 시로이시로 이사 갔다가 다시 돌아오는 과정을 통해 가지고 있던 재산 대부분을 잃었다. 무진전쟁에 패배한 이후 번으로부터 지급받던 봉급이 동결된 것은 물론이다. 게다가 터무니없는 헌금액을 충당하기 위해 무사들을 상대로 강제 모금을 해야 했으며, 무사의 자존심인 칼마저도 팔아야 하는 궁지에 몰린다. 결국 난부번 소속의 무사들은 대부분 빈털터리가 되고 혹독한 가난에 시달리지 않을 수 없었다.

이러한 이유로 성장기에 혹독한 가난을 경험한 하라는 번벌정권에 대한 증오심에 불타게 되었고, 남몰래 삿쵸 번벌세력의 견제와 타도를 인생의 목표로 삼게 된다. 그는 메이지 4년(1872)에 16세의 나이로 상경했지만 학비도 없고 이렇다 할 연줄도 없어서 굴곡이 많은 청년시절을 보내지 않을 수 없었다. 메이지 초기 번벌 출신이 아니고 가진 것도 없는 청년들의 인생이 그러했다. 궁리 끝에 공짜로 프랑스어를 배울 목적으로 프랑스인 신부가 운영하는 학교에 입문해 본의 아니게 기독교도가 되는 대가로 프랑스어를 익혔다. 그 후 주변의 권유에 따라 사법성에서 운영하는 법학교에 입학했지만 불미스러운 사건에 휘말려 퇴학당한다.

결국 내세울만한 학력이 없어 신문기자가 되는 길을 택했고, 우여곡절을 거친 끝에 번벌의 실력자들이 후원해 만들어진 제정당(帝政黨)이라는 어용정당의 기관지 주필로서 사실상 신문경영자가 되었다. 이를 계기로 번벌의 유력한 인물들에게 존재를 알리게 되었으며 나중에 외무성에 들어가 관료로 경력을 쌓기 시작한다. 그를 외무성으로 끌어들인 장본인은 죠슈벌의 실력자로 그 무렵 외무성을 장악한 이노우에 가오루였다. 하라와 결혼한 여자가 이노우에와 개인적으로 각별한 친분관계에 있던 사람의 딸이었기 때문이다. 제1차 야마가타 내각이 발족한 메이지 22년(1889)에는 농상무성으로 소속을 옮겼는데, 여기서 당시 장관이었던 무쓰 무네미쓰와 운명적인 인연을 맺었다.

이미 언급한 것처럼 무쓰는 번벌 출신이 아니고 죠슈벌을 매개로 출세의 발판을 마련했다는 점에서 하라와 공통점이 있었다. 그래서 하라의 능력을 인정하고 제2차 이토 내각 당시 그를 외무차관에 발탁할 정도로 중용했다. 그러나 무쓰가 폐결핵으로 사망한 후에는 강력한 후원자를 잃고 다시 〈오사카 마이니치(大阪每日)〉라는 신문사에 입사했다가 정우회를 창당한 이토의 호출을 받아 정우회에 투신한 것이다. 나중에 일어난 유명한 3·1만세운동 당시 수상이었던 하라는 이를 계기로 무력통치를 문화통치로 바꾼 장본인이었다. 이것은 군인총독을 배제해 군부의 세력을 약화시키고 야마가타가 키워낸 군벌세력을 견제하려는 의도에서 취한 조치다.

아무튼 하라는 정우회에 입당한 이후 실력자인 호시 도루와 급속도로 친밀해지고 그의 측근이 되었다. 호시 역시 번벌 출신이 아니고 불우한 성장환경을 보낸 후 자수성가했다는 측면에서 하라와 공통점을 가지고 있었다. 아울러이 두 사람의 인생에서 무쓰 무네미쓰라는 존재가 각별한 의미를 가지고 있었다는 점도 중요한 연결고리다.

또한 권력에 대한 강렬한 욕망과 불굴의 의지를 가지고 있었다는 면에서도양자는 비슷했으며, 오쿠마처럼 군중을 모아놓고 연설을 하는 등 화려한 대중정치가라기보다는 토론과 논쟁을 좋아하고 정책대결을 펼친다는 스타일에서도 공통점이 있었다.

정우회에 투신한 것을 계기로 정계에 본격적으로 입문한 하라는 영일동맹이 체결된 해인 메이지 35년(1902)에 고향인 모리오카(盛岡)현에서 치러진 중의원 선거에 최초로 출마해 당선되었다. 그리고 이를 계기로 정우회 내에서동북지방의 대표자라는 새로운 타이틀을 획득했다. 호시의 암살을 계기로 이미 관동지방의 지역보스라는 지위를 계승한 상태에서 출신지역인 동북지방마저도 자신의 지지기반으로 포섭함으로써 정우회 최강의 실력자가 된 것이다. 게다가 그와 함께 정우회를 지도하던 마쓰다 마사히사가 메이지 시대가 끝난 후 사망하고부터는 명실상부한 정우회의 우두머리로 거듭났다.

# 2

## 사회주의운동과 사이온지 내각 독살사건

메이지 39년(1906) 11월에 제23차 의회가 열렸다. 사이온지 내각이 맞이한 두 번째 의회다. 이 의회를 극복하는 과정에서 사이온지 내각은 많은 적을 만들게 된다. 일단 예산문제가 갈등의 씨앗으로 떠올랐다. 러시아가 러일전쟁의 복수전을 할 것이라고 상정한 군부가 말썽을 일으킨 주범이었다. 육군은 한반도를 수비하기 위한 병력을 명목으로 2개 사단의 증설을 요구했고, 해군 또한 대대적인 군함건조계획을 들이밀었으므로 가뜩이나 예산부족으로 휘청거리는 국가재정을 곤란하게 만들었다.

해군은 다른 예산을 전용해 충당하는 것으로 한 발 물러났지만 육군은 그렇지가 않았다. 이것은 군부와 정우회의 미묘한 관계를 드러내는 상징적인 징표였다. 육군은 정당내각을 혐오하는 야마가타의 입김으로 기회가 있을 때마다 정우회를 압박했고, 이것이 계기가 되어 정우회는 해군에 접근해 야마가타를 견제하려 하였다. 그래서 정우회와 사쓰마벌이 장악한 해군은 교감을 가지고 있었고, 장래 수상이 되고자 꿈꾸는 해군의 쇼군 야마모토 곤베는 거대 정당 정우회의 환심을 얻을 목적으로 순순히 요구사항을 철회한 것이다.

이와는 정반대로 정우회에 대해 별로 아쉬울 게 없는 야마가타는 사단 증설의 요구를 철회하지 않았다. 사단이라는 육군의 전투 집단은 일단 만들면 쉽게 없애기 곤란하다는 문제점이 있다. 군함은 시간이 지나면 노후화되어 폐기해야 되지만, 사람을 모아 만드는 사단은 그러한 제한이 없었다. 게다가 사단은 매년 일정한 액수의 막대한 유지비가 필요하다. 그렇기 때문에 사단을 증설한다는 문제는 장기적으로 예산상 부담을 수반하는 문제였다.

집요하고 끈질긴 성격을 가진 야마가타가 양보하지 않자 사이온지는 사퇴의사까지 밝히면서 저항했다. 러일전쟁 전부터 이미 증세는 할 만큼 했고, 더 이상의 대대적인 증세를 하다가는 거국적인 반대에 부딪쳐 내각의 붕괴가 뻔했기 때문이다. 사이온지 내각을 후원하는 가쓰라의 중재로 육군의 양보를 얻어냈지만, 그럼에도 불구하고 예산은 1억 2천만 엔 이상 증대했고, 이 중에서 절반 정도가 국방예산에 충당된다.

한편, 이보다 전인 제22차 의회에서는 내무장관 하라가 지방자치제도의 개혁을 위한 법안을 제출해 야마가타의 심기를 불편하게 만들었던 적도 있었다. 어차피 귀족원을 장악한 야마가타의 견제로 통과되지 못할 가능성은 매우 높았으나, 이것이 노리는 목적이 야마가타가 심혈을 기울여 만든 관료벌의 세력을 붕괴시키기 위한 데 있다는 점은 누구의 눈에도 분명했다. 특히 하라가 의도한 것은 지방자치단체의 구조에서 중간에 위치하고 있는 군(郡)의 폐지였다.

군(郡)은 장기간 내무장관을 역임한 야마가타가 지방자치제도를 정비하는 과정에서 주변의 반대를 물리치고 억지로 탄생시킨 것이다. 신중하고 치밀한 성격의 야마가타가 굳이 이것을 만든 이유는 나중에 적나라하게 드러났다. 즉, 야마가타에게 충성을 바치는 정년퇴직이 임박한 관료나 경찰에게 군장(郡長)으로 공직생활의 화려한 대미를 장식하라는 의미에서 주어지는 경우가 많았다. 하라는 이처럼 군이 실제적으로 지방자치단체로서 별다른 기능을 하지 못하고 야마가타의 파벌을 위한 밥그릇으로 변질된 상황을 타파하고자 원했다.

비록 가쓰라의 권고와 귀족원의 강력한 견제로 법안은 사장되고 말았으나, 하라는 내무장관에 취임한 것을 기회로 경찰기구를 개혁하는 등 야마가타의 파벌을 견제하려는 시도를 게을리 하지 않았다. 더군다나 하라는 성립될 가능성이 매우 희박하다는 사실을 잘 알면서도, 제23차 의회에 또다시 군을 폐지하자는 법안을 제출해 야마가타에게 대항하는 자세가 결코 일시적 현상이 아니라는 것을 분명하게 나타냈다.

또한 이 법안이 재차 귀족원에서 부결되기는 했으나 이번에는 찬성자가 무려 108명이나 나왔다는 사실도 중요한 점이다. 귀족원이 야마가타의 강력한 세력기반 중의 하나라는 기존의 통념을 뒤흔드는 징조가 희미하게나마 엿보였기 때문이다. 귀족원에서 이 법안에 대한 찬성자와 반대자의 표차가 불과 49표 정도에 불과하다는 것은, 정치공작 여하에 따라 귀족원을 정우회의 세력권으로 만들 수도 있다는 사실을 의미한다.

다른 법안도 아니고 노골적으로 야마가타의 세력을 꺾기 위한 목적을 가진 법안에 이렇게 많은 찬성자가 나왔으므로, 야마가타의 간담을 서늘하게 만들지 않을 수 없었다. 한술 더 떠서 하라는 귀족원 칙선의원에 정우회 인사를 임명하게 만드는 성과도 올렸다. 칙선의원은 문자 그대로 천황이 직접 임명하기 때문에 천황과 직접 의사소통이 가능한 번벌 실력자들의 입김이 매우 강하게 작용할 수밖에 없었다. 특히 야마가타가 자신에게 충성을 바치는 관료벌의 인물들을 귀족원에 들여보내는 창구로 활용한 게 바로 칙선의원이다. 그래서 야마가타가 받은 충격은 매우 컸다.

바로 이것이 사이온지 내각을 붕괴하게 만든 가장 중요한 원인으로 꼽는다. 야마가타는 공공연하게 자신에게 도전하는 하라 다카시는 물론이고 정우회내각에 대해 강력한 경계의 눈초리를 보내고 내각타도를 은밀히 구상하기 시작했다.

사이온지 내각의 위기를 초래하는 또 다른 문제로는 경제위기가 있었다. 전쟁특수로 한껏 달아오른 경제가 전쟁이 끝나자 급속히 냉각되기 시작했고, 중소기업이나 은행의 연쇄붕괴조짐이 나타났다. 사이온지는 비록 프랑스에 장기간 유학을 다녀오긴 했지만 경제를 전공하지 않았으므로 경제에는 문외한이었다. 게다가 대장성 장관으로 임명된 사카타니 요시로는 베테랑 경제관료이나 시부사와의 사위로서 원로 이노우에 가오루와 깊은 관련을 가지고 있었던 탓에, 경제정책에 관해 이노우에 등 원로들의 개입을 초래하는 빌미를 만들었다.

사카타니는 오카야마(岡山) 출신으로 도쿄대학에서 정치학과 경제학을 전공하고 졸업하자마자 곧바로 대장성에 들어갔다. 그리고 그 이후 오직 대장성에만 머무르면서 관료로 성장한 인물이다. 한마디로 정통 경제관료 출신이었고, 특히 예산의 편성과 운용에 있어서 일가견을 가진 것으로 평판이 높았다. 일반적인 번벌 2세들이 부모의 후광으로 관가의 여기저기를 기웃거리며 활로를 모색하던 것과는 상당히 다른 경력의 소유자다.

앞서 말한 오쿠보의 차남으로 사이온지 내각에 문부장관으로 입각한 마키노 노부아키의 경우는, 외교관으로도 근무하면서 외무성과 문부성을 넘나들며 경력을 쌓았다. 번벌 출신은 아니지만 외무장관으로 임명되었다가 사직한 가토 다카아키 역시 미쓰비시의 중역으로 근무하는 등 다채로운 경력을 가진 인물이다. 그러나 사카타니는 번벌 2세 중에서는 보기 드물게 한우물만 파면서 실력을 인정받은 경우다.

전쟁이 끝나면 전쟁특수가 사라지고 불경기를 맞이하는 게 필연적인 현상이지만, 내각의 존속을 위해서는 자금을 금융계에 쏟아 부어 경기부양을 해야만 했다. 그러나 문제는 전쟁이 끝났음에도 불구하고 군부로부터 군비증강의 압박이 계속되어 재정상의 여유가 없었다는 점이다. 여유자금을 창출하기 위해서는 증세를 하는 방법과 정부 지출의 경비절감을 하는 방법이 있다. 그러나 양쪽 모두 실행이 곤란하다는 점이 문제였다.

증세는 선거에서 지지율 하락을 우려해 정우회 내부의 반발이 심했고, 경비절감은 관료세력의 반발로 실행에 옮기기가 어려웠다. 관료세력을 건드리면 가쓰라와 야마가타의 비위를 건드리는 것을 각오해야만 한다. 결국 정부의 경비절감은 정치적 이유로 쉽게 건드릴 수 없었다. 그래서 고심 끝에 증세를 선택하게 된다. 정면으로 증세하기가 어려운 사정을 감안해, 각종 소비세 인상과 담뱃값의 인상 등을 통한 우회적이고 간접적 증세를 도모했다.

아울러 대장성 장관 사카타니의 배후에 있는 이노우에와 마쓰카타 등이 개입해 국방예산을 비롯한 예산안의 삭감을 통한 긴축재정을 실시하기로 합의를 봤다. 여기에는 관료벌의 대변자를 자처하는 가쓰라가 중개자 역할을 했는데, 그는 겉으로는 사이온지 내각을 도와주는 시늉을 하면서 실제로는 철도예산 문제를 부각시켜 사이온지 내각과 원로들 사이를 이간질했다. 사이온지 내각이 가쓰라가 중요시하는 국방예산의 삭감에는 별다른 이의가 없으면서, 항상 당세 확장을 의식해야 하는 정우회의 입장을 고려해 철도예산은 후하게 배정했기 때문이다.

이처럼 예산을 둘러싼 대립은 철도건설의 확장을 둘러싸고 절정을 맞이하고, 대장성과 체신성 장관이 서로 격렬하게 반목하다가 두 사람 모두 사퇴하면서 최악의 상황으로 치닫게 된다. 대장성은 불필요한 예산을 줄인다는 명목으로 철도예산을 대폭 삭감하려 했지만, 철도의 관할부서인 체신성은 당연히 이것에 반발했다. 순순히 협조할 수도 있었으나 사이온지 내각에 대해 반감을 갖고 있는 야마가타의 뜻을 받든 야마가타의 양자이자 체신장관인 야마가타 이사부로는, 일부러 대장성과 충돌을 일으켜 내각의 위기를 의도적으로 만들었다.

그럼에도 불구하고 자신의 양자가 내각에서 축출당한 데 크게 화가 난 야마가타는 보복을 결심하고는, 가쓰라를 앞세워 정우회에 반감을 가지고 있는 정당들을 배후에서 조종해 정부 불신임안을 제출하도록 한다. 그러나 불과 9표 차이로 부결되고 말았다. 또한 사카타니의 사임으로 이노우에를 비롯한 다른 원로들과 재계의 유력자들도 사이온지 내각에 대해 등을 돌렸다. 소탈하고 심약한 성격의 사이온지는 이러한 상황을 견디지 못하고 내각을 포기하려 했으나, 정우회의 실권자인 하라 다카시는 오히려 이를 기회로 야마가타에게 역습을 가하려고 했다.

남다른 수완을 가진 그는 대장성과 체신성장관이 사임해 발생한 공백을 야마가타의 텃밭 중의 하나인 귀족원 의원으로 대체해 야마가타를 깜짝 놀라게 만든다. 설마 하라가 귀족원까지 손을 뻗을 것이라고는 예상하지 않았기 때문이다.

대장성 장관이 사임한 것을 계기로 정우회 실력자인 마쓰다 마사히사가 대장성으로 옮기고, 체신장관에는 홋타 마사야스(堀田正養)를 임명했다. 그리고 본래 법무장관이었던 마쓰다의 공백을 채우기 위해 센게 다카토미(千家尊福)라는 비록 지명도는 낮지만 귀족원의 유력한 인물을 법무장관으로 임명하는 깜짝 인사를 단행했다.

아울러 하라는 내무장관이라는 지위를 이용해 경찰 내에 도사리는 야마가타 파벌에게 대대적인 타격을 가했다. 야마가타의 최측근으로 경찰의 실권을 장악한 오우라 가네타케(大浦兼武)를 내무성으로부터 추방한 게 신호탄이었다. 또한 총선거를 앞두고 선거를 감독할 책임이 있는 지방관료에 정우회를 지지하는 인물들을 대거 등용해 야마가타를 더욱 분노하게 만들었다.

다른 한편, 지방관료들을 총괄하는 내무성의 지방국장에 도코나미 다케지로(床次竹二郎)를 임명하는 등 자신만의 인맥을 내무성에 심어놓는 작업에도 열중했다. 마치 야마가타가 정계에 진출해 내무성을 발판으로 관료벌을 만든 사례를 모방하듯이 행동한 것이다. 이처럼 관료세력에 적극적으로 침투하는 하라의 행동이 야마가타의 후계자로 관료세력의 대변자를 자처하던 가쓰라의 반감도 초래한 것은 물론이다.

경제를 살리기 위해서는 너무나 무거운 세금 부담을 경감해야 하는데도 오히려 증세를 거듭했던 탓에, 사이온지 내각에 대한 경제계의 반감은 극에 달했다. 게다가 이미 본 것처럼 선거법이 세금납부를 기준으로 국회의원을 선출하는 유권자를 선정했으므로 거듭되는 증세가 유권자층을 대폭 확대하는 결과를 야기하지 않을 수 없었으며, 유권자들도 당연히 증세에 대해 강한 거부감을 나타냈다. 그러나 이러한 분위기에서 치러진 총선거는 야마가타나 가쓰라의 기대에 어긋나게 정우회가 188석을 확보해 여전히 다수당의 위치를 확보하는 데 성공하고 만다. 그 결과 정우회가 저절로 약체화되는 것은 기대할 수 없는 상황이 되었다.

부득이하게 야마가타와 가쓰라의 사이온지 내각 흔들기는 정우회뿐만 아니라 실질적으로 내각을 움직이며 맹활약하는 내무장관 하라 다카시에 대한 공격에 집중하지 않을 수 없었다. 가쓰라는 사이온지 내각이 출범할 당시는 후원자 역할을 했지만, 이 내각이 예상보다 장수하면서 번벌세력에 대한 노골적인 공격을 시도하자 서둘러 내각을 쓰러트리고 자신이 내각을 맡으려 했다. 가쓰라가 사이온지 내각을 후원한 이유는 원로정치를 배제한다는 자신의 정치적 야심을 위한 것이지, 번벌 타도를 도모하라고 정권을 넘긴 건 결코 아니었기 때문이다.

과거 이타가키나 오쿠마가 왕성하게 자유민권운동과 정당을 지도하면서 요란하게 번벌 타도를 외쳤다. 그렇지만 최초의 정당내각을 탄생시키며 막상 정권을 잡자, 실제로는 감투를 차지하려고 서로 다투며 추잡한 밥그릇싸움만 하다가 불과 반년도 버티지 못하고 자멸하고 말았다. 그러나 하라는 말이 아니라 행동으로 번벌세력에 대한 강력한 견제를 실천에 옮기면서 야마가타가 현실적인 위협을 느끼게 만들었다는 점에서 확연히 다르다.

증세를 거듭하는 사이온지 내각에 대한 평판은 별로 좋지 않았으나, 하라는 정치권뿐만 아니라 대중의 주목을 받고 장래 번벌세력을 타도할지도 모르는 유망주로 기대를 모으기 시작한다. 이러한 상황에 위기감을 느낀 야마가타는

'하라 죽이기'의 음모를 꾸몄다.

중의원의 과반수를 장악하고 있는 정우회를 모체로 만들어진 사이온지 내각을 합법적으로 타도하기는 어려웠다. 그래서 급속하게 세력을 팽창하며 대두하던 사회주의운동을 이용한 것이다. 하라는 내무장관이므로 이러한 사회주의 운동에 대한 단속의 책임이 있었다. 하라가 내무장관이라는 점을 이용해 야마가타의 관료벌을 흔들자, 야마가타는 이를 역이용해서 하라를 주저앉히려 했다.

일본의 사회주의운동은 러일전쟁 전부터 시작되었지만, 앞서 본 것처럼 제2차 야마가타 내각 당시 만든 치안경찰법의 영향도 있어 사실상 걸음마 수준을 벗어나지 못하고 있었다. 최초의 본격적인 사회주의 결사라고 인정받을 만한 '일본사회당'이라는 단체가 만들어진 것은 메이지 39년(1906) 2월의 무렵이다.

명색은 정당이지만 실제로는 친목단체 수준을 크게 벗어나지 못했다. 당원은 불과 200명 정도에 불과했으며, 잡지와 신문 등을 창간해 사회주의를 알리는 계몽과 홍보운동을 하는 데 힘을 쏟는 정도였다. 당의 강령으로는 사회주의운동을 국민들에게 널리 계몽한다는 것과 보통선거를 실현해야 한다는 주장을 내세웠다. 게다가 법을 준수하는 범위 내에서 사회주의운동을 전개한다고 첫머리에 규정하는 등 정부의 탄압을 의식해 매우 온건한 태도를 원칙으로 했다.

그럼에도 불구하고 일본사회당은 실제로는 파업투쟁을 벌이는 광산노동자를 지원하고 전철요금 인상에 반대투쟁을 전개하는 등 왕성한 활동을 하면서, 언뜻 보기에는 마치 정부전복을 꾀하는 무정부주의자처럼 보였다. 그러나 내부적으로는 전혀 다른 두 개의 조류가 존재했다. 적극적인 반정부투쟁과 계급투쟁을 통해 궁극적으로는 사회주의 혁명을 꿈꾸는 고토쿠 슈스이(幸德秋水)와 합법적인 정당활동으로 사회주의정권을 탄생시키길 원하는 다케조 데쓰지(田添鉄二)의 대립이 바로 그것이다.

후자인 다케조의 주장이 좀 더 세련되고 실현가능성이 높았지만, 일본사회당의 내부에서는 고토쿠의 과격한 행동과 주장이 압도적인 지지를 얻었다. 당시 세계를 강타한 사회주의 혁명 분위기를 생각하면 무리도 아니다. 고토쿠는 고치(高知)현 출신이며 자유민권운동의 대표적 사상가인 나카에 쵸민의 제자로, 자유당 계열의 신문사에서 한때 기자생활을 한 경력을 가지고 있었다. 그러나 미국의 샌프란시스코로 건너가 급진적인 노동조합 운동자들과 접촉한 것을 계기로 사회주의운동에 관한 확신을 얻게 된다.

내무장관 하라는 사회주의운동에 혹독한 탄압을 가하기보다는, 합법적인 정당활동을 하도록 유도하는 편이 바람직하다고 보고 애초 일본사회당을 묵인했다. 그러나 일본사회당이 고토쿠의 주장에 지지를 표명하며 노골적으로 계급투쟁을 시도하자 해산을 명령하기에 이른다. 그러나 탄압과 금지조치가 오히려 사회주의자로 하여금 더욱 과격한 행동을 취하는 막다른 길로 몰아넣는 결과가 되었다.

4월에 지방관회의가 개최된 것을 계기로 하라는 사회주의운동을 엄격히 금지한다는 방침을 공표했으나, 사회주의운동의 기세는 수그러들지 않았다. 이러한 상황에서 6월 22일에 유명한 '적기(赤旗)사건'이 발생했다. 사실 이 사건은 따지고 보면 해프닝에 가까운 시시한 것에 지나지 않았다.

사건의 발단은 일본사회당의 기관지인 〈평민 신문〉에 기사를 싣는 등의 활동을 하다 체포되어 1년 2개월의 형기를 선고받고 복역 중에 보석으로 출감한 야마구치 고켄(山口孤劍)의 출감환영회에서 시작되었다. 여기에 참석한 동료나 지인 중 일부가 대각선 방향으로 흰색으로 '무정부 공산(共産)'이라고 쓴 붉은색의 깃발을 휘두르며 길거리에 나가 "무정부주의 만세!"를 외치며 행진하다가 제지하던 경찰과 난투극을 벌인 끝에 체포되었다. 여기에는 소년이나 여자도 포함되었다고 한다.

이것이 정치적으로 유명한 적기사건의 전말이었다. 그러나 도쿄 한복판에서 일어난 사건이고, 사회주의와 관련된 사건이라는 점이 중요했다. 가뜩이나 야마가타가 사회주의를 비호한다는 이유로 하라를 공격하려 벼르고 있었으므로, 문제의 심각성을 깨달은 하라는 직접 천황에게 사건의 경과를 보고하고 해명하려 했다. 그러나 메이지 천황은 하라를 만나려 하지 않았다.

이미 사전에 야마가타가 은밀히 천황을 만나 하라가 사회주의운동을 옹호한다고 중상모략한 것이 원인이다. 이것은 사이온지에 대한 간접적인 압박의 의미도 있었다. 사이온지가 프랑스에 장기간 유학하면서 직접 보고 목격해 사회주의운동에 공감과 동정을 가지고 있다는 사실을 암시하는 측면도 있었기 때문이다.

하라와 야마가타의 갈등이 시간이 갈수록 깊어가는 마당에 이 사건이 터지자 사이온지는 내각을 포기할 결심을 굳혔다. 자세한 경과는 알 수 없지만, 사이온지가 은밀히 야마가타를 직접 만나 내각을 포기할 의사를 밝혔다고 한다. 그리고 그는 별장으로 하라와 마쓰다를 불러 내각사퇴에 관한 자문을 구했다. 두 사람은 물론 맹렬히 반대했으나 그는 권력자 야마가타가 집요하게 내각의 타도를 노리고 공격을 가하는 상황에서 굳이 내각을 유지할 생각이 없었다.

인생을 모질게 살아본 경험이 없는 '귀공자' 사이온지는 모처럼 얻은 권력이고 정우회가 중의원의 과반수를 차지했으며, 귀족원 의원을 두 명이나 장관으로 입각시킴으로 인해 귀족원과의 관계가 원만하게 되었음에도 불구하고, 내각을 유지하는 데 미련을 가지지 않았다. 그의 성격이나 인생관 자체가 좋게 말하면 담백하고, 나쁘게 말하면 확고한 의지나 신념이 없는 전형적인 귀족 스타일이다.

6월 30일에 출신성분을 묻지 않고 번벌로부터 야당에 이르는 주요 인사들을 초빙해 대규모 만찬회를 열었다. 이것은 물론 내각을 포기하기 전 일종의 작별인사 성격을 가진 연회다. 그리고 7월 4일에 열린 각료회의에서 사이온지는 일방적으로 내각을 포기한다고 선언했다. 그가 내각을 포기한 진정한 이유를 밝히지 않던 탓에 세간에서는 커다란 의혹과 궁금증을 불러 일으켰다. 진상이 제대로 밝혀진 것은 제2차 세계대전이 끝나고 완전히 공개가 허락된 유명한 하라 다카시의 일기 덕분이다.

하라는 한때 신문기자를 한 적이 있어서 매우 꼼꼼하고 상세하게 일기를 적는 버릇을 가지고 있었다. 시간이 있을 때마다 그날 있었던 일을 메모하고 주말에 한꺼번에 이를 정리해 일기를 만들었다. 그래서 그가 남긴 일기는 사료로서의 가치가 매우 높다. 그의 일기는 메이지 말기에서 그가 암살될 때까지 정치상황을 아는 중요한 지표로 오늘날에도 높은 평가를 받는다. 하라가 일기에 야마가타가 배후에서 사이온지 내각을 붕괴시키기 위해 책동했다는 사실을 적어놨기 때문에 비로소 진상이 명쾌하게 밝혀지게 된 것이다.

당시에도 비록 진상은 명확히 밝혀지지 않았으나, 번벌세력이 사이온지 내각을 '독살'했다는 소문이 시중에 파다하게 퍼졌다. 사이온지가 내각을 포기할 정도로 절박한 궁지에 몰리지 않았음에도 느닷없이 쓰러졌으므로 야마가타의 농간이 원흉으로 지목되는 것도 무리가 아니다.

야마가타는 원로의 우두머리이자 최고 권력자라는 실체와는 전혀 어울리지 않게 천황에게 은밀히 해코지를 하고, 사소한 해프닝에 가까운 사건을 마치 중대한 사건인 것처럼 부풀려 꼬투리를 잡고서 사이온지 내각을 쓰러트리는 데 성공했다. 그러나 역사는 돌고 돈다는 격언처럼 나중에 이것과 매우 유사한 방법에 의해 야마가타는 몰락하는 운명에 처했다.

# 3

## 재벌의 등장

자본주의 발전과정을 어떤 식으로 분류하든지 간에 자본주의의 발전이 일정한 단계에 올라서면 자본의 집중을 통해 거대한 자본력을 가진 기업체가 등장하게 된다. 이러한 기업 중에서도 특히 다각적인 사업 분야를 가지고 가족이나 일족을 통해 회사를 지배하는 경우를 재벌이라고 한다. 근대 일본은 자본주의가 발전하기 시작한 역사가 매우 짧음에도 불구하고, 정경유착을 통해서 메이지 시대 말기에 이르자 재벌이 본격적으로 등장하게 된다.

재벌에는 산업재벌과 금융재벌이 있기 마련이다. 한국의 경우 역사상 유례를 찾아보기 힘들 정도로 급속한 경제성장을 하는 과정에서 금융을 강력하게 통제했던 탓에 금융재벌은 낯선 존재다. 오죽하면 '관치금융'이라는 단어마저 등장할 정도다. 그러나 국가가 금융을 강력하게 통제하지 않는 이상, 금융재벌이 나타나는 것도 별로 이상한 일은 아니다.

대표적 산업재벌로는 미쓰비시를 들 수가 있고, 금융재벌에는 야스다(安田)

가 있다. 이와 함께 산업과 금융의 양 부문에 골고루 발을 걸치며 성장한 재벌로는 미쓰이가 있는데, 미쓰이는 전문경영자가 발전의 밑바탕을 만들었다는 점이 두드러진 특색이었다. 물론 재벌은 문어발식 경영을 하는 특징이 있으므로 이러한 비교는 어디까지나 상대적이라는 사실을 유념해야 한다.

미쓰비시의 창업자인 이와사키 야타로(岩崎彌太郎)는 일찍 사망했으나, 그의 친동생 야노스케(彌之助)는 야타로의 뒤를 이어 해운업으로 성장의 발판을 마련한 미쓰비시를 '바다로부터 육지로' 전환하는 사업추진을 진행했다. 정부로부터 매수한 나가사키 조선소의 경영을 궤도에 올려놓은 것은 물론, 광산매입과 경영에도 손을 뻗었다. 일본 정부는 나가사키 조선소를 일단 미쓰비시에게 대여했다가 나중에 정식으로 불하했는데, 62만 엔 이상을 투자했음에도 단돈 9만 엔에 넘기는 특혜를 주었다. 아울러 당시 해운업은 증기선을 주력으로 했으므로 증기기관의 원료인 석탄의 확보를 위해 탄광을 집중적으로 매입했다.

야노스케는 탄광뿐만 아니라 금속을 채굴하는 광산도 확보했고, 나중에는 오사카 제련소를 정부로부터 불하받아 구리를 제련하는 능력도 갖췄다. 또한 메이지 38년(1905)에는 고베조선소를 건설해 기계의 제작도 시작하며 미쓰비시가 중공업에 진출하는 토대를 만들었다. 아울러 도쿄의 알짜배기 땅을 불하받아 부동산 투자와 건축에도 관심을 보였으며, 대규모 농장이나 맥주회사에 출자하기도 했다.

보통 미쓰비시에 관해 언급하는 경우 창업자인 야타로에게 관심이 집중되고, 친동생인 야노스케는 관심의 범위에서 멀어지는 경우가 많다. 그러나 야노스케는 야타로가 일찍 사망한 공백을 훌륭하게 보완하며 미쓰비시가 산업재벌로 성장할 수 있는 발판을 만들었다. 그는 창업자 야타로처럼 정부와 마찰을 일으키는 것을 불사할 정도로 강렬한 개성은 없었지만, 유능한 인재를 활용해 건실하고 신중하게 기업을 이끌며 산업재벌 미쓰비시의 토대를 확고히 굳혔다.

창업자 야타로가 오쿠마 시게노부와 긴밀히 밀착한 것처럼, 야노스케는 오쿠마의 뒤를 이어 대장성의 쇼군과 같은 존재가 된 마쓰카타 마사요시와 인척관계를 맺으며 정경유착의 끈을 계속 유지하려는 노력도 게을리 하지 않았다. 제2차 마쓰카타 내각이 성립할 당시 오쿠마의 입각을 배후에서 주선한 장본인이 바로 야노스케였다. 오쿠마는 예전부터 긴밀한 관계였고 마쓰카타와는 사돈지간이기 때문에, 별다른 어려움 없이 오쿠마 입각을 성사시킬 수 있었던 것이다. 또한 야노스케의 아내는 도사번 출신의 정치 거물 고토 쇼지로의 장녀다. 즉, 미쓰비시는 번벌과 정당세력을 가리지 않고 유력한 거물 정치인들과 긴밀한 인맥을 구축하고 있었다.

한편, 금융재벌로 성장한 야스다 젠지로(安田善次郎)는 그야말로 맨주먹으로 거대한 재벌을 일으킨 입지전적 인물의 대표에 해당한다. 야스다는 막부 멸망과 메이지 유신이 없었다면 결코 빛을 보지 못할 인물이었다. 그의 성장과정에 대한 자세한 언급은 생략하지만, 금융재벌을 만들어낸 비결은 정부의 정책을 믿고 적극적으로 협조한 것이 결정적인 도움이 되었다. 가난한 유년기를 보낸 그는 환전상으로 몸을 일으켜 밑천을 마련하는 한편, 금융에 눈을 떴다.

도쿠가와 막부시대에 막부가 발행하는 전국적으로 유통되는 화폐도 있는 반면에, 개개의 번이 발행하는 화폐인 번찰(藩札)도 있었다. 그렇기 때문에 에도에는 환전상을 하는 사람들이 많았고, 환전 수수료로 이익을 얻는 게 보통이다. 야스다도 그 중 한 명이었다. 메이지 정부가 들어서자 자금난을 해소하기 위해서 앞서 언급한 대로 유리 기미마사가 태정관

야스다 젠지로

찰이라는 화폐를 발행하게 된다.

일본 정부는 새로운 화폐의 유통을 촉진하기 위해 환전상을 비롯한 금융업자에게 태정관찰을 적극 이용하라고 주문했다. 그럼에도 불구하고 대부분의 금융업자는 신용이 불확실한 태정관찰을 기피했으나, 야스다는 정반대로 공격적으로 매입하려 나섰다. 물론 신용이 낮았던 탓에 액면가보다 훨씬 싼값이었다. 야스다의 기대에 보답하듯이 정부는 메이지 4년(1871)에 신용이 없어 화폐 유통이 저조한 태정관찰을 새로운 화폐와 교환한다고 발표했다. 그 결과 태정관찰의 액면가치가 크게 상승하였다.

이러한 덕분에 야스다는 막대한 차익을 거두고 순식간에 도쿄를 대표하는 금융업자 중의 하나가 된다. 그러나 그는 여기에 만족하지 않고 그 후 정부가 질록처분으로 발행한 공채를 대량으로 매입하며 수집에 열을 올렸다. 그리고 이것이 대박을 쳤다. 다른 금융업자와 달리 야스다는 신용과 장래성이 불투명한 정부가 발행한 공채를 적극적으로 기회가 있을 때마다 긁어모았다. 눈앞의 이익에 급급하지 않고 장기적인 시각에서 정부의 경제정책을 믿고 꾸준히 투자한 결과가 그를 금융계의 거물 중의 거물로 성장시킨 비결이었다.

근대적 금융제도를 정착시키길 원하는 일본 정부의 방침으로 국립은행을 설립하는 게 가능하게 되자, 그는 은행업에 진출해 본격적으로 금융업계에서 기반을 다지기에 나선다. 국립은행은 이름과는 다르게 사설은행으로서, 미국을 시찰하고 돌아온 이토 히로부미의 건의에 바탕을 두고 메이지 초기에 탄생한 제도다.

처음에는 은행설립의 자격요건이 엄격하여 부진했지만, 그 후 설립조건을 완화하자 전국 각지에 우후죽순처럼 국립은행 설립의 붐이 일어났다. 아무튼 야스다는 제3 국립은행과 야스다 은행을 쌍두마차로 다른 은행들을 흡수하면서 몸집을 불려나가기 시작했다. 초기에는 당시 중앙은행이 없던 관계로 국고 출납을 대신해 맡으며 이익을 올렸지만, 중앙은행인 일본은행이 설립되자 일본은행의 핵심보직에 취임해 일본 금융계 전체를 좌지우지하는 영향력을 갖게 된다.

은행경영에 있어서 그는 전국적인 지점을 갖춘 거대 은행을 만드는 데 심혈을 기울였다. 새롭게 창설되는 국립은행의 주식을 대량으로 사들이고 간부진에 자기 사람을 심어서 결국 야스다계열의 은행으로 흡수하는 방법이 전형적인 수법이었다. 또한 공황이나 경영부진 등으로 쓰러질 운명에 처한 소규모 은행을 지원해 회생시키고 흡수하는 이른바 '이삭줍기'도 종종 사용했다. 그 결과 메이지 말기에 들어서면 야스다가 지배하는 은행은 전국에 골고루 분포하게 되고, 예금액도 미쓰이은행을 능가하기에 이른다. 게다가 대륙으로도 손을 뻗어 한반도와 만주에 이르기까지 지점망을 확대했다.

이러한 현상은 미쓰이나 미쓰비시 등 재벌기업과는 현저히 다른 야스다만의 특징이었다. 재벌기업이 만든 은행의 경우는 당연히 소속기업에 자금을 공급하고 관리하는 게 주된 임무였지만, 야스다는 금융업에만 집중했기 때문에 전국적인 지점망을 갖추고 일반 국민들로부터 예금을 끌어 모을 필요성이 있었다. 그리고 이렇게 끌어 모은 예금을 밑바탕으로 대출이나 주식투자 등을 통해 새로운 이익을 만들어 냈다.

눈덩이처럼 불어나는 잉여자금을 이용해서 유망한 기업을 사들여 산업재벌로 성장할 수도 있었다. 그러나 그는 기업을 매입하기보다는 주식투자에만 관심을 가졌고, 간혹 손을 댄 사업에서 좋은 성적을 기대하기 어려우면 미련 없이 손을 뗐다. 그래서 제조업에 발판을 마련하는 데 결국 실패하고 만다. 야스다는 다른 은행을 흡수하고 합병하는 것에는 귀재라고 할 수 있을 정도로 재능을 발휘했으나, 기업경영에는 별다른 능력을 발휘하지 못했다. 게다가 그는 다른 재벌기업들과 다르게 유능한 인재의 양성에도 별다른 관심이 없었다.

비록 당시 일본을 대표하는 금융재벌로 성장하기는 했지만, 그가 지방의 중소은행을 흡수하고 합병하는 과정에서 냉혹하게 처신한 탓에 원성을 샀고, 씀씀이가 야박했기 때문에 많은 사람들로부터 구두쇠 중의 구두쇠라는 평판을 들었다. 특히 그의 첫째부인이 단지 낭비벽이 있다는 이유로 이혼당한 일화는 유명하다. 메이지 시대가 끝나고 재벌의 사회적 책임이 대두하기 시작하던 무렵, 야스다는 막대한 부를 축적했음에도 불구하고 사회 환원을 기피한다는 이유로 극우파에게 암살당한다. 구두쇠의 비극적인 최후였다.

미쓰이는 미쓰비시나 야스다와는 달리 메이지 시대가 시작되기 전부터 이미 200년의 역사를 가지고 있었으므로 다른 길을 걷지 않을 수 없었다. 미쓰이의 특징은 전문경영자 제도가 일찍부터 고도로 발전했다는 점이다. 오랜 세월동안 미쓰이가 살아남아 장수할 수 있었던 비결도 바로 이 때문이다. 전국적인 점포와 지점망을 갖추고 영업을 하다 보니 유능한 인재를 발탁해 부분적으로 경영을 맡기는 것은 불가피했다.

사실상 미쓰이의 창업자라고 할 수 있는 미쓰이 다카토시(三井高利)의 사망 이후, 상속자 9인은 재산을 분할하지 않고 미쓰이 가문의 통일성을 유지하기로 합의했다. 그 결과 미쓰이 재산을 일괄적으로 관리하기 위해 대원방(大元方)이라는 조직을 만든다. 현재로 따지면 재벌그룹의 지주회사에 해당하는 조직이다. 대원방의 자산은 상속인의 분할청구가 영구히 금지되었으므로 미쓰이라는 조직의 통일성을 유지할 수 있었다.

오늘날 한국으로 비유하자면 재벌그룹 총수가 사망해도 상속자인 자식들이 상속받은 기업을 가지고 그룹으로부터 독립하지 못하도록 못을 박은 것이다. 본래 미쓰이의 주력 업종은 포목점이지만, 시간이 갈수록 자산이 증가하자 금융업에도 진출해서 왕성한 활동을 했다. 그러나 막부 말기에 이르면 다이묘에게 빌려준 돈을 회수하지 못하는 등 금전적으로 커다란 손실을 입고 휘청거리게 된다. 이러한 상황에서 개국이 되자 미쓰이는 더욱 곤란한 입장에 빠졌다. 중앙은행이 없던 막부가 관리하라고 맡긴 돈을 멋대로 개항장의 무역 상인들에게 대출하다가 회수하기 불가능하게 되었고, 더군다나 막부에게 이 사실을 들키고 만 것이다.

이러한 관행은 예전부터 존재했었지만 재정이 궁핍한 막부는 이것을 트집 잡아, 미쓰이에게 1864년부터 3년 동안 266만 량이라는 천문학적인 금액의 상납을 요구한다. 당시 미쓰이의 재정능력으로 이 돈을 납입할 능력이 없었기 때문에 파산이 눈앞에서 어른거렸다. 애초 신용이 불확실한 개항장의 무역 상인에게 대출을 해줘 이익을 올리려는 행동이 잘못된 처신이다.

이처럼 절체절명의 위기에 빠진 미쓰이를 구원한 구세주가 바로 미노무라 리자에몬(三野村利左衛門)이라는 인물이다. 본래 미쓰이 출신도 아니고 단지 막부의 재정담당자와 친분이 있다는 이유로 로비스트로 등용된 것에 불과했다. 야구로 따지면 구원투수의 역할을 맡은 용병이었다. 아무튼 미노무라 덕분에 위기를 넘긴 미쓰이는 그 후 도바·후시미 전투에서 신정부가 승리하자, 신정부에게 적극적으로 협조한다는 운명을 건 도박을 했다.

초창기 재정이 궁핍해 쩔쩔매는 신정부의 재정을 책임지면서 미쓰이는 기사회생의 발판을 마련하였다. 구원투수에 불과했던 미노무라는 막부 멸망에도 불구하고 수완을 인정받아 계속 중용되었고, 일본 역사상 유례를 찾아보기 힘든 격동의 시대에 미쓰이가 살아남는 데 결정적인 역할을 한다. 그는 신정부의 경제정책을 담당하는 이노우에 가오루나 오쿠마 시게노부와 밀착하면서 미쓰이가 은행업으로 진출하는 데 앞장섰다.

국립은행을 설립하는 것이 가능하게 되자, 정부의 명령으로 당시 재계의 거물 중 하나인 오노(小野) 가문과 함께 제1 국립은행을 설립하고 지배인에 취임했다. 당시 중앙은행이 없었던 사정으로 미쓰이는 오노와 함께 국고출납업무를 대행하면서 막대한 이익을 거두었다. 이러한 상황은 막부가 멸망하기 이전과 매우 유사하다는 점은 물론이다. 그러나 메이지 7년(1874)에 두 가문의 운명이 엇갈린다. 정부가 국고출납사무를 처리하기 위한 자격요건으로서 요구한 준비금 비율을 대폭 인상하고, 불과 2개월 후에 인상분의 납부를 명령했기 때문이다.

당시 미쓰이와 더불어 재계를 대표하던 오노 가문과 시마다(島田) 가문은 버티지 못하고 결국 도산하고 말았지만, 미쓰이는 기민하게 대응한 미노무라의 활약으로 영국의 오리엔탈 은행으로부터 돈을 빌리고 위기를 극복하는 데 성공했다. 정부의 실력자들, 특히 죠슈벌과 긴밀한 친분을 유지하고 평소 꾸준히 정치자금을 제공한 사실이 효과를 거둔 것이다. 여기에 비해 오노 가문은 제2권에서 언급한 것처럼 본거지를 도쿄로 옮기는 문제로 죠슈벌과 갈등이 생긴 게 몰락의 중요한 원인의 하나였다.

미쓰이의 위기를 거듭 구원하면서 미노무라는 사실상 최고경영자나 마찬가지의 지위에 서게 된다. 이 기회를 이용해 그는 소유와 경영의 분리를 실천에 옮겼다. 기존에는 전문경영자를 등용하기는 했지만 소유권과 경영권은 어디까지나 미쓰이 일족이 소유했다. 그러나 미쓰이의 숙원사업이라고 할 수 있는 미쓰이은행이 창설될 무렵에 그는 과감한 개혁을 시도한다.

미쓰이 은행을 법인체로 만들고 미쓰이 일족의 간섭을 배제하는 데 성공하면서 소유와 경영의 분리를 위한 발판을 마련한 것이다. 그러나 그의 사후 미쓰이 일족의 권리가 다시 강화되는 반동적인 상태로 돌아갔다. 비록 소유와 경영의 분리를 확고하게 정착시키지는 못했으나, 그는 소유와 경영이 분리되는 발판을 마련했으며 미쓰이가 시대의 변화에 적응할 수 있는 체질개선의 방향을 제시하고는 사망했다.

미노무라 이후 미쓰이가 재벌로 성장할 수 있도록 이끈 인물로는 나카미가와 히코지로(中上川彦次郎)를 들 수가 있다. 앞서 말한 것처럼 그는 후쿠자와 유키치의 조카로서, 영국 유학을 계기로 친분을 갖게 된 이노우에 가오루의 알선으로 경영 악화에 괴로워하던 미쓰이은행의 경영책임자로 들어갔다. 그는 후쿠자와와 깊은 관계가 있었으므로 후쿠자와가 만든 게이오대학 출신의 인재들을 널리 등용하는 한편, 미쓰이가 공업부문에 진출하도록 시도했다.

이러한 덕분에 미쓰이는 방적, 제지, 철도 등에 손을 뻗었으며, 특히 우량 탄광으로 손꼽히던 미이케(三池) 탄광을 손에 넣으며 막대한 수익을 거뒀다. 그러나 미이케 탄광을 제외한 대부분의 사업은 결국 실패로 돌아갔고, 소유에 대한 경영의 우위를 확보하려고 시도해 미쓰이 일족으로부터 미운 털이 박히게 된다. 그래서 나카미가와는 점점 권위와 지도력이 추락하고 끝내 사실상 경영권을 상실한 후 실의에 빠진 중에 사망했다.

이러한 나카미가와의 적극적인 공업화노선을 수정하고 미쓰이가 재벌기업으로 거듭날 수 있도록 기초를 확고히 굳힌 인물이 마스다 다카시(益田孝)였다. 마스다는 사이고가 집권하던 당시 대장성을 쫓겨난 이노우에 가오루가 재야에서 설립한 무역회사를 인수해 만들어진 미쓰이 물산의 경영을 맡으며 성장한 인물이다. 그는 본래 이노우에의 심복 중 한 명이었고, 이노우에의 소개로 미쓰이 물산을 맡아 경영한 것이다.

엄밀히 따지면 미쓰이 물산은 미쓰이가 원해서 만든 회사가 아니며, 오쿠보 암살 후 정계에 복귀한 이노우에가 경영하던 무역회사를 강제로 떠넘긴 데 불과했다. 그래서 처음에는 미쓰이 내부에서 이단아로 취급받았지만, 미쓰이 물산이 좋은 성적을 거두면서 눈부신 성장을 거듭하자 마스다의 입지도 탄탄하게 굳어졌다. 미쓰이 물산은 미쓰비시 물산과 나란히 오늘날에도 일본 무역상사의 쌍벽으로 군림하고 있다. 그는 나카미가와가 몰락하자 뒤를 이어 미쓰이를 이끌며, 나카미가와가 일으킨 방만한 사업을 정리하고 은행·광산·물산·창고를 주력회사로 하는 기업구조의 계열화를 정착시킨다.

마스다 이후 미쓰이를 이끈 인물은 단 타쿠마(団琢磨)이지만, 단 타쿠마가 미쓰이를 지도하던 시기는 메이지 시대를 벗어나기 때문에 생략한다. 다만 메이지 시대에 그는 미국의 매사추세츠공과대학(MIT)에 유학을 가 광산학 학위를 취득한 후, 광산기사로서 미쓰이가 인수한 미이케 탄광의 경영을 궤도에 올린 것으로 능력을 인정받아 급기야 최고경영자까지 승진한 사실만을 언급하기로 한다.

다른 한편, 메이지 시대부터 제2차 세계대전에 패배할 때까지 재벌의 쌍두마차로 군림하던 미쓰비시와 미쓰이는 공통적으로 광산경영을 통해 막대한 수익을 거두고 산업재벌로 변신하는 발판을 마련했다는 특징을 가지고 있었다. 이 두 기업은 메이지 10년대 광산경영을 시작해 메이지 20년대에는 전체 수익의 절반 이상을 차지하는 막대한 이익을 거두며 자본을 축적하는 데 성공했다. 또한 단순히 광물을 채굴하는 데 그치지 않고 무역상사를 통해 광물의 수출·유통도 장악하면서 부가적인 수입을 거둔다.

또한 광산을 경영하기 위해서는 증기펌프를 비롯한 각종 기계류가 필요하다. 그래서 양 사는 각각 독자적인 공장을 설립해 필요한 기계의 수리나 제조를 담당하도록 하면서 중공업 발전을 위한 밑거름을 만들었다는 점도 중요한 사실이었다. 미쓰비시의 경우는 조선소를 가지고 있었지만 조선업에 발판이 없는 미쓰이는 광산경영을 뒷받침하는 기계공장이 중공업의 싹을 키우는 중요한 역할을 했다. 특히 미쓰이의 광산경영과 관련해 깊은 관련을 맺고 있는 시바우라(芝浦) 제작소가 유명하다. 시바우라 제작소 역시 본래는 군수공업에 종사하던 기계공장이며, 미쓰비시가 입수한 나가사키 조선소와 마찬가지로 헐값으로 미쓰이가 매수해 발전시킨 것이다. 시바우라는 나중에 제너럴일렉트릭(GE)의 기술지원을 받아 전기산업에 진출하고 도쿄시바우라(東京芝浦)로 회사명을 개칭했으며, 오늘날에는 이름을 줄여 도시바(東芝)라는 명칭을 사용하고 있다.

미쓰이와 미쓰비시가 황금알을 낳는 거위라고 할 수 있는 우량 광산을 입수하지 못했다면 재벌로 발전하는 과정이 상당히 달라졌을 것이라는 점은 의문의 여지가 없다. 그리고 이러한 배후에 일본 정부의 제도적 보호가 있었다는 사실이 중요하다.

일본 정부는 메이지 초기 광업에 있어서 '본국인 주의'를 취해 오직 일본인만이 광산을 소유하도록 규정했다. 그 결과 외세에 의해 광산이 지배당하는 것을 막았고, 특히 미쓰비시의 광산경영에 핵심이었던 다카시마(高島) 탄광의 경우, 본국인 주의가 아니었다면 외국인에 의해 경영되었을 운명이었다. 이러한 점이 중국이나 조선과는 현저하게 다르다. 메이지 33년(1900)에 본국인 주의는 철폐되고 외국인도 광산을 소유할 수 있게 되었으나, 일본의 광업은 이미 외국의 자본침투를 막을 정도로 성장한 후였다.

도쿠가와 막부시절에 거상으로 활약하던 가문의 상당수는 몰락했지만, 격동의 파도를 헤치고 살아남아 부흥의 발판을 마련한 기업으로는 앞서 언급한 미쓰이가 대표적이다. 그러나 그 이외에도 스미토모(住友)와 고노이케(鴻池)도 메이지 시대에 살아남아 재벌로 성장하는 데 성공했다. 스미토모는 광산 경영을 통해 부를 축적한 경우이고, 고노이케는 오사카를 대표하는 상인 가문으로 막부시대에 이름을 떨쳤었다. 이 중에서 스미토모가 막부 멸망에 따른 위기를 극복하는 과정이 미쓰이와 매우 유사하다. 왜냐하면 미쓰이를 구원한 미노무라 리자에몬과 비슷한 역할을 한 히로세 사이헤이(広瀬宰平)가 있었기 때문이다.

스미토모에게는 황금알을 낳는 거위라고 할 수 있는 벳시(別子) 광산이 있었다. 막부시대에 대외수출품의 대표로 구리를 들 수가 있는데, 벳시 광산은 구리를 채굴하는 광산 중에서는 최우량 광산으로서 스미토모의 핵심 자산으로 손꼽혔다. 그러나 막부 말기에 이르면 구리의 산출량에 한계를 보이기 시작하고, 재정이 궁핍해진 막부로부터 무리한 상납을 요구받는 등이 원인이 되어 경영이 악화되게 된다.

히로세는 소년 시절부터 벳시 광산에서 근무하며 능력을 인정받아 총지배인까지 승진한 경력의 소유자로, 벳시 광산에 닥친 커다란 위기를 여러 차례 극복했다. 특히 막부가 멸망하자 신정부 측이 벳시 광산을 막부의 소유물로 간주해 빼앗으려는 움직임을 막는 한편, 광산의 근대화와 경영 합리화에 심혈을 기울인다. 특히 광산경영의 합리화에는 프랑스인 기술자를 초빙해 기초를 다지고, 고용인 중에서 똑똑한 인물을 골라 프랑스로 유학을 보내 기술을 익히게 했다.

비록 위기극복에는 비범한 재능을 발휘했지만, 히로세는 은행업으로 진출에는 헛된 이익을 쫓지 않는다는 평소의 소신에 따라 소극적인 태도를 보였다. 이 점에서 미쓰이의 미노무라와는 크게 다르다. 이것이 나중에 히로세를 퇴진하게 만드는 중요한 요인이 된 것은 물론, 독자적인 자금줄을 확보하지 못했으므로 스미토모가 대재벌로 성장하는 데 커다란 걸림돌을 만들었다.

이밖에도 그는 소유와 경영을 분리하고 자산을 스미토모의 본가에 집중시키는 등 상당한 업적을 남겼다. 그러나 벳시 광산을 근대화시킨 것을 제외하고는 특별히 좋은 경영성적을 올리지 못한 탓도 있고, 독선적인 행동을 자주 한 과거도 있어서 스미토모 내에서 강력한 반발에 시달리다가 끝내 스스로 물러나고 만다.

스미토모는 그나마 격동의 시기를 무사히 극복할 수 있게 만드는 인재가 있었지만, 고노이케는 현란하게 급변하는 정세에 기민하게 대처할 유능한 인재가 없었다. 그래서 우왕좌왕하다가 무기력하게 메이지 시대를 맞이하고 만다. 신정부에 대해 적극적으로 지지하는 자세를 보이지도 않았기 때문에, 명색이 오사카를 대표하는 거상임에도 불구하고 미쓰이나 오노처럼 두드러진 활약을 할 수가 없었다.

국립은행을 창설하는 것이 가능하게 되자 나름대로 은행업에도 진출하고, 인재등용 역시 추진했으나 철저한 개혁을 하지는 못했다. 여기에는 보수적인 내부 분위기가 커다란 걸림돌이었다. 안정되게 점진적으로 수익을 올리는 방향으로 경영한다는 방침을 굳게 고수했기 때문에, 금융업에 일찍부터 진출했음에도 불구하고 막대한 수익을 창출하고 이를 바탕으로 유력한 재벌로 성장하기는 어려웠다.

지금까지 본 것처럼 위기를 극복하고 재벌로 성장하느냐 아니냐의 핵심은 유능한 인재의 등용과 이를 바탕으로 한 조직의 개혁과 혁신에 달려있다. 오늘날에는 인재 중시의 풍토가 널리 자리 잡았지만 당시는 그렇지가 않았다. 어떤 인재가 유능한 인재인가의 기준을 만들기는 어렵지만, 미쓰이의 위기를 구하고 소유와 경영을 분리하는 출발점을 만든 미노무라의 경우는 배운 것도 별로 없고 출신성분도 매우 낮은 인물이다.

결국 외국에 유학을 다녀오거나 학위를 가지고 있어야만 유능한 인재라는 소리는 아니다. 물론 미쓰이나 미쓰비시의 전문경영자 중에는, 외국 유학의 경험이 있거나 학사 이상의 학위를 가진 자가 매우 많았다. 게다가 시간이 흐를수록 그러한 경향은 더욱 현저하게 나타난 것도 사실이다. 그럼에도 불구하고 가장 중요한 것은 본인의 능력과 재능이고 운도 역시 따라주지 않으면 안 된다.

미노무라나 야스다 재벌을 만든 야스다 젠지로 같은 인물들은 막부 멸망과 메이지 유신이라는 격동의 세월에 태어나지 못했다면 결코 빛을 보지 못했을 것이다. 재능과 능력은 있지만 배운 것도 없고 출신성분도 낮다면, 난세에 태어나지 않는 이상 출세에 한계가 있지 않을 수 없다.

다른 한편, 소유와 경영의 분리를 얼마나 실천에 옮기느냐가 재벌로서 장수하느냐 아니냐를 판가름하는 중요한 분수령이 된다는 사실도 중시하지 않으면 안 된다. 미쓰이를 비롯한 일본의 유력한 부호가문들은 일찍부터 전문경영인 제도를 도입했고, 위기극복의 과정에서 소유와 경영의 분리가 더욱 발전했다. 오늘날 소유와 경영의 분리는 선진국 기업들에서 일반적으로 나타나는 현상이지만, 한국에서는 아직도 이러한 관행을 제대로 정착시키지 못했고 오히려 거부반응마저 나타낸다.

일본의 재벌기업들은 메이지 말기에 본격적으로 등장하기 시작했으며, 정부와 긴밀한 정경유착을 통해 이권을 확보하고 부를 축적해 재벌로 발전하는 발판을 마련했다는 공통점이 있었다. 즉, 자연발생적으로 생겨난 것이라기보다는, 정계의 유력한 실력자들과 얼마나 밀접한 관련을 맺고 있느냐에 따라서 기업의 운명이 크게 달라졌다. 죠슈벌의 핵심 인물인 이노우에 가오루와 불가분의 관계를 맺고 있었던 미쓰이의 경우를 살펴보면 이러한 점은 분명하다. 메이지 전반기에 번벌의 실력자들이 전도유망한 기업에게 정부 차원에서 파격적인 각종 특혜와 지원을 해준 게 일본에서 재벌이 탄생하도록 만든 주요한 원인의 하나였다.

이와 관련하여 반드시 언급하고 넘어가지 않을 수 없는 인물로는 죠슈벌과 밀착하여 재계의 황제로 군림한 시부사와 에이치와 사쓰마벌의 고다이 도모아쓰다. 이 두 사람은 재벌과 직접 관련은 없으나 정경유착의 상징과 같은 인물이다. 일본 정부가 직접 운영하던 기업이나 자산을 불하받거나 은행으로부터 대출받고자 원할 경우, 번벌정부의 실력자와 친분이 있으면 훨씬 유리한 조건으로 얻을 수 있는 게 당시의 상황이었다. 시부사와와 고다이는 바로 이러한 사정을 이용해 중개자 역할을 하며 위세를 떨쳤다.

막부 멸망 전 '마지막 쇼군' 요시노부의 총애를 받던 시부사와 에이치는, 그 후 이노우에 가오루의 심복으로 활동하며 수많은 기업과 국립은행의 설립에 관여했다. 경영에도 남다른 소질이 있었지만 직접 기업을 발전시켜 스스로 재벌을 만들기보다는 가능성이 엿보이는 기업들을 후원하는 역할을 했다.

사쓰마 출신의 고다이도 이와 비슷한 역할을 했지만 재능이 보다 뛰어난 시부사와가 많은 업적을 남겼다. 시부사와는 90세까지 장수하며 평생 500개 정도의 회사 설립에 관여했다고 할 정도로 왕성한 활동을 했다. 그가 심혈을 기울여 지도한 회사의 상당수는 근대적 산업에 관련되었으며, 재래산업의 보호와 육성에 힘을 쏟은 고다이와 차이가 있다.

게다가 시부사와는 도쿄에 주식거래소, 어음거래소, 상공회의소 등을 만들어 재계의 친목을 도모하고 이해관계를 조율하는 역할도 했다. 그는 심지어 경제철학까지 손을 뻗어 기업가들에게 지대한 영향을 줬다. 특히 시부사와는 나중에 한반도 식민지화 작업을 경제적으로 뒷받침하는 데 깊숙이 개입했다.

본래 일본에는 조선과 마찬가지로 사농공상(士農工商)의 차별이 존재했다. 다시 말해 상인이나 기업가는 천한 직업으로 멸시당한 것이다. 메이지 시대에 들어서도 이러한 인식은 변하지 않았다. 여기서 시부사와는 기업가의 이윤추구행위를 국익과 연결시키면서 기업을 발전시키는 것이 애국행위라는 식의 독특한 경제철학을 만들어 냈다. 기업가들의 사기를 진작시키고 재계의 발언권을 확대한다는 노림수를 가지고 이러한 주장을 한 것이다. 오늘날 한국의 재벌기업들이 '수출보국'이라는 표현을 사용하는 한편, 국가발전에 중대한 공헌을 하고 있다고 생각하는 사고방식의 원조가 바로 시부사와였다.

지면이 한정된 관계로 더 이상의 자세한 언급은 생략하지만, 아무튼 이 두 사람은 각각 죠슈벌과 사쓰마벌에 정치자금을 제공하는 역할을 맡으며 정경유착이 구조적으로 자리 잡게 만든 일등공신이었다.

번벌이나 학벌, 관료벌, 군벌 등의 '벌족사회'를 만들어낸 메이지 시대의 일본에서, 경제계에 만들어진 벌족사회의 상징물이 바로 재벌이다. 정경유착은 재벌이 생존하기 위한 가장 중요한 키워드였으며, 번벌의 시대가 끝나고 학벌이나 군벌의 시대가 찾아와도 정경유착의 고리는 끊어지지 않았다.

권력과 상부상조하며 기생한다는 것이 일본식 재벌기업의 가장 두드러진 특징이었다. 이러한 재벌기업들이 기업구조의 계열화를 완성하며 확고하게 재벌로서 자리 잡은 것은 메이지 시대가 끝난 이후다. 제2차 세계대전에 패배한 후 일시적으로 해체당하는 운명을 맞이하기도 했으나, 시간이 지나자 경제상 필요에 의해 다시 부활했다.

자본주의가 발전함에 따라서 막강한 자본력을 갖춘 거대 기업이 출현하는 것은 불가피한 현상이다. 그러나 자본주의의 건전한 발전을 위해서 재벌이라는 존재 자체는 결코 바람직한 현상은 아니다. 특히 대단히 긴밀한 정경유착을 밑바탕으로 성장한 재벌이 문어발식 경영으로 정상적인 자본주의 발전의 구조를 왜곡하는 현상은 심각한 문제다.

이 책에서 재벌이라는 존재가 국가경제를 위해서 반드시 필요한 존재냐, 아닌가부터 시작해서 경제학상의 논점을 자세히 언급할 필요성은 없다. 그러나 문어발식 확장을 하면서 폐쇄적이고 전근대적인 경영구조를 가진 재벌기업이라면, 장기적으로 국가경제에 결코 바람직한 영향만을 미치는 존재는 아니다. 당장 눈앞의 경제성장이나 수출실적이 아쉬워 재벌기업에 대한 규제나 감시를 소홀히 한다면 나중에는 반드시 국민경제에 재앙을 끼치는 날이 찾아올 것으로 생각된다. 또한 정경유착이라는 구조적 부패의 사슬을 끊지 못한다면 아무리 재벌에 대한 규제를 외쳐도 공염불에 지나지 않는다. 이것은 일본식 경제발전의 모델을 밑바탕으로 재벌이 탄생한 오늘날 한국에서도 진지하게 고려해야 하는 문제일 것이다.

# 4

## 제2차 가쓰라 내각

사이온지 내각의 붕괴로 차기 수상은 이미 사전에 담합한 대로 가쓰라가 되었다. 7월 14일에 발족한 이 내각은 제1차 내각과 마찬가지로 '리틀 야마가타' 내각의 색채를 여전히 유지했다. 육군장관 데라우치와 해군장관 사이토 마코토는 그대로 유임했으며, 외무장관에는 고무라 쥬타로, 내무장관에는 히라타 도스케, 농상무장관에는 오우라 가네타케 등 야마가타 파벌에 속하는 인물들이 줄줄이 입각했다.

그 이외 귀족원을 회유하기 위한 목적으로 법무장관에 오카베 나가모토(岡部長職)를 임명하고, 체신장관으로 고토 심페이가 이례적으로 발탁된 것이 특징이다. 고토는 동북지방 출신이나 대만에서 고다마 겐타로와 인연을 맺은 이후, 사실상 야마가타 파벌에 포섭되었다고 봐도 무방한 인물이다. 가쓰라가 별다른 친분도 없는 고토를 이례적으로 발탁한 배경에는 특별한 이유가 있었다. 이 점에 관해서는 나중에 자세히 다룰 예정이다.

내각이 출범할 무렵 가쓰라는 12개 정강으로 구성된 거창한 계획을 발표했다. 그러나 제2차 가쓰라 내각이 달성해야 할 중요한 과제로는 한반도 식민지화, 식민지의 착취를 통한 일본 자본주의의 성숙 등을 꼽을 수가 있다. 이것이 제국주의적 팽창정책을 밑바탕으로 삼는 야마가타의 뜻과 기본적으로 일치하는 것은 물론이다. 가쓰라의 정책 중에서 가장 핵심이라 할 수 있는 한반도의 식민지화에 대해서는 따로 지면을 할애해 설명하기로 한다.

수상인 가쓰라는 대장성 장관을 겸임해 경제를 직접 챙기는 열의를 보였다. 사이온지 내각이 휘청거린 근본적인 문제가 경제문제에 있었다고 진단한 탓이다. 그는 각종 사업을 연기하는 등 대대적인 긴축정책을 통해 정부 지출을 줄이고 불황의 극복에 나섰다. 사이온지와는 달리 야마가타의 후원이 있었으므로 정부 내에 도사리고 있는 관료세력의 반발을 잠재울 수 있었다. 그러나 문제는 정우회가 버티고 있는 중의원의 극복이다.

정우회가 중의원의 과반수를 차지하고 있는 상황이어서 어차피 정우회와 타협하는 것은 불가피했다. 그러나 사이온지 내각이 석연치 않게 쓰러지는 과정에서 정우회와 가쓰라 사이에는 감정의 앙금이 강하게 남아있었다. 가쓰라 역시 번벌세력 타도를 꾀하는 하라의 존재를 의식해 정우회에 신중한 접근방법을 취한다. 귀족원을 좀 더 확실하게 장악하기 위한 목적으로 귀족원령 개정 등을 통해 발판을 다지는 우회전술을 아울러 병행하는 것도 잊지 않았다.

가쓰라의 접근에 대해서 정우회 총재인 사이온지는 감정적으로 대처하지 않고 귀족답게 담담한 태도를 나타냈다. 중의원을 장악하고 있었으므로, 마음만 먹으면 야마가타에 대한 반격의 일환으로 가쓰라를 골탕 먹이는 것도 얼마든지 가능한 상황이다. 그러나 극한적인 대립이나 권력투쟁은 사이온지의 성격과 거리가 멀었다.

정우회 외의 야당이 연합해 유명한 '악세 3법'을 폐지하려 시도했지만, 정우회가 가쓰라 내각을 지지하는 바람에 중의원을 통과하지 못하고 결국 부결되고 만다. 악세 3법이라 함은 소금전매법·직물소비세·통행세를 말한다. 고대나 중세시대에 존재했을 법한 소금전매는 물론, 특히 도로를 지나가는 통행인에게 세금을 부과하는 통행세는 악법 중에서 악법으로 국민들의 원성이 자자했다. 이러한 악세는 물론 러일전쟁의 전쟁비용을 쥐어짜기 위해 만들어진 것이며, 전쟁이 끝난 후에도 재정 핍박을 이유로 폐지되지 않고 그대로 유지되었다.

제25차 의회가 끝나자 뇌물수수 사건이 일어나고 정우회에서도 10명이 유죄판결을 받는 등 커다란 정치문제로 떠올랐다. 그러나 정작 정계를 강타한 사건은 메이지 42년(1909) 10월에 하얼빈에서 일어난 이토 히로부미 살해사건이었다. 그가 하얼빈에 간 직접적인 계기는 동청철도 노선 중 러시아가 소유한 부분을 매수할 필요성을 느낀 체신장관 고토 심페이의 강력한 요청이 있었기 때문이다. 물론 그 외에도 여러 가지로 러시아와 협의할 사항을 가지고 있었다.

죠슈벌의 간판인물이자 '대정치가' 이토의 사망소식이 전해지자 천황을 비롯한 일본 열도 전체가 충격에 휩싸였고, 수상 가쓰라를 비롯한 내각의 각료들이 참석한 가운데 도쿄의 히비야(日比谷) 공원에서 성대한 장례식이 거행된다. 이토의 관 위에는 허영심 많은 그가 생전에 그토록 좋아하던 훈장들이 줄지어 놓여졌다.

거국적인 애도의 분위기에서 장례식이 거행되었음에도 불구하고 이토가 어째서 살해되었는가에 대한 진지한 고찰이나 반성은 없었으며, 진실을 외면하고 그저 무명의 '불량 조선인'이 저지른 만행 정도로만 여겼다. 이토가 안중근이 아니라 다른 제3자에 의해 암살되었다는 음모설도 나중에 제기되었으나 새삼스럽게 입증할 방법은 없다.

한편, 이토의 사망으로 인해 정우회는 독자적인 길을 모색해야만 했다. 이토는 오래전에 정우회를 떠났지만 번벌정부의 핵심세력이라 할 수 있는 원로들과 의사소통을 담당하면서 정우회를 간접적으로 지원했었다. 그러나 이제는 이것을 바랄 수 없게 되어 정우회의 앞날에 적지 않은 타격을 주지 않을 수가 없었다. 특히 이토의 라이벌이자 정당정치를 극도로 혐오하는 야마가타가 여전히 건재하다는 점을 생각하면 더욱 그러하다. 이와는 정반대로 가쓰라는 남몰래 이토의 죽음을 기뻐했을 것이다.

야심만만한 가쓰라가 원로정치를 배제하고자 한다면 이토는 반드시 넘어야만 하는 산이지만, 해외로 설치며 돌아다니던 이토가 예상 밖의 죽음을 맞이하면서 앞길이 창창하게 열린 듯이 느껴도 무리가 아닐 것이다. 이토의 죽음은 메이지 시대가 끝나가고 있다는 사실을 알리는 신호탄이나 마찬가지였다. 그의 사망으로 인해 이득을 본 사람은 가쓰라뿐만 아니다. 가쓰라의 정치적 아버지에 해당하는 야마가타는 이토의 사망을 계기로 그야말로 권력의 정점에 섰다.

이제는 야마가타를 견제하거나 라이벌이 될 만한 인물이 존재하지 않았다. 이토의 절친한 친구인 이노우에 가오루를 비롯해 원로는 아직도 여러 명이 건재했지만 결코 야마가타의 적수가 될 만한 존재들은 아니었다. 그는 육군의 쇼군이자 관료벌의 대부라는 차원을 넘어서 원로의 우두머리와 죠슈벌의 간판인물이라는 자리마저 차지하게 된다. 이것을 상징하듯이 야마가타는 이토의 뒤를 이어 추밀원 의장에 취임했다. 그 누구도 예상하지 못한 결과이지만 메이지 시대의 최후에 웃는 자는 야마가타였다.

그의 나이는 이미 70세를 넘어섰으나 국가정책의 어떠한 사항도 야마가타의 사전 동의나 양해 없이는 추진하는 게 불가능할 정도가 되고 만다. 메이지 초반기에 오쿠보 도시미치가 암살된 이후 또다시 사실상 독재자에 버금가는 권력자가 출현한 것이다. 겉으로 보기에는 이미 오래전에 정계를 은퇴한 늙은이 정도에 불과했으나, 실제로는 강력하고 방대한 파벌을 이용해 일본을 움직이는 최고 권력자로 군림했다.

'자신은 일개 무변(武弁)에 불과하다'는 말은 야마가타가 다른 사람과 대화하면서 기회가 있을 때마다 평생 즐겨 사용했던 표현이었다. 즉, 자신은 한낱 보잘 것 없는 군인에 지나지 않는다는 의미다. 그가 겸손한 성격이어서 이러한 표현을 즐겨 사용한 것은 결코 아니다. 실제로는 엄청난 권력욕을 가지고 정치에 깊숙이 개입하고 있다는 사실을 은폐하고, 권력을 남용하는 자신에게 쏟아지는 불만을 회피하기 위해 사용한 데 지나지 않았다. 아무튼 이러한 표현에서 잘 나타나는 것처럼 그는 겉으로는 정치와 권력에 초연한 평범한 군인처럼 행동하면서도, 막후에서 마음껏 영향력을 발휘하며 일본을 주물렀다.

이러한 점이 이토 히로부미와는 정반대다. 이토는 허영심이 많고 허세부리기를 좋아했기 때문에, 평소에도 위세를 뽐내고 천황의 각별한 총애를 받고 있다는 사실을 주변사람들에게 자랑하고는 했다. 심지어 조선의 보호국화를 추진하기 위해 통감으로 부임한 후 훈장으로 요란하게 치장한 군복을 입고 사진을 촬영했을 정도다. 그는 군인이 아니어서 군복을 입을 자격이 없지만 한반도에 주둔한 일본군 지휘권을 가지고 있다고 자랑하기 위해 그러한 짓을 한 것이다. 실제로는 그다지 돈을 밝히지도 않았고 소탈한 성격이었지만 허영심과 공명심만큼은 누구도 말리지 못할 정도로 강했다.

한편, 권력의 정점에 섰음에도 불구하고 야마가타의 시대는 서서히 종말을 향해 치닫고 있었다. 그에게 가장 중요한 재산은 절대적인 충성을 바치는 각계각층의 인적자원이다. 그러나 야마가타의 재산은 서서히 줄어들고 있는 상황이었다. 야마가타는 메이지 시대가 끝난 이후까지 무척 오랫동안 장수했지만, 그에게 충성을 바치거나 협조하는 자들은 하나둘씩 세상을 떠났기 때문이다. 육군에서는 야마가타가 재능을 아끼고 장래가 촉망되던 고다마 겐타로의 돌연한 죽음이 커다란 손실이었다.

곤란한 상황이 닥칠 때마다 '해결사' 노릇을 하며 재능을 뽐내던 고다마의 사망으로 인해 야마가타에게는 자신으로부터 독립을 꿈꾸는 '황태자' 가쓰라와 충성스럽지만 무능한 '야마가타의 귀염둥이' 데라우치 마사타케밖에는 남지 않았다. 물론 여전히 육군 내에는 죠슈벌세력이 건재했고 이들의 뒤를 이을 만한 차세대 인재도 두각을 나타내고 있었다. 그러나 야마가타와 관계에 있어서는 예전의 가쓰라나 데라우치만큼 끈끈한 사이는 아니다.

한편, 관료벌에 있어서는 더욱 상황이 심각했다. 시나가와 야지로, 시라네 센이치, 오우라 가네타케, 소네 아라스케 등 유력한 인물들이 줄줄이 세상을 떠났기 때문이다. 특히 야마가타 관료벌의 기둥이 될 거라고 기대를 모은 유망주 시라네 센이치가 불과 50세의 나이로 메이지 31년(1898)에 사망한 것은 야마가타에게 가장 뼈아픈 타격이었다.

권력의 정점에 서는 순간 야마가타의 외로움과 고독은 점점 깊어져 갔다. 그럴수록 그는 권력에 집착했고 권력을 유지하기 위해 수단과 방법을 가리지 않는 횡포를 저지르다가 결국 죽기 직전 처참하게 몰락하고 만다. 그를 지켜주고 보호할 '인(人)의 장막'이 서서히 사라지고, 다른 한편 육체가 늙고 병들어가는 것을 막을 방법은 없었다. 죽은 후의 역사적 평가를 고려한다면 그는 차라리 이토처럼 살해당하는 편이 좋았을 지도 모른다.

제2차 가쓰라 내각이 긴축재정과 함께 추진해야 할 중요한 숙제 중 하나는 사회주의운동에 대한 탄압을 들 수가 있다. 가쓰라 본인은 이 문제에 대해 특별한 관심은 없었고, 한반도를 식민지로 만드는 작업에 열중했지만 야마가타는 그렇지 않았다. 야마가타에게 있어서 사회주의운동은 정당에 이은 새로운 도전세력이고 싹이 자라기 전에 이를 반드시 뿌리 뽑아야 한다는 신념을 가지고 있었다.

이 내각에 내무장관으로 들어간 히라타 도스케는 앞서 말한 것처럼 야마가타가 발탁한 관료벌의 심복 중 하나로서, 야마가타의 뜻을 받들어 사회주의 타도의 사명을 실현하기 위해 입각한 인물이다. 히라타는 사회주의운동에 대한 전면탄압과 대대적인 검거선풍을 일으키며 무자비하게 압박을 가했다. 그는 이를 위해 제2차 야마가타 내각 당시 악명 높은 치안경찰법을 기초해 수완을 인정받은 내무성 경보국장 아리마쓰 히데요시(有松英義)를 중용했다.

경보국장은 내무성에서 경찰을 담당하는 최고위 보직으로서 경시총감의 상위에 있는 자리다. 그렇기 때문에 아리마쓰는 전국의 경찰을 원하는 대로 지휘할 수 있는 권한을 가졌다. 게다가 사법부와 긴밀한 협조를 통해 일단 검거된 사회주의자에게 가혹한 판결을 내리도록 야마가타의 파벌이 유기적으로 움직이며 조치를 취했다. 이러한 여파로 사이온지 내각을 붕괴시킨 '적기사건'의 판결도 가혹하게 내려지게 된다.

그저 붉은 깃발을 휘두르며 구호를 외친 데 불과했지만, 1년에서 2년 정도의 금고형이라는 실형이 내려졌다. 정부의 강력한 탄압으로 사회주의운동은 크게 세력이 위축되지 않을 수 없었다. 하지만 아직도 왕성한 활동을 하면서 꿋꿋하게 신념을 관철하려는 자도 많았다. 가쓰라 내각이 무너지고 정권이 바뀔 때까지 잠시 숨을 죽이고 기다리는 게 현명한 처신이라는 것은 물론이다. 그럼에도 불구하고 열정과 신념에 가득 차 물불을 가리지 않는 급진 분자들은 자제력을 발휘하지 않았다.

이러한 흐름은 유명한 '대역(大逆) 사건'으로 절정을 맞이하게 된다. 이 사건 역시 따지고 보면 별것 아닌 시시한 내용이었으나, 천황을 암살하려 했다는 엄청난 음모사건으로 발전하면서 수많은 연루자를 만들어 냈다. 사건의 발단은 사회주의자인 우치야마 구도(內山愚童)라는 사람이 만들어 배포한 《무정부 공산》이라는 제목의 소책자에서 시작되었다. 이 소책자를 읽은 아이치(愛知)현에 사는 철공소노동자 미야시타 다키치(宮下太吉)는 평소 사회주의운동에 대해 공감을 가지고 있었다.

문제는 이 소책자에 있는 내용 중 천황이 없는 자유국가가 이상사회라는 구절을 미야시타가 읽고 난 후, 여기에 영감을 받아 천황의 암살을 결심하였다는 점이다. 그는 혁명은 천황을 없애는 것에서부터 시작하지 않으면 안 된다는 확신을 얻었다. 미야시타는 평소 무정부주의자의 경향이 강했고 신념을 위해 자기를 희생하는 테러리스트가 될 소질을 갖추고 있었기 때문에, 자극적인 문구에 현혹되어 이를 실천에 옮기려고 결심한 것이다.

천황의 암살을 위해서는 폭탄제조를 비롯해 다른 사람의 도움이 필요했으므로, 협조를 기대하고 해산당한 일본사회당의 핵심간부들에게 접근했다. 그리고 이것이 대규모 연루자들을 만들어낸 원인이 되었다. 미야시타에게 적극 협조한 사람은 거의 없었지만, 당국은 체포된 그의 진술을 조작해 사회주의운동의 유력한 인물들을 줄줄이 엮어 넣는데 성공한다. 특히 미야시타가 도쿄에 상경해 사회주의운동의 핵심 지도자인 고토쿠 슈스이와 메이지 42년(1909) 2월 13일에 직접 만난 것이 고토쿠의 운명을 결정지었다.

미야시타가 주장하는 급진적인 천황 암살계획에 찬성하지 않았지만, 나중에 검찰은 그의 자백을 임의로 바꿔 고토쿠가 천황암살계획을 듣고 찬성한 것으로 만들었다. 본래 고토쿠는 이상가 기질이 강한 인물이지 극단적인 행동에 매달리는 허무주의자는 아니다. 아무튼 가쓰라 내각과 내각의 배후에 있는 야마가타는 기회를 놓치지 않고, 고토쿠를 중심으로 사회주의운동이나 노동운동에 몰두하는 유력한 인물들을 엮어 넣어 일망타진하는 작업에 착수했다.

전국 각지에서 대대적인 수사와 탐색을 통해 고토쿠를 중심으로 하는 7명이 최초로 체포된 이래 사회주의자 사냥은 4개월에 걸쳐 계속되었다. 심지어 이 사건과 전혀 관련이 없는 비밀결사단체까지도 연루시켰다. 이 사건의 재판은 메이지 43년(1910) 12월에 비공개로 신속하게 진행되었으며, 다음해 1월 고토쿠와 그의 내연의 처를 비롯한 24명에 대해 사형판결이 내려졌다. 그러나 판결 다음날에는 천황의 이름으로 사형판결을 받은 자 중에서 12명을 무기징역으로 감형한다는 기묘한 조치를 취했다.

마구잡이로 연루자들을 만들어 사형판결을 내린 데 대해 의혹이 제기되어 재판부의 신뢰가 흔들릴까봐 우려해서였다. 감형조치를 취함에 있어 천황을 내세워 천황의 권위를 높이는 효과도 기대했다.

대역사건은 본질을 따지고 들어가면 이처럼 시시한 사건에 불과하나, 일반 국민들은 엄청난 충격을 받았다. 일본 역사상 가장 파란만장한 시대인 메이지 시대를 통틀어 가장 충격적인 사건으로 손꼽는 것이 바로 이 사건이라고 지목할 정도다. 신성불가침의 존재인 천황을 외국인도 아니고 일본인이 암살하려 했다는 불순한 범행동기 때문이다. 이 무렵 천황제 국가의 이념이 일반 국민들에게도 확고히 정착되었다는 사실을 간접적으로 증명하는 에피소드다.

사형 집행은 1주일 후인 1월 24일 단 하루 동안 교수형으로 집행되었다. 서둘러 사형을 집행해 진상을 은폐하려 했지만, 미야시타가 폭탄제조를 했다는 사실을 제외하고는 많은 사람을 사형에 처할 만한 결정적 증거는 없었다. 게다가 천황의 암살을 실제로 시도한 것도 아니다.

단지 미야시타의 신빙성 없는 자백만이 있었을 뿐이다. 그래서 오늘날에는 대역사건이 권력층에 의해 조작된 사건이라는 점에 의문을 제기하는 사람은 없다. 명성황후를 잔혹하게 살해한 미우라 고로를 비롯한 암살범들에게는 날림으로 재판을 진행한 끝에 증거불충분의 판결을 내리면서, 사회주의 탄압을 위해서는 증거를 날조하면서까지 유죄판결을 내리는 게 당시 일본 사법부의 진면목이었다.

아무튼 가쓰라는 대역사건을 처리해 사회주의운동에 괴멸적인 타격을 주는 데에도 성공하고, 이 무렵 실행에 옮겨진 한반도 강탈을 순조롭게 마무리하면서 일거양득의 결실을 올린다. 그러나 억지로 관련자들을 만들어 처형한 탓에 가쓰라의 정치인생에 커다란 오점을 남기지 않을 수 없었다. 대역사건을 계기로 사회주의의 일망타진을 기획한 진정한 장본인은 야마가타지만 정치적 책임은 현직 수상인 가쓰라가 부담해야만 했다.

다른 한편, 대역사건은 천황제 국가라는 메이지 시대의 가장 밑바탕에 있는 통치구조가 근본적으로 흔들리기 시작했다는 것을 암시하는 사건이기도 했다.

무리하게 대역사건을 처리하는 과정에서 가쓰라는 국민들로부터 좋지 않은 평판을 얻었으나, 한편으로 이 무렵부터 야마가타와의 관계 역시 심각한 수준으로 나빠지게 된다. 그 원인은 가쓰라가 한반도 식민지화를 원만하게 처리했다는 이유로 공작의 작위를 받았기 때문이다. 공작은 이토 히로부미가 만든 화족계급의 최고봉이다. 이토가 암살된 후 최강의 권력자로 군림하는 야마가타조차도 러일전쟁에서 승리한 후에야 비로소 이토와 나란히 공작의 작위를 받는 것이 가능했다.

관례상 공작이라는 작위는 천황과 밀접한 혈연 관계가 있는 최고위급 공경 출신이나 여기에 필적할 만한 유력한 다이묘 가문, 혹은 극소수의 원로에게나 주어지는 것이다. 그럼에도 불구하고 가쓰라가 야마가타와 불과 4년의 시간차를 두고서 공작의 작위를 받았다는 사실은 야마가타의 심기를 크게 불편하게 만들지 않을 수 없었다. 야마가타의 질투심과 편협한 성격을 잘 알고 있는 가쓰라는, '야마가타의 귀염둥이' 데라우치 마사타케와 야마가타의 신임이 두터운 외무장관 고무라 쥬타로의 작위를 아울러 승격시켜 달래려 했지만, 그의 분노를 막기에는 역부족이었다.

야마가타는 자신의 후배이자 후계자가 한창 잘나간다는 이유로 기어오르려는 태도를 용납하지 않았다. 가뜩이나 가쓰라가 원로회의를 배제하는 등 정치판의 세대교체를 도모하는데다가, 원로에 대등한 권위를 얻으려고 하는 데 의혹과 경계심이 폭발 직전까지 가게 된다. 알기 쉽게 비유하자면 늙은 황제가 버젓이 살아 있는데, 황제가 죽기를 기다리다 지친 황태자가 황제의 권력을 노리는 구도라고 할 수 있다. 그리고 이와 유사한 사례의 역사에 비추어 보면 좋은 결말이 나는 경우는 거의 없다.

한편, 여론의 반응도 역시 그다지 좋은 것은 아니었다. 육군을 독일식으로 개편하는 데 가쓰라가 지대한 공헌을 했다는 사실은 앞서 본 대로지만, 일반 대중에게 어필할만한 공적은 아니다.

정치가로 변신한 후 수상으로 재직하면서 러일전쟁을 승리로 이끌고 한반도 식민지화를 완성한 것은 가쓰라가 자랑하는 공적이다. 그러나 혼자만의 힘으로 이룩해낸 성과라고 말할 수는 없었다. 헌법을 비롯한 입헌제도를 창출한 이토 히로부미처럼 주도권을 철저하게 장악하고 혼자 원맨쇼를 해서 사람들의 뇌리에 강렬한 인상을 주지 못했다. 오히려 포츠머스 강화조약을 일본에게 불리하게 체결한 점이 국민들에게 강한 인상을 남겼다. 그래서 야마가타의 그늘에서 아직 벗어나지 못한 가쓰라가 천황의 두터운 신임을 바탕으로 성급하게 공작의 작위를 얻어낸 것을 꼴불견으로 보는 사람이 많았다.

한마디로 말해 공작의 작위를 받기에는 아직 경륜이 부족하다는 게 세간의 평가였다. 장기간 대장성을 지도하며 자본주의 발전의 기틀을 만들었다고 해도 과언이 아닌 사쓰마벌의 마쓰카타 마사요시는 원로이자 수상을 두 차례나 역임했음에도 불구하고, 메이지 시대가 끝난 후에야 공작의 작위를 받았다. 게다가 죽기 2년 전에야 비로소 공작이 되었을 정도로, 당시 일본에서 평민 출신이 공작의 작위를 받는다는 것은 노벨상에 버금가는 권위를 가졌다고 해도 과언이 아니다.

'황태자' 가쓰라가 야마가타의 후원을 바탕으로 육군 내에서 눈부신 승진을 하거나 인사상 횡포를 저지를 때는 국민의 눈치를 볼 필요가 없었지만, 정치가로서 대중 앞에 나선다면 그렇지가 않았다. 그는 적어도 10년 이상은 참았다가 공작의 작위를 받는 것이 바람직했다. 그러나 정치가로서 하루빨리 야마가타를 비롯한 원로로부터 독립하길 원하는 욕심에서 야마가타가 등을 돌리는 원인의 하나를 만든 것이다.

정치군인으로서 가쓰라는 발군의 재능을 가진 소유자였다. 또한 정치적 재능에 있어서도 오히려 야마가타를 앞설 정도로 뛰어났으나, 대중들에게 어필할 수 있는 매력적인 인물은 아니다. 그는 외모부터가 보는 사람으로 하여금 왠지 탐욕스럽고 기회주의자처럼 보였다. 한마디로 말해 전형적인 간신배의 용모를 가진 인물이다.

제26차 의회도 정우회와 밀접히 제휴해 어렵지 않게 극복한 가쓰라 내각은,

믿음직스럽지 않은 정치적 파트너인 정우회를 대신할 새로운 방향을 모색하게 된다. 이 무렵 입헌국민당이라는 정당이 탄생했지만, 정우회에 맞서기에는 역부족이었다. 국민당은 정우회가 과반수를 차지하고 중의원을 좌지우지하는 현실에 대한 반감으로 오쿠마의 헌정본당을 비롯한 나머지 야당들이 연합해 만든 당이다.

중의원을 장악하고 정치판을 휘젓는 정우회에 대항하고자 하는 움직임은 제1차 사이온지 내각 말기에 시작되었지만, 우여곡절을 거치며 실현이 지연되다가 메이지 43년(1910) 3월에 들어서야 겨우 통합에 성공했다. 가쓰라는 정우회에 대항할만한 거대 정당을 만드는 걸 노리고 간접적으로 지원을 했다. 그러나 기대한 만큼의 성과를 올리지 못했기 때문에 정우회에게 허리를 굽혀야 하는 상황이 계속된다. 정우회는 중의원을 장악한 점을 이용해서 가쓰라 내각에 대해 순순히 협조하는 태도를 나타내지 않았다.

하라 다카시는 정책적인 관점에서 정우회에게 이익이 될 만한 정책에만 협조 자세를 보이고, 그렇기 않은 정책에 대해서는 심드렁한 태도를 보여 가쓰라를 괴롭게 만들면서 압박을 가했다. 예를 들어 철도노선 확장이나 항만정비 등 사회간접자본의 확충은 지주계급의 이해와 부합되어 적극적으로 지지하고 추진했지만, 공업 발전에 관련된 사안은 정우회가 상공업자 계층과 긴밀한 이해관계가 없었으므로 미지근한 반응을 나타냈다. 그래서 좋든 싫든 가쓰라 내각의 정책도 농업의 진흥과 발전에 관련된 사항에 관심을 기울이지 않을 수 없었다.

정우회와 가쓰라가 정책적으로 대립하는 보다 근본적인 문제는 대외문제에서 제국주의적인 팽창정책을 지지하느냐 아니냐에 있었다. 정우회는 국내정책에 있어 자신들의 지지기반인 지주계급의 이익을 대변해 당리당략에 치우친 정책을 추구했다. 그러나 대외정책에 관해서는 군부의 팽창을 의식해 온건하고 미온적인 태도를 나타내 가쓰라의 반감을 샀다. 정우회 리더인 하라는 번벌 타도라는 관점에서 죠슈벌의 텃밭 중 하나인 육군의 세력팽창을 기회가 있을 때마다 견제하려 했다. 그렇기 때문에 제국주의적인 팽창정책을 주도하는 육군과 정책적으로 대립하지 않을 수가 없는 구도가 필연적으로 만들어진 것이다.

이러한 상황을 타파하고 정우회의 협조를 원활하게 얻기 위해 가쓰라는 소위 '정의투합(情意投合)'이라는 단어로 상징되는 더욱 밀접한 제휴를 선언하기에 이른다.

다가오는 제27차 의회에서 해군력 증강과 관련된 예산을 통과시키기 위해 정우회의 협조가 불가결했기 때문이다. 가쓰라는 정우회 소속의 의원들을 초빙하여 정우회가 적극적으로 협조해 준다면 제27차 의회가 끝나고 정권을 정우회에게 넘긴다는 약속을 공개적으로 했다.

정의투합이라는 단어는 메이지 헌법을 창조한 세대의 번벌정치가들이 즐겨 사용한 '초연주의'라는 단어와 마찬가지로, 메이지 3세대 지도자들의 정치노선을 상징하는 단어로서 받아들여졌다. 그러나 이것 역시 초연주의와 마찬가지로 의원내각제의 본질에서 한참 벗어난 엉뚱한 정치노선이다. 의원내각제가 제대로 정착되면 하원인 중의원에서 다수를 차지한 정당이 정권을 잡는 게 상식이며, 특정한 정당과 번벌세력이 사이좋게 권력을 나눠 갖는다는 것은 있을 수 없는 일이다. 그래서 정의투합이라는 단어는 메이지 시대가 끝나감에도 불구하고 의원내각제를 제대로 정착시키는 게 불가능하다는 점을 상징하는 단어이기도 했다.

더욱 기가 막힌 사실은 진정으로 의원내각제를 정착시키기 위한 노력을 기울이는 사람이 아무도 없었다는 점이다. 정당의 정치가들은 번벌의 아성에 도전해 권력을 차지하는 것에만 관심을 기울였고, 번벌의 실력자들은 기득권을 지키기 위한 목적으로 정당정치와 타협하거나 회유하는 자세를 나타내기에 급급했다. 먼 장래를 내다보고 진지하게 정치의 발전을 생각하는 사람이 없었던 결과, 나중에는 파시즘의 대두로 의회정치가 아예 말살당하는 비극을 겪지 않을 수가 없었다.

　이미 제1차 가쓰라 내각의 말기에 가쓰라와 정우회 사이에 정권교대의 약속이 있었던 만큼, 정의투합이라는 단어는 이미 존재하는 정권교대의 약속을 공개적으로 표현한 데 지나지 않는 것처럼 보인다. 그러나 실제의 정치상황은 이것과는 한참 거리가 멀었다.

　제1차 사이온지 내각의 활동을 지켜보면서 가쓰라는 정책적인 측면에서 정우회와 손을 잡기가 어렵다는 사실을 깨달았고, 제2차 가쓰라 내각이 출범할 당시는 정우회를 배제한 형태로 의회에 대처해 나가려 했다. 이것을 상징하듯이 가쓰라가 출범 당시 내세운 12개의 정강 중에는 초연주의도 포함되어 있었다. 이를 위해 정우회의 의회 장악에 반감을 가지고 있는 오쿠마의 헌정본당을 주축으로 반정우회세력을 결집하려고 시도했지만, 여기에 실패하자 부득이하게 정우회와 제휴를 선언한 데 불과했다는 것이 정의투합의 진실이다.

　헌정본당은 제1차 사이온지 내각이 성립하기 전까지만 하더라도 정우회와 손잡고 공동투쟁을 하는 입장이었다. 그러나 철도국유화법안의 성립을 둘러싸고 양당의 제휴관계는 단절되었고, 정우회는 정권을 잡고 있다는 점을 이용해 지방의 이익증대에 힘쓰며 의석수를 더욱 늘려나갔다.

　여기서 위기의식을 느낀 헌정본당 내부에서는 당내 개혁을 통해 정우회에 대한 열세를 극복하고자 노리는 개혁추진세력이 등장하게 된다. 이들은 헌정본당의 우두머리인 오쿠마의 은퇴를 요구하는 것은 물론, 그의 측근으로서 당을 장악하고 있는 이누카이 쓰요시를 무력화하려는 시도마저도 했다. 게이엔체제의 성립으로 정치구도가 완전히 다른 양상으로 바뀌었음에도 불구하고, 변화에 적응하지 못한 채 구태의연하게 번벌 타도를 내세운 오쿠마의 태도에 당 내부의 반감이 쌓여 일어난 결과다. 급기야 오쿠마가 헌정본당의 총재직을 사퇴하는 사태까지 일어났다.

　이처럼 개혁추진세력과 여기에 반대하는 오쿠마 측근들의 반목과 투쟁이 거듭되면서 헌정본당은 사실상 마비상태에 있었고, 헌정본당을 주축으로 강력한 신당을 창설해 정우회를 배제하려고 했던 가쓰라는 반정우회 정당 창설의 구상을 당분간 보류하지 않을 수가 없었다.

이처럼 궁지에 몰린 상황에서 부득이하게 정우회와 제휴를 선언해 나오게 된 것이 바로 정의투합이다. 즉, 정의투합은 가쓰라가 독자적인 진로를 모색하다가 상황이 여의치 않자 마지못해 나온 선언에 불과했다. 겉으로는 정우회와 가쓰라가 권력을 나눠먹는 '게이엔체제'를 공개적으로 재확인하는 것처럼 보였으나, 실제 상황으로 보자면 가쓰라는 이미 오래전에 정우회를 정치적 파트너로 삼는 것을 포기한 상태다. 이처럼 정우회와 가쓰라의 눈에 보이지 않는 갈등관계는 메이지 시대가 끝난 후 가쓰라가 몰락할 때까지 계속되었다.

다른 한편, 경제적 측면에 있어서는 중공업 발전이 본격적으로 시작되었으므로, 가쓰라는 제철소와 관련된 예산이나 철도 확장도 역시 군부와 재계의 이해와 밀접한 관련이 있는 사안으로서 실현을 요구받았다. 이러한 사정으로 예산안을 중의원에서 무사히 통과시키기 위해서 정우회의 전폭적인 지지와 협조가 절실하게 요구된 것이다. 그러나 정의투합을 발표하기 이전에 정우회 내부에서 정권을 넘긴다는 약속을 알고 있는 사람은 오직 하라와 마쓰다 마사히사밖에 없었으므로, 무조건 가쓰라 내각에 협조하면 정우회 내에서 강한 반발이 일어날 우려가 컸다.

긴축재정의 포기는 가쓰라 내각의 기존의 경제정책에 정면으로 어긋날 뿐만 아니라 정우회도 마찬가지로 해당되기 때문이다. 더군다나 하라 다카시는 가쓰라의 대폭적인 양보를 얻어내기 위해 내각을 탄핵하려는 움직임마저도 나타냈다.

탄핵의 구실은 한반도 합병과 대역사건이었다. 한반도 합병을 문제로 삼은 건 합병에 반대했기 때문이 아니라, 다만 매끄럽게 추진하지 못했다는 이유다. 또한 대역사건 문제 역시 고토쿠 등의 처형이 부당하다는 이유보다는 천황을 암살하려고 했다는 사실이 발각될 때까지 별다른 조치를 취하지 않았다는 점을 물고 늘어지려 하였다.

이런저런 이유로 인해 공개적으로 정우회와 제휴를 공표해 내부적인 의혹과 반발을 잠재울 필요가 있었고, 그 결과 정우회 소속 의원들을 초대해 정의투합이라는 이름 아래 정식으로 협조와 제휴를 요청하는 형식을 밟기에 이른 것이다. 다시 말해 정의투합은 가쓰라가 거대 정당 정우회에게 굴복하는 뜻을 나타내는 선언이라는 성격도 가지고 있었다.

결국 가쓰라가 제1차 가쓰라 내각을 출범시킨 이래, 정당에 대해 공식적으로 표명한 입장인 초연주의는 완전히 무너지고 만다. 덕분에 제2차 가쓰라 내각도 3년에 걸친 장수내각이 되기는 했으나 가쓰라의 마음은 답답했다.

아무리 날뛰어도 결국 정우회와 제휴하지 않으면 정국운영이 곤란했기 때문이다. 가쓰라가 그토록 싫어하던 이토 히로부미가 남긴 정치적 유산이라고 할 수 있는 정우회와 타협하지 않으면 안 되는 현실에 야마가타와 가쓰라 모두 기분이 좋지 않았다는 것은 물론이다. 과거에는 타협책으로 돈을 사용하거나 장관을 비롯한 감투를 양보하는 정도에 불과했지만, 이제는 아예 정권을 넘기지 않으면 정치적 거래가 성립하지 않았다.

제1차 내각과 제2차 내각을 합쳐 8년 가까이 수상으로 재직하면서, 가쓰라는 이토 히로부미와 마찬가지로 자신만의 독자적인 정당을 가지지 않으면 안 된다는 사실을 확실히 깨닫게 된다. 결국 가쓰라 역시 현실정치의 어려움을 깨닫고 급기야는 정당을 창설한다는 이토의 전철을 밟지 않을 수 없었다.

제27차 의회는 정우회의 협조로 철도의 개량을 제외한 대부분의 주요한 안건이 순조롭게 통과되었다. 특히 노동자를 보호하기 위한 '공장법'이 중의원을 통과한 것이 돋보이는 사실이다. 이 법률은 사회주의 대두에 따라 활발하게 전개된 노동운동을 회유하기 위해 철야조업 금지, 청소년노동자의 보호 등 노동자의 인권을 보장하는 게 주된 내용이다. 정우회는 노동자 인권을 보호하는 데 거부반응을 나타내는 자본가계층의 이해관계를 대변해 이 법률에 찬성하지 않았던 과거가 있었다. 하지만 이번 의회에서는 대폭 수정을 가해 통과시킨다.

기업가들의 지지를 의식한 정우회가 수정을 가한 덕분에 공장법은 유명무실한 법률이 되었지만, 아무튼 노동법 역사에 획기적 전기를 마련한 것으로 평가받았다. 사실 노동자를 보호하는 법률을 제정하려는 움직임은 메이지 10년대 중반 무렵부터 있었다. 그러나 여러 가지 사정으로 논의단계에서 벗어나지 못하다가 메이지 시대가 끝날 무렵에야 비로소 제정된 것이다.

공장법의 핵심 쟁점사항은 24시간 주야교대로 혹사당하는 방적업의 여자노동자를 보호하려는 데 있었다. 하지만 원칙적으로 보호대상인 근로자의 노동시간을 12시간으로 제한하면서도 광범위한 예외사항을 규정했으므로, 별다른 실효성을 가지지 못하는 법률이 되지 않을 수 없었다. 게다가 법률시행의 시기를 명시하지 않은 것은 물론, 상세한 사항을 명령에 위임하는 형식을 취해 빛 좋은 개살구에 불과했다.

정우회는 혹사당하는 노동자를 보호하는 데에는 별다른 관심이 없었다. 당리당략에 따른 정치적 이유 때문이다. 정치적으로는 노동자가 아니라 러일전쟁 이후 영향력을 증대시키고 있던 상공업자의 편에 서는 게 이롭다는 점은 긴말이 필요 없다. 가쓰라가 한편으로 사회주의운동에 과도한 탄압을 가하면서, 다른 한편 노동자를 보호하기 위한 법률을 추진했다는 사실은, 그가 사회주의 운동을 탄압한 게 정치적 이유에 의한 것이라는 사실을 강력하게 암시한다. 즉, 그는 나름대로 노동운동에 대해 당근과 채찍의 정책을 동시에 구사한 것이다.

이것과 아울러 이 시기에 모든 국민에게 선거권을 부여하는 보통선거를 실현시키기 위한 법안도 제출되었으나, 귀족원의 강력한 반발로 사장되어 버렸다. 예전부터 보통선거를 실현하자는 논의가 활발하게 전개되었던 것도 사실이다. 그러나 이것이 법안이라는 구체적인 형태로 중의원을 통과한 것은 제2

차 가쓰라 내각 당시가 최초였다. 천황제 국가에서 기득권을 누리는 자들로 구성된 귀족원은 아예 이 법률안에 대한 심의 자체를 거부하는 초강경의 태도를 나타냈다. 귀족원의 존재 목적에 비추어 보면 당연한 반응이었다. 게다가 가쓰라는 보통선거 운동을 추진하던 단체마저도 해산시켜 대역사건의 처리과정에서 드러나듯이 보수적이고 반동적인 태도를 여전히 유지했다.

# 5

## 러일전쟁 이후의 경제동향

이미 러일전쟁 후의 경제에 관해서는 정치적 쟁점이 되는 사항과 관련해 종종 언급하기는 했지만, 전반적인 경제 동향과 흐름을 파악하기에는 부족한 감이 많다. 그래서 이 부분에 관해 따로 설명하는 게 좋다는 생각이 든다. 청일전쟁 후 경제동향에 있어서 불황과 경제공황이 거듭되었다는 것은 앞서 말한 대로지만, 러일전쟁이 종결된 이후에는 상황이 더욱 심각했다. 경제를 압박하는 가장 중요한 원인이 전쟁이 끝났음에도 불구하고 계속되는 군비증강에 있었다는 점은 긴 설명이 필요하지 않다.

청일전쟁의 경우 중국으로부터 천문학적인 규모의 배상금이라도 얻어냈지만 이번에는 그러한 것도 없었다. 게다가 한반도를 식민지로 강탈하고 이것을 경영해야 한다는 점은 경제적 입장에서 봤을 때 혹을 붙이는 결과에 다름 아니다. 그렇기 때문에 경제의 전반적인 분위기는 심각한 불황과 공황을 만성적으로 되풀이하지 않을 수 없었다.

여기에는 해외에서 발생한 공황도 영향을 미쳤다. 자본주의가 발전하고 교통과 통신의 혁신이 이루어짐에 따라 공황이 미치는 파급과 영향력도 예전과는 달랐기 때문이다. 예를 들어서 제1차 사이온지 내각 당시인 메이지 40년(1907)에 미국에서 발생한 공황은 세계적인 공황으로 발전했으며, 일본에도 수출 격감·수입 초과와 아울러 금융 핍박이라는 심각한 타격을 주었다. 이번에는 해외수출과 밀접한 관련이 있는 특정한 산업분야만 타격을 입은 게 아니라, 거의 경제 전반에 걸쳐 효과가 파급했다는 점이 두드러진 특색이다.

러일전쟁의 전비를 충당하기 위해 만들어진 비상특별세는 본래 전쟁이 끝나면 그 다음해에 폐지하도록 규정되었지만, 재정 핍박에 시달리기 때문에 현실적으로 그럴 수가 없었고, 오히려 증세를 확대하는 형편이었다. 특히 술에 과세하는 주세(酒稅)는 농민이 부담하는 지조의 액수를 능가하기에 이르렀다. 이처럼 러일전쟁을 계기로 조세체계에 있어서 지조에만 의존해 국가재정을 뒷받침하던 시대는 급속히 종지부를 찍고 있었고, 자본주의 발전을 반영하듯이 농민뿐만 아니라 일반국민들을 대상으로 세금을 징수하는 소비세나 소득세가 가장 유력한 조세 수입원으로 변모하게 된다.

만성적인 불황의 분위기 속에서 눈부시게 새롭게 발전하는 분야도 있었다. 바로 전기와 관련된 사업이다. 메이지 12년(1879)에 에디슨이 전구를 실용화시킨 이래 백열전구의 도입이 시작되었으며, 텅스텐을 필라멘트로 사용하는 백열전구의 국산화와 아울러 폭발적인 속도로 석유램프나 가스등을 밀어내고 널리 보급이 이루어졌다.

여기에는 발명왕 에디슨이 만든 제너럴 일렉트릭(GE)사의 일본에 대한 기술원조와 투자가 결정적인 역할을 했다. 특히 일본 정부가 전력을 공급하는 수단으로서 화력발전에 대신해 유지비 부담이 적은 수력발전을 적극적으로 지원해준 덕분에 전기요금이 계속 내려갔고, 도시를 중심으로 전력사업이 눈부시게 팽창을 거듭하는 밑바탕을 만들었다.

전력사업의 발전은 도시화와 밀접한 관련이 있었다. 시간이 갈수록 도시에 인구가 집중하면서 전기에 대한 수요가 늘어나는 것은 누구나 예상할 수 있는 일이며, 여기에 투자하면 안정적인 수익을 보장해 줄 수 있는 전망이 높았다. 그래서 돈을 가진 자본가 계층의 투자자금이 몰리는 것은 당연했다.

한편, 전기의 보급은 대도시를 중심으로 전철사업을 일으키는 밑바탕이 된 것도 사실이다. 증기기관에 대신해 전기를 사용하는 전철이 대도시의 교통수단으로서 여러모로 적합했기 때문에, 대도시의 도심부와 주변의 외곽을 연결하며 점차 보급이 확산되었다. 제1차 산업혁명은 증기기관이 발전을 주도했지만, 제2차 산업혁명은 전기산업의 발전과 관계가 깊다. 산업혁명의 후발주자였던 일본은 이 무렵부터 전기산업을 주축으로 하는 세계적인 산업발전의 흐름을 따라잡기 시작했다.

주의할 점은 평등조약 개정의 달성으로 외국인이 일본 국내에서 토지취득이나 주식소유 등이 가능해진 덕분에 전기산업을 비롯한 새로운 분야의 발전을 촉진했다는 사실이다. 조약개정이 이루어지기 전에는 외국인에게 일본 국내에서 경제활동을 보장하면 서구열강의 식민지화를 초래한다는 주장이 극우보수파를 중심으로 제기되어, 격렬하게 조약개정에 반대하며 커다란 정치문제가 된 것은 앞서본 대로이다.

그렇지만 막상 조약개정이 이루어진 후 외국인의 일본 진출은 소극적이었으며, 주식소유를 인정해도 외국인이 일본 기업을 자본적으로 지배하는 현상은 나타나지 않았다. 일본의 전기산업 발전에 지대하게 기여한 제너럴 일렉트릭이나 지멘스의 사례에서 나타나는 것처럼, 오히려 직접투자와 기술이전을 통해 일본이 경쟁력을 갖지 못하던 새로운 분야의 발전을 촉진한 사례도 많다.

국제무역에 있어서 만성적인 수입 초과가 계속되었다는 사실은 여전히 그대로였다. 그리고 이러한 무역적자를 보충하기 위해서나 신규 사업추진 등을 위해 외채를 모집하는 것에 대해 별다른 거부감도 없이 걸핏하면 실시되었다는 점이 과거와 다르다.

한편, 국제무역 구조에 있어서도 러일전쟁의 승리로 새롭게 획득한 한반도나 만주로부터는 자원의 가혹한 수탈이 행해지면서 커다란 변화를 야기했다. 대만으로부터는 설탕, 한반도에서는 쌀, 만주로부터는 콩을 중점적으로 수입했고, 그 대신 이들 지역에 토착 민족자본을 말살시키고 일본제품을 판매해 일본의 자본주의 발전을 위한 희생양으로 삼는 전형적인 식민지정책을 취한다.

러일전쟁 후 일반적인 민간산업발전의 흐름은 전쟁의 영향을 그대로 받지 않을 수가 없었다. 그래서 해운업과 조선업의 발전이 두드러지게 나타났다. 러일전쟁 당시 전쟁물자와 병력 수송을 위해 해운업계가 보유한 선박의 총 수는 단숨에 2배 정도 팽창했으며, 그 후 선박제조의 국산화가 높은 수준에 도달함에 따라 더욱 경쟁력을 높여갔다. 이러한 추세를 반영해 일본 정부는 일본의 해운업계가 해외항로를 장악하도록 유도하는 방향으로 지원했고, 동아시아의 해운업계를 잠식해 들어가면서 세계적인 해운국가로 거듭나게 된다.

해운업과 밀접한 관련이 있는 조선공업의 발전도 두드러졌다. 여기에는 주력 군함의 국산화를 추구하는 해군의 긴밀한 협조와 기술교류가 큰 도움이 되었다는 것은 물론이다. 메이지 41년(1908)에는 나가사키 조선소에서 최초로 증기터빈 엔진을 장착한 여객선을 건조하는 등, 기술적으로도 이미 세계적 경쟁력을 갖추었으며 선박의 수입국가에서 수출국가로 변신하기에 이르렀다. 게다가 민간 조선소에서는 여객선이나 화물선을 만들뿐만 아니라, 해군이 발주한 군함의 제조에도 적극적으로 참가해서 수익성을 더욱 높인다.

해군이 독자적으로 보유한 공창이나 조선시설만으로는 주력 군함을 생산하는 데 한계가 있었으므로 민간 조선소에도 군함을 발주하지 않을 수 없었다. 일본 해군이 민간 조선소에 발주한 대형군함은 생각만큼 많은 것이 아니지만, 일단 한 척이라도 수주하는 데 성공하면 막대한 이익을 보장해주었기 때문에, 조선업계의 강자인 미쓰비시나 가와사키(川崎)의 새로운 수입원이 되었다.

지금까지 본 것처럼 정부가 메이지 초기부터 정책적으로 지원을 해준 조선 공업 등의 특정한 분야에서 눈부신 발전을 이룩하기는 하였으나, 대부분의 중공업과 화학공업은 여전히 걸음마단계를 벗어나지 못했다. 러일전쟁 당시 필요한 군수물자를 자체적으로 조달하기 어려운 경우는 외국으로부터 수입에 의존했으므로, 청일전쟁 후와 마찬가지로 중공업의 발전을 자극하기 어려웠다는 사정은 변함이 없었다.

화학공업 역시 농업과 관계가 깊은 비료생산을 제외하고는 별다른 발전이 없었다고 해도 과언이 아니다. 제2차 가쓰라 내각이 관세자주권을 되찾았기 때문에, 중공업 육성을 위한 관세장벽이라는 보호막이 불완전하지만 어느 정도 갖추어졌다는 정도가 의미 있는 사건이다. 비록 민간의 중공업 분야는 별다른 발전을 하지 못했지만, 국가 직영으로 무기를 제조하는 군수산업은 전쟁의 영향으로 두드러지게 발전했다.

중공업 발전의 가장 밑거름이 되는 분야라고 할 수 있는 철강업에 있어서도, 이 시기에 들어서면서 제철소가 본격적으로 가동되어 싹을 키우기 시작하는 정도에 지나지 않았다. 가장 대표적인 제철소는 후쿠오카에 건설한 야하타(八幡)제철소다. 사실상 국영이라 할 수 있는 이 제철소는 무기제조에 필요한 철강을 공급할 목적으로 메이지 34년(1901)에 설립되었으며, 기술력 부족으로 본격적으로 조업이 궤도에 오른 것은 메이지 41년이 되어서야 가능했다.

이밖에도 고베제철소 등 민간제철소도 설립되었지만, 조선공업의 눈부신 발전에도 불구하고 선박제조에 필요한 철강제품의 대부분은 외국에서 수입해야만 했다. 또한 방적업의 조업에 필요한 방적기계를 해외에서 수입해야 한다는 상황에도 변함이 없었고, 철도산업의 경우 야하타 제철소의 가동으로 레일의 공급이 가능해졌지만 기관차는 여전히 수입에 의존하지 않을 수 없었다.

러일전쟁이 발발하기 4년 전이며 의화단 난이 발생한 해에 해당하는 메이지 33년(1900)을 예로 들자면, 당시 일본의 강철생산량은 연간 1,000톤에 불과했다. 이 무렵 러시아는 220만 톤, 영국은 590만 톤, 독일은 660만 톤이었다. 즉, 중공업 발전의 밑거름이 되는 강철생산량에서 일본은 서구열강과 엄청난 격차가 있었다.

제국주의 시대에 이처럼 철강생산에 현저하게 불리한 지위에 있으면서도 산업혁명을 달성한 예는 오직 일본에서만 나타나는 현상이라고 해도 과언이 아니다. 그러나 이러한 상황이 일본의 자본주의 발전에 반드시 마이너스로만 작용한 것이라고 말하기는 어렵다. 왜냐하면 값싸고 양질의 철강을 수입해 철강제품을 꼭 필요로 하는 분야에 공급하는 방향으로 유리하게 작용했기 때문이다.

이 무렵 경제동향에서 가장 주목되는 것의 하나는 역시 노동운동이 본격적으로 대두했다는 점이다. 청일전쟁 후 노동운동은 이미 시작되었지만 야마가타가 만든 치안경찰법에 의해서 막대한 타격을 입은 것은 이미 본 대로이다. 게다가 러일전쟁 전인 메이지 30년대에 설립된 초창기 노동조합은 철공조합·활판공조합 등의 명칭에서도 알 수 있듯이, 특정분야에 숙련된 남자노동자들이 노동쟁의보다는 그들만의 상부상조를 위한 폐쇄적 성격이 강했다. 노동쟁의를 하는 경우에도 공산주의·사회주의 사상 등 뚜렷한 목적의식보다는, 물가상승과 이에 따른 임금의 실질가치 감소에 의한 생활고로 인한 생계호소형이 대부분이었다.

남성노동자들이 방적공장에서 일하는 여성노동자보다 적어도 2배 이상의 많은 임금을 받았던 것이 사실이지만, 실제 생활형편은 매우 열악했기 때문이다. 여성노동자의 절반 이상이 20세 이하의 미성년자라는 사실에서 드러나는 것처럼 식구를 부양해야만 하는 부담은 그다지 크지 않았다. 그러나 남성노동자의 경우 결혼해 가족을 만들기 마련이고, 가족을 부양하기에는 넉넉하지 않은 수입으로 인해 도시 빈민층에 속하는 생활수준에 만족하지 않을 수 없는 형편이다. 공장에서 일하는 남성노동자의 수입만으로 가족의 생계유지가 넉넉

할 정도로 향상된 것은, 메이지 시대가 끝나고 제1차 세계대전에 의한 유례없는 호황을 기다리지 않으면 안 되었다.

이러한 와중에 산업혁명이 급속하게 발전함에 따라 노동자 수는 계속 증가했으며 메이지 시대가 끝날 무렵에는 80만 명을 넘어선다. 치안경찰법의 실시에도 불구하고 러일전쟁이 끝나자 각지에서 동맹파업이 계속 일어났고, 특히 메이지 40년(1907)에 주요 광산에서 연속적으로 일어난 대규모 폭동을 진압하기 위해 군대마저 출동해야 하는 상황이었다.

역시 격렬한 파업 등의 노동쟁의는 남자노동자가 압도적인 비중을 차지하는 공장이나 광산업 등의 직종에서 빈번하게 일어났다. 당시 노동자의 절반 이상은 섬유산업에 집중되어 있었고, 이 분야는 80% 이상이 여자노동자였다. 여성노동자는 가혹한 노동조건에 집단으로 뭉쳐 항의하기보다는 산발적으로 저항하거나 도망치는 경우가 많았다.

빈발하는 노동쟁의에 대해 무조건 가혹하게 탄압하는 게 해결책이 아니기 때문에, 일본 특유의 현상인 가족주의에 바탕을 두고 노사관계의 화합을 도모하는 시도가 행해졌다. 대기업이나 대공장의 경우 숙련된 노동자를 고용하기보다는, 나이 어린 청소년들을 모집해 줄곧 기술을 배우고 익히게 함으로써 직장으로의 소속감과 귀속의식을 강하게 만들었다. 아울러 직원들의 상부상조를 위한 공제조합을 만들어 여기에 원조를 부여하는 방법으로 불만을 잠재우려고 했다. 이러한 방법이 상당한 효과가 있었다. 그러나 시간이 갈수록 노동자의 수는 증가하고 특히 기계공업이나 중공업이 발전함에 따라 노동쟁의가 격화되는 것은 불가피한 현상이었다.

또한 이 시기 경제동향에서 나타나는 두드러진 특징 중 하나는 역시 제국주의적인 대외팽창에 수반하는 해외진출이다. 청일전쟁으로 획득한 대만의 경우 이 시기에 접어들면 식민지 경영이 안정적인 궤도에 올라섰지만, 한반도와 만주에 대해서는 새롭게 투자를 진행해야만 했다. 식민지로 편입된 한반도의 경우는 사회간접자본의 투자에 중점이 두어졌다. 부산항을 근대적인 항구로 만들고 한반도를 관통하는 철도노선을 완성해 만주와 연결하는 사업이 최우선시 된다.

한편으로는 악명 높은 토지조사사업으로 광대한 토지를 몰수하고 동양척식회사를 통해 이것을 관리하면서 일본인 이민자들에게 분배하는 작업을 추진했다. 또한 '회사령'의 공포로 민족자본의 성장에 결정타를 주고 일본 기업의 한반도 진출을 용이하게 만드는 것은 물론, 일본제품의 소비시장으로서 방적회사를 중심으로 한반도 진출을 적극 지원한다는 전형적인 식민지 착취구조의 기본골격을 완성했다.

한반도에서는 식민지로 만드는 기초 작업에 중점이 두어졌지만, 이와는 정반대로 일본의 식민지가 아니었던 만주를 비롯한 중국대륙으로는 자본 수출이 활발하게 전개된다. 물론 당시 일본이 자본을 수출할 정도로 자본주의가 고도로 성숙된 상황은 아니었으므로, 국가 주도에 의한 정책적 자본수출이 이루어졌다. 즉, 주요한 탄광이나 철광, 철도, 항구 등 장래 커다란 수익을 보장해줄 가능성이 높은 분야에 투자하면서 이권 획득에 열을 올린 것이다. 일본 정부가 나서 투자하더라도 국가재정의 취약함으로 자본력이 부족하기 때문에 실제 투자할 자금은 외채에 상당부분을 의존하는 게 불가피했다.

여기에 비해 민간자본의 해외진출은 매우 제약되지 않을 수 없었다. 당시 일본 국내에서 가장 발달하고 성숙한 산업으로 손꼽히는 방적업조차도 자본수출은 엄두도 못내는 형편이다. 미쓰이를 비롯한 재벌계통의 무역상사가 활발하게 해외진출을 하고 투자와 무역에 종사했지만, 제국주의적인 자본수출을 전개할 수 있을 정도는 아니었다. 그래서 동북아시아로의 자본수출은 국가주도 아래 신중하게 선택된 목표물을 대상으로 전략적인 관점에서 실시되었다는 특징이 나타났다.

겉으로는 자본주의가 성숙기에 접어들고 화려하게 제국주의적인 대외진출을 하고 있었지만, 일본의 국가재정은 사실 매우 위태로운 상태에 있었다. 러일전쟁을 계기로 전체 공채 중 외채가 차지하는 비중은 러일전쟁 전 30%대에서 50%대로 증가했으며, 전쟁이 끝난 후에는 중앙정부뿐만 아니라 지방자치단체나 정부계열회사도 사업추진을 위해 걸핏하면 외채에 의존했으므로 설상가상의 지경에 이르렀다. 외채의 원금상환은 물론이거니와 이자의 지급조차 막대한 규모에 이르렀고 외채의 이자로 지불되는 액수가 일본의 무역적자 총액과 비슷할 정도였다.

러일전쟁이 끝난 후 대규모 공채모집은 가급적 자제하는 방침을 취했지만, 제1차 사이온지 내각 당시 결정된 철도국유화를 위해 발행된 공채만 하더라도 무려 5억 엔에 육박하는 규모에 달했다. 사태를 방치하면 국가재정 파탄의 우려가 있었기 때문에 제2차 가쓰라 내각은 외채의 이자부담을 경감하기 위해서 거액의 신규공채를 모집하지 않을 수 없었다. 예를 들어서 1조 원의 빚을 지고 있는 경우에 지불해야 하는 이자가 6%인 것과 5%인 것은 이자 부담의 측면에서 상당한 차이가 있기 마련이다. 만약 6%의 이자가 붙은 채무의 경우 5%의 그것으로 교체하면 이자부담을 상당히 줄이는 게 가능했다.

이 점에 착안한 가쓰라는 내국채와 외채를 합쳐 무려 4억 엔이 넘는 액수의 공채를 신규 모집해 이자부담의 경감에 성공했다.

한편, 러일전쟁을 전후한 당시 외채 모집은 거의 동맹국인 영국이나 일본에 우호적인 미국에 의존했지만, 그 후 프랑스와 관계개선에 의해 러일전쟁 후에는 프랑스로부터 모집하는 외채가 급증한 점이 특징이다. 그럼에도 불구하고 외채의 상환은 막대한 부담이 되지 않을 수 없었으며, 유럽의 국제정세가 악화됨에 따라 외채의 모집마저도 수월하지 않은 상황을 맞이하게 된다. 이러한 금융상의 곤란한 사정은 제1차 세계대전이 발발할 때까지 개선되지 않았다.

농업 분야에 있어서 일본 정부는 쌀 생산량의 증대를 적극적으로 장려하면서도, 경제력을 갖춘 지주계급에 대해서는 농업에 대한 투자보다는 국채를 비롯한 공채에 투자하는 방향으로 유도하는 교활한 이중적인 방침을 채택한다. 즉, 토지를 소유하는 경우 과세부담은 늘리면서도 공채에 대한 이자소득세는 면제했다. 당시 소득세에 대한 대폭적인 세금인상과 비교하면 공채에 대한 이자소득세의 면제는 파격적 혜택이 아닐 수 없었다. 즉, 일본 정부는 지주계급에게 가진 돈을 땅을 사는 데 투자하지 말고 공채를 매입하는 데 투자하라고 지시한 것이나 마찬가지다. 이러한 덕분인지 경제사정이 심각한 불황을 거듭했음에도 불구하고, 전체 농가 중에서 소작농이 차지하는 비율은 별다른 변동이 없었다. 아울러 자작과 소작을 겸하는 자소작(自小作) 농가의 비중이 조금씩 증대하는 경향이 나타났다.

정부의 적극적인 증산장려와 농민 스스로의 품질개량 노력에 뒷받침되어 쌀 생산량은 늘어났으나, 쌀을 자급자족하는 비율은 서서히 떨어지는 경향을 나타내기 시작했다. 또한 쌀의 생산량을 증대시키기 위해서 품질을 검사하는 제도를 강제적으로 실시했는데, 지주계급은 검사에 필요한 비용과 노력의 부담을 소작농민에게 전가시켰다. 그래서 지주계급과 소작농 사이의 소작쟁의가 활발하게 일어나는 원인이 되기도 했다.

# 6

제2차 가쓰라 내각의 대외정책과 내치

 

제1차 사이온지 내각이 대외정책에 대해 확고한 신념이나 방침을 가지지 않고 현상유지 차원에 머문 것에 비해, 가쓰라는 제국주의적인 팽창정책의 선봉장으로서의 역할을 이번에도 유감없이 발휘했다. 러일전쟁의 승리 이후 일본은 한반도 문제를 제외하고도 해결해야 할 외교적 숙제가 많았다. 여기에 관해 당시 가쓰라·고무라 콤비 이상의 적임자가 없는 상황이라는 것은 물론이다.

이 시기의 외교문제에서 가장 중요한 건 만주에서 일본의 이익을 확보하는 문제였고, 여기에 대해 가쓰라는 특별한 사정이 없는 이상은 중국을 압박하지 않기로 결정한다. 즉, 미국을 비롯한 서구열강과 공동보조를 취하면서 만주의 이권을 확보하는 데 역점을 두기로 한 것이다. 이러한 기본방침에 입각해서 제2차 가쓰라 내각은 유명한 간도(間島)문제에 관해 기존의 입장을 뒤집고 중국에게 호의적 입장을 취했다.

어차피 가쓰라나 고무라의 입장에서는 간도가 어느 국가에 속하느냐는 별다른 관심사항이 아니었으며 만주에 더 많은 이권을 얻는 게 중요했다. 더 많은 이권을 확보할 수만 있다면 다른 나라의 땅이야 얼마든지 거리낌 없이 거래의 대상이 될 수 있다는 사고방식이다. 그러나 만약 중국에서 과거에 발생한 의화단의 난과 같은 중대한 변란이 발생할 경우에는, 요동반도의 조차기간 연장을 핵심으로 하는 강경방침을 취한다고 미리 결정되었다.

이러한 결정에 바탕을 두고 메이지 시대가 끝난 후 제1차 세계대전을 맞이하자 기회를 놓치지 않고 유명한 대중국 21개조 요구를 한다. 그러나 막상 21개조 요구를 한 것은 당시 수상이었던 오쿠마 시게노부였기 때문에, 중국의 증오의 표적은 야마가타나 가쓰라가 아니고 오쿠마에게 향했다.

사실 중국에 대해 21개조 요구를 강력하게 추진한 장본인은 당시 오쿠마 아래에서 외무장관으로 근무한 가토 다카아키이고, 가토의 배후에는 일본의 군부, 특히 육군의 입김이 있었다. 아무튼 오늘날 한국에서 안중근이 사살한 이토 히로부미가 매우 유명한 것처럼, 중국에서는 국가적 치욕이라 할 수 있는 21개조 요구와 관련하여 오쿠마의 명성(?)이 매우 높다.

한편, 가쓰라와 콤비를 이루던 외무장관 고무라가 만주를 일본의 식민지로 만든다는 구상을 예전부터 가지고 있었으므로, 실제로 제2차 가쓰라 내각의 의도는 만주에서 이권을 확보하는 차원을 넘어선 것이 있었다. 여기에 관한 자세한 사항은 따로 만주에 관해 다루면서 살펴보기로 한다.

이와는 정반대로 서구열강과의 관계는 상당히 유동적이었고 복잡했다. 유럽의 국제정세가 매우 역동적이고 복잡하게 변하고 있었기 때문이다. 영국과는 특별한 사정이 없는 이상 당분간 영일동맹을 준수한다고 결정했다. 특별한 사정이라 함은 영국과 독일 사이의 관계악화를 염두에 둔 것이다. 이러한 미온적인 방침을 결정한 배경에는 러일전쟁이 끝난 후 동맹관계가 미묘하게 변하기 시작한 탓도 있었다.

영국은 무서운 속도로 성장하고 있는 독일을 회유해 대결을 피하고자 예전부터 많은 노력을 기울였다. 그러나 야심만만한 독일 황제 빌헬름 2세는 결국 영국과 타협을 거부했기 때문에, 유럽에서 고립될까봐 두려워 한 영국은 프랑스에게 접근하고, 더 나아가 프랑스와 동맹관계에 있는 러시아에게도 손을 뻗었다. 즉, 독일에 대한 포위망을 만들려 한 것이다. 프랑스와 러시아가 동맹관계로 영국과 대립한다는 기존의 외교구도가 독일로 인해 깨졌다. 이것은 유럽의 국제외교에 있어서 대전환의 시작이었다.

일본 입장에서는 동맹관계에 있는 영국이 일본의 가상적국인 러시아와 손을 잡으려 하는 움직임이 반갑지 않은 건 물론이다. 이리하여 일본과 영국의 영일동맹은 러일전쟁이 끝난 후 급속히 냉각되는 국면을 맞이한다. 러일전쟁 내내 일본을 응원하던 영국의 국내 분위기도 막상 러시아가 패배한 후는 일본이 신흥열강으로 대두하는 것을 경계하는 방향으로 바뀌었다.

여기에다가 미국이 만주에 이권을 획득하고자 원하면서 일본과 러시아의 신경을 자극했다. 루즈벨트는 노골적으로 만주에 이권을 얻으려 시도하지 않았지만, 루즈벨트의 후임자로 대통령에 취임한 태프트는 국무장관 녹스(Knox)를 기용해 만주의 문호개방과 기회균등을 주장한다. 앞서 말한 것처럼 태프트는 러일전쟁 직후 가쓰라와 협의해 가쓰라·태프트 협정을 체결한 장본인이다.

국무장관 녹스는 미국의 주도로 새로운 철도노선을 만주에 건설할 계획을 세우고, 이를 위해 기존에 만주의 모든 철도노선을 중국에게 반환한 후, 미국·영국·일본·러시아가 공동으로 관리한다는 소위 만주철도 중립화방안을 제안했다. 이것은 사실상 러시아와 일본이 만주에 가지고 있던 철도에 관한 모든 기득권을 포기하라고 강요하는 거나 마찬가지다. 위기의식을 느낀 러시아와 일본은 서로 접근하고 손을 잡지 않을 수 없었다. 불과 몇 년 전 전쟁을 한 사이였으나, 이제는 만주에 발판을 마련하려는 미국 앞에서 공동보조를 취하는 관계가 된 것이다.

일본은 러일전쟁 직후 러시아와 제1차 러일협약을 체결해 외교관계를 어느 정도 회복한 과거가 있었다. 이것 역시 가쓰라가 주도해서 체결된 것이며 핵심내용은 한반도에서 일본이 추진하는 보호국화를 러시아가 인정하는 대신, 일본은 외몽골에서 러시아의 특수한 이익을 상호 승인한다는 점이다. 이 협약은 외몽골에 관해 러시아에게 양보해야 했으므로 일본 정부 내에서 반대의견이 많았다. 특히 육군의 반대가 매우 강했다. 한반도는 러일전쟁의 승리로 이미 일본이 확보한 상태이므로, 여기에 관해 러시아의 인정을 받는 것은 사실을 확인하는 절차 정도의 의미밖에는 없었다. 그러나 그 대가로 아직 세력범위가 확실하게 정해지지 않은 외몽골을 러시아에게 양보하는 것은 외교적으로 터무니없는 손해다. 제국주의적 팽창야욕을 갖고 있는 사람이라면 반대하는 게 당연했다. 그렇지만 당시 통감으로 한반도에 건너가 보호국화를 실행하고 있던 이토 히로부미가 통감 사임 의사까지 밝히며 강경하게 협약의 추진을 강요했기 때문에 체결된 것이다.

러일전쟁이 끝난 후에도 이토는 러시아를 강하게 의식하고 여전히 두려워했다. 그래서 그는 러시아와 긴장관계를 해소하는 데 도움이 된다면 외몽골을 포기하는 것은 별다른 문제가 아니라고 인식했다. 그러나 메이지 시대가 끝난 후 외몽골에서 발발한 노몬한사건을 생각한다면 결코 사소한 양보는 아니었다.

아무튼 러시아와 재대결을 한사코 피하려는 이토의 의도가 작용한 탓인지, 노몬한사건을 계기로 일본은 시베리아가 아니라 진주만을 기습공격하게 된다.

만주에 진출하려는 미국의 줄기찬 압력과 중국에서 활발히 전개된 이권회수운동에 위기의식을 느낀다는 점에서 공감대가 형성되었기 때문에, 그 후 체결된 제2차 러일협약은 만주에서 기득권을 가지고 있는 러시아와 일본 양국의 협조관계를 구축하는 데 주된 목적이 두어졌다. 동맹관계 같은 긴밀한 사이는 아니지만, 불과 몇 년 전에 국운을 걸고 전쟁을 한 국가와 외교적으로 긴밀한 상호협조의 발판을 마련하는 데 성공한다는 극적인 변화가 이루어졌다.

외교 분야에서 가쓰라가 이룩해낸 가장 커다란 성과는 제2차 러일협약 체결에 의한 러시아와 외교관계를 회복한 거지만, 겉으로 드러난 외교적 성과로서 널리 자랑한 것은 역시 관세자주권의 회복이다. 앞서 본 것처럼 청일전쟁이 발발할 무렵 외무장관 무쓰 무네미쓰에 의해 서구열강과 평등조약을 체결하는 데 성공했다. 그러나 이것은 치외법권 철폐에 성공한 거지 관세자주권을 회복한 건 아니었다.

러일전쟁 승리를 계기로 서구열강과 어깨를 나란히 하는 지위에 서게 된 일본의 입장에서 관세자주권을 회복하는 일은 그다지 어렵지 않으나, 외교적으로 가지는 상징적 의미는 매우 큰 게 사실이다.

영국과 미국의 비협조적 태도로 대폭 양보하기는 했으나 불평등조약의 완전한 개정이라는 숙원을 마침내 마무리하게 된다. 때마침 우연하게도 조약개정을 할 수 있는 타이밍이 제2차 가쓰라 내각 당시이기 때문에 달성이 가능했던 데 불과하지만, 어쨌든 가쓰라와 고무라 콤비의 업적으로 역사에 기록되었다. 이리하여 외교를 비롯한 대외문제에 관한 메이지 시대의 숙원사업은 완성되었다.

제2차 가쓰라 내각은 외교뿐만 아니라, 국내통치에 관해서도 역시 제국주의 강대국에 어울리도록 국력을 충실히해야 한다고 주장했다. 내세운 주장은 거창하지만 핵심내용은 전임내각인 사이온지 내각이 정우회의 당세 확장을 고려해 지방 이익을 우선했던 방침을 전면적으로 뒤집고 국가재정의 부담을 경감하는 데 있었다.

사이온지 내각을 뒷받침하는 정우회가 러일전쟁으로 발생한 막대한 전쟁비용의 후유증을 극복하기보다는, 당세 확장을 목적으로 철도 · 항만 · 도로 등의 사업을 대대적으로 전개하면서 가뜩이나 위태위태한 일본의 국가재정에 심각한 악영향을 준 게 사실이다. 문제의 심각성을 잘 알고 있는 가쓰라는 앞서 말한 것처럼 직접 대장성의 장관을 겸임하면서 재정긴축의 실효를 거두고자

했다. 특히 막대한 예산을 잡아먹는 철도에 관한 대책으로 철도원(鉄道院)이라는 부서를 신설해 철도예산을 특별회계로 만들어 별도 관리하기로 방침을 결정했다. 가쓰라의 뜻을 받들어 초대 철도원 총재로 취임한 체신장관 고토 심페이는 새로운 노선의 확장보다는 수익성 증대와 기존에 건설된 노선 개량에 중점을 두었다. 그 중에서도 핵심사항은 레일을 광궤로 통일한다는 방침이다. 과거 민영철도의 대다수는 협궤를 부설했었다.

협궤는 표준궤(레일의 간격이 1,435밀리미터)보다 간격이 좁은 레일을 말하며, 자금력이 풍부하지 않은 민영철도회사가 상대적으로 건설비용이 적게 드는 협궤를 선호한 건 당연했다. 그러나 일본 정부가 민영철도를 매수해 국유화한다는 추세에 따라 장기적 시각에서 보다 유리한 광궤로 교체하려 한 것이다.

여기에 대해 정우회의 하라는 광궤로 개량하는 사업에 자금을 투자하기보다는 차라리 그 예산으로 새로운 간선철도를 더욱 확장해 건설하는 게 바람직하다며 제동을 걸었다. 당리당략적인 관점에서 지방유권자의 지지를 얻기 위해서였다. 그래서 제2차 가쓰라 내각이 추진하려했던 핵심사업의 하나인 철도의 개량문제는 흐지부지되고 말았다.

이것과 동일한 취지로 교육정책에 관해서도 사이온지 내각과 달리 제국대학 신설이나 고등교육기관의 확충보다는 초등교육과 실업교육을 중시하는 노선을 채택했다. 메이지 말기가 되면 학력사회의 풍토가 정착되어 국민들의 자녀교육열이 현저하게 높아졌다. 이러한 상황을 감안해 정우회는 지방에 제국대학을 비롯한 고등교육기관을 설립하는 데 힘을 기울여 유권자들의 환심을 사려고 했었다. 가쓰라는 예산상 부담을 이유로 이러한 사이온지 내각의 방침을 정면으로 뒤집은 것이다.

또한 그는 교육에 대해 국가에 의한 통제를 중시했다. 제1차 가쓰라 내각 당시 초등학교 교과서에 기존의 검정제도를 대신해 국정제도를 도입하고, 어린이들에게 천황숭배와 국가에 대한 절대적 충성을 주입하려고 노력한 과거도 있었다. 물론 나이 어린 학생이라는 점을 감안해 노골적으로 교과서에 이러한 내용을 삽입하지는 않았지만, 교과서에 실린 예문이나 일화의 경우 천황제 국가의 이데올로기와 밀접한 관련이 있는 것들을 삽입했다. 게다가 제2차 가쓰라 내각이 쓰러지기 직전 역사교과서에 남북조(南北朝) 시대에서 북조(北朝)에 관한 역사를 아예 말살해 버리는 사건도 일어난다.

일본의 남북조 시대라 함은 14세기 무로마치(室町) 막부가 탄생하는 과정에서 천황과 무로마치 막부 사이에 항쟁이 벌어졌던 시기를 말한다. 이 당시 교토를 차지하며 권력을 장악한 무로마치 막부를 북조라 칭했으며, 도망친 천황을 옹립해 요시노(吉野)에 수립된 정권을 남조(南朝)라고 했다.

문제의 쟁점은 남북조의 어느 쪽을 당시 일본의 정통정부로 봐야 하느냐에 있었다. 천황이 요시노로 도망치자 북조 역시 새로운 천황을 옹립해 내세웠기 때문이다. 그런데 이 문제가 정치쟁점으로 부각되자 새롭게 역사교과서를 개정하는 과정에서 북조를 역적으로 간주하고 남조를 정통정권으로 규정한 것이다.

이 문제는 오늘날까지도 해석이 분분하고 논란의 여지를 남기는 문제이지만, 야마가타의 입김에 의해 남조가 정통인 것으로 명쾌하게 규정해 버렸다. 자라나는 청소년들을 위한 역사교육에도 지대한 관심을 가진 야마가타는, 틈나는 대로 일본역사를 천황제 이데올로기에 부합하는 방향으로 인위적으로 조작하는 데 개입했다. 그리고 가쓰라가 집권한 틈을 이용해 남북조의 정통성 문제에 확실하게 종지부를 찍은 것이다. 권력자가 자신의 입맛에 맞춰 역사문제에 개입한 대표적 사례였다.

이것과 아울러 내무성 주도로 지방개량운동이 대대적으로 전개된다. 당시 일본 지역사회는 정촌(町村)이라 하는 전통적인 촌락공동체를 기본단위로 했지만, 내무장관으로 장기간 재직한 야마가타의 주도로 실시된 대대적 통폐합의 결과 촌락은 자연발생적으로 존재하는 것으로부터 행정구획상의 기본구성 단위에 지나지 않는 존재로 바뀌었다. 아무튼 이러한 지역사회는 정우회를 뒷받침하는 강력한 지지기반이었다. 가쓰라는 지방의 이익보다 국가 이익이 우선한다는 논리를 앞세워 지역사회에 대한 국가의 통제를 강화하려 했다.

정우회의 지지기반에 정치적 타격을 가하려는 의도와 동시에, 국가재정의 부담을 고려해 지역사회의 발전요구를 억누르는 게 진정한 목적이었다. 가쓰라가 생각하는 이상적인 형태의 정촌은 주민들이 스스로 단결해 국가에 대한 세금을 체납하지 않도록 노력하며, 농업 생산력을 증대시키고 저축조합이나 신용조합 등을 만들어 경제적 자립을 촉구하는 것이다. 즉, 국가에 대해 지원이나 원조를 요구하지 말고 스스로 알아서 문제를 해결하라는 태도였다.

또한 내무성의 감독을 받는 청년단을 만들거나 국가신도 등을 통해 지역주민들을 사상적으로 통제하는 것도 중시했다. 특히 국가신도와 관련하여 제2차 가쓰라 내각과 직접 관련은 없으나, 그냥 지나칠 수 없는 문제의 하나로 유명한 야스쿠니(靖国) 신사를 들 수가 있다.

본래 야스쿠니 신사는 도쿄에 존재하던 초혼사(招魂社)라는 이름을 가진 신사를 바탕으로 야마가타가 개입해 재편성한 것이다. 그 결과 야스쿠니 신사는 국가를 위해 순직한 자를 제사지내는 일종의 국립묘지로서의 성격을 부여받았으며, 군국주의를 정신적으로 뒷받침하는 데 커다란 역할을 담당하게 된다. 국가신도에 속하는 일반적인 신사는 내무성 관할에 속했지만, 유독 야스쿠니 신사만은 육군성과 해군성이 관할한다는 특례가 적용되었다. 그래서 내무성이 관장하는 여타 신사와는 현저하게 다른 위상을 가지며 당당히 자리매김하였다.

야스쿠니 신사는 군국주의의 화신이라고 할 수 있는 야마가타가 창설을 주도했다는 그 자체만으로도 이미 원죄를 가진 존재라 말해도 과언이 아니다. 그리고 이러한 사실을 애써 무시하고 망각하고 있으므로, 오늘날 일본의 정치가들이 야스쿠니 신사에 참배하는 행태가 주변국가의 심기를 불편하게 만들고 불필요한 마찰을 조장하고 있는 것이다.

한편, 군부 역시 야마가타의 총애를 받기 시작한 '떠오르는 샛별' 다나카 기이치(田中義一)의 주도로 재향군인회를 만들어 전역한 군인들의 애국심 고취와 국가로의 귀속감을 확보하려고 시도했다. 재향군인회라는 명칭은 오늘날 한국에서도 그대로 사용하고 있으며, 설립취지 역시 그대로 계승되어 있다. 그렇지만 이러한 구상이 지방의 호응을 얻기 어렵다는 점은 긴 말이 필요 없다. 정우회처럼 지역사회의 발전을 위해서 실질적인 이익을 주지 않는 이상은, 그 어떠한 정책을 수립해도 탁상공론에 지나지 않는다.

결국 제2차 가쓰라 내각이 추진한 지방개량운동은 실패하는 운명이 예정되어 있었던 셈이다. 그러나 메이지 시대가 끝나고 나중에 군국주의 풍조가 본격적으로 대두하자, 이 시기에 가쓰라가 지방인민을 통제하기 위해 세웠던 구상은 매우 중요한 참고사항이 되었다.


다른 한편, 가쓰라는 내각을 포기하기 직전 후세에 악명을 떨치는 존재로서, 흔히 고등경찰 혹은 특고(特高)경찰이라고 칭해지는 특별고등경찰제도를 창설한다. 즉, 경시청 내부에 특별고등과를 설치한 것이다. 주된 목적은 공산주의운동을 감시하고 탄압하는 데 있었으며, 천황에 대한 암살음모인 대역사건을 계기로 위기의식을 느꼈기 때문에 나온 조치였다.

야마가타가 만들어낸 헌병제도와 마찬가지로 특별고등경찰 역시 창설 당초는 별다른 주목을 받을만한 존재는 아니었다. 그러나 메이지 시대가 끝나고 파시즘이 대두하자 점점 세력을 확장해 나갔고, 일반적인 경찰조직과 전혀 별개의 조직으로서 막강한 권력을 휘두르며 독일 나치스가 만든 게쉬타포에 결코 뒤지지 않는 괴물과 같은 존재로 성장하게 된다. 나중에 헌병제도나 고등경찰제도를 비롯해 군국주의 시대에 악명을 떨치는 존재의 상당수는, 군국주의의 화신과 같은 존재인 야마가타와 그의 후계자 가쓰라가 메이지 시대에 뿌린 싹이 발전한 결과라고 해도 과언이 아니다.

또한 내각을 포기하기 직전 가쓰라가 취한 조치 중에서 반드시 언급하지 않을 수 없는 것은 제3차 영일동맹을 체결한 사실이다. 앞서 말한 것처럼 영일동맹의 기본노선을 유지한다는 것이 가쓰라의 방침이었고, 이러한 사정은 영국도 비슷했다. 영국은 급속하게 팽창하는 독일 해군에 대항해 유럽해역의 제해권을 확보하지 않으면 안 되는 입장에 있었기 때문이다.

영국 해군은 유명한 '2강국 기준'이라는 독특한 원칙을 가지고 있었다. 즉, 영국의 해군력은 세계 제2위와 제3위의 해군력을 합친 것을 능가해야 한다는 원칙이다. 다른 국가에서는 역사상 유례를 찾아보기 힘든 이러한 원칙을 가지고 있었던 덕분에, 영국 해군이 세계 최강의 지위를 군건하게 유지할 수 있었다. 그러나 영국 해군을 의식해 군비증강에 열중하는 독일 해군 때문에 이러한 원칙이 깨질 위기에 처하자, 영국은 아시아에서 해군력의 절대적 우위를 포기하지 않을 수가 없었다. 그리고 그 공백을 동맹국 일본이 채워주길 원했다.

또한 제3차 영일동맹 체결에는 미국이라는 중대한 변수가 작용했다. 영국이 가상적국의 대상에서 미국을 제외하자고 강력하게 요청했기 때문이다. 영국 입장에서는 아시아에서 일본 해군과 협조노선을 유지하는 문제도 중요했지만, 미국과 우호관계를 지속하는 것도 전략적으로 상당히 중요했다.

이와는 정반대로 일본 입장에서는 미국을 영일동맹의 가상적국으로부터 제외하자는 영국의 제안이 결코 반가운 건 아니었다. 러일전쟁이 끝난 후 미국과 일본의 관계는 급속도로 냉각되기 시작했으며, 특히 만주의 이권을 둘러싸고 상당히 심각한 갈등국면에 들어서기 시작한 것은 앞서 본 대로이다. 새롭게 일본의 가상적국으로 부상하기 시작한 미국을 제외하는 내용의 영일동맹은 커다란 매력을 가지기 어렵다. 특히 미국을 가상적국으로 상정한 일본 해군의 입장에서는 더욱 그러하다.

그럼에도 불구하고 가쓰라가 새로운 영일동맹의 체결을 추진한 이유는 중국을 염두에 두었기 때문이다. 당시 중국은 혁명이 일어날 조짐을 보이고 있었다. 상황이 불투명해 혁명이 성공할지 아닐지는 확실하지 않았지만, 앞서 본 것처럼 중국의 정치상황이 급격하게 변하면 이권 확보를 위해 무조건 개입할 작정이었다. 그리고 그러한 경우에 대비해 영국의 지지가 필요했다. 결국 가쓰라가 굳이 세 번째로 영일동맹을 체결한 이유는, 중국의 정치상황이 혼란한 틈을 이용해 이권을 확보할 욕심 때문이라고 해도 과언이 아니다.

영일동맹을 새롭게 체결하고 불과 3개월이 지난 시점에서 유명한 신해혁명이 시작된 사실을 고려한다면, 미국을 가상적국에서 제외한다는 불이익을 감수하면서까지 영일동맹 체결을 추진한 가쓰라의 생각은 옳았다고 볼 수가 있다. 어차피 영국과 미국의 우호관계를 고려하면 영국이 일본을 도와 미국에 대항하기 바라는 것은 무리였다. 그러나 일본 국내의 반응은 과거와는 달랐다. 즉, 과거에는 영일동맹을 체결하면 거국적으로 환영한다는 여론을 표시했으나, 이번에는 국론이 분열되는 양상에 접어든 것이다. 가쓰라와 정치적으로 동맹관계에 있는 정우회는 찬성의 뜻을 나타내며 더 나아가 영국과 미국, 일본이 긴밀한 우호관계에 들어가는 발판이 되기 희망한다는 견해를 표방했다. 그러나 일본의 제국주의적 팽창정책을 지지하는 극우주의자들은 미국을 가상적국에서 제외한 점에 강한 불만을 나타냈고, 다른 국가와 새로운 동맹관계의 체결을 모색해야 한다는 극단적인 주장을 펼쳤다. 즉, 영일동맹의 실효성 자체를 부정한 것이다.

러일전쟁이 끝나고 불과 몇 년이 지나지 않은 시점이었지만 급격한 국제정세의 변화 속에서 영일동맹의 미래는 암담해지기 시작했다. 이것이 의미하는 바는 결코 사소한 게 아니다. 영국과의 관계 여하에 따라 일본의 대륙진출정책은 물론이거니와, 복잡하게 변하는 유럽의 국제정세에서 택해야 할 기본방향을 결정하는 지표였기 때문이다. 비록 메이지 시대가 끝날 때까지 영일동맹의 노선이 기본적으로 유지되기는 하였으나, 나중에 영일동맹이 끝내 파탄에 이른다는 복선은 제3차 영일동맹의 체결 직후부터 싹이 자라나고 있었다.

# 패망의 씨앗

# 1

## 만주 침략의 시작

포츠머스 강화조약의 결과 일본이 만주에 관해 획득한 것은 남만주 지역의 철도를 중심으로 하는 이권에 불과했다. 다시 말해 만주 자체는 형식적으로 엄연히 중국의 영토다. 이러한 만주를 어떻게 처리할 것인가에 관해 러일전쟁 이전이나 강화조약 체결 후 명확한 방침이 정해진 건 아니었다. 특히 철도에 관한 문제가 쟁점으로 떠올랐는데, 해결의 실마리는 생각보다 빠르게 찾아왔다.

포츠머스 강화조약이 체결될 무렵 일본을 방문한 미국의 '철도왕'이라 불리던 해리만(Edward H. Harriman)은 만주에 러시아가 부설한 철도노선을 매입하고자 일본 정부의 의사를 타진했다. 해리만은 미국의 대륙횡단 철도를 아시아에 연결하고, 더 나아가 기선과 철도로 세계를 일주하는 교통망을 만든다는 거대한 야심을 가지고 있었다. 그래서 강화조약 체결로 일본이 획득한 만주의 동청철도 노선을 탐낸 것이다. 동청철도 노선을 확보하면 아시아 대륙을 관통하는 시베리아 철도와 연결되기 때문이다. 여기에는 물론 루즈벨트 대통령을 비롯한 미국 실업계의 전폭적인 지지와 찬성이 있었다.

이러한 해리만의 제안에 대해 당시 수상이던 가쓰라를 비롯해 야마가타, 이토, 이노우에 등의 원로들도 일본이 획득한 만주의 철도노선을 미국에 넘겨 러시아의 복수를 피하려는 생각을 가지고 이를 환영했다. 특히 러일전쟁 승리로 한껏 위세가 높아진 야마가타는 애당초 만주가 경제적으로 가진 잠재력에 대해 매우 회의적이었다. 그래서 협정은 거의 체결 직전까지 갔지만, 포츠머스 강화조약을 체결하고 돌아온 고무라 쥬타로 외무장관이 정면으로 반대하면서 해리만의 뜻을 꺾고 만다.

고무라는 만주에 관한 경제상 이권 중에서 핵심이라고 할 수 있는 철도를 미국에게 양보하는 것은 터무니없는 짓이라고 완강히 반대를 주장했고, 결국 가쓰라의 마음이 바뀌면서 없던 일이 되었다. 해리만의 제안이 일본에게 결코 불리한 조건이 아니었음에도 불구하고, 고무라가 강력하게 제동을 건 이유는 그가 장래 만주를 일본의 식민지로 하려는 구상을 가지고 있었기 때문이다. 식민지화를 추구하려면 그 핵심이라고 할 수 있는 철도노선의 경영권이 외국에 넘어가는 사태를 한사코 막아야만 한다.

적극적으로 식민지 지배를 주장하는 고무라의 만주에 관한 구상에 선뜻 찬성하는 원로는 없었지만, 그의 주장이 받아들여진 것은 철도경영에 필요한 자금줄을 미국에서 확보한 상태로 귀국했던 게 원인이었다. 철도사업에 관해 해리만의 라이벌이라 할 수 있는 미국 경제계의 전설적 실력자인 모건(J.P. Morgan)이 해리만의 원대한 사업구상을 방해하기 위해 고무라에게 자금지원을 은밀하게 약속했다고 한다.

아무튼 이 사건을 계기로 일본은 독자적으로 만주 경영을 추구하는 노선을 걷게 된다. 여기에 그치지 않고 고무라는 병든 몸을 이끌고 직접 중국 북경에서 체결한 소위 북경조약을 통해, 일본이 확보한 철도노선에 제3국이 관여할 수 없다는 조항을 삽입해 확실하게 쐐기를 박았다. 즉, 애당초 일본이 별다른 욕심이 없었던 만주 침략이 시작된 것은 외무장관으로서 야마가타와 가쓰라의 신임이 두터운 고무라의 활동이 결정적 영향을 미쳤다고 해도 과언이 아니다.

오늘날 이러한 고무라의 행동에 대해서는 평가가 엇갈린다. 당시 일본의 관료 중 대표적인 극우주의자라고 할 수 있는 고무라의 행동을 선견지명으로서 높게 평가하는 견해도 많다. 원로들에게 황량한 불모지로 인식되는 데 지나지 않던 만주의 발전 가능성을 간파하고 중국대륙으로 진출하는 발판을 만든 장본인이라는 이유에서다. 만약 일본의 제국주의적 침략정책을 긍정적으로 받아들인다면 고무라를 높이 평가하는 것이 당연한 것인지도 모른다.

반면 과대한 욕심으로 꼭 필요한 것도 아닌 만주에 발을 뻗는 계기를 만드는 바람에 결국 중일전쟁으로 연결되고, 일본이 빠져나오기 힘든 구렁텅이로 몰아넣었다는 견해도 있다. 즉, 이러한 비판적인 평가도 일본의 제국주의적인 침략정책에 대한 진정한 반성에서 나온 게 아니라, 만주에 진출한 것 자체가 현명한 선택이 아니라고 비난한 데 불과한 것이다.

만주는 러일전쟁 당시부터 계속 일본의 점령지로서 군정이 실시되고 있었다. 사실 군정은 러일전쟁 훨씬 이전부터 러시아군이 의화단사건을 빌미로 만주를 지배하면서 시작된 것이다. 러일전쟁을 계기로 군정을 시행하는 주체가 러시아에서 일본으로 바뀐 데 불과했다. 그러나 언제까지나 군정을 실시할 수는 없는 노릇이므로, 5월에 들어서자 군정을 폐지하는 방향이 이토 히로부미의 강력한 주장과 이에 동조하는 원로들의 합의로 결정된다. 러시아군이 급속도로 만주로부터 병력을 철수하는 상황에서 일본이 중국 영토에 계속 병력을 주둔시켜야 할 명분은 없었고, 러시아를 대신해 만주를 차지하는 게 아닌가라는 서구열강으로부터의 불필요한 의심을 받을 이유도 없었기 때문이다.

러일전쟁이 끝난 다음해인 메이지 39년(1906) 1월에 '만주 경영 위원회'라는 조직이 비밀리에 발족되었다. 위원장에 임명된 자는 고다마 겐타로였다. 그는 대만총독으로서 대만 식민지통치의 기틀을 잡은 점과 러일전쟁 당시 직접 만주 현지에 만주군사령부를 만들고 일본군을 지휘했던 탓에 만주의 사정을 잘 알고 있다는 사실을 높이 평가받아 추대된 것이다.

고다마는 만주에 대해 소극적인 야마가타와 다르게, 만주의 경제적 가치를 높이 평가하고 적극적으로 만주를 경영해야 한다고 주장했다. 결국 그가 주도한 만주 경영 위원회는 만주를 일본의 식민지로 삼으려는 의도를 내포하고 있었다.

이러한 움직임에 대해 강력히 제동을 건 장본인은 다름이 아니라 이토 히로부미다. 5월에 만주문제를 토의하기 위해 개최된 원로 및 각료의 합동회의에서, 이토는 고다마가 주장하는 만주 경영이라는 개념 자체를 부정한다. 만주는 엄연하게 중국 영토이고 일본이 경영의 주체가 될 수 없다는 것을 그 이유로 들었다. 그가 이러한 주장을 한 배경은 결코 국제법의 준수나 중국의 주권을 존중했기 때문은 아니다.

이토가 진정으로 우려하는 것은 일본이 만주에 노골적으로 식민지화를 추구할 경우 중국의 민족주의 감정을 자극하게 된다는 점이다. 즉 일본의 영토도 아닌 만주를 섣불리 건드렸다가 중국에서 제2의 의화단 운동이 일어날까봐 경계한 것이고, 이것을 빌미로 러시아에게 러일전쟁 패배에 대한 복수전의 빌미를 제공할지도 모른다고 두려워하는 게 진정한 본심이었다.

이것은 야마가타와 이토 사이에 공감대가 형성되지 않을 수 없는 사항이었다. 러일전쟁의 승리에도 불구하고 원로들은 무서운 잠재력을 가진 러시아의 복수전을 두려워했으며, 특히 야마가타는 자타가 공인하는 러시아 공포증을 가지고 있는 인물이다. 회의 결과 만주를 일본의 식민지로 만들려던 고다마의 구상은 일단 좌절되고 만다.

이토를 비롯한 원로들과 정반대로 고다마가 만주 침략을 적극적으로 주장한 이유는 그가 러시아의 군사력에 대해 자신감을 가지고 있었기 때문이다. 즉, 설사 러시아가 복수전을 펼친다 하더라도 이길 수 있다는 생각을 가지고 있었다. 이러한 점은 일본 육군의 실권을 장악한 야마가타나 야마가타가 총애하는 육군장관 데라우치와는 정반대의 입장이다. 러일전쟁 당시 러시아군을 직접 겪어본 고다마의 자신감은 허무맹랑한 게 아니었으나, 여전히 러시아를 극도로 두려워하는 원로들의 우려를 잠재울 수 있는 정도는 아니었다.

애초 고다마는 대만총독부처럼 만주를 경영하는 강력한 통치기구를 만들려고 했지만, 적극적인 만주 경영에 한사코 반대하는 이토와 야마가타의 비위를 건드리면서까지 자신의 의지를 강행하기는 불가능했다. 그래서 만주에는 관동도독부(關東都督府), 남만주철도회사, 봉천의 일본영사관이라는 3개의 기관이 각각 분립해 담당한다는 기묘한 결과가 되었다.

관동도독부는 과거 러시아가 중국으로부터 조차한 지역으로 러일전쟁 승리의 결과 일본이 중국으로부터 반강제로 인수한 지역을 중심으로 행정업무를 처리하는 임무를 가졌다. 그럼에도 불구하고 현역 육군대장이나 중장만을 도독에 임명한다는 규정을 통해 사실상 육군의 세력범위에 속하는 군정기관의 실체를 갖춘 조직이다. 그러나 식민지 통치를 위한 총독부처럼 강력한 권한을 가진 것은 아니었다.

또한 남만주철도회사는 문자 그대로 일본이 러일전쟁의 승리로 획득한 남만주의 철도노선을 경영할 목적으로 만들어진 회사다. 그러나 고다마가 진정으로 노린 점은 단순한 철도회사가 아니라 영국의 동인도회사처럼 만주를 전반적으로 경영하는 국영회사였다. 그래서 고다마는 대만 통치에서 그와 콤비를 이루어 재능을 발휘한 고토 심페이를 남만주철도회사의 최고경영자로서 만주 경영에 끌어들이려 설득했다. 그러나 고토는 망설였다.

야심만만한 고토는 대만 통치의 과정과 마찬가지로 독자적 수익원을 개발하고, 이렇게 확보한 재원을 적극적으로 만주에 투자하는 것을 통해 궁극적으로는 본국으로부터 경제적·정치적으로 독립시키길 원했다. 그러나 본국에서 그에게 기대한 건 철도회사를 훌륭히 경영해 막대한 수익을 거두는 데 있었고, 이렇게 얻어진 수익을 만주 개발이 아니라 본국의 재정적자를 보충하는 용도나 만주에 주둔한 일본군 유지비용에 사용할 예정이었다.

바로 이것에 고토는 거부감을 나타내고 취임을 주저한 것이다. 또한 고토는 대만총독부와 같이 만주를 전반적으로 통치하는 행정기구가 없다는 사실도 문제로 삼았다. 그는 단순히 회사 경영자에 만족할 인물이 아니었고, 실질적으로 만주를 본국으로부터 독립시켜 통치하고자 원했다. 고다마가 고토의 구상에 어떠한 생각을 가지고 있었는가는 정확히 알기 어렵다. 다만 한 가지 확실한 점은 당시 상황으로는 만주를 일본의 식민지로 본격적으로 만드는 작업을 추진하기가 불가능했다는 사실이다.

이 문제로 옥신각신하던 두 사람의 갈등은 고다마의 느닷없는 돌연사로 해결되었다. 7월 23일 새벽에 고다마는 55세의 나이로 사망했다. 사망원인은 뇌출혈이었다고 한다. 그가 5년만 더 살았어도 만주 경영을 궤도에 올리고 내각 수상이나 조선총독이 되었을 가능성이 매우 높았지만, 그의 느닷없는 죽음은 야마가타는 물론이고 죠슈벌 전체로서도 커다란 손실이었다. 고토는 고다마의 죽음에 충격을 받아 만주 경영을 맡기로 결심하고, 남만주철도 주식회사의 총재에 취임한다.

이러한 우여곡절을 거쳐 만주에 남은 고토는, 취임 초기부터 본국의 간섭과 개입을 차단하기 위해 남만주철도회사의 총재가 관동도독부 고문을 겸임하도록 하고, 사실상 총독과 비슷한 강력한 권한을 갖도록 본국에 요구했다. 다른 사람이 이러한 요구사항을 내걸었다면 당연히 거절당했을 것이다. 그러나 고토의 경영능력을 높이 평가한 야마가타의 입김에 의해 실현되었다. 그럼에도 불구하고 고토에게 만주를 전반적으로 통치할 수 있을 정도의 막강한 권한이 부여된 것은 아니다.

고토가 가지고 있는 만주 통치의 구상과 야마가타의 만주에 대한 인식에는 커다란 차이가 있었지만, 어쨌든 남만주철도회사의 경영을 궤도에 올리고 수익을 창출하는 점이 무엇보다도 중요한 사항이다. 여기에 관해 고토는 자타가 공인하는 확실한 해결사였다. 야마가타는 어디까지나 그 한도에서만 고토의 요구를 들어주는 시늉을 했다.

남만주철도회사는 겉으로는 민간 기업처럼 활동했지만, 사실은 일본 정부가 만든 국영회사나 마찬가지였으므로 본국의 자본력을 끌어들여 만주에 '철도 붐'을 일으킨다. 이 회사는 창업초기 형식상 2억 엔의 자본금을 갖추고 출발했음에도 불구하고, 일본 정부의 재정 부담은 사실상 거의 없었다. 왜냐하면 이미 확보한 남만주의 철도와 탄광을 현물출자라는 형식으로 부담했기 때문이다. 즉, 일본 정부가 한 투자는 러일전쟁으로 획득한 철도와 탄광의 소유권을 남만주철도회사에 이전해 준 데 불과하다. 그래서 창업 초기의 실질자본금은 200만 엔에 불과했다고 한다. 사실 만주에 투자하고 싶어도 일본 정부는 투자할 재정적 여력이 없었고, 만주에 이권을 확보하고 수익을 창출하기 위해 영국으로부터 외채를 빌려야만 했을 정도로 상황이 좋지 않았다.

흔히 '만철(滿鉄)'이라고 불리는 남만주철도회사는 1930년대에 들어서면 사원 수만하더라도 20만 명에 이르는 초거대 기업으로, 총연장 1만 킬로미터에 이르는 노선을 가지고 총수익이 9억 엔을 넘는 회사로 성장한다. 이러한 기틀을 만든 사람이 고토라는 건 의심의 여지가 없다. 겉으로는 철도회사나 실제로 경영의 범위에 들어간 것은 탄광·전기·창고업·철도부속지 등 일본이 만주에 확보한 이권을 총체적으로 관리하는 사실상의 식민지경영회사였다.

본국의 뜨거운 기대에 보답하듯이 고토는 남만주철도회사의 경영을 궤도에 올렸지만, 막대한 수익 창출과 동시에 본격적으로 갈등이 빚어지게 된다. 앞서 말한 것처럼 일본 정부가 실질적으로 남만주철도회사를 창설하기 위해 투자한 금액은 거의 없었다. 그러나 철도와 광산을 현물출자라는 형식으로 투자했고, 이것은 금액으로 환산하면 1억 엔의 가치가 있었다.

그 결과 일본 정부는 이 회사의 최대 대주주로서 수익금의 배당을 요구할 당연한 권리가 있었으며, 이것이 고토의 심기를 불편하게 만들었다. 고토는 이 회사의 수익금을 만주의 사회간접자본 확충에 투자하길 원했기 때문이다.

이 문제의 해결을 위해 고토는 다양한 노력을 기울인다. 관동도독부의 기능을 강화해 본국의 간섭과 개입을 막으려는 시도도 했지만, 본국에 고토의 생각을 지지하는 강력한 후원자가 없는 이상 그의 이상을 실현하기는 불가능에 가깝다고 할 수 있었다. 마침 이 무렵 중국에서 이권회수운동이 일어나 만주의 이권을 되찾으려는 움직임을 보이는 것을 계기로, 여기에 분개한 야마가타가 만주 경영을 적극적으로 주장하기 시작한다. 그러나 이것이 곧바로 만주를 식민지로 만들고자 원하는 고토의 구상에 대한 지지를 의미하는 건 아니었다.

아무튼 중국에서 일어난 이권회수운동을 계기로 본국 분위기가 고토에게 유리한 방향으로 전환된 것은 사실이고, 제2차 가쓰라 내각에서 고토는 체신장관으로 발탁되었다. 체신장관에 취임하기 위해 만주를 떠나기 전, 고토는 남만주철도회사의 우두머리로 자신의 심복을 앉혀 계속 영향력을 유지하는 조치를 취하는 걸 잊지 않았다. 그가 만주를 떠난 이유는 결코 만주를 포기했기 때문이 아니다. 오히려 만주 경영을 그가 원하는 방향으로 바꾸기 위한 목적을 가지고 있었다.

한편, 가쓰라가 각별한 친분도 없는 고토를 체신장관으로 등용한 이유는 만주 침략에 관해 서로 공감대가 형성되었기 때문이다. 애당초 가쓰라가 고다마의 만주 경영 구상을 적극적으로 지지한 건 아니다. 그러나 시간이 갈수록 드세져 가는 중국의 이권회수운동에 대처하는 한편, 장래 만주의 발전 가능성에 대해 새롭게 인식하기 시작한 게 밑바탕에 있었다. 일본의 제국주의적 팽창정책을 리드하는 입장에 있었던 가쓰라가 만주를 식민지로 만들길 원하는 고토와 손을 잡게 된 것은 자연스러운 결과였다.

만주를 본격적으로 경영할 강력한 통치기구가 필요하다는 고토의 주장에 공감해, 가쓰라는 척식성(拓植省)이라는 새로운 부서를 내각에 설치하기로 잠정 합의를 본다. 척식성은 만주를 전반적으로 통치하기 위해 체신성으로부터 철도와 통신에 관한 업무를 이관할 예정이었고, 고토가 체신장관으로 취임한 것은 척식성이 설치될 때까지 임시 보직의 성격이 강했다.

이러한 구상의 예비단계로서 내각에 직속하는 철도원이 설립되고, 고토가 철도원의 초대총재로 취임한다. 본래 구상에 의하면 철도원은 한반도와 만주에 존재하는 철도를 종합적으로 관리하고 발전시키기 위한 기구였지만, 한반도에 부설된 철도는 조선총독부의 관할로 되는 등 차질이 빚어지기 시작했다. 문제는 가쓰라에게 이처럼 곤란한 상황을 해결할 능력이 없었다는 점이다.

조선총독에 부임한 데라우치는 야마가타의 직계 중 직계로서 가쓰라조차도 마음대로 다룰 수 있는 상대가 아니었다. 게다가 가쓰라와 야마가타가 육군사단의 증설문제를 계기로 갈등국면에 접어든 후부터는 더욱 그러하다. 가쓰라는 재정 부담을 이유로 사단 증설문제를 억제하려 했으나, 데라우치는 야마가타의 뜻을 받들어 육군 대표자라는 자격으로 사단 증설을 강력하게 주장하면서 가쓰라와 맞섰다.

비록 데라우치는 능력이 뛰어난 인물은 아니었지만, 야마가타의 그에 대한 총애는 양아들이나 마찬가지라고 해도 과언이 아닐 만큼 거의 절대적이다. 박정희가 집권할 당시 전두환이 그의 양아들이라고 소문이 파다했지만, 야마가타의 데라우치에 대한 총애에 비할 바는 아니다.

또한 데라우치는 가쓰라가 정계에 진출한 이상 육군은 자신의 텃밭이라는 의식을 가지고, 정치적 이해관계에 따라 육군에 영향력을 행사하려는 가쓰라에 비타협적인 태도를 취하는 경우가 많았다. 나름 야심을 가지고 있고 파벌의식이 강한 데라우치는 가쓰라뿐만 아니라 고다마가 사망하기 이전에는 고다마와도 사사건건 심각하게 대립을 했었다.

한반도와 만주를 관통하는 철도를 체계적으로 관리하고 확장하는 것을 발판으로 만주 식민지화의 기초를 마련한다는 가쓰라와 고토의 원대한 구상은 시작단계서부터 좌절되고 말았다. 야마가타는 가쓰라가 대륙의 철도 확장을 위해 막대한 비용을 투입하는 걸 꺼려했다. 제2의 러일전쟁을 항상 염두에 두고 있는 야마가타는 군비 확장과 밀접한 관련이 있는 분야에 우선적으로 예산을 투입해야 한다고 생각했다. 즉, 그는 대륙의 철도 확장이 정책의 최우선 순위가 아니라는 입장에서 반대한 것이다.

아울러 가쓰라의 구상에 제동을 건 것은 비단 야마가타뿐만 아니었다. 정우회를 리드하는 하라 다카시도 당세 확장을 염두에 두고, 해외의 철도노선보다는 국내 철도를 정비하는 데 여유자금을 우선적으로 투입하길 원했다. 이러한 하라의 태도에 대해 가쓰라는 정당정치가가 국익보다는 당리당략을 우선시하는 것으로 인식하고 강한 반감을 나타냈지만, 게이엔체제를 유지하기 위해서는 하라와 정면으로 대립하는 건 곤란한 상황이다. 가쓰라는 게이엔체제라는 정우회와 맺어진 정치적 야합을 언젠가 끝낸다는 구상을 은밀히 가다듬고 있었으나 아직은 시기상조였다.

다른 한편, 고토는 남만주철도회사의 사채를 대량으로 발행하고, 이것을 바탕으로 회사의 경영규모를 확대해 만주 경영에 본격적으로 나서려는 시도도 했다. 그러나 중의원을 장악한 정우회의 강력한 견제로 오히려 족쇄가 채워지는 형편이었다. 정우회는 사채의 발행한도를 2억 엔으로 확대하는 데 동의하는 대가로, 사채발행에 있어 중의원의 승인을 받아야 한다는 조건을 붙였다. 이것은 정우회의 실질적인 리더 하라 다카시가 남만주철도회사는 어디까지나 수익 중심의 민영회사이어야 한다는 생각을 가지고 있었기 때문이다. 다시 말해 하라는 고토가 남만주철도회사의 수익금을 만주 경영에 투자하는 것을 경계했다.


지금까지 본 것처럼 메이지 시대의 만주 침략은 우여곡절을 거치면서 순조롭게 진행되지 못했다. 만주를 일본의 식민지로 만들고자 원하는 유능한 인재가 있었음에도 불구하고, 일본이 만주를 적극적으로 공략하지 못하게 만든 근본적인 원인은 러시아와 긴장관계가 완전히 해소되지 못했기 때문이다. 이것이 국가정책을 최종적으로 결정하는 원로들을 주저하게 만들었다. 만약 이토와 야마가타가 처음부터 만주 침략을 적극적으로 지지했다면 일본의 만주 침략 역사는 상당히 달라졌을 것이다.

결국 러시아와 중국을 의식해 과감하게 식민지로 만들지 못하고, 아예 만주로부터 발을 뺀 것도 아니면서 수익을 창출하고 이권 획득을 노린다는 애매모호한 자세를 유지하는 상황이 계속되었다.

이 문제를 해결하는 분수령이 된 것이 고토 심페이를 체신장관으로 영입한 제2차 가쓰라 내각이었으나, 당시 일본을 움직이는 실력자들의 지지를 얻지 못하고 결국 문제해결에 실패하고 만다. 그 후유증이 나중에 만주사변을 거쳐 만주국이라는 괴뢰국가의 탄생으로 나타나게 된 것이다. 당시 그 누구도 예상하지 못했지만, 메이지 시대가 끝나갈 무렵 만주문제를 적절하게 해결하지 못한 게, 결국 일본을 패망으로 이끄는 도화선으로 연결되었다.

# 2

## 제국국방방침과 군부의 팽창

제1차 사이온지 내각의 집권 당시 군부의 동향에 있어서 가장 주목되는 점은 역시 메이지 40년(1907)에 '제국국방방침'을 결정한 것이다.(이하 '국방방침'이라고 통칭한다) 제목은 단지 국방에 관한 것이지만, 사실은 정치·외교·군사·경제를 망라한 그야말로 국가정책의 근본을 결정하는 매우 중요한 극비문서였다.

재미있는 사실은 이때까지 일본에서는 국가정책, 즉 국시를 공식적으로 명쾌하게 정한 적이 한 번도 없었다는 사실이다. 부국강병을 추진하고 이를 바탕으로 대외적 팽창정책을 추진한다는 게 일관된 방침이었지만 이것을 문서화해 규정한 적은 없었다. 그래서 러일전쟁에 승리하고 불과 2년 정도의 시점에서 새삼스럽게 국방방침이 황급히 결정된 건 여러 가지 의미를 가지고 있었다.

우선 가장 이목을 끄는 것은 국방방침을 사실상 작성한 사람이 육군의 일개 장교에 불과한 다나카 기이치(田中義
一)였다는 점이다. 그리고 다나카를 통해
야마가타에게 전달되고, 야마가타의 수
정을 거쳐 천황에게 상주되어 정식으로
확정되었다는 사실이다. 다시 말해 국방
을 주축으로 하는 국가 최고의사의 결정
과정에 사이온지 내각은 그저 통보를 받
는 정도에 지나지 않았다.

심지어 국방방침에서 군사전략과 관련
된 부분은 통수권 독립의 원칙을 이유로
수상조차도 열람하기가 불가능했다. 러

다나카 기이치

일전쟁의 승리를 계기로 군부의 위세가 얼마나 강해졌는가를 간접적으로 알
수 있게 해준다. 또한 이것은 국가전략을 결정하는 데 있어, 정치권이 개입할
수 있는 것이라고는 재정적 뒷받침을 해주는 정도에 불과했다는 사실을 의미
하기도 한다.

다나카 기이치는 1864년에 태어난 죠슈번 출신의 떠오르는 샛별로서, 막부
가 멸망하기 불과 4년 전에 태어난 인물이다. 한때는 초등학교 교사로 근무하
다가 메이지 16년(1883)에 육군사관학교에 진학하고, 메이지 25년(1892) 육군
의 엘리트 양성기관인 육군대학교를 졸업했다. 즉, 청일전쟁이 발발하기 직전
에서야 군인으로서 활동을 본격적으로 개시했으며, 청일전쟁에는 참모로 종군
하고 그 후 러시아로 유학을 다녀와 참모본부와 육군대학교 교관 등을 역임한
정도의 경력에 불과한 인물이다. 그러나 러일전쟁 당시 만주군 총사령부의 정
보참모로 근무하며 명석한 두뇌와 기획능력을 고다마 겐타로에게 인정받고,
고다마를 통해 이러한 사실을 알게 된 야마가타도 그를 눈여겨보게 된다.

러일전쟁이 끝난 후 야마가타의 총애를 받기 시작한 다나카는 육군 죠슈벌

의 계보로 따지면 제3세대에 해당하는 인물이다. 야마가타로 대표되는 육군의 1세대는 막부 멸망의 이전부터 각종 전투에 참가하며 경력을 쌓다가 메이지 시대가 시작되자 곧바로 육군 수뇌부를 차지했다. 그리고 육군의 2세대는 막부 타도 과정에서는 별다른 활약을 하지는 못했으나 메이지 초기부터 경력을 쌓으면서 진급하고, 메이지 중기 이후 마침내 육군의 수뇌부에 등장한 경우이다. 가쓰라가 여기의 대표라는 것은 물론이다. 하지만 가쓰라는 군인으로서 발판을 확고히 다진 후 정계에 진출했으므로, 육군에서는 2세대에 해당하지만 정치적으로는 메이지 3세대에 해당한다.

한편, 육군 3세대는 메이지 중기에 처음으로 등장하기 시작해 메이지 말기에 점차 두각을 나타내며 육군의 주도권을 서서히 장악하기 시작했다. 3세대는 메이지 시대가 끝난 후에야 육군 수뇌부에 본격적으로 모습을 드러냈다. 다나카는 육군 3세대의 대표적인 인물이었다. 이러한 그가 국방방침의 초안을 작성했다는 건 육군 죠슈벌의 신세대 리더가 등장했다는 것을 알리는 신호탄의 의미도 가지고 있었다.

본래 다나카의 구상에 의하면 국방방침은 육군과 해군 사이의 대립을 해소하고 국방정책에 있어서 통일과 조화를 도모하는 점이 가장 중요한 사항이었다. 그러나 야마가타는 이것을 수정해서 육군이 국방정책의 주도권을 잡아야 한다고 강력히 고집했고, 이것이 빌미가 되어 오히려 육군과 해군의 대립을 더욱 격화시키는 원인이 된다. 즉, 국방방침의 제정은 일본 군부 내에서 육군과 해군의 대립이 수뇌부 사이의 타협에 의해서는 해결할 수 없을 정도로 심각하다는 사실을 의미했다. 그래서 명확하게 문서화한 방침이 필요했던 것이다. 이러한 점을 상징적으로 나타내는 게 바로 가상적국의 문제다.

러일전쟁 전 일본의 가상적국이 육군과 해군 모두 러시아였다는 것은 의문의 여지가 없는 사실이다. 그러나 국방방침에서 육군의 가상적국은 여전히 러시아였지만, 해군은 새롭게 미국을 가상적국으로 추가해 상정했다. 해군이 영뚱하게도 미국을 가상적국으로 상정한 이유는 러일전쟁 이후 동아시아에 일본 해군의 적수가 될 상대가 없었기 때문이다. 러시아의 발트함대를 격파한 이후 동아시아에는 영국 해군만이 남아있었지만 영일동맹으로 인해 가상적국으로 삼을 수가 없었다. 그래서 부득이하게 미국 해군이 동북아시아에 진출하는 경우를 상정해 억지로 가상적국으로 삼은 데 불과했다.

당시 미국 해군은 전체적인 전력에서 일본 해군을 능가했으나, 태평양에서의 작전능력에 국한한다면 하와이를 넘기 곤란하다는 사정이 있었다. 하와이를 제외하고는 변변한 보급기지도 없었고 수송이나 보급을 위한 선박도 불충분한 형편이다. 즉, 미국 해군은 태평양에서 장기간 작전을 수행할 능력이 없었다. 그럼에도 불구하고 일본 해군이 미국을 가상적국으로 삼은 속셈은 군비 증강을 위한 구실을 마련하기 위해서였다.

흥미로운 점은 미국 역시 러일전쟁 이후 일본 해군과 전투를 상정해 은밀히 대응책을 강구했다는 사실이다. 미국이 우려한 것은 일본이 식민지로 보유한 대만을 발판으로 당시 미국의 식민지였던 필리핀을 침공할 가능성이다. 일본과 충돌을 피하기 위해 앞서 말한 가쓰라·태프트 협정을 체결했음에도 불구하고, 미국은 일본의 팽창 욕구가 필리핀을 겨냥할지도 모른다고 항상 의식하고 있었다.

쓰시마 해전의 압도적인 승리를 계기로 당시 미국 해군은 위기의식을 가지고 일본 해군을 필요 이상으로 높이 평가하고 있었으며, 일본이 필리핀과 하와이를 점령하고, 더 나아가 미국 서부해안을 침공할까봐 우려했다.

나중에 태평양전쟁 진행과정에서 나타난 것처럼 미국 해군의 우려는 과대망상이 아니었다. 그래서 만약 일본과 전쟁을 하게 된다면, 미국 태평양함대가 필리핀 근해에서 일본 함대를 요격해 결전을 벌여 섬멸한다는 계획을 세우고 있었다. 이로부터 수십 년의 시간이 흐른 시점인 태평양전쟁 발발 직전에도 비슷한 계획을 수립했으나, 실제로는 일본 해군의 진주만 기습으로 계획이

틀어진 것은 잘 알려진 사실이다.

육군이 러시아를 가상적국으로 삼은 건 대륙으로 진출하겠다는 의지를 나타낸 것이고, 해군이 미국을 가상적국으로 겨냥한 것은 일본 본토의 방어가 최우선이라는 의식이 밑바탕에 있었다. 즉, 육군은 공세적 팽창을 국방사상의 기본으로 가지고 있는 반면, 해군은 수세적 방어를 국방의 기본으로 생각한다는 극복하기 어려운 격차가 있었다.

또한 이것은 러일전쟁에 승리한 이후 일본이 어느 방향으로 진출해야 하는가라는 문제와도 깊은 관계가 있었다. 러시아를 가상적국으로 삼으면 북쪽으로 진출하겠다는 의미이며, 미국을 의식한다면 남쪽으로 진출한다는 걸 뜻한다. 그러나 야마가타는 러일전쟁의 복수전을 의식해 러시아를 가상적국으로 삼은 것이지, 러시아와 관계가 개선되고 중국에서 이권이 확보된다면 궁극적으로는 남쪽으로 진출한다는 데 이의가 없었다.

문제는 남쪽으로 진출하게 되면 미국은 물론이고 영국과 마찰을 각오해야 한다는 점이다. 국방방침을 사실상 작성한 다나카 자신이 이러한 점을 충분히 인식하고 있었다.

그는 일본이 섣불리 남쪽으로 진출한다면 영미가 연합해 일본과 대결하는 구도를 매우 경계했으며, 이것이 결코 기우가 아니라는 사실은 훗날 태평양전쟁의 과정에서 그대로 나타난다.

실제로 육군과 해군의 가상적국이 별개임에도 불구하고, 국방방침에서 정식으로 규정된 가장 위협적인 가상적국은 어디까지나 러시아였다. 이것을 의식해서 국방방침은 전쟁이 발발할 경우 선제공격과 속전속결을 전쟁의 기본원칙으로서 명시적으로 규정한다. 이것은 청일전쟁이나 러일전쟁에서 일본에게 승리를 안겨다 준 성공의 방정식으로 이미 검증된 사실을 확인한 데 불과하다. 그러나 제국주의적 팽창정책을 달성하기 위해 대외적으로 무조건 공세를 취한다고 국방방침의 가장 앞부분에 확실하게 규정했다는 사실이 과거와는 확연히 다른 점이다.

다시 말해 직접 안보위협을 받지 않는 상황에서도, 국익을 위해서라면 과감하고 적극적인 공세를 취하는 점을 가장 중요시한 것이다. 이것은 나중에 일본 군부가 일으킨 중일전쟁을 정당화하는 근거를 제시했고, 태평양전쟁에서 진주만 기습을 불가피하게 만드는 밑바탕이 되었다. 좀 더 직설적으로 표현한다면 메이지 천황이 국방방침을 승인한 건 일본 군부가 국익을 위해 필요하다고 인정하는 경우, 마음대로 전쟁을 해도 좋다고 허락한 것과 마찬가지다.

아울러 선제공격과 속전속결을 그토록 중시했다는 건 강대국과 장기전에서 승리할 자신이 없었다는 의미다. 그래서 국방방침은 선제공격이나 속전속결에 실패할 경우 일본의 장래가 어둡다는 걸 암시하는 묵시록적 의미도 있었다.

이러한 암시는 일본이 패망한 결과 그대로 사실로 확인된다. 선제공격이나 속전속결을 중시하면 보급문제에 신경을 쓰지 않는다는 약점이 발생하게 되며, 단기전으로 승리를 얻는 데 실패하면 장기전에서는 버티지 못하고 쓰러질 수밖에 없다.


러일전쟁이 발발하기 전에 육군은 병참문제에 거의 관심을 갖지 않았으며, 기껏해야 참모본부 장교들이 독일이나 프랑스에서 발간된 병참과 관련된 책을 구해서 읽는 정도였다. 그럼에도 불구하고 일본은 러일전쟁에서 병참으로 인한 커다란 어려움이나 곤란은 겪지 않았다. 일본 해군이 제해권을 장악했고 철도를 통한 보급이 가능했기 때문이다. 또한 러시아가 일본의 병참선에 타격을 가하려는 노력을 거의 하지 않았다.

아울러 육군의 실세인 데라우치가 후방지원에 전념한 탓도 있다. 이러한 좋은 여건이 언제나 갖춰지는 것은 아니다. 그렇지만 일본 군부는 러일전쟁을 계기로 병참에 주의를 기울일 필요가 없다는 인식이 무의식중에 확고히 자리를 잡았다.

선제공격으로 상징되는 일본 육군의 극단적인 공격제일주의사상과 주력부대끼리의 결전을 통해 단번에 승패를 결정짓는다는 속전속결의 사상은 독일로부터 받아들인 것이다.

또한 프랑스 역시 보불전쟁에서 독일에게 패배한 근본원인이 방어적이고 수비적인 태도에 있었다는 반성에서 그 이후 공격이 최선의 방어라는 극단적인 공격제일주의가 대두했고, 제1차 세계대전이 발발할 때까지 이러한 교리를 계속 유지했다. 다시 말해 당시 유럽의 강력한 육군력을 보유한 강대국들은 공격적인 전투자세를 매우 중요시했다.

아울러 독일 육군의 전매특허라고 할 수 있는 신속하게 병력을 집중시켜 적의 주력부대를 포위·섬멸해 전쟁을 단기전으로 끝낸다는 전술은 야마가타를 비롯한 일본 육군의 수뇌부들을 매료시키기에 충분한 매력이 있었다. 그러나 웃기는 사실이지만 실제 일본 육군이 적의 주력부대를 포위·섬멸해 전략적 타격을 준 사례는 없다.

오히려 그 정반대의 사례인 중일전쟁이나 태평양전쟁의 경우만이 있을 뿐이다. 역사상 유례를 찾아보기 힘든 육군대학교라는 학벌을 바탕으로 성장한 일본 육군은 이론에만 밝았고 실전에서는 판판이었다. 설사 먼저 선제공격을 하더라도 일본의 국력이나 군사력 자체가 강대국에게 전략적 타격을 줄 수 있을 만큼의 역량이 없다는 사실은 이미 러일전쟁에서 검증된 사실이다. 그럼에도 불구하고 적극적 팽창정책에 입각한 군사전략을 수립했다는데 심각한 문제점이 있었다.

아무튼 양자는 각자의 가상적국을 내세우고 군비증강에 치열한 신경전과 경쟁을 벌이면서 대립을 더욱 심화시켜 나갔다. 육군은 평시 25개 사단·전시 50개 사단이라는 과대한 목표를 내걸었고, 해군은 러일전쟁 전 66함대 편성을 발전시킨 88함대 구상을 목표로 설정한다.

당시 동아시아 해역에서 일본 해군의 적수가 없었다는 점을 생각하면 해군의 88함대 구상은 지나치게 과대한 요구이지만, 육군의 평시 25개 사단이라는 구상도 터무니없기는 마찬가지였다. 러일전쟁 당시 일본 본토에서 후방지원을 담당해 현실을 잘 알고 있던 육군장관 데라우치 마사타케는 평시 20개 사단·전시 40개 사단이 적당하다고 주장했다. 그러나 야마가타는 해군에게 질 수 없다는 경쟁심으로 참모본부의 주장을 그대로 받아들였다.

이미 본 것처럼 러일전쟁 당시 13개 사단이었던 일본 육군은 전쟁 중 병력 부족을 이유로 4개 사단을 신설했고, 전후 임시로 만들었던 4개의 사단을 상설사단으로 바꿔 사실상 17개 사단을 확보한 상태였다. 당시 러시아 육군이 유사시 동아시아에 동원 가능한 병력을 상정했을 때, 편제상 최대한 동원할 수 있는 병력을 추산하고, 이것에 대응하기 위해 일본이 보유해야 하는 병력이 전시 50개 사단이다. 그렇기 때문에 데라우치의 주장대로 평시 20개 사단만 보유해도 국방상 별다른 지장이 없는 상태라고 할 수 있었다.

게다가 데라우치는 제1차 사이온지 내각에 대해 3개 사단의 증설을 집요하게 요구했고, 그 결과 2개 사단의 증설로 타협까지 봤다. 당시 러시아군이 극동에 배치한 지상군의 병력규모를 생각하면 더 이상 군비증강을 할 필요성이나 이유는 없었다고 해도 과언이 아니다. 만약 그 이상의 사단 증설을 요구한다면 만주를 넘어서 중국대륙으로 진출을 염두에 둔 것이라고 봐도 무방하다. 또한 사이온지 내각으로부터 약속받은 2개 사단 증강을 실현하라고 강요하는 건 국방상의 필요보다는, 정치적으로 사이온지 내각을 압박하기 위한 목적이라는 점은 분명했다.

인류 역사상 제국을 건설한 그 어떠한 국가도 육군과 해군이 치열한 경쟁의식을 바탕으로 동시에 발전시키려고 한 예는 찾아보기 힘들다. 로마제국의 경우 나중에 강력한 해군을 만들었지만 카르타고 해군을 겨냥한 것이지 제국의 기틀을 잡은 이후부터 의도적으로 그랬던 것은 아니다. 섬나라로서 일본과 비슷한 여건을 갖고 있는 대영제국의 경우도 육군은 필요에 따라 증강했으며, 평소 대규모 육군을 보유하지는 않았다. 영국은 유럽대륙에서 힘의 균형을 중시하여 필요한 경우에만 제한적으로 개입했을 뿐이며, 일본처럼 직접 대륙에 발판을 마련하여 식민지화를 추구하지는 않았다.

육군과 해군의 불꽃 튀는 경쟁의식을 바탕으로, 뚜렷한 국가전략도 없으면서 단지 정당내각을 압박할 목적으로 군비증강의 요구를 내세워 군국주의를 추구한 것은 일본 특유의 현상이라 봐도 무방하다. 일본이 군국주의의 모범으로 삼은 독일의 경우 육군과 해군 사이의 심각한 파벌투쟁은 없었으며, 대영제국의 해군을 겨냥해 해군력을 증강시킨 데 불과하고 본질적으로는 육군 중심의 국가였다.

사실 태평양전쟁 당시, 미국 역시 육군과 해군이 따로 노는 현상이 발생했다. 강렬한 자존심과 이기심으로 똘똘 뭉친 육군의 맥아더 장군 때문이다. 그 결과 니미츠 제독이 이끄는 태평양 함대와 해병대는 일본 본토를 향해 진격하고, 맥아더의 육군은 필리핀 탈환을 목표로 전진했다. 그러나 결국 육군과 해군의 갈등은 맥아더가 우위를 차지한 형태로 봉합되었으며, 일본처럼 구조적이고 심각한 분열은 아니었다.

러시아가 복수전을 펼칠 가능성을 주장하며 군비증강에 적극적으로 나서는 육군에 비해, 해군의 입장은 애매한 점이 많았다. 당장 동아시아에 일본 해군을 위협할 만한 적수가 없으므로 군비증강의 필요성을 절박하게 느끼기 어려운 것은 물론, 쓰시마 해전에서 항복한 발트함대의 군함을 전리품으로 획득한 덕분에 물량보충도 상당부분 가능했기 때문이다. 게다가 이미 러일전쟁이 끝나기도 전에 주력함의 국산화사업이 추진되었고, 세계적인 수준에 도달한 국산 전함 사쓰마(薩摩)와 순양함 쓰쿠바(筑波)가 기공되어 완공을 기다리는 상황이었다.

해군은 특히 러일전쟁으로 획득한 러시아 군함들을 보수하고 정비해 재배치하는 문제에 상당한 예산과 노력을 소비했다. 군비증강을 위해 할당된 예산이 상당히 제한적이었고, 주어진 예산을 효과적으로 활용한다는 측면에서 해군은 여기에 집착하지 않을 수 없었다. 전리품으로 획득한 군함이 워낙 많았기 때문에 전쟁이 끝난 후 새롭게 현역에 취역한 군함의 절반 정도는 보수해서 재활용한 러시아군함이었다.

이러한 사정으로 해군은 군비증강에 육군과는 다르게 적극적으로 나서지 않은 것이다. 또한 정치적인 측면에서도 해군의 쇼군이라고 할 수 있는 야마모토 곤베가 장래 수상에 취임하길 원했기 때문에, 중의원의 제1당인 정우회의 환심을 사기 위해 육군과 달리 부드러운 태도를 취한 점도 간과하기 어려웠다. 이러한 사정은 사이온지 내각이 '독살'된 후 제2차 가쓰라 내각이 탄생하자 완전히 바뀌게 된다.

제2차 가쓰라 내각은 이미 본 것처럼 가쓰라가 직접 대장성 장관을 겸임하면서 긴축재정을 실현하기 위해 총력을 기울였고, 야마가타와 의사소통이 원활한 가쓰라가 육군의 사단증강 요구를 억누르기는 어렵지 않았다. 게다가 러일협약의 체결로 러시아와 긴장관계는 한층 희박해졌다. 그러나 해군은 제1차 사이온지 내각 당시와는 정반대로 적극적으로 군비증강 요구를 내세워 가쓰라를 강하게 압박한다.

여기에는 해군의 쇼군인 야마모토가 가쓰라에 대해 강렬한 라이벌 의식을 가진 탓도 있지만, 당시 세계정세가 해군력 증강을 촉발했기 때문이다. 러일전쟁은 끝났지만 세계사의 흐름은 바야흐로 전쟁의 시대가 다가오고 있었다. 유럽에서는 보불전쟁 이후 이렇다 할 대규모 전쟁은 일어나지 않았다. 그러나 독일의 국력이 급속히 성장하고 영국 해군에게 도전장을 내밀면서 긴장상태를 점점 높여가는 상황에 있었다.

이 문제에 대처하기 위해 전 세계에 흩어져있는 함대를 전부 영국 본토에 집결시킬 수도 없는 노릇이기에, 영국은 유명한 드레드노트(Dreadnaught)라는 괴물전함과 아울러 기존의 전함과 마찬가지로 12인치 주포로 무장한 인빈서블(Invincible)급의 순양전함(Battlecruiser)을 탄생시켰다. 즉, 양적 우위보다는 질적인 우위를 중시한 것이다.

드레드노트는 기존 주력 전함의 한계를 넘어서 한 차원 높게 업그레이드된 것이므로, 세계 각국에 건함 경쟁을 촉발시키는 결과가 되었다. 또한 순양전함 역시 방어력보다 공격력을 중시한 새로운 개념의 순양함으로 전 세계 해군의 주목을 받았다. 이것은 유럽에서 일어난 사건이고 일본과 직접 관련이 없었으나, 안보문제에 필요 이상으로 민감하게 반응하는 일본의 특성상 그냥 지나치지 않았다.

드레드노트가 획기적인 전함으로 평가받는 이유는 주포의 위력과 속력 때문이다. 근대 전함은 막상 전투가 벌어지면 주포의 포격범위가 제한되어 있었다. 이러한 이유로 러일전쟁 당시 쓰시마 해전에서 보듯이 주포를 효율적으로 사용할 수 있도록 함대의 기동이 매우 중요했다. 그러나 드레드노트는 대부분의 주포를 어느 방향으로도 공격할 수 있도록 주축선상에 배치한 결과, 화력이 기존의 전함보다 2배 이상 강했다.

게다가 새롭게 채택한 증기터빈엔진의 덕분에 속도 역시 기존의 전함보다 3노트 이상 빨랐다. 증기터빈엔진 자체는 속도 증가에 커다란 기여를 하지 않았지만, 차지하는 부피가 작았으므로 무게에 대한 부담을 줄일 수 있어 속도를 높일 수 있었다. 더군다나 배의 모형을 이용한 시뮬레이션 실험을 거쳐 예상했던 것보다 훨씬 적은 마력을 가진 엔진으로도 충분히 기동성을 얻을 수 있도록 설계상 혁신을 이룩한 점도 중요한 사실이다.

또한 드레드노트의 설계와 제작을 위해서 영국 해군의 최고수뇌부뿐만 아니라 민간 기술자들과 과학자들이 대거 참가한 위원회를 만든 것도 간과하기 어려운 중요한 점이다. 당시 영국에는 전문적인 공학교육을 담당하는 공과대학이 거의 없는 실정이었으나, 이러한 문제점을 인식한 영국 해군이 독자적으로 설립한 그리니치 해군대학교는 우수한 해군 관련 기술자를 양성해서 영국 해군의 기술적 우위를 유지했다. 여기에다가 글래스고대학 등의 조선공학에 관련된 민간인들도 대거 참가해 이루어낸 성과였다. 즉, 원자폭탄 제조와 마찬가지로 군부와 민간의 긴밀한 협력으로 군사상 혁신을 이루어 낸 것이다.

이러한 영국 해군이 이룩해낸 혁신의 중심에는 유명한 피셔(J. Fisher) 제독이 있었다. 그는 넬슨 제독처럼 실전에서 혁혁한 공적을 세운 군인은 아니나, 영국 해군을 근대화시키는 과정에서 이룩한 업적의 발자취는 매우 크다. 어뢰정이나 잠수함을 도입한 것을 비롯해 19세기 후반부터 20세기 초반 무렵 영국 해군이 발전해 나가는 과정의 중심에는 피셔가 있었다. 제국주의 시대의 영국 해군이 세계해군의 리더였으므로, 그가 근대해군 전체의 발전을 주도한 인물이라고 평가해도 과언이 아니다. 이러한 이유로 피셔 제독을 영국 해군 역사상 넬슨 제독 다음가는 중요한 인물로 평가하는 사람도 많다.

웃기는 사실은 피셔 제독이 드레드노트와 순양전함의 구상을 수립하는 데 일본 해군이 결정적 영향을 미쳤다는 점이다. 이미 본 것처럼 러일전쟁 당시 일본 해군은 장거리에서 단일구경의 주포에 의한 일제 포격을 효율적으로 구사해 빛나는 승리를 거두었다. 피셔 제독은 관전무관을 파견해서 일본 해군의 움직임을 면밀하게 파악하도록 조치했으며, 그 보고에 기초해 단일구경의 주포를 주축선상에 배치한 전함의 구상을 가다듬었다. 방어력보다는 화력과 속력을 중시한다는 기본방침 역시 러일전쟁의 교훈을 반영한 결과이다.

일본 해군은 실전 경험을 바탕으로 영국 해군과 비슷한 시기에 독자적으로 드레드노트의 구상과 개발을 시도할 수 있는 유리한 입장에 있었다. 그러나 영국 해군의 꽁무니를 쫓아다니는 데만 익숙한 탓에 시대를 앞서나가는 혁신을 이룩하는 것은 불가능했다. 또한 야마모토의 파벌인사로 점철된 일본 해군에 피셔 제독처럼 혁신을 이끌어나갈 유능한 인재가 자리 잡을 여지가 거의 없었다는 사실도 간과하기 어렵다.

이처럼 드레드노트와 순양전함의 등장으로 한창 건조되고 있던 일본의 국산 전함과 순양함은 준공이 완료되기도 전에 이미 시대에 뒤쳐진 것이 되었고, 새로운 방향을 모색하지 않을 수가 없었다. 뒤늦게 이러한 사실을 깨달은 해군의 쇼군 야마모토 곤베는 직접 사절단을 이끌고 메이지 40년(1907) 5월에 영국을 방문한다. 표면상 이유는 영국과 군사협상을 내세웠지만, 실제로는 영국 해군에서 일어나고 있던 혁명적 변화를 직접 눈으로 확인하고 드레드노트와 동등한 수준의 군함을 국산화하는 가능성을 타진하기 위해서였다.

그 결과 일본 해군은 제2차 가쓰라 내각에 대해 드레드노트를 포함해서 대대적인 해군력 증강을 목표로, 앞으로 6년 동안 계속 지출할 경비로서 무려 2억 8천만 엔이라는 예산을 요구한다. 이것은 청일전쟁 당시 일본이 지출한 전쟁비용과 비슷한 액수일 정도로 어마어마한 금액이었다. 해군의 요구를 만족시키려면 가쓰라 내각이 추진하던 긴축재정 정책을 전면적으로 포기해야만 했다. 이것은 차치하고라도 국가재정 파탄의 우려마저 있는 상황이다. 가쓰라는 훗날 재정의 여유가 있으면 실시에 옮기는 것으로 해군의 요구를 물리쳤으나, 강력하게 반발하는 해군에 대한 타협안으로서 드레드노트급의 군함건조를 추진하는 건 허용하지 않을 수 없었다.

이 사실을 알게 된 육군의 쇼군 야마가타는 가만히 있지 않았다. 가쓰라가 해군의 요구를 물리치지 못한 데 불만을 품은 야마가타는, 메이지 44년(1911) 7월 가쓰라에 대해 육군의 사단 증설 문제를 우선시하도록 강요했다. 그는 가쓰라 내각이 추진하던 재정긴축으로 생긴 여유자금은 당연히 육군의 몫이라고 생각했기 때문이다. 그러나 재정상황을 고려하면 도저히 육군의 요구를 들어줄 수 없었다.

곤경에 처한 가쓰라는 대장성의 고위관료를 일부러 야마가타에게 파견해 국가의 재정상황이 얼마나 악화되었는지 자세히 설명하도록 조치했고, 일단 야마가타가 체념하도록 만드는 데 성공했다. 그러나 해군의 요구는 어느 정도 들어주면서 육군의 요구를 완전히 물리친 것은 가쓰라와 야마가타 사이에 감정의 앙금을 남기지 않을 수 없었다. 상대방이 다른 사람도 아닌 야마가타가 직접 키운 가쓰라이기에 더욱 그러하다. 그렇다고 욕심이 많고 집요한 성격을 가진 야마가타가 쉽사리 사단 증설 문제를 포기했다는 의미도 아니다. 재정상 여유가 생기면 육군의 요구를 먼저 들어주어야 한다는 생각에는 변함이 없었다.

이처럼 야마가타가 사단 증설문제를 고집한 이유는 국방정책에 관계된 것이라기보다는 그의 자존심과 깊은 관련을 가지고 있었다. 그 자신도 더 이상의 사단 증설이 절실하게 필요한 상황이 아니라는 사실은 충분히 납득하고 있는 형편이다. 이미 확보한 육군의 병력은 러일전쟁 개전 당시 보유한 동원능력의 2배에 육박했다.

더군다나 러시아와 만주에서의 긴장관계도 크게 완화되었고 유럽의 국제정세에 따라 영일동맹이 사실상 휴지조각이 되었으므로, 대륙으로 진출보다는 남쪽으로의 활로를 모색하는 게 장차 필요하다는 사실을 충분히 인식한 것은 물론이다.

또한 미국이 중국대륙과 만주로 진출하려 시도함에 따라 미국과 긴장관계가 점점 높아지는 상황이고, 해군력 충실을 우선시해야 한다는 데 대해서도 이의는 없었다. 문제는 해군에 양보하게 되면 국방정책에 있어서 해군이 육군을 제치고 주도권을 잡게 될까봐 경계심을 가지고 있다는 사실이다. 그의 자존심으로는 이것을 도저히 용납할 수 없었다. 게다가 정치적 측면에서도 해군의 최고실력자인 야마모토 곤베가 수상에 등극한다면, 해군이 국방정책뿐만 아니라 정치에서도 주도권을 잡을 가능성이 크다는 점도 고려해야만 했다.

제국국방방침은 육군의 주도로 작성되었고, 군부 내에서 육군의 우위를 지키기 위해서 만들어진 문서이다. 그럼에도 불구하고 현실적으로 해군의 발언권과 영향력은 점점 증대되고 있었으며, 육군의 우위를 확고히 하는 상태에서 육군과 해군의 대립을 해소한다는 본래의 목적은 달성하기가 불가능했다. 오히려 국방방침의 제정을 계기로 육군과 해군의 대립은 물론, 군사전략과 대외정책의 분열을 문서로 고정화시키는 역할을 하게 된다.

유럽의 국제정세와 맞물려 일본과 러시아의 긴장관계가 서서히 해소되는 국면에 들어서자, 러시아를 최대의 가상적국으로 상정한 국방방침의 실효성은 상당히 약해진 것이 사실이다. 그렇지만 국방방침에 규정된 군사전략과 대외방침에 관한 기본노선은 메이지 시대가 끝난 이후에도 여전히 유효성을 가지며 강력한 구속력을 발휘했다. 왜냐하면 국방방침의 작성을 주도한 다나카 기이치가 야마가타의 후원과 지지를 받으며 데라우치의 뒤를 이어 육군 최고실력자로 등극했기 때문이다. 다나카는 데라우치와 마찬가지로 군부 실력자에 만족하지 않고 더 나아가 정계에 데뷔해 급기야 수상에 등극했다.

메이지 시대가 끝나가는 시점에서 장래 일본이 제국주의 팽창정책과 내부 분열로 인해 패망할 거라는 사실을 암시하는 문서가 바로 국방방침이라고 해도 과언이 아니다. 국방방침의 작성을 주도한 사람이 야마가타와 그의 총애를 받기 시작한 다나카라는 점에 비추어 보면 당연한 건지도 모른다. 일본은 제국주의적 침략정책의 절정을 맞이하기 훨씬 이전부터 패망으로 가는 싹을 뿌리고 있었던 것이다.

# 3

### 정당정치의 타락과 변천

지금까지 본 것처럼 제3차 이토 내각이 붕괴된 이후에 최초로 정당내각이 탄생한 것은 물론이고, 번벌의 핵심 지도자가 직접 정당을 창설해서 정권을 장악하는 지경에 이르렀다. 설사 어떠한 인물이 내각을 맡아도 정당을 무시하고는 정국을 원만하게 이끌어 나가지 못한다는 사실은 분명하게 되었다. 이것은 뒤집어 생각한다면 정당의 힘이 그만큼 강력해 졌다는 걸 의미한다. 문제는 정당의 힘이 강력해지면 강력해 질수록 정치판이 부패하고 혼탁해지는 양상이 나타난다는 점이다.

이것을 상징적으로 가장 잘 드러내는 사건이 제4차 이토 내각이 붕괴된 직후, 정우회의 실권자인 호시 도루가 암살된 사건을 예로 들 수 있다. 호시가 암살된 주된 이유는 그가 수뢰사건에 연루되었음에도 불구하고, 당시 정우회가 정권을 장악하고 있던 관계로 체신장관을 사임하는 대신 불기소처분을 받았기 때문이다. 변호사이자 유력한 정당정치가가 명백한 범죄행위를 저지르고도 앞장서 법치주의를 농락하는 행위가 민중의 분노를 사고 끝내 암살되기에 이른 것이다.

주의할 점은 정당의 힘이 강력해 졌다고 해서 중의원에 권력이 집중되어 강화되었다는 사실을 의미하는 건 결코 아니라는 사실이다. 헌법을 개정하지 않는 이상 의회의 권력을 강화하기는 불가능했고, 앞서 말한 것처럼 일본은 아직까지 역사상 단 한 차례도 헌법 개정을 해보지 않았다. 또한 정당의 힘이 강해졌다고 의회 중심으로 정치가 운영되었다는 의미도 아니다.

바로 이러한 사실이 정당정치가 타락하는 근본원인을 제공한 것이다. 즉, 정당은 이미 기득권을 가지고 국가를 운영하고 있는 번벌세력과 정치적으로 협상할 수 있을 정도로 성장한 데 불과했다. 아무리 강력한 정당이 탄생하더라도 천황을 앞세운 번벌정권이 핵심권력을 장악한다는 통치 구조를 근본적으로 바꾸는 일은 불가능한 상황이었다. 그리고 번벌세력과 정치적 거래를 통해 권력을 공유하는 게 가능해진 결과, 권력의 달콤한 맛에 취해서 자유민권운동을 전개하던 시절의 순수성을 잃고 점점 타락의 길에 빠져들지 않을 수가 없었다. 특히 번벌세력을 상대로 능숙하게 정치적 거래를 할 수 있는 재능을 가진 호시 도루와 같은 인물이 정당의 핵심 인물로 등장하면서 이러한 현상이 더욱 심해지는 경향을 나타낸다. 더욱 문제가 되는 사실은 정우회라는 거대 정당이 탄생하고 번벌세력과 밀착해 권력을 나눠먹는 기묘한 현상에 대해서 견제를 가할 제도적 장치가 전혀 없었다는 점이다.

시간이 지날수록 정우회의 당세는 확장되어 갔지만, 이와는 정반대로 오쿠마의 헌정본당은 점점 축소되고 분열하는 경향이 강해졌다. 게다가 오쿠마는 영국식의 진정한 내각책임제나 의회정치를 실현하기 위해서 애쓰기보다는, 기회가 주어지면 정우회와 마찬가지로 번벌세력과 타협해 권력을 나눠먹으려는 생각만 했다. 제도적 장치가 부실한 상황에서 불합리한 정치현실을 근본적으로 개혁하려는 정치가마저도 존재하지 않는다면 국가의 미래는 암담해질 수밖에 없다.

정당정치의 타락은 불과 몇 개월의 수명밖에 유지하지 못했던 최초의 정당내각인 오쿠마·이타가키 연립정권에서 시작되었다. 앞서 본 것처럼 정당내각이 정권을 잡자 그동안 권력에 굶주려 한이 맺힌 듯이 마구잡이로 관료사회의 주요보직을 정당 출신자로 갈아치우며 공직사회를 크게 뒤흔들어 놓았다. 겉으로는 번벌세력의 타파와 민주정치의 발전을 주장하면서 고상한 것처럼 행동했지만, 실제는 권력에 목을 매는 집단에 지나지 않는다는 걸 행동으로 증명해 보인 것이다.

최초의 정당내각이 내부분열로 붕괴된 후 들어선 제2차 야마가타 내각 당시는, 야마가타의 정당에 대한 강력한 거부감으로 인해 장관 등의 보직을 놓고 인사상의 거래는 불가능했다. 그러나 야마가타가 군비증강을 위해 지조를 증세해야 하는 사정이 있었으므로, 정책적 측면에서 정당과의 거래가 성립하게 된다. 특히 증세에 반대하는 야당의원들을 회유하기 위해 97만 엔이라는 거액의 정치자금이 황실재산으로부터 인출되었다.

야마가타는 검은 돈이 필요할 때마다 황실재산을 자신의 호주머니에서 나오는 돈처럼 주저 없이 뽑아내고는 했다. 이 비자금은 야마가타의 부하인 가쓰라가 관리하고, 이것을 건네받은 헌정당의 호시 도루가 필요한 곳에 살포하는 형태로 사용되었다. 이러한 무차별적인 뇌물공세로 오쿠마의 헌정본당은 돈에 매수된 의원이 속출하고 증세반대에 힘을 발휘하지 못했다.

한편, 헌정당은 증세에 협조한 대가로 야마가타에 대해 지방 이익의 증대를 위한 국고보조금을 지원해 달라고 요구했다. 이것은 물론 지방에서 헌정당의 세력을 확대하기 위한 목적을 가진 것이다. 이렇게 시작된 정책적 협조노선은 헌정당을 기반으로 정우회가 창당되고 제4차 이토 내각이 성립하자 더욱 심각한 양상을 보이지 않을 수 없었다. 그것은 호시를 비롯한 헌정당의 주요한 인물들이 직접 정권에 참여했기 때문이다.

앞서 말한 것처럼 제2차 야마가타 내각의 당시 개정된 선거법의 결과, 소선구제에 대신해 대선거구제가 채택되었고, 이러한 변화 역시 정우회가 지방 이익을 중시하는 데 중요한 요인이 되었다. 소선구제는 선거구마다 1~2인 정도의 국회의원을 선출하지만 대선구제는 당연히 그보다 많은 인원을 국회의원으로 선발한다. 그 결과 비례대표제와 유사하게 득표수에 비례해 의석을 확보하는 현상이 나타나는 것은 자연스러운 현상이다.

소선구제 아래에서는 명망을 갖춘 유력한 지역유지를 입후보자로 내세우면 충분하다. 그러나 대선거구제는 인물에 대한 투표보다는 입후보자가 소속된 정당에 대해 투표한다는 성격이 강하므로, 지역 발전에 공헌하는 정당이 선거에 유리하기 마련이다.

또한 대선구제가 채택되면 소선거구제에 비해 선거구가 축소되는 현상이 나타난다. 그래서 정우회와 같은 거대 정당은 역사상 최초로 거의 모든 선거구에서 입후보자를 내세우는 것이 가능하게 되었다. 즉, 정우회를 창당하기 이전에 이토가 구상한 대로 명실상부한 전국 규모의 세력을 가진 정당으로 거듭난 것이다. 이러한 선거제도의 변화가 지방 이익 발전에 더욱 집착하게 만드는 원인이었다.

유권자 대다수가 지조를 납부하는 지방의 농민층인 현실에서, 지방 이익을 우선시하는 정책이 곧바로 정우회 당세에 직결되는 문제라고 해도 과언이 아니다. 그 결과 선거에서 정우회는 대도시에서는 약세이지만 지방에서는 압도적인 우세를 나타냈다. 특히 호시의 후계자인 하라 다카시가 정우회의 실권을 잡은 이후, 동북지방과 홋카이도에서 정우회의 당세 확장이 두드러지게 진행되었다. 그렇지만 정우회가 모든 지역에서 강세를 나타낸 것은 아니다. 오쿠마의 헌정본당 역시 지방에서 나름의 세력권을 확보했기 때문이다.

아울러 이러한 적극적인 지방 이익의 확대정책이 나쁜 결과만을 야기한 것

은 아니었다. 철도나 도로를 비롯한 교통·교육·위생·토목 등에서 괄목한
만한 성과를 이끌어 내면서 지방의 발전에 상당한 기여를 한 것도 사실이다.

　당시 세금을 납부하던 주된 계층이 농민층이었음에도 불구하고, 그동안 국
가예산 배정에서 소외받았던 지방의 이익을 도모한다는 게 잘못된 정책이라
고 말할 수는 없었다. 그러나 순수한 의미에서 전국의 균형 있는 발전을 의도
해 지역사회를 중시한 게 아니라, 정당의 세력 확장을 도모한다는 흑심이 밑
바탕에 있었으므로 정당정치의 타락상을 곳곳에서 노출하지 않을 수가 없었
던 점이 문제다. 게다가 심한 경우에는 집권한 정당내각이 지방 이익을 국가
이익보다 우선시한다는 현상마저도 나타났다.

　한편, 제2차 사이온지 내각이 집권하던 당시 내무장관 하라는 선거제도를
기존의 대선거구제에서 소선거구제로 전환하는 법안을 성립시키려고 시도했
다. 정우회가 거대 정당으로 발전해 나가는 과정에서 대선거구제가 유리하게
작용한 것도 사실이나, 이미 거대 정당으로 성장해 기득권을 확보한 상태에서
는 소선거구제가 당세 확장에 보다 유리했기 때문이다.

　소선거구제의 가장 큰 장점 중의 하나가 거대 정당을 출현시키기 쉽다는
데 있다는 것은 잘 알려진 사실이다. 하라는 이를 위해 귀족원의 의사를 좌지
우지하는 야마가타를 설득하려는 노력도 게을리 하지 않았다. 그러나 결국 귀
족원을 통과하지 못하고 사장되고 만다.


　지방정치가 부패하고 타락해 가는 상황은 토목예산의 배분을 둘러싸고 적
나라하게 드러났다. 정부로부터 지방에 할당된 국고보조금을 어떻게 배분하느
냐는 현의 참사회(參事会)가 결정할 사항이었다. 그런데 참사회를 장악하고 배
후에서 조종하는 정우회가 선거에 적극 협력하거나 정우회의 지시에 순응하
는 정촌에 우선적으로 예산을 배분하는 횡포를 저지르는 것은 물론, 토목공사
를 시행하는 건설업체로부터 뇌물을 받는 경우도 비일비재하게 발생했다.

　자유당의 계보를 계승한 헌정당은 제2차 야마가타 내각에서 여당의 입장에

있었고, 그 후에는 정우회 창당의 모체가 되었으므로 줄곧 여당 내지는 중의원 제1당의 위치를 계속 유지했다. 이러한 덕분에 선거철이 되면 경찰 등 공권력을 이용해 헌정당에 유리하게 개입하라고 지시하는 선거부정이 단골메뉴처럼 등장한다. 즉, 특정정당과 지방의 공권력이 유착하는 현상이 구조적이고 만성적으로 벌어지게 된 것이다.

선거부정이 폭로되고 정치적 마찰이 일어나도 단지 명령에 복종했다는 이유만으로, 선거에 적극적으로 개입한 지방 관료들은 별다른 불이익을 받지 않았다. 오히려 정치권의 눈치를 살피면서 적극적으로 선거에 개입한 경찰간부의 경우, 승진하거나 영전하는 사례도 많이 발생했다. 특히 정우회가 집권하면 정우회를 실질적으로 리드하는 하라 다카시가 내무장관에 취임해 가뜩이나 문란한 경찰의 정치적 중립성을 더욱 크게 뒤흔들었다. 야마가타는 관료사회에 정당세력이 침투하는 사태는 한사코 막으려 했지만, 공무원 스스로가 정치적 중립성을 엄중히 지켜야 한다는 직업윤리에 관해서는 별다른 조치를 취하지 않았다.

선거부정을 방지하기 위한 제도적 장치도 거의 없는 상황에서, 선거철이 되면 온갖 종류의 방법으로 선거부정이 저질러지는 건 불가피한 현상이었다. 특히 정당의 정치자금에 대한 국고보조금 제도가 없었다는 점이 부패와 뇌물수수의 근본원인을 제공했다고 해도 과언이 아니다.

대통령제를 채택하고 있는 국가의 국회의원선거는 특별한 사유가 없는 이상 정해진 임기가 만료하면 실시되기 마련이다. 그러나 의원내각제도 아래에서는 정부가 의회를 해산하면 언제든지 재선거를 해야만 했다. 이미 본 것처럼 번벌정권은 고분고분하게 말을 듣지 않는 야당을 '징계'한다는 차원에서 빈번하게 의회해산을 하고는 했다.

심지어 해산 후에 재선거로 의회가 다시 구성되자마자 곧바로 또다시 해산을 명령한 경우도 있었다. 어차피 연달아 의회를 해산해도 정당의 세력판도에 커다란 영향을 미치기는 어렵다. 그러나 선거를 치르는 당사자인 국회의원 후보자는 경제적으로 매우 괴로운 처지에 몰리지 않을 수 없다는 점이 문제다. 당선이 절대적으로 확실한 경우가 아니라면 선거를 치를 때마다 선거비용이 상당한 부담이 되었기 때문이다. 특히 치열한 접전이 벌어지는 선거구나 공권력이 직접 개입해 반대당 후보를 적극 지원하는 경우는, 선거를 연거푸 치루면 비록 당선되더라도 정신적으로나 경제적으로 기진맥진하기 마련이다. 그렇기 때문에 호시 도루와 같이 정치자금을 비롯해 선거운동을 지원해 줄 수 있는 능력을 가진 인물이 정당의 실력자로 등장하게 된 것이다.

일본에서 의회정치가 최초로 시작될 무렵에 국회의원이라는 지위는 일종의 명예직으로 취급받은 것이 사실이다. 선거자격과 피선거자격이 극도로 제한되어 있었으므로, 어차피 국회의원이 될 수 있는 자는 극소수의 유력한 지주계급에 한정되지 않을 수 없었다. 그래서 지난 선거에서 사용한 선거비용을 대신 갚아주는 조건으로 출마를 포기하거나, 유력한 출마예상자들끼리 번갈아가며 출마하는 경우도 흔히 있었다. 그러나 의회정치가 서서히 정착되고 정당의 힘이 강력해짐에 따라 국회의원으로 얼마나 경력을 쌓았느냐가 중요한 관건으로 변하게 된다.

국회의원으로 연속해 당선한 경험이 많을수록 중의원에서 영향력이 강해지는 것은 물론, 소속된 정당 내부에서도 위상이 달라지지 않을 수가 없었다. 메이지 시대가 끝난 후 '헌정의 수호신'이라는 별명과 함께 정당정치의 최고실력자로 부상한 오자키 유키오나 이누카이 쓰요시는 최초의 중의원 선거에서 당선된 이후 줄곧 국회의원의 직함을 유지한 대표적인 사례. 특히 오자키는 2차 세계대전이 끝난 후에도 중의원의원으로 당선되었으며, 일본의 의회정치사상 최장기 국회의원으로 재임한 기록을 가지고 있다. 그는 1954년 사망할 때까지 사실상 종신 국회의원이었다. 메이지 시대에 활약한 인물 중에서 오자키만큼 장수한 인물도 없었다.

이처럼 국회의원으로서의 당선경력이 중요한 의미를 갖게 됨에 따라서, 국회의원 입후보자가 공천권을 가지고 있는 소속정당의 계파 보스나 정당의 최고실력자에게 개인적인 충성을 맹세하는 현상도 나타났다.

정당의 실력자들은 공천권을 장악하고 당선가능성을 이유로 입후보자를 자신의 입맛에 맞게 선택할 수 있었다. 특히 인물 중심이 아니라 정당에 투표하는 성격이 강한 대선구제가 그러하다. 그렇기 때문에 국회의원이라는 직함을 계속 유지하기 위해서는 좋든 싫든 정당의 실력자에게 허리를 굽히지 않을 수 없는 상황이 발생했다. 그 결과 정당의 단결력이 강해진다는 장점도 나타났지만, 아울러 정당의 권력이 특정한 실력자에게 집중된다는 비민주적 특성도 나타나지 않을 수가 없었다.

정우회와 같은 거대 정당의 경우는 극소수의 유력한 인물이 출신지역을 발판으로 계파를 만들어 일정한 정치적 지분을 확보하는 한편, 이를 바탕으로 당내 발언권을 확보하며 군림하는 현상이 나타났다. 그래서 집권해 내각을 만들 가능성이 있는 이토나 사이온지와 같은 상징적인 우두머리를 내세우면서, 배후의 실력자들이 일종의 집단지도체제와 비슷하게 당을 운영하는 현상이 벌어진 것이다.

정우회 내부의 이러한 구도는 메이지 시대가 끝날 때까지 그대로 유지되었다. 그러나 메이지 시대가 끝나고 정우회 내부의 유력자들이 차례차례 세상을 떠나자, 하라 다카시가 명실상부한 정우회의 소유자로서 독재자처럼 군림하였다. 즉, 정우회를 창당한 이토가 애초 구상하였던 총재에게 권력이 집중되는 강력한 정당은 메이지 시대가 끝난 이후에야 하라에 의해서 비로소 실현되었다.

한편, 정당내각이 들어선 결과 선거에 협조했다는 이유로 승진하거나 영전해서 지방행정을 좌지우지하는 입장에 서게 된 관료의 경우에는 그 지역에서 두려울 게 없을 정도로 막강한 위세를 휘둘렀다. 종래 대립관계에 있었던 관료세력과 정당세력이 손을 잡고 유착하면서 지방행정을 타락시키고 부패하게 만드는 온상이 된 것이다. 지방에서 공권력의 부패를 견제하고 감시하는 역할을 해야 할 정당이, 정치적 이해관계에 따라 그 역할을 포기해 버렸기 때문에 나타난 당연한 결과다. 이러한 덕분에 지방경찰 간부나 현의 우두머리인 지사(知事) 등 고위급 관료가 정당의 눈치를 볼 필요도 없이 앞장서 비리를 저질렀다.

그 중에서도 특히 정당내각이 정권을 잡은 때는 웬만한 비리를 저질러도 처벌받지 않을 것이 거의 확실하다고 해도 과언이 아니다. 특히 중의원과 내각을 동시에 장악한 정우회의 정당원과 지방의 행정 관료가 결탁해서 비리를 저지를 때 심각한 비리행위가 태연하게 자행되었다.

예를 들어 정우회 텃밭 중의 하나인 시즈오카(靜岡)현에서는, 이민을 알선하는 회사가 알선료를 챙기고 미국으로 취업이민을 보내주겠다며 무려 1,600명을 모집했다가 적발되는 대형 사기사건이 발생했다. 이 사기행각을 주도한 장본인이 정우회의 시즈오카 지부의 간부였다.

문제는 이러한 사기사건에 공권력이 서슴없이 이용되었다는 사실이다. 당시 미국은 정치적·경제적 이유에서 중국을 비롯한 아시아계 노동자들이 유입하는 걸 금지하고 있었으므로, 일본에서 취업을 목적으로 미국으로 이민을 보내는 것은 원천적으로 불가능했다. 그러나 시즈오카현의 지사를 비롯한 지방공무원들은 사정을 잘 알고 있으면서도 범죄행위에 적극적으로 협조했다. 그 결과 거국적으로 물의를 일으키는 대형사기사건으로 발전했지만, 정작 처벌은 매우 가볍게 흐지부지 끝난다.

이 사건의 배후에는 당시 일본의 폭발적인 인구증가가 있었다. 메이지 10년대에 약 3,600만 명 정도로 추정되던 인구는, 메이지 시대가 끝나가는 무렵인 메이지 43년(1910)에 약 5,000만 명으로 팽창했다. 이러한 급속한 인구증가로 인하여 자본주의 발전에 따라 취업인구는 양적으로 계속 증가하는 추세에 있었음에도 불구하고, 전체적인 취업률은 60%대에서 오히려 50%대로 추락하는 기묘한 현상이 나타났다. 여기에 취업이민 사기사건이 발생하는 밑바탕이 있었던 것이다.

　다른 한편, 정우회가 유권자를 겨냥해 지방 이익의 증대에 힘을 쏟은 결과, 중의원에서 과반수를 차지하는 거대 정당으로 발전하는 원동력이 된 것도 사실이다. 예전에 이타가키와 오쿠마가 손을 잡고 만든 헌정당이 일시적으로 중의원의 압도적 다수를 차지한 적이 있었다. 그러나 합당이나 다른 정당과 제휴를 하지 않고 순수하게 독자적인 힘으로 중의원의 과반수를 제압하는 수준에 도달한 것은 정우회가 최초였다. 제1차 사이온지 내각이 집권하던 당시인 메이지 40년(1907)에 제10회 총선거가 개최되었는데, 이 선거에서 정우회의 의석 증가는 겉으로는 불과 6석에 지나지 않는 결과로 끝났다.

　집권정당임에도 불구하고 총선거에서 겨우 6석의 증가에 그쳤다는 것은 언뜻 보기에는 저조한 실적이다. 그러나 이것은 실제로는 정우회가 총선거에서 커다란 승리를 거두었다는 걸 의미했다. 왜냐하면 사이온지 내각이 탄생한 시점부터 중의원을 해산하고 다시 총선거를 치르기 이전까지, 정우회가 확보한 의석수가 30석도 넘게 증가한 상태였기 때문이다. 즉 총선거에서 단순히 현상유지만 했더라도 승리라고 간주되는 마당에 오히려 의석수가 더 증가했다.

　이와는 정반대로 오쿠마의 헌정본당은 의석수가 줄어드는 경향이 두드러지게 나타나게 된다. 이러한 차이를 만들어낸 근본원인이 집권당의 입장에 있었던 정우회가 지방 이익을 우선하는 정책을 대대적으로 추진해서 유권자들에게 어필했기 때문이라는 것은 누구의 눈에도 분명한 사실이었다.

　정우회가 독자적인 힘으로 중의원을 제압하는 상황이 전개되자, 중의원의 권력구도에도 미묘한 영향을 주지 않을 수가 없었다. 다른 정당과 제휴의 필요성을 느끼지 못하는 정우회가 중의원에서 독주하는 경향을 나타내기 시작한 것은 물론, 특히 번벌세력과 정치적 거래를 통해 집권정당으로 변신하고 권력을 나눠먹는 기묘한 현상마저도 등장했다. 문제는 중의원의 소수정당들이 이러한 불합리한 정치현실을 타파하고 정우회를 견제할 능력이 없었다는 점이다.

단지 독주하는 정우회를 견제한다는 목적으로 중의원의 소수정당들이 대연합을 실현하기에는 평소의 사상이나 신념, 지지기반 등에 있어서 극복하기 어려운 차이가 있었다. 또한 대연합을 실현시킬 만큼의 역량이나 명망을 가진 인물도 없었다고 해도 과언이 아닌 상황이다. 정치적 야심에 불타는 가쓰라는 배후공작으로 대연합을 실현시켜 정우회를 능가하는 거대 정당을 만들길 원했지만, 야마가타를 비롯한 정당정치를 혐오하는 원로들의 눈치를 살피느라 적극적으로 나서지 못했다. 그래서 정우회의 독주를 견제하지 못하는 상태가 메이지 시대가 끝날 때까지 계속된 것이다.


정우회는 분명히 자유민권운동을 주도했던 자유당의 계보를 계승한 정당이다. 그러나 번벌세력과 손을 잡은 정우회가 자유민권운동의 초기에 나타났던 순수성을 잃고, 권력과 돈에 맛을 들여 전국적으로 부패와 타락을 확산시키는 주범이 되어가는 현실을 일본 국민들은 말없이 지켜보고만 있었다.

애초 정우회가 추진하던 지방 이익 우선정책을 열렬히 환영했으나, 시간이 지나면서 서서히 정당이라는 정치집단의 실체에 대해 자각을 갖게 되었다. 야마가타와 같은 번벌의 실력자들은 직접 일반국민들과 접촉하면서 정국을 운영하는 인물들이 아니다. 그러나 정당을 기반으로 활동하는 정치가들은 좋든 싫든 언론이나 민중과 긴밀하게 접촉하며 지지를 확보해야만 한다. 즉, 번벌 정치와는 다르게 정당정치가 부패하고 타락해가는 현상은 일반 국민들이 생생하게 직접 눈으로 보고 확인하는 게 가능했다. 그래서 대중의 정치에 대한 염증과 혐오감을 두드러지게 만든다는 부작용을 낳지 않을 수 없었다.

정당정치에 대한 일반 국민들의 강렬한 거부감이 확연하게 드러난 것은 메이지 시대가 끝나고 상당한 시간이 지난 후에야 일어난 일이다. 그러나 그 근본원인을 제공한 싹은 이미 메이지 시대의 말기부터 서서히 진행하고 있었다는 점을 유념하지 않으면 안 된다. 특히 호시 도루에서 하라 다카시로 정우회의 실권이 계승되면서 정당정치가 타락하는 현상이 지속적으로 계속된 점이 중요하다.

이 두 사람은 정당을 강력한 정치집단으로 만든 장본인이면서도, 다른 한편으로 정당이 부패의 온상이라는 인상을 대중들에게 심어줬다. 특히 두 사람모두 금권정치를 능숙하게 구사할 줄 아는 인물이기에 더욱 그러하다. 그래서양자가 암살당한 것으로 인생을 마무리한 사실은 결코 우연이 아니었다. 호시와 하라의 지도력과 당리당략에 집착한 정책의 추진 덕분에 정당정치는 궤도에 올라섰지만, 이 두 사람의 암살과 더불어 급속한 추락의 운명을 맞이하게되었다.

# 4

## 한반도 식민지화 작업

러일전쟁에 승리한 후 일본이 한반도 식민지를 추진하는 과정은 한국사와도 밀접한 관련이 있는 부분이므로 군이 자세하게 다룰 필요성은 그다지 느끼지 못한다. 또한 이 부분을 다루는 게 결코 기분 좋은 일이 아닌 것도 사실이다. 아무튼 일본이 한반도를 식민지로 만드는 과정을 일본 내부의 사정을 중심으로 간략하게 살펴보기로 한다.

러일전쟁 중에는 앞서 말한 것처럼 강압적으로 군사적 협력을 얻어내는 데 중점을 두었지만, 일본의 승리가 확실해지자 마음의 여유가 생겼고 본격적으로 한반도를 보호국으로 만드는 문제가 검토되기 시작했다. 과거 청일전쟁 당시 이노우에 가오루가 직접 조선에 건너가 일본의 위성국가로 만드는 작업을 한 것과 유사하게, 누군가 유력한 인물이 직접 한반도로 갈 필요가 생겼다.

당시 원로 중에서 적임자는 이토와 야마가타밖에 없었다. 순리로 따지면 야마가타가 가는 것이 백 번 옳다. 야마가타는 유명한 주권선·이익선 이론을 주장하며 한반도를 일본의 세력권으로 확보하자고 이론적으로 뒷받침했으며, 군비증강을 주도한 장본인이라는 것은 물론이고 청일전쟁에서는 1군사령관으로서 직접 참전했다. 게다가 한반도를 일본의 세력권으로 확실히 만들기 위해 벌어진 러일전쟁을 담당한 핵심인물들은 전부 야마가타와 깊은 관련이 있었다.

러일전쟁 당시의 내각수상인 '황태자' 가쓰라 다로는 물론이고, 육군장관으로 후방지원을 담당한 '야마가타의 귀염둥이' 데라우치 마사타케, 러일전쟁에서 일본군의 작전을 수립하고 지휘한 '기린아' 고다마 겐타로는 모두 야마가타의 직계에 해당하는 인물들이다. 그렇기 때문에 야마가타는 육군 죠슈벌의 쇼군으로서 솔선수범해 한반도의 지배권 확립이라는 마무리를 자신의 손으로 하는 게 옳았다.

이 문제를 놓고 이토와 야마가타 사이에 담판이 벌어졌지만, 뜻밖에도 야마가타는 이토에게 양보하는 태도를 나타냈다. 야마가타의 성격 자체가 자신에게 별다른 이익이 되지 않는 행동을 앞장서 추진하는 스타일이 아닌데다가, 정우회를 등에 업고 정치에 간섭해 피곤하게 만드는 이토를 해외로 쫓아 보내려는 가쓰라가 야마가타를 배후에서 조종한 것이 주요한 원인이었다.

가쓰라는 이토의 성격을 잘 알고 있었기 때문에 이토 특유의 허영심과 공명심, 그리고 사명감 등을 자극해 이토가 결심을 굳히게 만드는 데 성공했다. 야마가타가 이토에게 순순히 양보한 또 다른 원인의 하나는 보호국화 작업이 실패할 가능성이 높다는 점을 고려한 것도 있었다. 즉, 포츠머스 강화조약 당시 이토를 미국에 보내려 했던 때와 비슷한 상황이었다.

주의할 점은 당시 이토가 생각하고 있었던 한반도의 보호국화 구상과 야마가타나 가쓰라가 생각하는 그것은 분명한 차이점이 있었다는 사실이다. 이토는 한반도를 보호국으로 만드는 데 중점을 두고 이것이 성공한다면 굳이 식민지화를 적극적으로 추진할 필요는 없다고 생각했다. 그러나 야마가타와 가쓰라는 겉으로는 이토의 생각에 동조하는 것처럼 하면서도, 실제로는 어디까지나 한반도의 식민지화를 위한 발판을 마련하기 위한 사전작업으로서 보호국화를 생각하고 있었다는 점이다.

정우회의 실력자 하라 다카시는 가쓰라의 속셈을 간파하고 이토가 통감으로 부임하려는 것을 막으려고 했지만, 메이지 유신의 대미를 장식하는 숙원사업의 하나인 한반도 지배를 자신의 손으로 완성하고 싶다는 이토의 사명감을 꺾기는 역부족이었다. 이토는 번번이 가쓰라의 정치공작에 말려들며 농락당했다. 따지고 보면 이토 역시 가쓰라에게 결코 뒤지지 않는 교활한 성격을 가지고 있었으나, 가쓰라를 라이벌이나 적으로 생각하지 않았기 때문에 알면서도 당한 것이다.

이미 언급한 것처럼 이토는 교활하기도 했지만 다른 한편으로 포용력도 매우 뛰어난 인물이다. 가쓰라가 야마가타의 후계자임에도 불구하고 대국적인 견지에서 같은 죠슈벌 출신의 전도유망한 차세대 리더라는 점을 중시해, 결정적인 국면에서 가쓰라와 대립하기보다는 그를 감싸려는 태도를 보인 경우가 많았다. 그래서 피는 물보다 진한 것이다.


제1차 가쓰라 내각이 붕괴하기 직전인 메이지 38년(1905) 11월 17일에 제2차 한일협약이 체결되고, 조선의 외교권을 박탈하는 것과 동시에 통감을 두기로 결정되었다. 이토는 사전에 합의한 방침대로 스스로 초대 조선통감으로 부임한다. 흔히 을사보호조약이라고 하는 제2차 한일협약을 체결하는 과정에서 이토는 무력을 배경으로 위협해 강제로 체결하도록 만드는 횡포를 저질렀다.

통감 이토는 본국에 보호국화 작업이 순조롭게 진행하지 않는 점을 호소한다. 그러나 어떠한 국가도 이웃국가가 공연히 주권을 박탈하려는 야만적인 행위에 순순히 협조할리는 만무하며, 게다가 조선의 반일감정은 명성황후 암살 사건 등으로 인해서 이미 한계를 넘어선 상태다. 그러나 이토의 생각으로는 러일전쟁의 승리로 동아시아의 패권을 장악한 일본에게 순순히 협조하고 굴복하는 게 이치에 옳다고 믿었다.

생각한 것처럼 일이 뜻대로 진행되지 않자 그는 헤이그 밀사사건을 이유로 고종을 퇴위시키고 무력을 배경으로 갖가지 위압을 가하는 등, 이노우에 가오루와 마찬가지로 '의도된 실수'를 저질렀다. 이노우에는 명성황후 시해를 배후에서 조종하며 표면에 나서지 않았고, 한반도를 식민지로 만든 장본인 야마가타도 겉으로는 정계를 은퇴한 것처럼 행동했기 때문에 조선민중의 분노의 표적이 되지는 않았다. 그러나 이토는 알량한 사명감으로 직접 한반도에 가서 공연히 뛰는 행동을 하며 돌아다닌 것이다.

예상외의 강렬한 저항에 당황한 이토는 저항을 억누르기 위해서 심혈을 기울였으나, 억압하면 억압할수록 저항은 더욱 강해졌다. 따지고 보면 대규모 의병운동이 일어난 것은 이토가 노골적으로 횡포를 저지르면서 자극한 게 원인이다. 그러나 이것은 항일무장투쟁을 진압한다는 이유로 일본 육군이 개입하게 만드는 좋은 빌미를 제공하게 된다. 의병운동이 일어났다는 것은 이토가 보호국으로 한다는 목적을 순조롭게 달성하기가 불가능하다는 의미다. 이토는 결국 통감을 사직하고 본국으로 돌아갈 수밖에 없었다.

애초에 이토가 구상한 보호국이라는 구상은 성공할 가능성이 매우 낮았다. 이토가 통감통치로 구상한 정책은 이노우에 가오루가 명성황후를 시해하기 전에 조선에 가서 행한 것과 기본적인 취지는 동일했고, 다만 규모가 더욱 크게 확대된 것에 지나지 않는다. 결국 이토는 이미 이노우에가 실패를 거둔 정책을 답습한 데 불과하다. 그렇기 때문에 이토의 보호국화 정책은 모순점도 많았다.

러일전쟁의 승리로 국제적인 환경이 일본에게 유리해졌고 서구열강의 눈치를 보지 않고 보호국으로 만드는 작업이 가능해졌지만, 당사자인 조선의 반일감정은 전혀 수그러들지 않았다. 오히려 이토가 한반도에서 시행한 공교육 확대정책이 조선 민중들에게 민족주의를 자각시키는 촉매제가 되는 상황이다. 또한 그는 근대적 법전편찬과 사법제도의 확립에도 상당한 신경을 썼다.

그러나 이것은 보호국으로 만든다는 제도적 취지와는 상당히 어긋나는 정책이었다.

보호국으로 만든다는 것은 조선의 주권을 박탈해서 외부에 독립국처럼 보이지 않도록 하는 한편, 실질적으로 일본의 위성국가로 만드는 게 핵심이다. 그런데 법원을 비롯한 사법제도를 정비하면 조선이 외부에서 볼 때 독립국가처럼 보일 우려가 있었다. 여기에 대해 본국의 야마가타나 가쓰라가 날카로운 비판을 가했고, 이토를 주춤하게 만든다. 이러한 모순점이 바로 이토의 딜레마였으며, 어설픈 보호국화 시도가 성공할 가능성이 없다는 걸 알자 통감을 사임한 것이다.

사직한 이토의 후임으로는 부통감의 직책에 있었던 야마가타의 심복 중의 하나인 소네 아라스케가 임명되었으며, 의병운동 진압은 러일전쟁 당시 한반도에 주둔한 일본군을 지휘한 육군 죠슈벌의 원로에 해당하는 하세가와 요시미치가 맡았다. 하세가와는 결코 유능한 인물은 아니나 야마가타와 두터운 친분을 가지고 있던 덕분에 나중에는 조선총독에까지 등극했다. 다시 말해 이토가 떠난 공백의 자리를 야마가타의 인맥이 차지한 것이다.

이토가 조선을 보호국으로 만드는 데 실패하자 이제 남은 방법이라고는 식민지로 하는 것밖에는 없었다. 애초 그가 한반도를 식민지로 만들려는 작업에 강경하게 반대한 이유는 막대한 재정적 부담을 초래한다고 반대한 데 지나지 않았다. 즉, 이토 역시 경제적 문제만 없었다면 한반도를 식민지로 만드는 작업에 적극 찬성했을 것이다. 이미 대만을 식민지로서 통치하고 있는 경험에 비추어 볼 때, 별다른 자원도 없고 인구만 많은 한반도는 식민지로 편입하기에는 경제적으로 막대한 부담을 야기한다는 사실은 분명했다. 특히 러일전쟁이 끝났음에도 불구하고 계속 군비증강을 추진하던 당시 일본 정부의 재정 형편을 고려하면 더욱 그러하다.

이토의 실패로 주도권은 야마가타에게 넘어갔으며, 그는 기존의 신념대로 식민지로 만들 것을 결정한다. 이러한 야마가타의 참모로 활약하며 배후에서 식민지화의 구상을 가다듬은 자는 육군 죠슈벌의 떠오르는 샛별 다나카 기이치였다. 이토 역시 합병에 찬성하면서 기존의 입장을 뒤집었다. 이토가 통감을 사임하기 직전에 만든 제3차 한일협약은 식민지화를 전제로 하는 것이다. 그리고 이를 바탕으로 한반도 식민지화를 실천에 옮긴 사람은 제1차 사이온지 내각의 뒤를 이어서 또다시 수상에 등극한 야마가타의 후계자 가쓰라 다로였다.

주의할 점은 한반도를 식민지로 만드느냐 아니냐를 놓고 일본이 경제적 부담을 강하게 의식했던 이유가 한반도에 막대한 투자를 했기 때문이 아니라는 사실이다. 앞서 본 것처럼 이토가 통감에 부임해서 의무교육제도를 실시에 옮기는 등 나름대로 투자를 한 것은 사실이나, 정작 가장 중요한 투자는 의병운동의 진압이나 이를 위한 일본군의 군사비 지출이 커다란 부담이 되었다. 가뜩이나 일본 정부의 재정 형편이 최악의 상황을 맞이한 상태에서 이러한 부담은 매우 크게 느껴지지 않을 수 없었다. 게다가 의병운동을 손쉽게 진압한다는 전망도 서지 않았다.

한반도의 식민지화 문제를 둘러싼 이토 히로부미의 태도는 영일동맹에 대한 처신과 매우 비슷하다. 처음에는 나름대로의 신념과 생각에 따라 독자적인 행보를 취했지만, 뜻대로 일이 풀리지 않으면 태도를 완전히 뒤집어 야마가타와 가쓰라에게 주도권을 양보하고 뒤로 물러나는 패턴을 반복해서 나타냈다. 문제는 그럴 때마다 이토의 정치적 위상이 추락하고 원로로서의 권위에 상처를 입는 점이다. 겉으로는 여전히 원로의 우두머리이자 대정치가로 군림했으나 국가정책의 실질적 주도권은 야마가타와 가쓰라가 장악한 상태가 계속되었다.

한편, 이토는 한반도의 보호국화 작업에 실패한 후에도 관심을 끊지 않았다. 오히려 그는 한반도를 합병하기 위해서는 과거 삼국간섭을 당한 경험을 되살려 서구열강의 간섭을 차단하는 게 가장 중요하다고 생각해 이것에 깊숙이 개입한다. 포츠머스 강화조약은 일본이 한반도에서의 독점적 우월권을 인정한 것이지, 식민지 지배를 인정한 것은 아니기 때문이다. 따라서 이론상으로는 일본이 한반도 식민지화를 추구한다면, 러시아가 이를 빌미로 개입해 일본과 충돌하는 것도 가능했다.

외교적 관점에서는 미국이 만주에서 이권을 얻으려고 하는 행동이 일본과 러시아의 의혹과 경계심을 유발하고, 일본이 한반도를 식민지로 만드는 작업에 러시아가 순순히 동의하게 만드는 결정적인 원인을 제공했다. 이미 본 것처럼 미국은 러일전쟁 후 만주의 공백상태를 이용해서 철도에 관한 이권 정도는 획득해도 별다른 문제가 되지 않는다고 생각하고 이를 추진했지만, 일본의 견제로 좌절되자 일본과 관계가 급속히 냉각되기 시작한다.

과거 아편전쟁에서 영국이 승리하자 미국은 승전국도 아니면서 이권의 획득을 노리고 동아시아를 기웃거렸다. 이것과 마찬가지로 러일전쟁에서 일본이 승리해 만주가 공백상태가 되자 기회균등을 외치며 파고들려 한 것이다. 아무튼 이것을 계기로 일본과 러시아의 긴장관계는 급속하게 완화되었으며, 러시아는 과거와는 다르게 한반도의 식민지화를 추구하는 일본을 견제하려는 움직임을 사실상 포기했다. 그래서 한반도의 식민지화를 추구하는 작업에 일본은 누구의 눈치도 보지 않고 독자적으로 추진하는 것이 가능해졌다.

아울러 이토가 한반도를 어떠한 방식으로 합병하느냐에 대해 나름의 구상을 가지고 있었던 것도 사실이다. 이것을 명확하게 입증할 사료는 현재 남아 있지 않지만 점진적인 방향으로 합병을 추진하며 조선왕조를 존속시키는 방법을 고려했던 것으로 추정된다.

이러한 방침은 가쓰라가 집권하는 동안에 가급적 신속하고 확실하게 식민지로 만들길 원했던 야마가타의 방침과 정면으로 충돌했다. 또한 재야에서는 연합국가 방식이나 위임통치의 방식으로 하자는 등의 주장도 있었으나, 칼자루를 쥐고 있는 야마가타는 단순하고 명쾌한 방법으로 합병을 마무리하려는 생각을 가지고 있었다.

한편, 이토가 끝까지 식민지화에 반대하고 보호국화를 지지했다는 주장도 있지만, 이를 명쾌하게 입증할 사료는 없다. 그가 통감을 사임한 후 겉으로는 식민지화 노선을 지지한 것이 사실이며, 이 문제에 대한 진정한 속마음을 누구에게 털어 놓지는 않았다. 게다가 이미 대세가 식민지화 방침으로 기울어진 마당에, 이토의 진정한 의도를 아는 게 중요한 사실로 생각되지 않는다.


이미 본 것처럼 제2차 가쓰라 내각이 한반도를 식민지로 만들기 위한 작업을 추진하던 중에 이토 히로부미가 사살되었다. 그러나 가쓰라는 이를 기회로 섣불리 합병을 추진하지는 않았다. 치밀하고 용의주도한 성격답게 영국과 미국의 의사를 타진하고, 악명 높은 친일단체 일진회(一進會) 등을 동원해서 합병에 찬성하는 분위기를 만든 다음 합병을 추진하는 수순을 밟았다. 이토가 체결한 제3차 한일협약 덕분에 합병의 실무절차에는 별다른 어려움이 없었다.

메이지 43년(1910) 5월에는 '야마가타의 귀염둥이' 데라우치 마사타케가 육군장관의 보직을 유지한 채로 통감에 임명된다. 이것은 합병이 최종단계에 접어들었다는 것을 의미했다. 이토의 후임으로 통감이 된 소네 아라스케는 중병에 걸려서 사실상 제대로 임무를 수행할 수 없었다. 야마가타가 식민지화에 반대하는 소네를 이토의 후임자로 임명하는 데 동의한 것은, 그가 암에 걸려 오래 살지 못할 것이라는 사실을 잘 알고 있었기 때문이었다. 그래서 데라우치는 야마가타가 뽑아든 회심의 카드다. 그 당시에도 현역의 육군장관을 통감으로 파견하는 데 대해 논란이 있었지만, 야마가타는 가쓰라가 수상에서 물러나기 전에 기필코 합병을 실현하고자 원했다.

그 누구보다 야마가타의 마음을 잘 읽으며 그로부터 정책의 입안과 기획력을 인정받은 데라우치는 항일무장운동을 확실히 진압하기 위해서 유명한 '헌병 통치'를 결정했다. 이것을 실행에 옮긴 자는 러일전쟁 당시 교란공작을 펼쳐 이름을 떨친 아카이시 모토지로(明石元二郎)였다. 그는 러일전쟁이 발발하자 스웨덴에 파견되어 레닌을 비롯한 러시아 혁명파에게 자금을 지원하고 러시아혁명을 배후에서 간접 지원했다. 그래서 첩보와 공작의 전문가로 인정받았고 헌병통치를 실행에 옮기기에는 적임자였다.

일본 국내에서 헌병은 전도유망한 보직이 아니었지만, 무소불위의 권력이 주어졌던 한반도에 파견된 헌병의 경우는 사정이 달랐다. 아카이시는 일약 소장으로 진급하고 조선헌병대라는 새롭게 창설된 조직의 사령관이 되었다. 그는 헌병을 이용해 경찰권을 장악하고 '헌병 보조원'이라는 악명 높은 제도를 고안해내 의병운동 토벌이나 독립운동 분쇄를 위해 사용했다. 앞서 말한 것처럼 메이지 초기에 일본군의 군기확립을 목적으로 헌병제도를 창설한 장본인은 야마가타였다. 그래서 야마가타의 분신과 같은 존재라 할 수 있는 데라우치가 헌병통치를 실시에 옮긴 것은 결코 우연의 일치는 아니다.

애초 치안유지를 목적으로 헌병통치를 도입한 인물은 이토 히로부미다. 그러나 그는 헌병을 적극적으로 이용해 강압정치를 펼치려 하지 않았고 그럴 능력도 없었으나, 육군의 실세인 데라우치가 통감으로 부임하면서 정책이 180도로 바뀌게 된다. 헌병통치를 펼치기 위해서는 막대한 수의 헌병이 필요했지만 인원이 터무니없이 부족했다. 그래서 다른 병과에서 차출하는 것은 물론, 이것만으로도 부족해 헌병 1인당 2~3인의 헌병보조원을 둔 것이다. 당시 한반도에 주둔한 일본 헌병은 본국인 일본 전체의 헌병 숫자와 비슷한 수준이었다.

한반도에 파견된 헌병은 단순히 치안유지의 권한에만 머무르지 않고 사법경찰과 행정경찰, 의병운동 진압 등의 광범위한 권한을 가지며 역사상 유례를 찾아보기 힘든 경찰국가의 극치를 만들어 냈다. 헌병은 상해죄 등 특정범죄에 대해 즉결처분의 권한도 가지며 사법권마저도 유린한다. 대만 통치과정에서는 나타나지 않았던 독특한 헌병통치를 도입하며 의병운동의 진압에 성공을 거두자, 드디어 정식으로 한반도 강탈을 위한 조약을 체결하기에 이른다.

더욱 흥미로운 사실은 통감 데라우치 아래에서 부통감에 임명된 자가 야마가타의 양아들인 야마가타 이사부로(山県伊三郎)였다는 점이다. 제1차 사이온지 내각의 당시 체신장관에 등용되었다가 분란을 일으키고 도중에 사직한 그는, 그 후 귀족원 의원으로 있다가 야마가타의 지시를 받들어 한반도로 건너갔다. 이사부로는 데라우치를 보좌해 합병의 실무를 책임지는 한편, 식민지 정책의 기초를 닦는다는 업적(?)을 남긴 덕분에, 메이지 시대가 끝나고 3·1운동이 일어날 때까지 조선총독부의 실세 중의 실세로 군림했다.

메이지 43년(1910) 8월 22일에 체결된 한반도 식민지화를 완성한 조약의 정식 명칭은 '한국병합에 관한 조약'이다. 흔히 한일합방조약이라고도 하지만 이것 역시 올바른 명칭은 아니다. 조약체결의 진정한 의도를 생각하면 '한국 강탈조약' 정도로 호칭하는 것이 바람직하다. 이 조약을 기초한 장본인은 당시 외무성 정무국장이던 구라치 데쓰키치(倉知鉄吉)이며, 그는 이 조약을 위해서 특별히 '병합(倂合)'이라는 단어를 만들어냈다.

병합이라는 단어는 조선의 주권을 강탈했다는 사실을 은폐하기 위해서 좀더 온건한 표현을 생각하다가 고심 끝에 만들어 낸 것이다. 그럼에도 불구하고 병합이라는 단어는 오늘날에도 한국의 국어사전에 등상한다. 따시고 보면 국어사전에는 메이지 시대의 일본에서 만들어진 한자어가 광범위하게 들어가 있다. 일제의 식민지 지배를 받은 탓에 불가피한 측면도 있지만, 그 중에서는 결코 우리나라의 국어사전에는 실리지 않아야 하는 단어도 있다. 필자는 병합이라는 단어를 국어사전에서 삭제하는 게 바람직하다고 생각한다.

당시 일본 외무성에서 한반도 식민지화의 실무 작업을 담당한 장본인이 구라치이며, 그는 이 공로를 인정받아 나중에 외무차관으로 승진했다. 구라치는 외무성의 정무국장과 통감부 서기관의 자리를 겸직하면서 한반도 강탈에 관련된 외교적 절차를 사실상 혼자 도맡아 했다.

야마가타와 가쓰라가 식민지화를 서둘러 추진한 배경의 하나에는 외교적 고려도 있었다. 앞서 말한 것처럼 제2차 가쓰라 내각 당시 관세자주권을 회복

했다. 외무장관 고무라는 관세자주권 협상이 타결되기 이전에 신속하게 식민
지화를 마무리해야 한다고 주장했다. 한반도가 적용대상이냐 아니냐를 둘러싸
고 서구열강과 분쟁이 발생할 우려가 있었기 때문이다. 또한 중국에서 서태후
가 사망하고 혁명의 조짐이 보이는 것에 대응하기 위해서 식민지화 작업을 신
속하게 마무리하고 대륙으로 관심을 돌리려 한 측면도 있었다.

조선총독은 대만과는 달리 육군과 해군의 '대장'만이 임명될 자격을 부여받
도록 규정했다. 조선주둔군 사령관에 중장이나 대장이 임명될 경우를 생각해
서 상급자인 총독은 최소한 대장이어야 할 필요가 있었다. 왜냐하면 대만에
주둔하는 일본군은 여단급이지만, 한반도에는 2개 사단을 신설해서 배치할 예
정이었기 때문이다.

아울러 조선총독은 대만총독과는 달리 천황에 대한 상주권을 가졌다. 이것
이 얼마나 커다란 특권을 의미하는지는 긴 설명이 필요 없다. 조선총독이 제
도적으로 장관급 이상의 직위라는 사실을 의미하는 것이기 때문이다. 그러나
본질적으로 군인총독이 통치한다는 점에서는 대만이나 조선은 마찬가지였다.

한반도를 식민지로 지배하기 이전에 이미 대만을 통치하고 있던 경험을 되
살려 시행착오를 줄일 수 있었으나, 통치의 기본적인 골격은 대만 통치와 거
의 비슷했다. 아울러 대만에 시행된 유명한 '63법'과 비슷한 취지의 법률이 제
정되었지만, 63법의 문제점인 한시법이 아니라 영구적 효력을 가진 제대로 된
법률을 만들었다. 덕분에 정치적으로도 본국으로부터 독립하는 것이 가능하게
되었다.

이러한 사실에도 불구하고 경제적으로는 여전히 본국에 의존하지 않을 수
없었다. 대만과는 달리 전매가 가능한 특산품도 거의 없었으므로, 조금이라도
재정적 부담을 줄이기 위해서 조선의 민중을 상대로 가혹한 경제적 수탈을 거
듭했다. 이를 위해 가쓰라는 유명한 동양척식주식회사를 설립하도록 추진했
다. 경제적 수탈의 자세한 과정에 대해서는 한국사를 참조하면 되므로 여기서

는 생략한다.

한편, 교육에 있어서 이토 히로부미가 의무교육제도를 도입하고 무상교육을
실시에 옮겼지만, 총독부가 설치된 후에는 무상교육이 폐지되고 수업기간도 6
년에서 4년으로 단축했다. 이와 아울러 실업교육을 중시하는 방향으로 교육방
침을 전환한다. 당시 집권하던 가쓰라가 일본 본토에서도 초등교육과 실업교
육을 중시하는 교육정책을 펼치고 있던 상황이므로, 굳이 한반도에만 특혜를
부여할 아무런 이유가 없었기 때문이다.

일본이 한반도에서 교육제도를 정비하는 목적이 조선민중을 일본인으
로 동화하려는 데 있었다는 점은 분명했기 때문에, 이것에 대항해 한반
도에서는 폭발적인 기세로 민족교육을 실시하는 학교가 각지에 설립되
기에 이른다. 게다가 반일감정 덕분에 기독교의 성장세도 눈부실 정도였
고, 외국인 목사나 신부가 설립하는 학교도 많았다. 이러한 현상은 대만
의 통치과정에서는 나타나지 않는 특징이다.

그 결과 기독교가 항일운동을 조장하는 근거지로 지목되었고, 조선총독부는
참다못해서 나중에는 외국인 선교사들의 치외법권을 철폐하고 사립학교에서
종교교육을 금지한다는 극약처방을 내리기에 이른다. 오늘날 동북아시아 국가
중에서 유일하게 우리나라에만 기독교가 제대로 자리 잡은 배경에는 이 시기
항일운동과 반일감정이 밑바탕에 있었기 때문이다. 게다가 합병 후에는 노골
적으로 일본어 교육을 실시에 옮겼다. 아울러 야마가타의 주도로 만들어진 교
육칙어의 보급과 천황에 대한 충성심을 고취하는 것에도 신경을 썼다.

한편, 일본 국내에서는 한반도 강탈에 관해서 오키나와를 합병했던 당시와
비슷한 사고방식으로 정당화하는 방법이 널리 유포되었다. 즉, 고대로부터 일
본과 한반도는 긴밀한 관계를 맺고 있었으므로 뿌리가 같은 인종이고, 병합이
침략이나 강탈행위가 아니며 본래 있던 상태로 되돌아간 데 지나지 않는다고
주장한 것이다. 그럼에도 불구하고 일본인과 다르다는 엄연한 현실을 무시하

기 어렵기 때문에, 법적 · 사회적 차별을 만드는 데 열심이었다. 이러한 점은 오키나와의 식민지화 과정과 매우 유사하게 나타난 현상이라고 할 수 있다. 게다가 이 논리를 정당화하기 위해서 오키나와의 역사를 조작한 것처럼, 우리 민족의 역사를 조작하는 작업도 열심히 추진했다. 특히 고대사와 관련된 부분 이 그러하다.

# 5

## 제2차 사이온지 내각과 메이지 시대의 종말

제27차 의회를 무사히 극복하고 차기의회의 개회가 다가오자 가쓰라는 약속대로 사표를 제출하고 사이온지에게 내각을 넘겼다. 이렇게 해서 제2차 사이온지 내각이 탄생하게 된다. 정우회에서는 하라 다카시가 내무장관, 마쓰다 마사히사는 법무장관으로 입각한 외에 하세바 스미타카(長谷場孝純)가 문부장관에 임명되었다. 결국 정우회에서 입각한 인물은 수상을 포함해서 4명이었다. 제1차 사이온지 내각의 당시와는 달리 이번에는 가쓰라가 각료의 선임에 간섭하는 것을 물리쳤다.

다만 육군장관만은 가쓰라가 추천한 육군차관 이시모토 신로쿠(石本新六)를 임명하지 않을 수 없었다. 육군의 비위를 건드리면 내각 자체가 성립하기 어렵기 때문이다. 역사상 최초로 삿쵸 번벌 이외의 출신으로 육군장관에 등극한 이시모토는 전임자인 데라우치를 보좌하여 러일전쟁을 치루면서 그로부터 업무처리능력을 인정받았고, 데라우치가 통감을 거쳐 초대 조선총독에 임명되었기 때문에 사실상 육군장관과 마찬가지의 상태에 있었다. 공병병과 출신의 그는 군인이라기보다는 행정관료에 가까운 유형의 인물이며, 성실하고 야심이 없어서 육군의 죠슈벌이 경계하지 않았다.

일본 육군이 공병을 창설한 것은 메이지 6년(1873)이다. 애초 진대에 1개 소대를 두는 정도에 불과했으나, 러일전쟁 무렵에는 각 사단마다 1개 대대를 보유할 정도로 규모가 확대되었다. 그 이외에 철도, 통신, 진지구축 등을 전문으로 하는 부대도 공병의 관할이었다. 즉, 당시의 공병은 보급, 수송, 통신 등 후방지원을 총괄하는 병과였다.

해군장관은 역시 사이토 마코토가 유임했으며, 사쓰마벌에 대한 배려 차원에서 오쿠보의 아들 마키노 노부아키도 농상무장관으로 다시 기용되었다. 그리고 대장성 장관에는 귀족원의 지지를 의식해 일본은행 총재 야마모토 다쓰오(山本達雄)를 발탁했다. 또한 외무장관에는 가쓰라가 고무라 쥬타로의 유임을 간청했으나, 이를 무시하고 사이온지의 친구인 우치다 고사이(內田康哉)를 임명해 양보하지 않았다.

제1차 사이온지 내각이 '번벌 2세' 내각이었다는 점과 비교하면 정당내각의 색채가 강화된 인선이라고 평가할 수 있다. 그러나 출범 당초부터 군비증강의 문제로 발목을 잡힌다. 문제의 핵심은 해군의 요구였다. 해군장관 사이토 마코토는 유임의 조건으로 대대적인 군함건조 예산을 요구했고, 사이온지는 내각을 성립시키기 위해 이러한 요구를 수용하지 않을 수 없었다.

이미 본 것처럼 러일전쟁이 끝난 후 육군은 평시 25개 사단·전시 50개 사단이라는 막대한 규모의 병력을 구상했으며, 해군은 50만 톤의 보유를 목표로 했다. 전쟁이 끝났음에도 이러한 요구를 하는 것은 터무니없지만 어전회의에서 결정된 사항이어서 노골적으로 비판하기도 어려웠다. 군부는 천황의 재가를 얻었다는 점을 내세워 집요하게 내각을 압박했다. 야마가타가 만든 통수권의 독립으로 인해 당시 일본 정부는 사실상 두 개가 존재한다고 해도 과언이 아니었다.

군사문제와 관련해서는 군부가 독자적인 정부조직이나 마찬가지였고, 내각은 군부의 요구를 실현하기 위해 존재하는 하급기관처럼 보일 정도였다. 군국주의 경향은 시간이 갈수록 두드러지게 나타났다. 겉으로 보기에 일본은 한반도를 식민지로 획득하면서 욱일승천하는 기세로 성장하고 있었지만, 내부적으로는 군부가 정치를 압도하는 군국주의화 경향이 심화되고 번벌의식에 바탕을 둔 파벌투쟁으로 썩어 들어가고 있는 상태다.

한편, 제2차 사이온지 내각은 예산문제로 심각한 분열양상을 나타내기 시작했다. 재정상으로는 긴축정책을 펼쳐야 하는 상황임에도 불구하고, 막대한 예산을 필요로 하는 해군의 확장 요구에 응하지 않으면 안 되었다. 여기에 더해 내무장관이자 철도원 총재를 겸임한 하라 다카시는 일관되게 재정팽창정책을 지지하며 대장성과 정면으로 대립했다. 사이온지가 순순히 해군의 요구를 들어준 이유는 해군의 사쓰마벌세력을 이용해 야마가타와 가쓰라가 내각에 간섭하는 것을 막기 위한 측면이 강했다. 그러나 하라에 대해서는 다르게 취급하면서 갈등의 싹을 키워 나갔다.

내각이 출범하기 전부터 사이온지는 하라를 경원하기 시작했다. 정의투합을 둘러싼 과정에서 하라의 처신이 사이온지의 심기를 불편하게 만들었기 때문이다. 정의투합은 형식상으로는 사이온지와 가쓰라 사이에서 합의된 사항이나, 실제로는 사이온지를 제치고 실권자인 하라와 가쓰라의 주도로 실현된 것이다.

이를 계기로 사이온지는 하라가 정우회 총재의 자리를 노리고 자신을 넘어서 행동하는 데 거부감을 가지기 시작한다. 게다가 하라가 경제상황을 고려하지 않고 당리당략에 집착해 팽창정책을 고집하자, 사이온지는 정책적으로도 하라와 대립하지 않을 수 없었다.

해군은 대장성의 긴축정책을 지지하고 이를 바탕으로 생긴 잉여자금을 해군확장에 투입하길 원했다. 그 결과 11월 24일의 각료회의에서 해군 확장을 제외한 모든 신규 사업의 추진은 연기한다고 결정되었다. 여기에 그치지 않고 대장성은 하라가 심혈을 기울여 추진하는 철도 확장계획에도 강력한 견제를 가했다. 하라가 철도노선의 확장을 위해 철도원 총재를 겸임한 사실을 뻔히 알면서도 사이온지는 그를 노골적으로 무시했다.

여기에 격분한 하라가 사이온지를 찾아가 사표를 제출하기에 이르렀다. 그럼에도 불구하고 사이온지는 하라를 만류하려 하지 않을 정도로 감정이 악화된 상태다. 정우회의 또 다른 실력자인 마쓰다의 중재로 하라의 사표제출 소동은 흐지부지 되었지만, 두 사람의 관계는 예정된 결별의 수순으로 진행하게 된다. 정우회 내에 강력한 지지기반이 없고 권력에 대한 야심이 희박한 '귀족' 사이온지가 결국 정우회에서 발을 뺄 수밖에 없었다. 하라는 당리당략에 치우치고 전체적으로 국익을 고려하는 자세는 나타내지 않았으나, 잡초와 같은 질긴 생명력을 가진 정당정치가로서 결국 정우회를 그의 정당으로 만들었다.

이 내각이 맞이한 가장 큰 사건은 역시 메이지 천황의 사망사건이다. 천황은 메이지 37년(1904) 무렵부터 당뇨병의 증세가 현저하게 나타났고, 그 후에 만성신장염이라는 합병증도 더해서 상태가 점점 나빠지게 되었다. 메이지 45년(1912) 7월 15일에는 혼수상태에 빠졌기 때문에 천황이 위독하다는 사실이 발표된다. 국민들 중에는 자발적으로 모여 회복을 기원하며 기도하는 자도 제법 있었다. 번벌정권이 심혈을 기울여 추진한 천황의 신격화가 효과를 나타낸 징표다.

과거의 천황과 다르게 메이지 천황은 천황제 국가의 기둥으로서 국가 통합의 상징이자 현실정치에 깊숙이 개입해 막강한 영향력을 발휘했다. 아버지인 고메이 천황보다 뛰어난 정치감각과 교양을 갖고 있었던 그는, 원로제도를 만들어 내는 등 통치구조의 안정을 위해서 나름대로 심혈을 기울였다. 그러나 일본의 제국주의적인 팽창정책을 적극적으로 지지한 것은 물론, 군부를 후원해 군국주의화를 심화시킨 장본인이라는 것도 사실이었다.

또한 입헌정치에 대한 기본개념조차 부족한 그가 적극적으로 현실의 정치에 개입한 게 반드시 좋은 결과를 야기한 것만은 아니었다. 아무튼 그는 영국의 입헌군주제에서 상징되는 왕처럼 허수아비에 지나지 않는 존재는 아니라는 사실을 유념해야 한다. 헌법상 대권이라고 칭해지는 막강한 권력이 천황에게 부여된 사실을 생각하면 당연하다. 즉 천황 자신이 정치에 관심이 있고 적극적으로 개입하길 원하는 경우 이것을 막을 제도적인 장치는 없었다.

제2차 세계대전에서 패전하고 그의 손자에 해당하는 히로히토 천황의 책임 문제가 거론되었을 때, 대다수 일본인들은 직접 천황에게 책임을 묻는 것은 부당하다는 반응을 보였다. 그러나 이 책에서 자세히 본 것처럼 메이지 헌법 아래에서 천황은 단지 국가 통합의 상징에 불과한 존재는 결코 아니며, 제2차 세계대전으로 패망하기 전까지 메이지 헌법으로 통치하던 국가였다.

다른 한편, 일본 정부는 천황의 죽음에 있어서도 진실 감추기와 사실을 조작하는 버릇을 여전히 나타냈다. 진정한 사망 이유는 신장염으로 인한 요독증이지만, 언론에는 심장마비로 발표했다. 심장마비의 편이 천황의 죽음에 어울리는 병명이고 이해하기 쉽다는 이유 때문이다. 게다가 사망시간도 실제로는 7월 29일의 오후 10시 무렵이지만, 대외적으로 왕위계승의 편의를 위해서 30일 오전 영시에 사망한 것으로 조작했다.

이어서 요시히토(嘉仁) 친왕이 후계자로서 다이쇼(大正) 천황에 등극한다. 이렇게 해서 메이지 시대는 끝나고 다이쇼 시대가 열리게 되었다. 그런데 천황의 장례식 당일인 9월 13일 오후 8시 30분 무렵 육군대장 노기 마레스키가 부인 시즈코(靜子)와 함께 동반 자살하는 사건이 일어났다. 자살 이유로는 서남전쟁 당시 연대장으로서 천황이 하사한 연대 깃발을 역적 사이고군에게 빼앗긴 것을 들었고, 여순 공략에서 막대한 희생자를 낸 사실에 대해서는 별다른 언급을 하지 않았다.

자살 이유로는 황당했지만 노기에 대한 비난은 곧바로 사라졌다. 게다가 천황과 죽음을 함께하는 숭고한 죽음으로 미화되며, 나중에 군국주의자들로부터 '군신'으로서 우상처럼 숭배되기에 이른다. 그는 러일전쟁 당시 두 아들을 전부 잃었다. 남산 전투에서는 장남이, 막대한 희생자를 내어 비난의 표적이 된 여순 공략전에서 차남이 전사했다. 게다가 노기는 대만총독 시절에 어머니와도 이별했으므로 남은 사람은 아내밖에 없었다.

예전에 말한 것처럼 대만에는 말라리아를 비롯한 풍토병이 맹위를 떨쳐 많은 일본인이 희생당했으며, 그 중에는 대만총독으로 부임한 노기의 어머니도 포함되었다. 여순 전투에서 일본군이 막대한 희생을 치르며 별다른 성과를 거두지 못하자, 본국에서 노기를 해임하고 다른 인물을 지휘관으로 임명해야 한다는 주장이 대두한 적이 있었다. 그러나 천황은 노기를 변호하며 해임에 동의하지 않았다.

천황은 과묵하며 근왕정신과 무사도정신이 투철한 노기를 총애했다. 아울러 러일전쟁이 끝나자 그는 메이지 천황의 부탁을 받고 학습원(學習院) 원장이 되어 당시 소년이던 미래의 히로히토 천황의 교육을 담당했다. 노기가 히로히토에게 어떠한 영향을 주었는지 구체적으로 알려진 게 없지만, 히로히토가 상당한 영향을 받았을 것이라고 추측된다.

자녀에게 엄격한 부모 아래 성장한 노기는 요시다 쇼인의 숙부이자 쇼카촌숙의 설립자인 다마키 분노신(玉木文之進)의 제자였다. 다마키로부터 학문과 무사도를 철저하게 배운 노기는 본질적으로 유교적 소양을 갖춘 인물이다. 나중에 청일전쟁을 주도한 가와카미 소로쿠와 함께 독일 유학을 다녀온 경험도 있으나, 그의 정신적 뿌리는 어디까지나 다마키의 가르침이다. 노기의 동생이 다마키의 양아들이 되었을 정도로, 노기 가문은 쇼카촌숙과 예사롭지 않은 인연을 가지고 있었다. 이러한 노기가 히로히토를 교육시키면서 쇼카촌숙의 그림자가 일본 황실에까지 영향을 주었다.

학습원은 황족을 비롯한 귀족의 자제를 교육할 목적으로 설립된 학교였다. 처음에는 도쿄제국대학에 무시험으로 입학할 수 있는 학벌적 특권이 부여되었으나, 나중에 그러한 특권이 사라졌다. 그럼에도 불구하고 상류층을 위한 폐쇄적 학교로서의 특성은 사라지지 않았고, 대학교육을 제외하고는 고등학교 과정까지 마칠 수 있도록 만들었다. 물론 학습원에 통학하는 건 강제되지 않았으므로 일반 고등학교를 진학하는 것도 본인의 마음이다.

메이지 천황의 죽음과 함께 메이지 시대는 끝났다. 그러나 '군국주의의 설계자'라 할 수 있는 야마가타는 여전히 건재했으며, 천황이 부럽지 않을 정도로 권세를 휘두르며 대륙침공과 군비확장에 광분하는 행태를 나타냈다. 야마가타는 마치 메이지 천황이 죽기를 기다렸다는 듯이 제2차 사이온지 내각을 가차 없이 쓰러트렸다. 사이온지에 대한 메이지 천황의 신임이 두터워 함부로 건드리지 못하고 참아왔던 불만을 일거에 터트려 버린 것이다.

결국 제2차 사이온지 내각의 운명은 메이지 천황의 죽음과 함께 했다고 해도 과언이 아니다. 문제의 발단은 육군장관의 사표제출로부터 시작되었다. 본래 제2차 사이온지 내각이 출범할 당시 육군장관인 이시모토 신로쿠가 과중한 업무에 견디지 못하고 과로사하자, 우에하라 유사쿠(上原勇作)가 뒤를 이었다. 그는 사쓰마 출신이기 때문에 가쓰라가 육군장관의 자리를 차지한 이후로 실로 15년 만에 사쓰마 출신이 다시 육군장관의 자리를 탈환한 셈이다.

우에하라는 청일전쟁과 러일전쟁에 사령관으로 참전해 맹장으로 이름을 떨치며 원수까지 승진한 노즈 미치쓰라의 사위였다. 노즈는 오야마 이와오와 더불어 육군의 사쓰마세력을 상징하는 인물이다. 그러나 한편으로 우에하라는 자신의 출세를 위해 죠슈벌과도 긴밀한 관계를 유지했다. 본래 공병병과 출신이어서 출세를 바라기 힘들었지만, 장인 노즈를 도와 능력을 인정받고 육군의 유력한 인물로 부상하게 된다. 급기야 나중에는 원수에까지 등극했다.

이러한 사실에도 불구하고 육군의 실권을 장악한 인물은 역시 야마가타의 후원을 받는 죠슈벌의 다나카 기이치였다. 이 무렵 육군성 군무국장이라는 핵심보직을 차지한 다나카는, 육군장관 우에하라를 제치고 사이온지를 직접 만나 야마가타의 숙원사업인 사단 증설문제에 협조해 달라고 요청한다.

누가 진정한 육군의 실세인지 드러나는 대목이다. 그러나 빠듯한 예산 문제로 해군의 요구도 들어주기 힘든 마당에, 당장 필요하지도 않은 사단 증설에 협조하기는 어려웠고, 결국 거절당하고 말았다. 육군성 군무국은 메이지 23년(1890) 3월에 가쓰라가 창설한 부서로서 죠슈벌이 육군의 인사권을 장악하기 위한 목적으로 설립되었다. 당연한 이야기지만 군무국장의 자리는 죠슈벌이 대대로 독차지하는 보직이었다. 그렇기 때문에 군무국장 다나카가 사이온지를 직접 찾아간 것은 야마가타의 뜻을 전달하기 위한 전령으로 봐도 무방하다.

예상한 대로 사이온지가 협조를 거절하자 야마가타는 보복을 결심하고, 육군장관 우에하라를 불러 사표를 제출하라고 지시했다. 그는 이러한 지시에 충실히 따라 즉위한지 불과 얼마 되지도 않은 다이쇼 천황을 직접 찾아가 사표를 제출하고는 홀연히 내각을 떠났다.

육군장관과 해군장관은 자신의 업무와 관련된 사항에 관해 내각을 거치지 않고 독자적으로 천황을 만나 상주할 수 있는 권한을 가지고 있었다. 일본에서는 이를 '유악(帷幄, 이아쿠)상주권'이라고 부른다. 이것 역시 야마가타가 만들어낸 작품의 하나로서 군부의 정치에 대한 독립을 상징하는 권한의 하나였다. 그러나 법적으로 유악상주권은 육군장관이 멋대로 사표를 제출하도록 배려하기 위해 존재하는 제도는 결코 아니었다. 육군장관이 내각 각료의 멤버인 이상, 사표 역시 수상에게 제출해야만 하는 점은 당연한 사실이다.

정신적으로 문제가 있고 경험이 부족한 신임천황은 여기에 적절하게 대처할 수가 없었다. 또한 사이온지 역시 제멋대로 행동하는 우에하라를 통제하려는 시도는 하지 않았다. 법은 어디까지나 법에 불과하고 정치현실은 법 규정과는 엄연히 달랐다. 아무튼 육군장관이 사표를 제출했으므로 후임자를 임명해야만 했지만 규정상 현역의 육군 장성이어야만 한다. 이러한 규정 역시 야마가타의 작품이라는 점은 앞서 말한 대로이다. 결국 야마가타가 후임의 육군장관을 선임하는 문제에 협조해주지 않는다면 사이온지 내각은 자동적으로 쓰러지게 된다.

궁지에 몰린 사이온지는 직접 야마가타를 찾아가 협조를 요청했다. 그러나 냉소적으로 빈정거리는 대답만 듣고 돌아오자 내각을 포기하기로 결심을 굳혔다. 메이지 천황이 사망하고 불과 4개월 후였다. 제2차 사이온지 내각은 야마가타의 횡포로 인해, 사실상 메이지 천황의 장례를 치루고 후계천황의 등극을 준비하는 내각으로서의 의미밖에는 없었다. 야마가타는 간단하게 제2차 사이온지 내각을 쓰러트림으로써 자신의 권력과 위세를 뽐냈지만, 이것이 계기가 되어 유명한 다이쇼 정변이 일어나는 원인을 제공했다.

더욱 흥미로운 사실은 군무국장 다나카 기이치가 사이온지 내각을 쓰러트린 후 야마가타의 절대적인 총애를 받고 있는 조선총독 데라우치로 하여금 후계내각을 만들려고 계획했다는 점이다. 아울러 가쓰라가 아니라 데라우치를 후계수상으로 추진했다는 건 야마가타와 가쓰라의 관계가 이미 돌이킬 수 없을 정도로 나빠졌다는 것을 의미한다. 예전부터 정우회와 가쓰라가 권력을 나눠먹는 게이엔체제를 매우 못마땅하게 생각하던 야마가타는 메이지 천황이 사망하자마자 이를 무너트리려고 한 것이다.

다카라베 다케시

육군이 앞장서 비열한 음모로 사이온지 내각을 쓰러뜨리면, 육군을 실질적으로 움직이는 죠슈벌에 대한 반발이 격렬해질 것은 누구나 예상할 수 있는 분명한 사실이었다. 그럼에도 불구하고 무리하게 육군 죠슈벌의 간판인물 중 하나인 데라우치를 내세우려 한 이유는, 사이온지의 후계자로 해군의 쇼군이라 할 수 있는 야마모토 곤베가 차기수상이 될 가능성이 무척 높았기 때문이다.

실제로 야마모토의 사위로서 해군의 떠오르는 샛별인 해군차관 다카라베 다케시(財部彪)는 예전부터 장인 야마모토를 수상으로 만들기 위한 정치공작을 열심히 추진했다. 미야자키(宮崎) 출신의 다카라베는 육군 죠슈벌의 떠오르는 샛별인 다나카 기이치와 여러 가지 면에서 흡사한 유형의 인물이다. 나이는 다나카가 3살 더 많지만 본격적으로 군인의 길을 걸어간 시기는 비슷하다. 다나카는 메이지 25년(1892)에 육군대학교를 졸업했으며, 다카라베는 그보다 1년 후에 해군대학교를 졸업했다. 그럼에도 불구하고 다카라베는 해군의 실세인 야마모토의 사위였기 때문에 초스피드로 눈부신 출세를 거듭해서 제2차 가쓰라 내각의 당시 해군차관까지 등극했다.

반면에 다나카는 야마가타의 총애를 받고 있음에도 불구하고 다카라베보다는 상대적으로 출세가 늦은 편이었다. 일본 육군의 상층부에 쟁쟁한 인물들이 많았기 때문이다. 그렇지만 정치군인으로서의 실력은 다나카가 우월했다. 다나카는 야마가타의 전폭적인 후원을 바탕으로 그의 참모로 활동하며 정관계와 군부를 넘나들면서 배후에서 마음껏 일본을 주물렀다.

다카라베 역시 야마모토의 참모로 배후에서 눈부신 활약을 했지만, 해군의 틀을 크게 벗어나지 못했다. 이것은 야마가타와 야마모토의 권력의 차이에서 비롯되었다고 할 수 있다. 다카라베와 다나카가 본격적으로 정치무대의 전면에 등장하는 것은 메이지 시대가 끝난 이후다.

아무튼 다카라베는 야마모토의 뜻을 받들어 정우회와 해군의 의사소통을 도모하며 해군의 이익을 대변하는 최전선에서 활약한 인물이다. 이처럼 다카라베는 겉으로는 사이온지 내각과 협조노선을 유지하면서도, 배후에서는 은밀히 육군이 사이온지 내각을 쓰러트리려고 획책하는 데 적극적으로 동조하고 협조하는 자세마저도 나타냈다. 사이온지와 가쓰라가 번갈아가며 정권을 담당하는 게이엔체제를 붕괴시키지 않는 이상, 야마모토가 수상이 될 가능성이 희박하다는 사실을 잘 알고 있었기 때문이다. 그러나 다카라베는 육군 내부의 동향에만 신경을 쓴 나머지 중요한 변수를 놓치고 만다. 바로 가쓰라의 움직임이다.

교활한 야마가타는 제2차 사이온지 내각을 붕괴시키기 전에 방해물이 될 가능성이 높은 가쓰라의 움직임을 봉쇄하는 용의주도한 조치를 취했다. 가쓰라를 매우 총애하던 메이지 천황은 제2차 가쓰라 내각이 쓰러지자 가쓰라에게 '원훈'으로 대우한다는 조칙을 내렸다. 급기야 가쓰라도 그렇게 바라던 원로가 된 것이다. 여기에 자신감을 얻은 가쓰라는 야마가타와 이토를 능가하는 원로가 되고자 원했다. 즉, 이토와 마찬가지로 강력한 정당을 창설해 정계의 실력자가 되는 동시에, 야마가타가 평생에 걸쳐 공들여 키워 놓은 파벌을 상속받고자 원한 것이다.

메이지 천황이 좀 더 오래 살았다면 가쓰라의 소원이 결국 이루어졌을 가능성도 많았다. 남달리 질투심이 많고 권력에 대한 집착이 강한 야마가타가 이러한 가쓰라의 행보에 대해 어떻게 받아들였을까는 굳이 설명할 필요가 없다. 그러나 메이지 천황의 총애가 워낙 두터운 가쓰라를 직접 건드리기도 어려운 상황이다.

사태를 관망하다가 때마침 천황이 사망하자 야마가타는 기회를 놓치지 않았다. 그는 새로 등극하는 다이쇼 천황을 보좌한다는 명목을 붙여서, 가쓰라를 내대신 겸 시종장으로 궁중에 들여보내는 정치공작을 추진했다. 야마가타는 행정부, 입법부, 사법부, 군부는 물론이고 궁내성을 발판으로 궁중에도 인맥을 만들어 놓았다. 일단 궁중에 들어가면 현실정치에 개입하기가 매우 어려워진다. 야마가타는 이 점을 노린 것이다. 그러나 가쓰라가 얌전히 궁중에서 사태를 관망하고만 있을 것이라고 예상한 것은 야마가타의 판단착오였다.

사실상 궁중에 유폐된 상태에 벗어나고 정치적 활로를 찾기 위해서 가쓰라는 제2차 사이온지 내각의 타도에 나섰다. 사이온지 내각이 그대로 존속하는 이상, 궁중에서 벗어날 가능성이 희박하기 때문이다. 육군장관 우에하라의 사단 증설 요구에 사이온지가 예상외로 완강히 저항하자, 처음에는 우에하라가 흔들리는 모습을 보였던 게 사실이다. 그러나 가쓰라는 우에하라를 독려해 사단 증설문제를 내각에 강력하게 요구하도록 부추긴 후, 막상 사이온지 내각이 쓰러지자 태도를 180도 바꿔 사단 증설을 동결해야 한다는 주장을 펼쳤다. 가쓰라의 교활함을 잘 나타내는 에피소드의 하나다.

한편, 가쓰라를 궁중에 들여보낸 후 야마가타는 그를 육군원수에 임명한다는 작업도 추진했다. 육군원수가 되면 종신 현역군인의 신분을 가지게 되고 정치에 자유롭게 관여하기가 곤란해지기 때문이다. 즉, 가쓰라의 원대한 계획 중의 하나인 정당을 창설하기가 어려워진다. 야마가타의 의도를 잘 알고 있는 가쓰라는 한사코 사퇴해 결국 물리쳤다. 정치적인 야망을 품은 탓에 군인으로서 누구나 바라는 가장 명예로운 원수계급을 줘도 싫다고 거절하는 희귀한 사례다.


제2차 사이온지 내각은 불과 1년을 약간 넘는 정도의 짧은 수명을 가진 내각이었으나 외교적으로는 매우 중요한 사건을 맞이한 내각이었다. 바로 중국에서 발발한 신해혁명이 이 내각 당시에 일어났기 때문이다.

마치 운명의 장난처럼 일본에서 메이지 시대의 종말을 맞이할 무렵에, 중국에서는 바야흐로 새로운 시대가 개막되려 하고 있었다. 신해혁명이 발발하기 이전부터 일본은 중국의 정치적 동향에 깊은 관심을 가지고 주시했었다. 이러한 배경에는 신해혁명의 주도자인 손문(孫文)을 비롯한 혁명의 지도자들이, 탄압을 피해 일본으로 건너간 후 활발하게 활동한 사실도 무시하기 어렵다.

신해혁명 자체에 일본이 직접 개입한 건 아니었지만 과연 혁명이 성공하느냐 아니냐는 일본에게도 중요한 관심사였다. 물론 일본의 제국주의적 이익을 위해서다. 애당초 야마가타는 중국에서 혁명이 성공할 가능성에 대해 매우 회의적이었다. 혁명의 성공을 뒷받침할 군사력이 빈약하다는 게 주된 이유였다. 당시 중국의 실력자는 이홍장의 뒤를 이어 북양군벌을 계승한 원세개다. 그래서 혁명이 성공하느냐의 여부는 강력한 군사력을 보유한 원세개의 태도 여하에 달려있었다고 해도 과언이 아닌 상황이다. 객관적으로 제3자의 입장에서 관측해보면 원세개가 혁명을 지지할 가능성은 낮았다.

아무튼 이미 오래전부터 만약 중국에서 혁명이 발생해 내전상태에 돌입한다면, 일본은 서구열강과 공동출병해 신속하게 사태를 해결하고 이권을 획득한다는 구상을 가다듬어 놓은 상태다. 이러한 구상을 입안한 장본인은 육군의 참모본부이고 참모본부의 배후에는 야마가타가 있었다. 일본이 중국대륙에 대규모 병력을 파견해 출병하려면 아무래도 영국의 눈치를 살피지 않으면 안 된다. 특히 혁명이 중국의 화북지방이 아니라 영국의 세력권인 화남지방에서 발생할 가능성이 매우 높다는 점에 비추어 보면 더욱 그러하다.

이러한 이유로 제2차 가쓰라 내각이 제3차 영일동맹을 체결하기 이전에 영국과 군사실무협상이 개최되었다. 영국 입장에서는 동북아시아의 맹주로 자리 잡은 일본과 장래 중국에서 혁명이 발생할 경우에 대비한 사전조율의 필요성이 있었다. 영국이 일본에게 희망하는 사항은 만약 군사적 개입이 필요할 경우, 일본이 의화단의 난을 진압할 당시와 마찬가지로 주도적 역할을 해주기 바란다는 것이다. 그러나 이러한 영국의 태도는 야마가타의 입장에서는 결코 환영할 게 아니었다.

의화단의 난을 진압할 당시에도 일본이 사태해결에 주도적 역할을 했지만, 막상 실질적으로 얻은 이익은 거의 없었다. 앞서 본 것처럼 의화단의 난을 틈타서 육군이 주동세력이 되어 중국 남부의 복건성을 차지하려는 계획을 세웠던 과거가 있었다. 그러나 서구열강의 강력한 항의와 견제는 물론이며 해군의 반대로 무산된 과거가 있었다.

중국의 혁명진압을 위해서 적극적으로 개입할 경우, 야마가타는 일본이 영국을 위한 사냥개의 역할을 하는 데 불과한 존재로 전락할까봐 우려했다. 또한 영국이 군사개입에 소극적인 태도를 취해서 신속한 사태해결에 실패했을 경우, 사태의 장기화에 따른 일본의 부담이 크게 가중된다는 점도 무시할 수 없는 문제였다.

마침내 신해혁명이 발발하자 일본 육군은 만주에 병력을 출동시키려는 움직임을 나타냈다. 이것은 의화단의 난을 틈타 만주에 진출한 후 그대로 눌러앉은 러시아의 수법을 연상하게 하는 것이다. 중국의 화북지방을 석권하지는 못하더라도 최소한 만주는 차지하겠다는 속셈이었다. 그러나 사이온지 내각은 서구열강과 협조노선을 유지하면서 사태해결을 도모한다는 소극적이면서도 신중한 태도를 취했다. 또한 일본 해군이 사이온지 내각의 방침을 지지했기 때문에 야마가타는 섣불리 만주에 출병하는 것을 강행할 수 없는 상황을 맞이했다.

만약 제2차 가쓰라 내각의 집권 당시에 신해혁명이 일어났다면 일본의 태도는 상당히 달라졌을 것이다. 어쩌면 만주에 출병하는 차원을 넘어서 직접 신해혁명의 진압에 개입했을지도 모른다. 일본이 내부사정으로 머뭇거리고 있는 사이에 영국은 사태 해결을 위해 온건한 방법을 취하기로 결정했다.

문제는 영국이 일본과 아무런 사전협의나 통고도 없이 일방적으로 신해혁명의 뒷수습을 했다는 점이다. 즉, 영국은 동북아시아의 맹주로 자처하던 일본을 완전히 무시했다. 이것이 야마가타를 비롯한 일본의 극우파들을 자극하지 않을 수 없었다. 미국을 가상적국에서 제외한다는 불이익을 감수하면서까지 제3차 영일동맹을 지지한 이유가, 중국에서 혁명이 발발할 경우 단단히 한몫을 잡기 위한 거라는 데 비추어 보면 당연하다.

설상가상으로 영국이 사태해결을 위해서 선택한 방법이 일본의 심기를 크게 건드렸다. 영국은 북양군벌을 장악한 원세개를 회유해 혁명세력과 타협하고 그를 우두머리로 하는 공화정부를 수립하도록 유도했다. 즉, 청나라를 멸망시키는 방법을 택한 것이다. 야마가타는 내심 청나라가 멸망하지 않고 신해

혁명을 계기로 입헌군주제로 전환해 그대로 존속하길 원했다. 중국이 허약한 중앙정부의 상태를 계속 유지해야지 이권 획득을 비롯해 다루기가 훨씬 수월해지기 때문이다.

신해혁명을 둘러싼 영국의 태도를 계기로 야마가타의 총애를 받기 시작한 육군 죠슈벌의 새로운 희망 다나카 기이치는 굳이 영일동맹을 유지할 필요성이 없다고 생각했다. 영국이 중국문제에 대해 일본과 협조노선을 구축할 생각이 없다는 점을 행동으로 분명히 밝혔기 때문에 당연한 결과다. 군사적 관점에서 영일동맹을 일관되게 지지하던 일본 해군 역시 주력 군함의 국산화에 자신감을 얻어 영일동맹에 집착하지 않는 경향을 나타내기 시작했다. 영국 해군의 도움이 절실하게 필요한 상황이 아니라면 영일동맹의 매력은 별로 없기 때문이다.

영일동맹이 정식으로 종말을 맞이한 것은 메이지 시대가 끝난 이후지만, 사실은 메이지 시대가 끝나기 직전에 터진 신해혁명에서 비롯된 갈등이 영일동맹을 파탄으로 이끈 결정타였다고 해도 과언이 아니다. 다시 말해 메이지 시대의 외교적 유산인 영일동맹은 이미 그 시대가 끝나기도 전에 파국의 밑바탕이 확실하게 만들어졌다.

아무튼 신해혁명에 기대를 걸었던 일본의 제국주의적 침략야욕은 일단 저지된다. 그러나 영국의 개입으로 만들어진 원세개를 우두머리로 하는 공화정체제는 신해혁명을 미완의 혁명으로 만들었으며, 근본적인 문제해결책이 아니므로 어느 정도 시간이 흐른 후 다시 문제가 발생하리라는 것은 필연적인 사실이다. 그리고 일본은 그 기회를 놓치지 않고 나중에 중국에 대해 유명한 21개조의 요구를 들이밀었다.

한편, 신해혁명에 대해 지대한 관심을 나타낸 것은 일본의 국내에서도 마찬가지였다. 혁명으로 장래 중국의 미래가 어떻게 될 건지 나름대로 예측하는 것은 물론, 혁명의 진행과정이나 공화정부라는 새로운 정치체제에 대해서도 많은 논쟁을 불러일으켰다.

신해혁명의 지도자인 손문이 일본에 장기간 체류하면서 일본의 지식인이나 정치가들과 활발한 교류를 했다는 점에 비추어보면 당연한 것인지도 모른다. 그러나 관심과는 별개로 중국의 혁명이 현실적으로 일본 국내에 미친 영향은 거의 없었다고 해도 과언이 아니다. 메이지 시대가 끝나는 시점의 일본은 새로운 시대를 이끌어나가는 추진력을 잃었고, 천황제 국가라는 체제가 굳건하게 정착되었기 때문이다.

신해혁명이 비록 정치적 차원에서 일본의 미래에는 별다른 영향을 주지 못했지만, 제2차 사이온지 내각에게는 커다란 악영향을 미쳤다. 중국문제에 대해서 사이온지가 신중하고 소극적인 태도로 일관한 게 주된 원인이다. 특히 사이온지 내각이 해군과 손을 잡고 형세관망의 태도를 취하면서 현지 거류민 보호에 신경을 쓰는 정도에 그치는 태도가 가쓰라를 격분시켰다. 당시 일본의 제국주의적 팽창정책을 리드하는 입장에 있었던 가쓰라의 관점에서 사이온지는 정권을 담당할 자격도 없는 인물로 간주된 것도 무리가 아니었다.

물론 사이온지 내각이 제국주의적 팽창정책에 부정적인 입장은 결코 아니었으나, 적극적인 대륙진출에는 어디까지나 신중한 자세로 일관한 게 사실이다. 그리고 이러한 사이온지와 야마가타·가쓰라의 대외정책면에서의 입장 차이가 신해혁명에 대한 대처를 계기로 극복하기 어려운 갈등국면에 들어섰다.

야마가타와 가쓰라가 중국에서 혁명이 발생하면 한몫 챙기기 위해서 한반도 합병을 서둘러 마무리하고 제3차 영일동맹의 체결을 추진했다는 사실에 비추어 보면 당연하다. 일본 육군과 육군의 배후에 있는 야마가타가 제2차 사이온지 내각의 타도에 나선 숨은 동기에는 바로 신해혁명에 대처하는 사이온지 내각의 태도에 대한 강한 불만이 있었기 때문이다. 이러한 사정은 가쓰라 역시 마찬가지다.

메이지 천황의 죽음으로 메이지 시대는 종말을 맞이했다. 그러나 정치적으로 볼 때 메이지 시대는 아직 끝났다고 말하기 어렵다. 정치적으로 메이지 시대가 언제 끝난 거냐고 묻는다면 단기적으로는 가쓰라가 몰락하고 사이온지가 정우회 총재를 사임해서 게이엔체제가 무너진 시점으로 잡아야 한다. 그러나 장기적으로 본다면 야마가타의 몰락과 하라 다카시가 암살된 무렵을 종말의 시기로 잡지 않으면 안 된다. 야마가타와 하라가 사라진 이후에야 진정으로 메이지 시대는 정치적인 종말을 맞이했기 때문이다.

개인적인 욕심으로는 야마가타와 하라가 사라진 시점까지 이 책에서 다루고 싶지만, 그렇게 되면 가뜩이나 짧은 다이쇼(大正) 시대의 상당한 부분을 다루는 꼴이 되고 만다. 그래서 아쉽지만 여기서 그만 마무리하기로 한다.

〈끝〉

# 제3권 관련 연표

| 연도 | 내용 |
|---|---|
| 1897년<br>(메이지 30년) | 3월 : 신문지조례 개정 |
| | 6월 : 미국에 하와이 합병 항의 |
| | 8월 : 고토 쇼지로(後藤象二郎) 사망<br>무쓰 무네미쓰(陸奧宗光) 사망 |
| | 10월 : 금본위제 실시<br>진보당, 제2차 마쓰카타 내각과의 제휴단절 결의 |
| | 11월 : 자유당, 제2차 마쓰카타 내각과 제휴 거절 |
| | 12월 : 마쓰카타 수상 사임 |
| 1898년<br>(메이지 31년) | 1월 : 제3차 이토 내각 성립 |
| | 3월 : 제5회 임시 총선거 |
| | 6월 : 지조증징안 부결<br>자유당과 진보당이 합동, 헌정당 결성<br>이토 수상 사표 제출<br>제1차 오쿠마 내각 성립<br>제6회 임시총선거 |
| | 10월 : 오자키 유키오(尾崎行雄) 문부장관 사임<br>자유당계 각료 사표 제출, 내각 붕괴 |
| | 11월 : 헌정당 내의 구진보당, 헌정본당 결성<br>제2차 야마가타 내각 성립 |
| | 12월 : 지조증징안 성립 |
| 1899년<br>(메이지 32년) | 3월 : 문관임용령 개정 |
| | 5월 : 가와카미 소로쿠(川上操六) 사망 |
| 1900년<br>(메이지 33년) | 3월 : 개정 선거법 공포 |
| | 6월 : 중국에 파병 결정(의화단의 난) |
| | 7월 : 혼성 1개 사단 북경에 파견 |
| | 8월 : 의화단, 일본을 포함한 연합군에 진압됨 |
| | 9월 : 입헌정우회 발족<br>야마가타 수상 사의 표명 |
| | 10월 : 제4차 이토 내각 성립 |
| | 12월 : 호시 도루(星亨) 체신장관 사임 |
| 1901년<br>(메이지 34년) | 2월 : 후쿠자와 유키치(福澤諭吉) 사망 |
| | 5월 : 이토 수상 사표 제출<br>사회민주당 결성 |

| 연도 | 내용 |
|---|---|
| 1901년<br>(메이지 34년) | 6월 : 제1차 가쓰라 내각 성립<br>　호시 도루(星亨) 암살당함 |
| | 9월 : 이토 히로부미가 러일협약 교섭을 위해서 출발 |
| | 10월 : 영국과 동맹교섭 개시 |
| | 12월 : 영일동맹 수정안 재가 |
| 1902년<br>(메이지 35년) | 1월 : 영일동맹 협약, 런던에서 조인 |
| | 7월 : 사이고 쓰구미치(西鄉從道) 사망 |
| | 8월 : 제7회 총선거 |
| 1903년<br>(메이지 36년) | 3월 : 제8회 총선거 |
| | 4월 : 가쓰라 수상, 고무라 외무장관, 야마가타가 교토에서 대러시아 방침 결정 |
| | 7월 : 이토, 정우회 총재를 사임하고 추밀원 의장에 취임 |
| | 12월 : 중의원 의장 고노 히로나카(河野廣中)가 내각 탄핵의 봉답문을 중의원<br>　개원식에서 제출하여 익일 해산 |
| 1904년<br>(메이지 37년) | 2월 : 러시아에 국교단절 통고<br>　인천의 러시아군 기습공격<br>　러시아에 선전포고(러일전쟁 발발)<br>　한일의정서 조인 |
| | 3월 : 제9회 총선거 |
| | 8월 : 황해해전에서 일본군 승리<br>　제1차 한일협정 조인 |
| | 9월 : 요양회전에서 일본군 승리 |
| 1905년<br>(메이지 38년) | 1월 : 여순 요새의 러시아군 항복 |
| | 3월 : 봉천회전에 일본군 승리 |
| | 5월 : 쓰시마 해전에서 일본군 승리 |
| | 7월 : 가쓰라·태프트 각서 조인 |
| | 8월 : 포츠머스 강화회의 개시<br>　제2차 영일동맹 협약 조인 |
| | 9월 : 러일강화조약 체결 |
| | 11월 : 제2차 한일협약 조인 |
| | 12월 : 통감부 설치. 초대통감에 이토 취임<br>　제1차 가쓰라 내각 사직 |
| 1906년<br>(메이지 39년) | 1월 : 제1차 사이온지 내각 성립 |
| | 3월 : 비상특별세법 개정·공포<br>　철도국유화법 공포 |
| | 10월 : 야마가타 '제국국방방침안' 상주 |

| 연도 | 내용 |
|---|---|
| 1906년<br>(메이지 39년) | 11월 : 남만주철도 주식회사 설립 |
| 1907년<br>(메이지 40년) | 7월 : 제3차 한일협약 및 비밀각서 조인<br>　　　제1차 러일협약 조인 |
| | 10월 : 육군의 복무기간을 3년으로부터 2년으로 개정·공포 |
| 1908년<br>(메이지 41년) | 5월 : 제10회 중의원 총선거 |
| | 7월 : 제1차 사이온지 내각 총사직<br>　　　제2차 가쓰라 내각 성립 |
| | 12월 : 철도원(鐵道院) 관제 공포 |
| 1909년<br>(메이지 42년) | 1월 : 가쓰라 내각과 정우회의 타협 성립 |
| | 4월 : 귀족원령 개정·공포(남작의 정원을 늘림) |
| | 7월 : 한국 병합에 관한 방침 결정 |
| | 10월 : 이토 히로부미 암살 |
| | 11월 : 야마가타 아리토모, 추밀원 의장에 임명됨 |
| 1910년<br>(메이지 43년) | 5월 : 대역(大逆)사건<br>　　　데라우치 마사타케(寺內正毅)를 한국통감에 임명함 |
| | 7월 : 제2차 러일협약 조인<br>　　　영국 등 10개 국에 통상항해조약을 메이지 44년 7월을 기해서 폐지하는<br>　　　뜻을 공포 |
| | 8월 : 한국 병합에 관한 한일조약 조인 |
| | 9월 : 조선총독부관제 공포 |
| | 12월 : 황실재산령 공포 |
| 1911년<br>(메이지 44년) | 1월 : 대심원(大審院), 대역사건의 피고 24인에게 사형판결 |
| | 2월 : 미일항해통상조약 및 부속의정서 조인 |
| | 3월 : 공장법·전기사업법 공포 |
| | 7월 : 제3차 영일동맹 협약 조인 |
| | 8월 : 제2차 사이온지 내각 성립 |
| 1912년<br>(메이지 45년) | 5월 : 제11회 중의원 총선거 |
| | 7월 : 제3차 러일협약 조인<br>　　　메이지 천황 사망 |
| | 8월 : 가쓰라가 내대신 겸 시종장에 임명됨 |
| | 9월 : 노기 마레스케(乃木希典) 대장 부부 자살 |
| | 12월 : 우에하라(上原勇作) 육군장관이 사단 증설문제로 단독사표 제출<br>　　　제2차 사이온지 내각 총사직<br>　　　제3차 가쓰라 내각 성립 |

# 주요 참고문헌

(編)은 편저자, (著)는 원저자, (譯)은 번역자를 의미함

▶ 大久保利謙, 『政治史Ⅲ』(體系日本史叢書 시리즈), 1967

▶ 大日方純夫, 『近代日本の 警察と地域社會』, 2000

▶ 大野達三, 『日本の政治警察』 1973

▶ 大島淸; 加藤俊彦; 大內力, 『人物 日本資本主義 』(제1권~3권), 1974

▶ 杉本勳, 『科學史』(體系日本史叢書 시리즈), 1990

▶ 竹內理三, 『土地制度史』(體系日本史叢書 시리즈), 1973

▶ 竹內洋, 『學歷貴族の榮光と挫折』(日本の近代 시리즈 제12권), 1999

▶ 豊田穰, 『明治・大正の宰相』(1권~5권), 1984

▶ 성황용, 『근대동양외교사』, 1992

▶ 高野澄, 『物語 廢藩置縣』, 2001

▶ 豊田穰외 5인, 『明治維新의 主役들』, 1984

▶ 松下芳男, 『日本軍閥興亡史』, 2001

▶ 松本健一, 『開國, 維新』(日本の近代 시리즈 제1권), 1998

▶ 松村正義, 『國際交流史』, 2002

▶ 松尾正人, 『廢藩置縣の硏究』, 2001

▶ 松尾正人(編), 『維新政權の 成立』, 2001

▶ 芳卽正외 7인, 『薩摩の 7傑』, 2000

▶ 芳卽正, 『島津久光と明治維新』, 2002
　　　　　　　『坂本龍馬と薩長同盟』, 1998

▶ 鈴木正辛, 『近代日本の 天皇制』, 1998

▶ 井上勳, 『王政復古』, 1995

▶ 井上勝生, 『開國と幕末變革』, 2002

▶ 毛利敏彦, 『大久保利通』, 1998
　　　　　　　『明治6年政變』, 1999
　　　　　　　『臺灣出兵』, 1996
　　　　　　　『明治維新政治史序說』, 1967

『明治維新の再發見』, 1999

『明治維新政治外交史研究』, 2002

▶ 家近良樹, 『孝明天皇と一會桑』, 2002

▶ 久米邦武, 『(特命全權大使)米歐回覽實記』(제1권~제5권), 1878

▶ Satow, 『A diplomat in Japan』, 1998

▶ Nish Ian, 『Iwakura mission in America & Europe』, 2002

▶ 坂本多加雄, 『明治國家の建設』(日本の近代 시리즈 제2권), 1999

▶ 御廚貴, 『明治國家の完成』(日本の近代 시리즈 제3권), 2001

▶ 戸部良一, 『逆說の軍隊』(日本の近代 시리즈 제9권), 1998

▶ 宮本又郎, 『企業家たちの 挑戰』(日本の近代 시리즈 제11권), 1999

▶ 宮地正人, 『國際政治下の 近代日本』, 1987

▶ 坂野潤治;宮地正人(編), 『日本近代史における 轉換期の研究』, 1991

▶ 佐佐木隆, 『メデイアと權力』(日本の近代 시리즈 제14권), 1999

▶ 鈴木淳, 『新技術の社會誌』(日本の近代 시리즈 제15권), 1999

▶ 原田務, 『明治の怪, 山縣有朋』, 2000

▶ 田中彰, 『高杉晋作と奇兵隊』, 1993

『岩倉使節團の 歷史的研究』, 2002

『幕末の 藩政改革』, 1981

『明治維新』(近代日本の軌跡 제1권), 1994

『近代日本の 內と外』, 1999

『幕末維新の 社會と思想』, 1999

『幕末維新史の 연구』, 1966

『吉田松陰』, 2001

▶ 奈良本辰也, 『高杉晋作』, 1997

▶ 新田均, 『「現人神」 「國家神道」 という 幻想』, 2003

▶ 岡崎久彦, 『陸奧宗光と その時代』, 2002

『小村壽太郎とその時代 』, 2003

▶ 岡義武, 『近代日本の政治家』, 1960

▶ 升味準之輔, 『日本政治史』(제2권), 1988

▶ 小熊英二, 『〈日本人〉の 境界』, 1999

▶ 加藤陽子, 『徵兵制と近代日本』, 2000

▶ 加藤陽子 ; 박영준(譯), 『근대 일본의 전쟁 논리』, 2003

▶ 加藤祐三, 『幕末外交と開國』, 2004

▶ 家近良樹(編), 『幕政改革』, 2001

▶ 石井寬治, 『日本經濟史』, 1993

▶ 石井寬治 ; 原朗 ; 武田晴人(編), 『日本經濟史2 産業革命期』, 2000

▶ 利光三渾夫 ; 笠原英彦, 『日本の 官僚制』, 1998

▶ 海原徹, 『松下村塾の 明治維新』, 1999

　　　　　　　『吉田松陰と松下村塾』, 2003

▶ 三谷太一郎, 『近代日本の 戰爭と政治』, 1998

　　　　　　　『日本政黨政治の形成』, 1995

▶ 三谷博, 『ぺり-來航』, 2003

▶ 鹿島平和研究所, 『日本外交史』(제1권~7권), 1970

▶ 維新史料編纂事務局, 『維新史』(제1권~6권), 1941

▶ 文部省維新史料編纂會, 『槪觀 維新史』, 1940

▶ 由井正臣(編), 『樞密院の 研究』, 2003

▶ 石井孝, 『幕末貿易史の 研究』, 1944

▶ 佐藤秀夫, 『教育の 文化史』, 2004

▶ 伊藤之雄, 『立憲國家の 確立と伊藤博文』, 1999

　　　　　　　『立憲國家と日露戰爭』, 2000

▶ 齋藤聖二, 『日淸戰爭の 軍事戰略』, 2003

▶ 吉野誠, 『明治維新と征韓論』, 2002

▶ 千本秀樹, 『天皇制の 侵略責任と戰後責任』, 2003

▶ 別宮暖郎, 『「坂の上の雲」では分からない日本海海戰』, 2005

▶ 中邨章, 『新版 官僚制と日本の政治』, 2001

▶ 中村政則(編), 『日本の 近代と資本主義』, 1992

▶ 中塚明, 『歴史の僞造おただす』, 1997

　　　　　　　『近代日本の朝鮮認識』, 1993

▶ 山田朗, 『近代日本の 膨張と侵略』, 1997

▶ 山田公平, 『近代日本の國家形成と地方自治』, 1991

▶ 菊池城司, 『近代日本の 教育機會と社會階層』, 2003

▶ 安田浩, 『天皇の政治史』, 2000

▶ 安岡昭男, 『明治前期大陸政策史の研究』, 1998

▶ 畑野勇, 『近代日本の軍産學複合體』, 2005

▶ 天野郁夫, 『學歷の社會史』, 2005

▶ 村井實, 『近代日本の 敎育と政治』, 2000

▶ 宇治敏彦 ; 이혁재(譯), 『일본총리열전』, 2002

▶ 川村眞二 ; 이혁재(譯), 『후쿠자와 유키치』, 2002

▶ 川田稔, 『原敬と山縣有朋』, 1998

▶ 川田敬一, 『近代日本の 國家形成と皇室財産』, 2001

▶ 新人物往來社(編), 『日露戰爭と日本海大海戰』, 2005

　　　　　　　　　　『阿部正弘のすべて』, 1997

▶ 今西一, 『近代日本の差別と性文化』, 1998

▶ 石井三記(編), 『近代法の再定位』, 2001

▶ 善家幸敏, 『日本における宗敎と政治』, 2005

▶ 星野芳郎, 『日本軍國主義の源流を問う』, 2004

▶ 星亮一, 『奧羽越列藩同盟』, 2002

▶ 源川眞希, 『近現代日本の地域政治構造』, 2001

▶ 黑川雄三, 『近代日本の軍事戰略槪史』, 2003

▶ 최문형, 『명성황후 시해의 진실을 밝힌다』, 2002

　　　　　　『(국제관계로 본)러일전쟁과 일본의 한국병합』, 2004

▶ 土居良三, 『開國への布石 : 評傳 老中首座 阿部正弘』, 2000

▶ 高貫布士, 『激闘 日露大戰爭』, 2003

▶ 檜山幸夫, 『日淸戰爭』, 2004

　　　　　　『近代日本の形成と日淸戰爭』, 2001

▶ 西川長夫 ; 松宮秀治, 『國民國家形成と文化變容』, 1999

▶ 小西四郞(編), 『德川慶喜のすべて』, 1998

▶ 勝田政治, 『內務省と明治國家形成』, 2002

▶ 平間洋一, 『日露戰爭が變えた世界史』, 2005

▶ 平野武, 『明治憲法制定とその周邊』, 2004

▶ 猪飼隆明, 『西鄕隆盛』, 2001

▶ 加來耕三, 『西鄕隆盛と薩摩士道』, 1998

▶ 吉田常吉, 『安政の大獄』, 1996

▶ 福地惇, 『明治新政權の權力構造』, 1996

▶ 遠山茂樹, 『明治維新と天皇』, 2002

▶ 遠山茂樹; 安達淑子(共著), 『近代日本政治史必?』, 1972

▶ 清水伸, 『明治憲法制定史 上~下』, 1971

▶ 콘스탄틴 플레샤코프; 황의방(譯), 『짜르의 마지막 함대』, 2003

▶ 木村時夫(編), 『日本の近代化とアジア』, 1983

▶ 정일성, 『후쿠자와 유키치』, 2001
　　　　　 『이토 히로부미』, 2002

▶ 박종원, 『福澤諭吉의 文明思想研究』, 2000

▶ 福澤諭吉(著); 정명환(譯), 『文明論의 槪略』, 1987

▶ 도몬 후유지(著); 이강희, 『그늘 속의 참모들』, 2001

▶ 馬場明, 『日露戰爭後の滿洲問題』, 2003

▶ Townsend Harris(著); 坂田精一(譯), 『日本滯在記 上~下』, 1974

▶ 伊藤仁太郎, 『(巨人)星亨』, 1923

▶ 濱本浩, 『江藤新平』, 1941

▶ 本山桂川, 『桂太郎と原敬』, 1935

▶ 德富猪一郎, 『吉田松陰』, 1934

▶ 維新史料編纂事務局(編), 『維新史』, 1939-41

▶ 伊藤痴遊, 『岩倉具視, 三條實美』, 1935

▶ 五來欣造, 『人間 大　重信』, 1955

▶ 土屋喬雄(譯); 王城肇(譯), 『ペルリ提督日本遠征記』(제1권~제2권), 1935

▶ 沼田哲, 『明治天皇と政治家群像』, 2002

▶ 藤村道生(著); 日本歷史學會(編), 『山縣有朋』, 1986
　　　　　　　　 ; 허남린(譯), 『청일전쟁』, 1997

▶ 嶋名政雄, 『乃木神話と日淸・日露』, 2001

▶ 吉野誠, 『明治維新と征韓論』, 2002

▶ 岩波書店(編), 『(岩波講座)日本歷史』, 1976

▶ 日本近代史研究會(編), 『(圖說)國民の歷史』, 1964

▶ 松本健一, 『開國・維新』(日本の近代 시리즈 제1권), 1998

▶ 坂本多加雄, 『明治國家の建設』(日本の近代 시리즈 제2권), 1999

▶ 有馬學, 『「國際化」の中の帝國日本』, 1999

▶ 角田房子(著) ; 김은숙(譯), 『閔妃暗殺』, 1988

▶ 이태영, 『차라리 민비를 변호함』, 1981

▶ 本山幸彦, 『明治國家の教育思想』, 1998

▶ 田村貞雄, 『形成期の明治國家』, 2001

▶ 渡邊隆喜, 『明治國家形成と地方自治』, 2001

▶ 박득준(編) ; 송상진(譯), 『日本帝國主義の朝鮮侵略史』, 2004곧

▶ 海野福壽, 『伊藤博文と韓國倂合』, 2004

　　　　　　　　『日韓協約と韓國倂合』, 1995

▶ 장용걸, 『정한론과 조선인식』, 2004

▶ 이현희, 『정한론의 배경과 영향』, 2006

▶ 佐木 隆, 明治人の力量, 2010

▶ 鈴木 淳, 維新の構想と展開, 2010

▶ 西川 誠, 明治天皇の大日本帝國, 2002